KB216144

M'Cheyne Bible Reading Guide

성경 각 장별 이해 길라잡이

맥체인 성경읽기 가이드 1월-6월

맥체인 성경읽기 가이드 (상)

이수부 지음

차례

4월

일			시					
1	레	4	시	1	잠	19	골	2
2	레	5	시	3	잠	20	골	3
3	레	6	시	5	잠	21	골	4
4	레	7	시	7	잠	22	살전	1
5	레	8	시	9	잠	23	살전	2
6	레	9	시	10	잠	24	살전	3
7	레	10	시	11	잠	25	살전	4
8	레	11	시	13	잠	26	살전	5
9	레	13	시	15	잠	27	살후	1
10	레	14	시	17	잠	28	살후	2
11	레	15	시	18	잠	29	살후	3
12	레	16	시	19	잠	30	딤전	12
13	레	17	시	20	잠	31	딤전	1
14	레	18	시	22	전	1	딤전	2
15	레	19	시	23	전	2	딤전	3
16	레	20	시	25	전	3	딤전	4
17	레	21	시	26	전	4	딤전	5
18	레	22	시	28	전	5	딤후	1
19	레	23	시	30	전	6	딤후	2
20	레	24	시	31	전	7	딤후	3
21	레	25	시	32	전	8	딤후	4
22	레	26	시	33	전	9	딛	1
23	레	27	시	34	전	10	딛	2
24	민	1	시	35	전	11	딛	3
25	민	2	시	36	전	12	몬	1
26	민	3	시	37	아	1	히	1
27	민	4	시	38	아	2	히	2
28	민	5	시	39	아	3	히	3
29	민	6	시	40	아	4	히	4
30	민	7	시	42	아	5	히	5

5월

일			시					
1	민	8	시	44	아	6	히	6
2	민	9	시	45	아	7	히	7
3	민	10	시	4	아	8	히	8
4	민	11	시	6	사	1	히	9
5	민	12	시	48	사	2	히	10
6	민	14	시	49	사	3	히	11
7	민	15	시	50	사	5	히	12
8	민	16	시	51	사	6	히	13
9	민	17	시	55	사	7	약	1
10	민	19	시	56	사	8	약	2
11	민	20	시	58	사	9	약	3
12	민	21	시	60	사	10	벧전	1
13	민	22	시	62	사	11	벧전	2
14	민	23	시	64	사	13	벧전	3
15	민	24	시	66	사	14	벧전	4
16	민	25	시	68	사	15	벧전	5
17	민	26	시	69	사	16	벧전	6
18	민	27	시	70	사	17	벧전	7
19	민	28	시	72	사	19	벧후	1
20	민	29	시	73	사	21	벧후	2
21	민	30	시	74	사	22	벧후	3
22	민	31	시	75	사	23	요일	1
23	민	32	시	77	사	24	요일	2
24	민	33	시	78	사	25	요일	3
25	민	34	시	78	사	26	요일	4
26	민	35	시	79	사	27	요일	5
27	민	36	시	80	사	28	요이	1
28	신	1	시	81	사	29	요삼	1
29	신	2	시	83	사	30	유	1
30	신	3	시	85	사	31	계	1
31	신	4	시	86	사	32	계	2

6월

일			시					
1	신	5	시	88	사	33	계	3
2	신	6	시	89	사	34	계	4
3	신	7	시	90	사	35	계	5
4	신	8	시	91	사	36	계	6
5	신	9	시	92	사	37	계	7
6	신	10	시	94	사	38	계	8
7	신	11	시	95	사	39	계	9
8	신	12	시	97	사	40	계	10
9	신	13	시	99	사	41	계	11
10	신	15	시	102	사	42	계	12
11	신	16	시	103	사	43	계	13
12	신	17	시	104	사	44	계	14
13	신	18	시	105	사	45	계	15
14	신	19	시	106	사	46	계	16
15	신	20	시	107	사	48	계	17
16	신	21	시	108	사	48	계	18
17	신	22	시	110	사	49	계	19
18	신	23	시	112	사	50	계	20
19	신	24	시	114	사	51	계	21
20	신	25	시	116	사	52	계	22
21	신	26	시	117	사	53	마	1
22	신	27	시	119	사	54	마	2
23	신	28	시	119	사	55	마	3
24	신	29	시	119	사	56	마	4
25	신	30	시	119	사	57	마	5
26	신	31	시	119	사	58	마	6
27	신	32	시	119	사	59	마	7
28	신	33	시	119	사	60	마	8
29	수	1	시	120	사	61	마	9
30	수	2	시	123	사	62	마	10

머리말

성경은 하나님의 말씀이요 신앙과 행위의 유일무이(唯一無二)의 법칙이며, 신앙생활에 필수적인 교과서입니다. 그리스도인이 성경을 하나님의 말씀으로 읽고 묵상하는 것은 신앙생활에 있어 더없이 중요합니다. 문제는 이 성경을 이해하기가 쉽지 않다는 데 있습니다. 성경은 1600년 어간에(B.C1500~A.D100) 40여 명의 저자가 다양한 배경과 장르와 양식에 따라 저술하였기에 21세기를 사는 우리에게 낯설고 이해하기 어려운 것이 사실입니다. 그래서 많은 이들이 성경읽기를 시작했다가 중도에 포기하곤 합니다. 10여 년 전, 그리스도인의 신앙생활 통계조사에 따르면 성경을 일독 이상 한 신자가 17%에 불과하다고 합니다. 성경이 중요하다는 것은 알면서도 성경을 읽지 않는 것은 성경을 이해하기 어렵다는 방증입니다. 아무리 그래도 성경을 건성으로 읽기보다 성경의 내용과 의미를 파악하며 제대로 읽는 것이 중요합니다. 본 졸저는 성경 통독에 유익하게 편성한 읽기 순서에 따라 장별로 성경 내용을 요약하여 성경을 이해하기 쉽도록 돕는 가이드입니다. 졸저에서 다루는 성경 읽기 순서는 "맥체인 성경읽기"의 차례를 따릅니다. "맥체인 성경읽기"는 스코틀랜드의 로버트 맥체인 목사(Robert Murray M'Cheyne, 1813-1843)에 의해 고안되고 시작되었습니다. 맥체인 목사는 1835년 7월 목사로 안수받은 후 1년 동안 더니플에이스(Duniplace)에서 협력 목사로 사역하다 1836년 11월 던디(Dundee)의 성 베드로 교회에 담임목사로 부임하였습니다. 그는 2년여 목회 사역 중 1838년 말쯤 건강이 좋지 않아 던디를 떠났다가 1839년 11월에 건강을 회복하여 성 베드로 교회로 다시 돌아와서 사역하였습니다. 그는 목사로 봉직한 지 7년 후, 30세에 발진티푸스 병으로 1843년 3월 25일 하나님의 부름을 받았습니다. 그가 시작한 맥체인 성경읽기는 맥체인 목사가 성 베드로교회 성도들의 성경읽기를 위해 만들어 1842년에 처음으로 사용한 방법입니다. 이에 따르면 일 년에 성경 전체를 읽되 구약은 한 번, 신약과 시편은 두 번 읽게 되어 있습니다.

　하루에 넉 장씩 읽는 맥체인 성경읽기의 순서를 보면, 1월부터 6월까지는 구약성경 모세 5경(창-신)과 포로 후기 역사서, 성문서와(욥-아가서) 예언서 이사야서(62장까지)까지 읽고 시편은 125편까지 통독합니다. 또 신약성경은 역사서, 사도행전, 복음서, 서신서를 순서대로 각각 읽어 요한계시록을 마치고 다시 마태복음 10장까지 읽습니다. 7월부터는 구약은 역사서(여호수아-역대기)와 이사야 63장부터 나머지 예언서를 계속해서 읽고, 신약성경은 마태복음 11장부터 다시 한번 순서대로 읽고, 시편은 126편부터 시편을 완독한 후 다시 한번 더 읽는 순서로 진행합니다. 이 읽기 순서를 통해 성경을 읽다 보면 시대별로 성경을 균형 있게, 시대의 흐름과 아울러 성경의 맥락을 파악하며 성경 전체를 개관하며 통독하게 됩니다. 약 180년 전 성경을 체계적으로, 시대적 구속사적으로 골고루 읽도록 읽기의 순서를 편성한 맥체인 목사의 혜안이 경이롭습니다.

　졸저는 맥체인 성경읽기 순서에 따라 장별 하루 넉 장의 내용을 2페이지 분량으로 요약한 글입니다. 성경은 다양한 역사적 배경과 문학 장르와 서술 형식에 따라 기록되었습니다. 그 내용은 역사적 내러티브(narrative), 법조문, 환상과 계시를 포함한 예언과 묵시, 시와 문학, 교훈집, 체험과 소문의 서술, 서신 형식 등의 다양성을 가지고 있습니다. 특히 구약성경은 많은 경우에 하나님을 화자로 하여 그분으로부터 받은 말씀을 전달하거나 간접적으로 옮기는 형식을 띠고 있습니다. 때로는 특정한 인물이나 자신을 화자로 선정하여 스토리를 전개하거나 자신의 신앙과 경험을 일정한 문학 양식을 빌어 표현하기도 합니다. 신약성경에는 예수를 경험한 증인들이 예수그리스도의 말씀을 직접 전언하거나 그분의 삶과 사역을 스토리로 편집한 복음서가 있습니다. 그리고 교회 시대의 역사, 서신 또는 묵시 증거의 형식으로 기록되어 있습니다. 그런 의미에서 성경의 전개 방식과 내용 서술과 양식이 다릅니다. 필자는 이런 점들을 고려하여 화자의 입장을 최대한 살려서 본문의 배경과 문맥에 따라 본문을 요약 정리하였습니다.

졸저의 내용은 개역 개정판 성경을 참조하였고, 성경의 본문의 용어 이외 다른 번역이나 필자 자신의 표현을 지양하고 번역된 표현 그대로를 따랐습니다. 필자는 신학자나 주경가가 아니기도 하고, 무엇보다 제한된 분량으로 인해 성경 본문의 신학이나 해석은 최대한 지양하고 그 장의 주제와 내용을 일정한 분량으로 문장으로 옮기는 데 집중하였습니다. 그래서 신학이나 해석 또는 의미를 가하여 본문의 내용을 축소하거나 덧붙여 왜곡하지 않도록 주의를 기울였습니다. 많은 경우 일정한 분량 안에 본문 내용을 모두 다루기 어려운 문제가 있었습니다. 그런 경우에는 내용을 최대한 집약하되 전체 흐름에 어긋나지 않게 필요한 부분에 집중하였습니다. 난해한 구절을 만난 경우에는(특히 계시, 환상, 묵시 등) 내용을 파악하되, 주석의 도움을 빌려서, 신학적으로 논란이 되지 않는 선에서 내용을 정리하였습니다.

졸저가 세상에 나오게 된 동기는 필자의 교회와 관련이 있습니다. 우리 교회는 2023년에 "맥체인성경읽기표"에 나온 읽기 순서에 따라 하루 넉 장씩 일정한 분량대로 성경을 읽었습니다. 매주 주보에 하루 동안 읽을 분량을 순서에 따라 게시하고, 새벽기도회 시간에는 매일 해당되는 성경 4장을 각각 읽고 본문 내용을 교우들과 함께 나누었습니다. 우리가 맥체인 성경읽기를 시작한 지 며칠이 지나지 않아 우리 교회 김강우 집사로부터 맥체인 성경읽기 단체방을 만들자는 제안을 들었습니다. 김 집사는 필자가 작성한 본문 요약 내용과 김 집사가 준비한 본문의 음원을 오픈 채팅방에 업로드(upload)하여 맥체인 성경읽기에 도움을 주면 좋겠다는 것입니다. 그래서 김 집사가 필자의 자료와 본인이 준비한 것을 모아 일 년 동안 매일 빠짐없이 온라인 방에 올려 가입자들이 함께 공유했습니다. 필자가 이 책을 쓰게 된 것은 김 집사의 특별한 제안이 있었기 때문입니다. 그로 인해 성경 본문을 살피고 그 내용을 정리하게 되었고 그것을 모아 책으로 엮을 수 있었습니다. 이 글을 빌어 김강우 집사의 헌신과 수고에 심심한 감사의 말씀을 드립니다.

졸저는 성경 내용을 읽고 이해하도록 돕는 작은 참고서에 불과합니다. 매 장 마다 담아야 할 내용을 다루지 못했을 수도 있습니다. 필자가 사정상 다루지 못한 내용은 독자들께서 성경 본문의 맥락에 따라 미비점을 채워주기를 기대합니다. 이 책을 사용할 때 졸저의 내용을 먼저 읽고 성경을 읽든지 그 순서가 바뀌어도 문제없습니다. 때로 사전을 찾듯 필요한 장을 찾아서 참고용으로 활용할 수도 있을 것입니다. 이 졸저가 성경 통독과 내용 이해에 활용되고, 매일 묵상이나 그룹의 성경 나눔에 자그만 지침서가 되기를 소망합니다. 부디 졸저가 독자들에게 성경 이해의 폭을 넓히고 성경을 더 깊이 읽도록 가이드 역할을 한다면 더 이상 바랄 것이 없습니다.

졸저를 세상에 내놓게 해주신 하나님께 영광을 돌리고, 2023년 맥체인 성경읽기 가이드를 쓸 수 있도록 동기를 부여하고 읽기에 참여한 안산평강교회 교우 여러분들에게 감사드립니다.

얼마 전 우리 교회가 창립 31주년을 지냈습니다. 여전히 교회를 위해 헌신과 수고를 아끼지 않는 모든 성도 여러분께 심심한 감사의 말씀을 드립니다.

> "복 있는 사람은…. 오직 여호와의 율법을 즐거워하여
> 그의 율법을 주야로 묵상하는도다" (시1:1-2)

2024년 3월 저자

추천사

저자 이수부 목사님은 교회 개척 후 31년간 목양일념으로 신실하게 목회하시고, 늘 말씀 중심과 기도로 성도들의 본이 되어주시는 목회자입니다. 목사님은 함께 신앙생활을 했던 청년들이 장년이 되고, 어린이들이 청년이 되어 자라가는 모습을 보시고, 어떻게 하면 우리의 신앙생활이 다음 세대까지 이어질 수 있을지 늘 고민해 오셨습니다.

이를 위해서 2023년 교회에서는 성경읽기 가운데 탁월한 읽기 방식으로 알려진 "맥체인 성경읽기"를 전 교우들과 함께 진행하였습니다. 맥체인 목사님이 고안한 이 성경읽기는 매일 구약과 신약을 각각 2장씩 읽음으로써 1년에 구약 1회 신약과 시편을 각 2회 정독할 수 있습니다.

우리 교회에서 맥체인 성경읽기를 실행하면서 필자는 가정예배에서 큰 유익을 경험했습니다. 매일 가정에서 자녀들과 함께 20분 정도의 성경읽기 시간을 가지면서 성경에 가까워질 수 있었습니다. 자녀들은 그날그날 성경을 읽으면서 모르는 부분을 부모에게 물어보았고, 부모는 가정의 성경교사가 되었습니다.

물론 맥체인 성경읽기 순서를 따라 성경을 읽는 것은 쉽지 않습니다. 그러나 이 읽기에 참여한 이들은 큰 유익을 얻었습니다. 신앙생활을 하면서 성경을 일부만 알았던 성도 중에는 맥체인 성경읽기의 기회를 통해서 성경을 통독할 수 있었고, 어떤 이는 성경을 한 번만 읽고 끝내는 것이 아니라 계속해서 읽기를 다짐하기도 했습니다. 목사님은 2023년 일년내내 새벽기도 시간에 맥체인 성경읽기 순서를 따라 본문을 읽고 말씀을 전했습니다. 목사님께서는 성도들이 맥체인 성경읽기를 하는데 수월하고 본문을 이해하기 쉽도록 매일 본문에 대한 해설을 제공하셨습니다. 올해는 우리 교회가 작년의 맥체인 성경읽기 해설을 참조하여 매일 한 장씩 읽고 묵상하고 적용하도록 엮은 "예수제자 살기" 주간 묵상 자료를 매주일 마다 교우들에게 제공하고 있습니다.

목사님이 집필한 본 도서는 다음과 같은 장점을 가지고 있습니다. 간결합니다. 하루 한 장으로 구약 2장, 신약 2장의 본문의 핵심 내용이 무엇인지 알려줍니다. 성경에 대한 시대 배경이나 역사적 지식이 없는 분들에게도 유익합니다. 성경 본문에 나온 언어를 사용합니다. 개인적인 해석이나 가치관이 아니라 성경의 언어를 그대로 사용하면서 핵심을 잘 요약했습니다. 실천적입니다. 성경을 우리 삶에 적용할 수 있도록 도와줍니다.

지난 1년 동안 성도들에게 큰 도움을 주었던 맥체인 성경읽기 해설이 이번에 책으로 나오게 되어 축하해마지않습니다. 이 책이 성경을 읽고 묵상하는 이들에게 큰 도움이 될 수 있으리라 확신합니다. 또 성경을 통독하는 이들에게 성경을 잘 이해하도록 이끄는 지침서가 될 것이요, 특히 자녀들과 함께 성경 읽기를 하는 분들에게 큰 유익이 되리라 생각합니다.

"오늘 내가 네게 명하는 이 말씀을 너는 마음에 새기고 네 자녀에게 부지런히 가르치며"(신명기 6:5-6) 이 말씀에 담긴 축복이 이 책을 읽는 모두에게 함께 하시길 기대합니다.

강 욱 목사(안산평강교회 부목사, 기독교 교육학 박사)

1월

January

1월 01

창세기 1장

태초에 하나님께서 천지를 창조하셨습니다. 첫째 날에 하나님께서 빛이 있으라 하시니 빛이 있었습니다. 빛과 어둠, 낮과 밤을 나누셨습니다. 둘째 날은 물 가운데 궁창이 있어 궁창 아래, 궁창 위의 물로 나뉘었습니다. 셋째 날은 물이 한곳으로 모여 뭍이 드러나니 곧 땅이요 물을 바다라고 했습니다. 넷째 날에 하나님께서 하늘의 궁창에 광명체를 만들어 낮과 밤, 징조와 계절과 날과 해를 이루게 하셨습니다. 다섯째 날에 하나님께서 물들로 생물을 번성하게 하시고 하늘과 바다와 물에서 움직이는 생물과 모든 새를 종류대로 창조하셨습니다. 여섯째 날에는 땅에 생물을 종류대로 내시고 땅의 짐승, 가축, 땅에 기는 모든 것을 종류대로 만드셨습니다. 그리고 하나님의 형상대로 사람을 창조하시되 남자와 여자를 창조하시고 그들에게 생육하고 번성하여 땅에 충만하고 땅을 정복하고 다스리게 하셨습니다.

에스라 1장

바사 왕 고레스가 통치 원년에 하나님의 감동으로 온 나라에 공포하고 조서를 내렸습니다. 그는 이스라엘 백성들에게 다 예루살렘으로 올라가서 여호와의 성전을 건축하라고 했습니다. 또한 그 남은 백성이 어느 곳에 머물러 살든지 그곳 사람들은 마땅히 은과 금과 그 밖의 물건과 짐승으로 도와주고 성전을 위하여 예물을 기쁘게 드리라고 했습니다. 그리하여 유다와 베냐민 족장, 제사장들과 레위 사람들과 하나님께 감동받아 올라가 성전을 건축하고자 하는 자가 다 나섰습니다. 그 사면 사람들이 귀환하고자 하는 이들을 위해 은금, 물품과 짐승과 보물들과 예물을 기쁘게 드렸습니다. 바사와 고레스가 금고지기에게 명하여 보석 그릇들을 꺼내어 유다 총독 세스바살에게 넘겨주어 사로잡힌 자들을 예루살렘으로 데리고 갈 때 다 가지고 갔습니다.

마태복음 1장

마태복음을 시작하면서 예수그리스도의 계보를 먼저 언급합니다. 예수께서는 아브라함의 언약에 따라 다윗의 후손으로 이 땅에 오셨습니다. 그 족보는 아브라함으로부터 다윗 때까지 유다 지파 14대, 다윗 때부터 유다가 바벨론에 망하기까지 왕 14대, 이후 바벨론에 사로잡혀 간 후 그리스도까지 14대입니다. 그리스도의 역사적 인물임을 밝히기 위해 가계를 언급하고 그리스도의 탄생을 말씀합니다. 마리아가 요셉과 약혼하고 동거하기 전 성령으로 잉태되었습니다. 주님의 사자가 꿈에 요셉에게 마리아가 성령으로 잉태되었으니 마리아 데려오는 것을 무서워하지 말라고 합니다. 그리고 아들을 낳을 것이니 이름을 예수라 하라고 합니다. 이는 선지자 이사야 예언의(사 7:14) 성취입니다. 이후 아들을 낳으니 이름을 예수라고 하였습니다.

사도행전 1장

예수께서 부활하시고 승천하시기까지 40일 동안 자신을 제자들에게 보이시며 하나님의 나라를 말씀하셨습니다. 이후 사도들이 모인 자리에서 예루살렘을 떠나지 말고 아버지께서 약속하신 성령을 기다리라고 하셨습니다. "성령이 임하시면 권능을 받고… 내 증인이 되리라"(8)고 하셨습니다. 이 말씀을 마치시고 올려져 가실 때 자세히 하늘을 쳐다보고 있는 제자들에게 두 천사가 "이 예수는 하늘로 가심을 본 그대로 오시리라"고 했습니다. 제자들이 감람원에서 돌아와 열한 명의 사도, 여자들과 예수의 어머니 마리아, 예수의 어머니와 아우들과 더불어 오로지 기도에 힘썼는데 모인 무리가 120명이 되었습니다. 그 모임에서 가룟유다 대신 제자들과 함께 다니던 사람 중 함께 예수의 부활을 증언할 한 사람을 선택하기를 제안합니다. 그리하여 요셉과 맛디아 둘을 추천하여 제비뽑아 결국 맛디아를 얻었습니다.

1월 02

창세기 2장

하나님께서 천지와 만물을 창조하신 일을 일곱째 날에 마치시고 일곱째 날에 안식하시고 그날을 복되게 하사 거룩하게 하셨습니다. 하나님께서 땅의 흙으로 사람을 지으시고 생기를 그 코에 불어 넣어 사람이 생령이 되었습니다. 하나님께서 에덴동산을 창조하시고 사람을 거기 두셨습니다. 동산 가운데에는 생명나무와 선악을 알게 하는 나무도 있었습니다. 강이 에덴에서 흘러 나와 동산을 적시고 갈라져 네 근원이 되었으니 각각 비손, 기혼, 힛데겔, 유브라데입니다. 하나님께서 사람을 이끌어 에덴동산에 두어 경작하며 지키게 하시고, 선 악을 알게 하는 나무의 열매는 먹지 말라 하시고 먹는 날에는 반드시 죽으리라 하셨습니다. 하나님께서 아담을 잠들게 하시고 그의 갈빗대 하나를 취하시고 그것으로 여자로 만들어 아담에게 이끌어 오셨습니다. 그래서 그의 아내와 합하여 한 몸을 이루게 하셨습니다. 두 사람은 벌거벗었으나 부끄러워하지 않았습니다.

에스라 2장

바벨론에 사로잡혀 갔다가 놓여 유다로 돌아와 각자 성읍으로 돌아간 자는 스룹바벨과 예수아를 위시하여 함께 나온 백성의 명수를 자손 별로 보여줍니다. 또한 제사장들과 레위 사람들의 자손 별로 그 숫자를 언급합니다. 다음으로 솔로몬 신하의 자손의 수와 그 외의 자손들을 소개합니다. 제사장 중에 계보 중에 자기 이름을 찾아도 얻지 못해 그들을 부정하게 여겨 제사장 직분을 행하지 못하게 된 이들도 있습니다. 그래서 방백이 그들에게 우림과 둠밈을 가진 제사장이 일어나기 전에는 지성물을 먹지 말라고 했습니다. 포로에서 귀환한 온 회중의 합계가 4만 2천 3백 6십 명이요 그 외에 남종과 여종, 노래하는 남녀, 말과 노새와 낙타와 나귀의 숫자도 보고합니다. 어떤 족장들이 예루살렘 여호와의 성전 터에 이르러 하나님의 전을 그 곳에 다시 건축하려고 예물을 기쁘게 드려 공사하는 창고에 들였는데 금과 은, 제사장의 옷을 소개합니다.

마태복음 2장

동방의 박사들이 메시야 왕으로 한 아기가 났음을 알고 베들레헴까지 오게 되었습니다. 그들이 예루살렘에 와서 유대인의 왕이 나신 곳을 물으니 헤롯대왕이 놀라며 모든 제사장들과 서기관들을 모아 그리스도가 어디서 났느냐고 물으니 구약 예언의 말씀(미 5: 2)을 인용하여 밝힙니다. 이에 동방의 박사들이 별을 따라 베들레헴 아기 예수께 엎드려 경배하고 예물로 드립니다. 그 후 그들이 꿈에 하나님의 지시를 따라 헤롯에게로 가지 않고 다른 길로 돌아갔습니다. 박사들이 떠난 후에 주님의 사자가 요셉에게 헤롯의 의도를 알게 하여 마리아와 아기를 데리고 애굽으로 떠나 헤롯왕이 죽기까지 그곳에서 지냅니다. 헤롯은 베들레헴과 그 모든 지경에 있는 두 살부터 그 아래로 아기를 다 죽였으니 이는 예언의 성취입니다(렘 31:15). 헤롯이 죽은 후에 요 요셉이 주님의 사자가 현몽하여 갈릴리 땅 나사렛에 가서 살게 되었습니다.

사도행전 2장

오순절 날에 제자들이 다 같이 한곳에 모였는데 성령이 강력하게 임하여 다 성령의 충만함을 받고 다른 방언으로 말하기를 시작했습니다. 베드로가 열 한 사도와 함께 모인 자들에게 성령의 임하심은 요엘이 예언한 바라고 하며(욜 2:28-32) 복음을 전합니다. 예수님께서 하나님의 정하신 뜻과 미리 아신 대로 십자가에 못 박혀 죽었으나 하나님께서 그를 살리셨다고 증언합니다. 그는 십자가에 못 박은 이 예수를 하나님이 주와 그리스도가 되게 하셨다고 외쳤습니다. 그들이 이 말을 듣고 마음에 찔려 우리가 어찌할꼬 라고 할 때 회개하여 각각 예수그리스도의 이름으로 세례를 받고 죄 사함을 받으라 그리하면 성령의 선물을 받으리라 하고(38) 구원받기를 촉구했습니다. 그 말을 받은 사람이 세례를 받으니 그날에 신도의 수가 삼천이나 더했습니다. 그들이 모여 비로소 교회가 탄생하게 된 것입니다. 원시 예루살렘교회의 모습을 그려줍니다(43-47)

창세기 3장

뱀이 여자에게 와서 하나님이 동산 모든 나무의 열매를 먹지 말라고 하시더냐고 묻습니다. 여자는 하나님의 명령에 덧붙여 먹지도 말고 만지지도 말라 죽을까 하노라고 하셨다고 대답합니다. 뱀이 여자에게 결코 죽지 아니하리라고 합니다. 여자가 그 열매를 따 먹고 자기 남편에게도 주어 그도 먹었습니다. 이에 눈이 밝아져 자기들이 벗은 줄 알고 무화과나무 잎을 엮어 치마로 삼고 하나님의 소리를 듣고 하나님의 낯을 피했습니다. 하나님께서 뱀에게 저주를 내리시고 아담과 하와에게 벌을 내리셨습니다. 뱀에게는 여자의 후손과(갈 4:4, 예수그리스도) 원수가 되게 하리라고 하셨습니다(15). 아담에게는 흙이니 흙으로 돌아갈 것이라 하셨습니다(19). 하나님께서 아담과 하와를 위해 가죽옷을 지어 입히셨습니다. 하나님께서 에덴동산에서 그를 내보내어 땅을 갈게 하시고 에덴동산 동쪽에 그룹들과 불 칼을 두어 생명나무의 길을 지키게 하셨습니다.

에스라 3장

포로에서 돌아온 이스라엘 자손이 일곱째 달에 일제히 예루살렘에 모였고, 예수아와 형제 제사장들와 스룹바벨과 그 형제들이 제단을 만들고 일곱째 달 초하루부터 비로소 여호와께 번제를 드렸습니다. 이에 석수와 목수에게 돈을 주고 또 시돈, 두로 사람에게 식료품을 주고 바사 왕 고레스의 명령대로 백향목을 레바논에서 욥바 해변까지 운송하게 하였습니다. 예루살렘 하나님의 성전에 이른 지 2년 둘째 달에 스룹바벨과 예수아와 다른 형제 제사장들과 레위 사람들과 돌아온 자들이 공사를 시작하고 20세 이상 레위 사람들을 세워 성전공사를 감독하게 했습니다. 모든 백성이 성전 지대가 놓임을 보고 하나님을 찬송하며 큰 소리로 즐거이 불렀습니다. 제사장들과 레위인들과 나이 많은 족장들은 첫 성전을 보았기에 성전의 기초가 놓임을 보고 대성통곡하고 여러 사람은 기쁨으로 크게 함성을 질렀습니다.

마태복음 3장

세례자 요한이 유대 광야에서 회개와 천국의 메세지를 외쳤습니다. 사람들이 그에게 나아와 죄를 자백하고 요단강에서 그에게 세례를 받습니다. 많은 바리새인들과 사두개인들이 세례를 받으러 나올 때 회개에 합당한 열매를 맺고 속으로 아브라함이 너희 조상이라고 생각하지 말라고 꾸짖었습니다. 자신은 회개하도록 위해서 물로 세례를 베풀지만, 자신의 뒤에 오시는 이, 그리스도는 자신보다 능력이 많으시어 성령과 불로 세례를 베푸실 것이라 선언합니다. 세례요한이 예수님께서 세례를 베풉니다. 예수께서 세례를 받으시고 물에서 올라오시는데 하늘이 열리고 하나님의 성령이 비둘기같이 내려 예수께 임하고 하늘로부터 소리가 들립니다. "이는 내 사랑하는 아들이요 내 기뻐하는 자라." 하나님의 아들로서의 대관식과 같은 선언입니다.

사도행전 3장

오후 세 시 기도 시간에 베드로와 요한이 성전에 올라가는 중 미문 앞에서 나면서부터 다리를 쓰지 못하는 한 걸인을 만났습니다. 베드로가 그에게 나사렛 예수그리스도의 이름으로 일어나서 걸으라고 하며 오른손을 잡아 일으키니 발과 발목이 힘을 얻어 서서 걸었습니다. 나은 사람이 베드로와 요한을 붙잡아 솔로몬의 행각이라 불리는 곳에 가니 무리가 모여들었습니다. 베드로는 무리들에게 자신은 예수님의 십자가와 부활의 증인이라고(15) 소리높이며 예수로 말미암아 난 믿음이 그 사람을 완전히 낫게 하였다고 외쳤습니다. 베드로는 그들이 회개하고 돌이켜 죄 없이 함을 받으면 새롭게 되는 날이 주 앞으로부터 이를 것이요, 또 하나님께서 예정하신 대로 예수님은 다시 오셔서 만물이 회복될 때까지 예수님이 하나님 우편에 앉아 계신다고 증거합니다(21하).

1월 04

창세기 4장

아담과 하와가 자식을 낳았으니 가인과 아벨입니다. 가인은 농사를 짓고 아벨은 양치는 자였습니다. 두 사람이 각각의 소산으로 제물을 드리고, 양의 첫 새끼와 기름을 드렸는데 하나님께서 아벨과 그의 제물은 받으셨으나 가인의 것을 받지 않으셨습니다. 가인이 몹시 분하여 안색이 변했을 때 하나님께서 책망하셨습니다. 가인이 아벨을 들로 이끌고 나가 쳐 죽였습니다. 하나님께서 가인에게 아벨에게 아우의 피를 받았으니 저주를 받고 땅에서 피하여 유리하는 자가 되리라 하셨습니다. 죽음을 두려워하는 가인에게 가인을 죽이는 자는 벌을 7배나 받을 것이라 하여 표를 주어 죽음을 면하게 하리라 하셨습니다. 가인이 에덴 동쪽 놋 땅에 거주하며 아내를 맞아 에녹을 낳았습니다. 이후 에녹의 자손들이 퍼졌습니다. 아담이 아들을 낳았으니 그의 이름은 셋입니다. 셋이 아들을 낳아 에노스라 불렀는데 사람들이 비로소 여호와의 이름을 불렀습니다.

에스라 4장

포로에서 귀환한 자들이 성전을 재건한다는 소문을 들은 유다와 베냐민의 대적들이 스룹바벨과 족장들에게 와서 자기들도 함께 건축하게 하라고 요구합니다. 이로부터 그 땅 백성이 건축을 방해하되 바사 왕 다리오가 즉위할 때까지 건축을 막았습니다. 한편 아하수에로가 즉위할 때 그들이 글을 올려 유다와 예루살렘 주민을 고발했습니다. 대적자들이 바사 왕 아닥사스다에게 글을 올려 고발한 초본에는 바사에서 올라온 유다 사람들이 만일 성읍을 건축하고 그 성곽을 완공하면 그들이 다시는 세금들을 바치지 않을 것이므로 결국 왕들에게 손해가 될 것이라고 했습니다. 또한 그 성읍이 패역하고 항상 반역하는 일을 행하여 건너편 영지가 없어질 것이라고 모함했습니다. 결국 아닥사스다 왕이 조서를 내려 성벽 공사를 중지하게 하였으니(23), 바사 왕 다리오 제 2년까지 중단되었습니다(24).

마태복음 4장

예수님께서 공생애 직전 성령에게 이끌리어 마귀에게 시험을 받으러 광야로 가서서 40일을 밤낮으로 금식하신 후에 주리셨습니다. 시험하는 자가 돌들로 떡덩이가 되게 하라고 시험하니 예수께서 말씀(신 8:3)으로 물리치셨습니다. 또한 마귀가 예수님을 성전 꼭대기에 세우고 뛰어내리라고 할 때 주 너의 하나님을 시험하지 말라(사 7:12)며 물리치셨고, 지극히 높은 산으로 가서 엎드려 경배하면 이 모든 것을 주리라는 시험에 대해 주 너의 하나님께만 경배하고 다만 그를 섬기라는(신 6:13) 말씀으로 물리치셨습니다. 이때부터 비로소 회개하라 천국이 가까이 왔느니라고 전파하셨습니다. 예수님께서 갈릴리 해변에서 시몬과 형제 안드레, 야고보와 그 형제 요한도 제자로 부르셨습니다. 예수님께서 온 갈릴리에 두루 다니시며 회당에서 가르치시고 천국 복음을 전파하시고 모든 병과 약한 것을 고치셨습니다.

사도행전 4장

사도들이 솔로몬 행각에서 말할 때 제사장들과 성전을 맡은 자와 사두개인들이 와서 죽은 자의 부활이 있다 하고 백성을 가르치고 전함을 싫어하여 사도들을 잡아 가두었습니다. 이튿날 공회가 예루살렘에 모였는데 사도들을 가운데 세우고 무슨 권세와 누구의 이름으로 병자를 낫게 했느냐고 심문합니다. 베드로가 성령이 충만하여 나사렛 예수 그리스도의 이름으로 이 사람이 건강하게 되어 너희 앞에 섰다고 하며, 천하사람 중에 구원 얻을 만한 다른 이름을 우리에게 주신 일이 없다고(12) 증거합니다. 그들이 베드로와 요한을 이후로는 예수 이름으로 말하지도 말고 가르치지도 말라고 하며 위협하고 풀어주었습니다. 사도들이 놓여 그 동료들에게 가서 한 마음으로 소리높이여 하나님께 간절히 기도합니다. 모인 곳이 진동하더니 무리가 다 성령이 충만하여 담대히 하나님의 말씀을 전했습니다.

1월 05

창세기 5장

아담의 계보를 보여주고 있습니다. 그 계보는 아벨이 죽은 후에 낳은 셋으로부터 시작합니다. 에노스, 게난, 말할랄렐, 야렛, 에녹(4:17의 에녹과 동명이인), 므두셀라입니다. 에녹은 므두셀라를 낳고 하나님과 동행하다가 하나님이 그를 데려가심으로 세상에 있지 않았습니다. 므두셀라가 낳은 라멕은 노아를 낳았고 노아는 셈과 함과 야벳을 낳았습니다.

에스라 5장

선지자 학개와 스가랴가 유다 사람들에게 예언하여, 스룹바벨과 예수아가 일어나 성전을 다시 건축하기 시작합니다. 그때 유브라데 강 건너편 총독 닷드내와 스달보스내와 그들의 동관들이 와서 누가 성전을 건축하고 성곽을 마치게 하였느냐고 묻습니다. 그들이 능히 공사를 막지 못하고 다리오에게 아뢰어 성전 재건에 대한 답장이 오기를 기다렸습니다. 유브라데 강 건너편 총독과 동관인 아바삭 사람이 다리오 왕에게 올린 글의 초본은 이러합니다. 그 내용에 성전을 다시 건축하는 이들이 고레스 왕 원년에 조서를 내려 건축하라고 하였기에 세스바살(스룹바벨)이 성전 지대를 놓았고 건축 중인데 아직도 완공에 미치지 못하고 있다고 한 것입니다. 그래서 왕이 바벨론에서 왕의 보물 전각에서 조사하여 과연 고레스 왕이 성전 건축을 허락하는 조서를 내렸는지 본 후에 왕의 뜻을 보여 달라고 했습니다.

마태복음 5장

예수님께서 산 위에서 가르치신 소위 "산상보훈"(5:-7:)은 팔복으로 시작합니다. 8가지 복 모두가 내면의 복이요 천적인 복, 관계의 복, 영적인 복입니다. 예수님의 제자는 세상의 소금이요 사람 앞에 빛 즉 착한 행실을 보이는 것입니다. 예수님의 가르침은 율법 정신의 실현입니다. 살인하지 말라는 계명의 참 정신을 가르칩니다. 형제와 화목하고 예물을 제단에 드려야 하고, 고발하는 자가 함께 길을 갈 때 급히 사화해야 합니다. 간음하지 말라는 계명도 내면의 동기의 중요성을 가르칩니다. 음행한 이유 없이 아내를 버리면 간음하는 것이라고 하셨습니다. 맹세하지 말라는 계명의 철저성을 말씀하십니다. 겉옷까지 가지게 하고, 10리를 동행하고, 거절하지 말고 주라는 교훈도 적극적이고 차원 높은 교훈입니다. 나아가 원수를 사랑하며 박해하는 자를 위하여 기도하라고 하시고, 온전하라고 하신 말씀은 윤리의 최고봉입니다.

사도행전 5장

아나니아와 삽비라 부부의 불미스러운 이야기가 나옵니다. 베드로가 아나니아에게 사탄이 속에 가득하여 성령을 속였고 하나님에게 거짓말한 것이라고 책망합니다. 아나니아가 베드로 앞에서 급사했습니다. 아내도 베드로의 발 앞에 엎드러져 혼이 떠나고 말았습니다. 사도들의 손을 통하여 민간에 표적과 기사가 많이 일어나고 믿고 주께로 나아오는 자가 더 많았습니다. 대제사장들과 사두개인의 당파가 마음에 시기가 가득하여 사도들을 잡아다가 옥에 가두었으나 주의 사자가 밤에 옥문을 열고 끌어냈습니다. 공회가 사도들을 세워놓고 심문합니다. 이에 베드로와 사도들이 하나님이 예수님을 죽음에서 살리시고 회개함과 죄 사함을 주시려고 예수님을 높이사 임금과 구주로 삼으셨다고 증거하며 자신들은 이 일에 증인이라고 말합니다. 공회가 사도들을 놓아주니 사도들은 주의 이름을 위하여 능욕받는 일에 합당한 자로 여김을 기뻐하며 공회를 떠났습니다.

1월 06

창세기 6장

 사람이 땅 위에 번성하기 시작할 때 그들에게서 딸들이 났는데, 하나님의 아들들이 사람의 딸들 중에 자기들이 좋아하는 모든 여자를 아내로 삼았습니다. 당시 땅에는 네피림(장부)이 있었고 그 후에도 하나님의 아들들이 사람의 딸들에게서 자식을 낳았습니다. 하나님께서 사람의 죄악이 세상에 가득하고 마음속의 계획이 항상 악할 뿐임을 보시고 땅 위에 사람 지으셨음을 한탄하시어 창조하신 사람을 지면에서 쓸어버리되 가축과 기는 것, 공중에 새까지 그리하리라 작정하셨습니다. 그러나 노아는 하나님께 은혜를 입었으니 의인이요 당대에 완전한 사람으로 하나님과 동행하였으며 세 아들을 낳았습니다. 하나님께서 노아에게 모든 혈육 있는 자들을 땅과 함께 멸하리라고 하셨습니다. 그래서 노아에게 방주를 지으라고 하시고 방주의 자세한 설계도를 주셨습니다.

에스라 6장

 다리오가 상소장을 받고 문서보관소를 조사하여 고레스 왕 원년에 내린 조서를 찾았습니다. 그 조서에서 성전을 건축하되 지대를 견고히 쌓고 일정한 규모를 따르고 그 경비는 다 왕실이 낼 것이라고 했습니다. 또 탈취하여 바벨론으로 옮겼던 성전의 금, 은그릇들을 돌려보내어 성전에 가져다가 제자리에 두라고 하였습니다. 다리오가 조서를 내려 유브라데스 강 건너편에서 거둔 세금 중에서 그 경비를 이 사람들에게 끊임없이 주어 그들로 건축을 멈추지 않게 하라고 했습니다. 다리오의 조서가 내리니 총독 닷드내와 스달보스내와 그들의 동관들이 신속히 준행했습니다. 유다 사람들이 학개와 스가랴의 권면을 따랐기에 건축 일이 형통하여 다리오 왕 6년 아달월(바벨론력) 3일에 성전공사를 끝냈습니다. 이에 이스라엘 자손과 제사장과 레위 사람들과 귀환자들이 성전 봉헌식을 행하고 제물을 드렸습니다. 그리고 첫째 달 14일에 이레 동안 유월절을 지켰습니다.

마태복음 6장

구제할 때나, 기도할 때나, 금식할 때 드러내거나 외식하지 말고 은밀한 중에 하라고 하셨습니다. 이미 상을 받았고 은밀한 중에 보시는 하나님께서 모두 갚으실 것이기 때문입니다. 예수님께서 기도를 가르쳐 주셨습니다. 특별히 사람의 잘못을 용서하면 하늘 아버지께서도 잘못을 용서하실 것이라고 하셨습니다. 그리고 보물을 하늘에 쌓아두라고 하셨습니다. 보물 있는 곳에 마음이 있습니다. 사람이 두 주인을 섬기지 못하듯이 재물과 하나님을 겸하여 섬기지 못한다고 하셨습니다. 예수님께서 먹고 마시고 입는 것을 염려하지 말라고 하셨습니다. 공중의 새, 들의 백합화, 들풀도 하나님의 주권 아래 놓여 있는데 하물며 하나님의 백성에게 이 모든 것이 있어야 할 줄 어찌 모르시겠습니까? 아무것도 염려하지 말고 먼저 하나님의 나라와 그의 의를 먼저 구하면 하나님께서 이 모든 것을 더하십니다.

사도행전 6장

예루살렘교회에 구제의 일로 말들이 많았습니다. 이에 열두 사도가 교회 일꾼을 세워 그들에게 재정 일을 맡기고 자신들은 기도와 말씀 사역에 집중하기로 했습니다. 그래서 성령과 지혜가 충만하여 칭찬 듣는 사람 일곱을 택하게 했습니다. 믿음과 성령이 충만한 사람 일곱 명을 택하여 사도들이 기도하고 안수했습니다. 일곱 집사 중 스데반이 은혜와 권능이 충만하여 큰 기사와 표적을 많이 행하였습니다. 헬라파 유대인으로서 어떤 자유민들이 회당에 모여 스데반과 더불어 논쟁하는데 그가 지혜와 성령으로 말함을 그들이 능히 당하지 못했습니다. 그들이 사람을 매수하여 스데반이 하나님을 모독하는 말을 하는 것을 들었다고 고소하게 합니다. 그들이 백성과 장로와 서기관을 충동시켜 와서 공회를 모으고 거짓 증인들을 세워 말하게 합니다. 공회 회원들이 심문받는 스데반을 주목해보니 얼굴이 천사의 얼굴과 같습니다.

1월 07

창세기 7장

방주가 완공되었을 때 하나님께서 노아와 온 집은 방주로 들어가라고 하셨습니다. 또한 모든 정결한 짐승 암수 일곱씩, 부정한 것은 암수 둘씩을 데려오고 공중의 새도 암수 일곱씩을 데려와 그 씨를 온 지면에 유전하게 하라 하시고 7일 후에 40일 주야를 땅에 비를 내려 모든 생물을 지면에서 쓸어버리리라 하셨습니다. 노아는 아내와 며느리들과 함께 홍수를 피하여 방주에 들어갔고 짐승들도 하나님이 명하신 대로 방주에 들어갔습니다. 하나님께서 그들이 방주에 들어가니 문을 닫으셨습니다. 홍수가 땅에 40일 동안 계속되어 방주가 땅에서 떠다니고 물이 넘쳐 천하의 높은 산이 다 잠겼습니다. 땅 위에 움직이는 생물이 다 죽었으니 새와 가축, 들짐승, 땅에 기는 모든 것과 사람입니다. 하나님께서 지면의 모든 생물을 쓸어버리셨는데 오직 노아와 그와 함께 방주에 있던 자들만 남았습니다. 물이 일백오십 일간 땅에 넘쳤습니다.

에스라 7장

아닥사스다 왕 제 7년에 이스라엘 자손들과 더불어 예루살렘으로 돌아올 때에 스라야의 아들이요 아론의 16대손인 제사장 에스라가 함께 올라왔습니다. 아닥사스다 왕이 에스라에게 조서를 내리기를 바사에 남아 있는 이스라엘 백성과 제사장, 레위 사람들 중에 예루살렘에 올라갈 뜻이 있는 자는 누구든지 함께 가라고 했습니다. 에스라가 갈 때 하나님께 드릴 예물과 은금과 제물과 물품, 그릇 등을 가져가고 그 외에 필요한 것을 궁중 창고에서 내어다가 드릴 것이라고 했습니다. 그리고 유브라데 강 건너편 모든 창고지기에게는 에스라가 구하는 것을 신속히 시행하되 필요한 물품의 중량을 지정해주기까지 했습니다. 왕은 에스라에게 하나님의 지혜를 따라 율법을 아는 자로 법관과 재판관을 삼아 재판하게 하고, 하나님의 명령과 왕의 명령을 준행하지 아니하는 자는 속히 죄를 물어 벌을 내리라고 했습니다.

마태복음 7장

비판하지 말라고 교훈합니다. 형제의 눈 속에 있는 티를 빼라고 하지 말고 자신 눈에 있는 들보를 빼라고 했습니다. 구하고, 찾고, 문을 두드리라 하시고 하늘 아버지께서는 구하는 자에게 좋은 것을 주실 것이라 약속하셨습니다. 남에게 대접받고자 하는 대로 남을 대접하는 것이 최고의 율례입니다. 좁은 문으로 들어 들어가라고 했습니다. 거짓 선지자들을 삼가라고 하시면서 그들의 열매로 그들을 알 수 있다고 하셨습니다. 좋은 나무마다 아름다운 열매를 맺고 못된 나무가 나쁜 열매를 맺습니다. 주여주여 하는 자마다 천국에 들어갈 것이 아니라 하늘에 계신 아버지의 뜻대로 행하는 자가 들어갑니다. 주님의 이름으로 선지자 노릇을 하고, 귀신을 쫓아내며 많은 권능을 행하였다고 해도 소용없습니다. 예수님의 말씀을 듣고 행하는 사람은 집을 반석 위에 지은 지혜로운 사람입니다.

사도행전 7장

스데반이 공회 앞에서 설교합니다. 먼저 조상 아브라함으로부터 이스라엘의 역사를 회고합니다. 족장들의 역사 이후 모세의 인도로 애굽에서 나와 광야 40년 후에 여호수아가 이방인의 땅을 점령했습니다. 이후 다윗이 하나님의 처소를 건축할 준비를 마치고, 솔로몬이 건축하였습니다. 하나님은 손으로 지은 곳에만 계시지 않고 안 계신 곳이 없습니다. 스데반이 이스라엘 역사를 회고한 뒤에 모인 자들을 향해 목이 곧고 마음과 귀에 할례 받지 못하여 항상 성령을 거스르고 의인이 오리라 예언한 선지자들을 죽이고 이제 그 의인(예수 그리스도)을 잡아 죽인 살인자라고 외쳤습니다. 그들이 이 말을 듣고 마음에 찔려 그를 향해 이를 갑니다. 스데반이 성령이 충만하여 하늘을 우러러 하나님의 영광과 하나님 우편에 서신 예수님을 보고, 하늘이 열리고 인자가 하나님 우편에 서신 것을 보노라 할 때 그를 성밖으로 내치고 돌로 쳐 죽였습니다(60).

창세기 8장

하나님께서 비가 그치게 하서서 물이 150일 후에 줄어들고, 일곱째 달 열이렛날에 방주가 아라랏 산에 머물렀으며 열째 달 초하룻날에 산봉우리가 보였습니다. 40일 후에 노아가 창문을 열고 까마귀를 내어놓으니 까마귀가 물이 땅에서 마르기까지 날아 왕래하였고, 또 비둘기를 내놓았는데 지면에 물이 있어 비둘기가 발붙일 곳 찾지 못해 방주로 돌아왔습니다. 7일을 기다려 다시 비둘기를 내놓았는데 저녁때에 그 입에 감람나무 새 잎사귀를 물고 돌아왔습니다. 또 7일을 기다려 비둘기를 내놓으니 다시 돌아오지 않았습니다. 노아 601년 첫째 달 초하루날 지면에 물이 걷히고 둘째 달 스무 이렛날에 땅이 말랐습니다. 하나님의 말씀을 따라 노아 가족과 생물들이 밖으로 나왔고, 하나님께 제단을 쌓고 제물을 바쳤습니다. 하나님의 중심에 다시는 사람으로 인하여 땅을 저주하지 아니하리라 하시고 물로서 모든 생물을 멸하지 아니하리라고 하셨습니다.

에스라 8장

에스라와 함께 바벨론에서 올라온 족장들과 귀환한 자들, 12 자손의 총수는 1,686명입니다. 에스라가 귀환자들을 아하와 강가에 집결하게 하여 3일 동안 장막에 머물게 하여 살펴보니, 레위인이 한 사람도 없어 성전을 섬길 레 레위인과 그들을 섬길 사람들을 소집하였습니다. 에스라가 금식을 선포하고 하나님 앞에 겸비하여 평탄한 길을 간구하였습니다. 이후 에스라는 제사장의 우두머리들 중 12명과 형제 10명을 따로 세워, 이스라엘 무리가 성전을 위하여 드린 은과 금과 그릇들을 달아서 준 것을 그들의 손에 주었습니다(26-27). 첫째 달 12일에 아하와 강을 떠나 예루살렘으로 갈 때 하나님께서 도우서서 무사히 예루살렘에 이르러 3일간 머물고 제4일에 성전에서 가져온 예물들을 세고 달아서 무게의 총량을 기록했습니다. 귀환자들이 하나님께 제사 드리고, 왕의 조서를 총독들에게 넘겨주었습니다.

마태복음 8장

예수께서 한 나병환자의 요청에 손을 내밀어 깨끗함을 받으라고 하시니 즉시 깨끗하여졌습니다. 가버나움에 들어가서서 한 백부장이 자기의 하인의 중풍병을 두고 간청할 때 예수님께서 그 백부장만 한 믿음을 칭찬하시고(10) 하인이 낫게 하셨습니다. 또한 베드로의 집에 들어가서서 장모의 열병을 고쳐주셨습니다. 예수님께서 한 서기관이 예수님을 따르고자 할 때, 여우와 공중의 새를 말씀하시며 예수님을 따르는 데 있어 고난을 각오해야 할 것을 말씀하시고 한 사람이 먼저 가서 자신의 아버지를 장사 하게 허락해달라고 할 때 예수 따르는 길의 존엄성을 가르쳐주셨습니다. 예수님께서 바람과 바다를 꾸짖으시니 아주 잔잔하게 되었습니다. 예수님께서 바다 건너편 가다라 지방에 가서서 귀신들린 자 둘이 무덤 사이에 나와 예수님을 만나 소리를 지를 때, 귀신들을 명하여 돼지 떼에게 들어가게 하시어 바다에 들어가 몰사했습니다.

사도행전 8장

스데반에 순교당한 후 예루살렘에 있는 교회에 큰 박해가 있어 그 흩어진 사람들이 두루 다니며 복음을 전하는데 빌립 집사가 사마리아에 내려가서 그리스도를 전합니다. 그가 전하는 복음을 믿고 남여가 다 세례를 받는데, 마술사 시몬도 믿고 세례를 받고 빌립이 행하는 표적과 큰 능력에 놀랐습니다. 예루살렘에 있는 베드로와 요한이 사마리아에 내려가서 성령 받기를 기도하고 안수할 때 그들이 성령을 받았습니다. 시몬이 그것을 보고 돈을 드려 자신이 안수하는 사람도 성령을 받게 해달라고 요청합니다. 베드로가 은과 함께 망할 것이라며 책망했습니다. 주님의 사자가 빌립을 가사로 이끌어 성경을 읽고 있는 에디오피아 여왕 간다게의 관리를 만나게 하셨습니다. 빌립이 그 말씀을(사 53:7, 8) 가르쳐주고 복음을 전하여 세례를 베풀었습니다. 빌립은 주의 영에 이끌려 아소도와 여러 성을 다니며 복음을 전하고 가이사라에 이르렀습니다.

창세기 9, 10장

9장. 하나님이 노아와 그 아들들에게 복을 주서서 생육하고 번성하여 땅에 충만하라 하시고 땅과 하늘과 바다에 있는 것을 손에 붙여 주셨다고 했습니다. 하나님이 언약을 세우시기를 다시는 모든 생물을 홍수로 멸하지 아니할 것이요 땅을 멸한 홍수가 다시없을 것이라 하시고 무지개가 언약의 증거라 하셨습니다. 노아가 포도주에 취해 벗은 몸으로 잠이 들었는데 함이 아버지의 하체를 보고 조롱했으나 셈과 야벳은 아버지의 하체를 덮어주고 보지 않았습니다. 노아가 잠에서 깨어 일어나 이를 알고서 가나안은 저주받고, 셈의 종이 되며, 야벳을 창대하게 하시고 가나안은 그의 종이 되게 하시기를 원한다고 했습니다. 10장. 노아의 세 아들의 족보로서 야벳의 아들들, 함의 아들들과 가나안의 후 예들, 셈의 자손들을 보여주고 있습니다. 이는 노아 자손의 족보로서, 홍수 후에 이들에게서 그 땅의 백성들이 나뉘었습니다.

에스라 9장

방백들이 에스라에게 나아와 제사장과 레위 사람들이 이방 사람들의 딸을 아내와 며느리로 삼아 잡혼하는데, 방백들과 고관들이 그 죄에 더욱 앞장섰다고 했습니다. 에스라가 이를 듣고 옷을 찢고 머리털과 수염을 뜯으며 기가 막혀 앉았는데 경건한 자들이 모여 와서 그들의 죄 때문에 저녁때까지 함께 슬퍼했습니다. 에스라가 저녁 제사 때 무릎을 꿇고 하나님을 향하여 손을 들고 회개하며 기도합니다. 조상들의 때로부터 그날까지 백성들의 죄가 심하여 죄악으로 말미암아 이방 나라에 넘겨 칼에 죽고 사로잡혀 노략과 수치를 당했는데 오늘날에도 큰 죄를 지었음을 탄식합니다. 하나님께서 불쌍히 여기셔서 돌아와 성전을 세우게 하시고 무너진 것을 수리하게 하시고 울타리를 주셨는데, 주님의 계명을 저버려 이방 백성들이 행하는 가증한 일로 더럽혀졌음을 회개하고 잡혼한 것에 대해 의로우신 하나님 앞에 감히 설 수 없다고 탄식합니다.

마태복음 9장

예수님께서 가버나움에 이르시어 침상에 누운 중풍병자를 사람들이 데리고 왔을 때 그들의 믿음을 보시고 죄를 사하시고 중풍병도 고쳐주셨습니다. 예수님께서 세리 마태를 제자로 부르셨습니다. 이후 그의 집에 초대받아가서 잡수시는데, 바리새인들이 제자들에게 예수님을 비난할 때 예수님께서 자신은 의인을 부르러 온 것이 아니고 죄인을 부르러 왔다고 말씀하셨습니다(13하). 예수님께서 생베 조각, 새포도주를 말씀하시면서 예수님이 새시대의 주인이심을 가르쳐주셨습니다. 열두 해 동안 혈루증으로 고생하던 한 여인을 예수께서 네 믿음이 너를 구원하였다 하시니 즉시 구원받았습니다. 예수께서 한 관리의 집에 가서서 죽은 딸의 손을 잡아 일으키셨습니다. 그리고 두 맹인의 눈을 만져 너희 믿음대로 되라고 하시니 들이 밝아졌고 말 못하는 귀신 들린 사람에게 붙은 귀신을 내쫓아주셨습니다.

사도행전 9장

부활하신 예수님이 사울을 만나주셨습니다. 예수님께서 "네가 어찌하여 나를 박해하느냐" 하셨습니다. 눈을 떴으나 보지 못하는 사울이 사람의 손에 끌려 다메섹으로 들어갑니다. 아나니아가가 사울을 만나 안수하니 성령충만 받고 즉시 다시 보게 되고 세례를 받았습니다. 사울이 다메섹에 며칠 머문 후 각 회당에서 예수께서 하나님의 아들이심을 전파하니 듣는 사람이 박해자 사울을 알고 놀랐습니다. 사울이 힘써 예수를 그리스도라고 증언하여 다메섹에 있는 유대인들을 당혹하게 했습니다. 여러 날이 지나 유대인들이 사울 죽이기를 공모함이 알려져 제자들이 사울을 광주리에 담아 성벽에 달아내려 피신하게 했습니다. 이후 수년 만에 사울이 예루살렘에 가서 제자들과 사귀고자 하나(26) 다 두려워하므로 바나바가 중재했습니다. 이후 헬라파 유대인들이 사울을 죽이려 하므로 형제들이 알고 사울을 가이사랴로 데리고 내려가 다소로 보내었습니다.

1월 10

창세기 11장

당시에 온 땅의 언어가 하나요 말이 하나일 때 동방 시날 평지에서 거류하며 벽돌과 역청으로 성읍과 탑을 건설하여 그 탑 꼭대기를 하늘에 닿게 하여 자신들의 이름을 내고 온 지면에 흩어짐을 면하자고 했습니다. 하나님께서 이를 보시고 그들의 언어를 혼잡하게 하여 그들이 서로 알아듣지 못하게 하시어 온 지면에 흩으셨으므로 그들이 그 도시를 건설하기를 그쳤으니 그 이름을 바벨이라 했습니다. 아브람의 등장을 위해 셈의 족보를 언급합니다. 셈 이후 아르박삿, 셀라, 에벨, 벨렉, 르우, 스룩, 나홀과 그 자녀 데라 까지 내려갑니다. 데라는 아브람과 나홀과 하란을 낳았습니다. 아브람과 나홀이 장가들었는데 아내의 이름은 각각 사래와 밀가입니다. 데라가 아브람과 하란의 아들, 그의 손자 롯과 그의 며느리인 아브람의 아내 사래를 데리고 갈대아 우르를 떠나 가나안에 가고자 하여 하란에 거주하였습니다. 데라는 하란에서 죽었습니다.

에스라 10장

에스라가 하나님의 성전 앞에 엎드려 울며 죄를 자복할 때 많은 백성이 크게 통곡하였습니다. 스가냐가 에스라에게 이방 여자를 아내로 삼은 자들이 아내와 소생들을 다 내보내기로 하나님과 언약을 세우고, 율법대로 행할 것이라고 하며 에스라를 돕겠다고 했습니다. 이에 에스라가 일어나 제사장과 레위 사람들에게 맹세를 받고 유대와 예루살렘에 사로잡혔던 자들의 자손들에게 예루살렘에 3일 내로 모이라고 공포했습니다. 무리가 성전 앞 광장에 앉았을 때 에스라가 그들에게 죄를 자복하고 이방 여인을 끊어버리라고 하니 모든 회중이 큰 소리로 마땅히 에스라의 말대로 행하겠다고 대답했습니다. 그리하여 에스라가 명하여 열째 달 초하루부터 첫째 달 초하루까지 이방 여인을 아내로 맞이한 자 조사하기를 마쳤습니다. 또한 레위 사람, 그리고 이스라엘 중에서 자손 별로 이방 여자와 결혼한 남자를 각각 조사하여 명단을 작성하였습니다.

마태복음 10장

예수님께서 12제자를 부르셨습니다. 그들을 전도자로 보내시면서 천국이 가까이 왔다고 하라 하시고 예수님의 권세를 부여하시며 여러 지침을 주셨습니다. 박해당할 때 몸은 죽여도 영혼을 죽이지 못하는 자들을 두려워하지 말고 몸과 영혼을 능히 지옥에 멸하실 수 있는 하나님을 두려워하라고 하셨습니다. 하나님께서 머리털까지 다 세신 바 되었으니 두려워하지 말라고 하셨습니다. 예수님은 검을 주러 왔다고 하시고, 주님으로 인해 가족 간에 불화가 있다고 하시며 주님보다 가족을 더 사랑하는 것은 예수님께 합당하지 아니하다고 하셨습니다. 인간관계를 포기할 수 있어야 한다는 말씀입니다. 예수님은 제자들을 영접하면 예수님을 영접하는 것이요 예수님을 영접하는 자는 보내신 하나님을 영접하는 것이라 하셨습니다. 또한 전도자를 영접하는 자는 선지자의 상, 의인의 상을 얻을 것이라 하셨습니다.

사도행전 10장

가이사랴에 백부장 고넬료가 있었으니 하나님을 경외하는 경건한 사람입니다. 그가 기도할 때 환상을 보았는데 사람들을 욥바에 보내어 베드로를 청하라는 것입니다. 이튿날 베드로가 기도하려고 지붕위에 올라가 황홀한 환상 중에 부정한 음식이 큰 보자기에 담겨 내려오는 것을 보고 거절했습니다. 베드로가 그 환상에 대해 그 뜻이 무엇인지 의아해할 때 고넬료가 보낸 사람들이 도착했습니다. 베드로가 그들을 맞이하고 이튿날 함께 가이사랴 고넬료 집으로 갑니다. 그가 예수 그리스도께서 행하신 모든 일과 십자가와 부활을 전하고 살아있는 자와 죽은 자의 재판장이심을 증거했습니다. 또한 사람들이 그 이름을 힘입어 죄 사함을 받는다고 전했습니다. 베드로가 말씀을 전할 때 성령이 그들 가운데 내려오심을 보고, 베드로와 할례받은 자들이 이방인들에게 성령을 부어 주심에 놀랐습니다. 그들이 방언하고 하나님을 찬양했습니다.

1월 11

창세기 12장

하나님께서 아브람을 불러내시고 하나님께서 보여주실 땅으로 가라고 하시며 아브람으로 큰 민족을 이루고 아브람의 이름을 창대하게 하여 복이 되리라고 하시고, 복의 조상이 되어 땅의 모든 족속이 아브람을 통해 복을 얻을 것이라 약속하셨습니다. 이에 아브람이 75세에 하란을 떠났는데 사래와 조카 롯과 모든 소유와 얻은 사람들을 이끌고 가나안 땅으로 들어갔습니다. 아브람은 세겜 땅 모레 상수리나무에 이르렀다가, 점점 남방으로 옮겨갔습니다. 아브람이 그 땅에 기근이 심하여 애굽에 거주하려고 내려갔을 때 그곳 사람들을 두려워하여 아내를 누이라 하라고 했습니다. 바로가 사래를 아브람의 누이로 알고 궁으로 이끌어 들이고 아브람을 후대했습니다. 하나님께서 사래의 일로 바로와 그의 집에 큰 재앙을 내리시니 그제야 바로가 아브람을 불러 사래를 데려가게 했습니다.

마태복음 11장

세례요한이 옥에 갇힌 가운데 그의 제자들을 보내 예수님이 메시야인지 다른 이를 기다릴 것인지 여쭙니다. 예수님께서 요한의 제자들에게 구약 예언된 것을 행하는 것으로(5) 메시야로서의 정당성을 이야기하며 보냅니다. 예수님의 십자가와 부활 신앙을 가진 자가 천국에서 큰 자입니다. 예수님께서 혼인과 장례식 흉내를 내며 노는 아이들의 예를 들어 세례요한과 예수님을 배척하는 세대, 진리에 냉담한 이들이 받을 정죄를 경고하셨습니다. 예수님의 권능을 보았으나 진리에 순응하지 않고 하늘에까지 높아지리라고 교만한 고라신과 벳세다와 가버나움에 대해 심판 날에 이방 땅이 그들보다 견디기 더 쉬울 것이라 경고하고, 또한 심판 날에 소돔이 그들보다 견디기 쉬우리라고 하셨습니다. 예수님께서 수고하고 무거운 짐진 자들을 초청하시고 와서 쉬라고 하십니다. 예수님의 진리의 멍에를 메고 배우라 하십니다. 예수님이 메워주신 멍에는 쉽고 짐은 가볍습니다.

느헤미야 1장

바사 왕 아닥사스다 치세 20년(B.C 445년경) 기슬르 월에 수산 궁의 왕의 술을 맡은 관리 느헤미야가 유다 예루살렘의 형편을 살피고 온 형제 하나니로부터 고국의 소식을 들었습니다. 그곳에 남아 있는 동족들이 큰 환란과 능욕을 받으며 예루살렘 성은 허물어지고 성문들은 불탔다는 것입니다. 이에 느헤미야는 수일 동안 슬픔에 빠져 금식하며 하나님께 이스라엘 자손이 하나님께 범죄하여 악을 행한 것을 자복하며 회개합니다. 그는 백성이 범죄한 자리에서 회개하고 돌아와 하나님의 계명을 지켜 행하면 그들을 모아 하나님의 이름을 두려고 택한 곳으로 돌아오게 하리라는 말씀을 기억해주시기를 간구합니다. 그리고 하나님께서 자신과 주님의 이름을 경외하는 종들의 기도를 들으시고, 자신을 형통하게 하시어 왕 앞에서 은혜를 입게 해달라고 간구합니다.

사도행전 11장

유대에 있는 사도들과 형제들이 이방인들도 하나님의 말씀을 받았다 함을 듣고 베드로가 예루살렘에 올라갔을 때 베드로를 비난합니다. 베드로가 그들에게 있었던 이야기를 차례로 설명하고 우리가 주 예수그리스도를 믿을 때 주신 것과 같은 선물을 이방 고넬료 가족들에게도 주셨다고 역설했습니다. 그들이 베드로의 말에 하나님께 영광을 돌리며 이방인에게도 생명 얻는 회개를 주셨다고 했습니다. 스데반의 순교로 일어난 환란으로 인해 흩어진 자들 중에 구브로와 구레네 몇 사람이 안디옥 헬라인에게도 주 예수를 전파하여 수많은 사람이 믿고 주께로 돌아왔습니다. 예루살렘 교회가 이 소문을 듣고 바나바를 안디옥에 보냈습니다. 바나바가 다소에 가서 사울을 데리고 안디옥으로 와서 둘이 1년간 큰 무리를 가르쳤고 안디옥 제자들이 그리스도인이라는 칭호를 얻었습니다.

1월 12

창세기 13장

아브람이 애굽에서 나와 네게브로 올라갔다가 그곳을 떠나 벧엘과 아이 사이, 전에 장막을 쳤던 곳에 이르렀습니다. 롯과 아브라함이 양과 소와 장막이 있어 그 땅이 그들이 동거하기에 넉넉하지 못할 정도로 그들의 소유가 많았습니다. 그래서 아브람과 롯의 가축의 목자들이 서로 다투고 또 가나안 사람과 브리스 사람도 그 땅에 거주하였습니다. 이에 아브람이 롯에게 서로 목자들 사이에 다툼이 없도록 땅을 택하여 결별하자고 제안했습니다. 롯이 요단과 소알 온 땅에 물이 넉넉한 것을 알고 요단 온 지역을 택하고 동으로 옮겨 떠났습니다. 아브람은 가나안 땅에 거주하고 롯은 그 지역의 도시들에 머무르며 그 장막을 옮겨 소돔까지 이르렀습니다. 하나님께서 아브람에게 나타나시어 눈을 들어 동서남북을 바라보게 하시고 보이는 땅을 아브람과 자손에게 주고 영원히 이르리라 하시고 자손이 땅의 티끌 같게 하리라고 하셨습니다.

마태복음 12장

바리새인들이 예수님께 안식일에 해서는 안 될 일을 한다고 항의할 때, 예수님은 성전보다 더 큰이요, 안식일의 주인이라고 선포하셨습니다. 바리새인들은 예수님이 귀신의 왕 바알세불을 힘입어 귀신을 쫓아낸다고 힐난합니다. 그리스도께서 귀신을 쫓아내신 것은 성령을 힘입어 사단을 결박하고 이긴 것입니다. 서기관과 바리새인 중 몇 사람이 표적 보이기를 요구했는데 예수님이 보여줄 표적은 요나의 표적입니다. 남방 여왕이 솔로몬의 지혜의 말을 들으려 멀리서 왔으나 유대인들은 그들을 찾아 전하는, 솔로몬보다 크신 그리스도의 전도 메시지를 거절했습니다. 그러므로 최후 심판과 정죄를 피할 수 없습니다. 예수님께서 악한 세대를 비유하기를 귀신이 떠났으나 더 악한 귀신 일곱을 데리고 들어가 거함으로 그 사람의 나중 형편이 전보다 더욱 심하게 되었다고 하셨습니다. 유대인은 바벨론에서 해방되었으나 예수그리스도를 모시지 않음으로 형편이 더욱 악화한 것입니다.

느헤미야 2장

느헤미야가 예루살렘 소식을 듣고 회개 자복 기도한 후 3, 4개월이 지나 왕에게 고국 예루살렘 이야기를 했습니다. 느헤미야는 왕에게 자신을 유다 성읍에 보내어 그 성을 건축하게 해주되, 강 서쪽 총독들에게 조서를 내려 그들이 자신을 용납하여 무사히 유다 땅에 들어가도록 해주기를 청했습니다. 그리고 감독에게는 삼림 조서를 내려 영문과 성곽과 자신이 들어갈 집을 위해 쓸 재목을 주게 하도록 요청했습니다. 하나님이 도우서서 왕이 허락하여 군대 장관과 마병을 보내 느헤미야와 함께하도록 하고 강 서쪽 총독들에게 왕의 조서를 전했습니다. 느헤미야가 예루살렘에 도착하여 사흘 만에 성문과 성벽을 시찰합니다. 후에 느헤미야가 지도자들에게 예루살렘 성을 건축하여 다시 수치를 당하지 말자고 하며 하나님께서 자신을 도우신 일과 왕의 배려를 전하니, 그들이 느헤미야의 말을 받아들이고 모두 힘을 내어 성벽을 건축하자 했습니다.

사도행전 12장

예루살렘교회에 극심한 박해가 일어났습니다. 헤롯왕(아그립바 1세)이 교회를 해하려 하여 야고보 사도를 칼로 죽이고 베드로도 옥에 가두어 유월절 후에 백성 앞에 끌어내고자 했습니다. 베드로를 잡아내려고 한 전날 밤에 홀연히 주의 사자가 베드로를 옥에서 이끌어냈습니다. 그가 마가 요한의 어머니 마리아의 집에 가니 그들이 기도하고 있었습니다. 베드로가 그곳에 모인 자들에게 사정을 말하고 주의 동생 야고보와 형제들에게 이 말을 전하라 하고 떠났습니다. 헤롯이 두로와 시돈 사람과 모종의 일로 서로 불화한 가운데 있었기에, 헤롯이 식량 공급 중지 명령을 내렸습니다. 이에 왕의 시종을 통해 왕과 화목을 청했습니다. 헤롯이 특정 경기 일에 왕복을 입고 단상에서 백성에게 연설할 때 백성들이 칭송의 환호를 지릅니다. 헤롯이 하나님께로 영광을 돌리지 아니하므로 주의 천사가 치니 벌레에게 먹혀 큰 복통으로 죽었습니다. 하나님의 말씀은 흥왕하여 더하였습니다.

창세기 14장

당시에 소돔의 다섯 왕이 엘람왕 그돌라오멜을 섬기다가 배반하여 그돌라오멜이 동방의 네 왕 연합군을 조직하여 소돔으로 침공하여 염해에서 전쟁이 벌어졌습니다. 그 싸움에서 그돌라오멜 연합군이 주위의 나라들을 평정하고, 싯딤 골짜기에서 소돔 고모라를 격멸하여 소돔 고모라의 모든 재물과 양식을 빼앗아 가고 롯도 사로잡고 그 재물까지 빼앗아 갔습니다. 아브람이 318명의 사병을 이끌고 단까지 쫓아가서 그들을 쳐부수고, 다메섹 왼편 호바까지 쫓아가 모든 빼앗겼던 재물과 롯과 부녀와 친척을 다 찾아왔습니다. 그때 소돔 왕이 그를 영접하였고 살렘 왕 멜기세덱, 지극히 높으신 하나님의 제사장이 음식을 보내고 아브람을 축복했습니다. 아브람은 전리품의 십분의 일을 살렘 왕 멜기세덱에게 드립니다. 소돔 왕이 아브람에게 물품을 가지라고 했으나 아브람은 그것을 거절하고 오직 젊은 이들이 먹은 것과 동행한 사병들의 분깃만 제하고 나머지는 돌려주었습니다.

마태복음 13장

예수께서 씨뿌리는 비유를 말씀하셨습니다. 씨뿌리는 자가 씨를 뿌리는데 길가, 흙이 얕은 돌밭, 가시떨기, 좋은 땅에 대해 각각 말씀하십니다. 결국 천국 말씀을 듣고 깨달은 좋은 밭의 결실이 100배, 60배, 30배가 된다고 하셨습니다. 천국은 좋은 씨를 제 밭에 뿌린 사람과 같습니다. 원수가 와서 가라지를 덧뿌리고 갔습니다. 나중 주인이 가라지는 불사르게 단으로 묶고 곡식은 모아 곳간에 넣으라고 합니다. 천국은 자기 밭에 갖다 심은 겨자씨 한 알과 같고, 천국은 여자가 가루 세 말속에 갖다 넣어 전부 부풀게 한 누룩과 같습니다. 씨뿌리는 자는 인자, 밭은 세상, 가라지는 악한 자의 아들들, 가라지를 뿌린 원수는 마귀, 추수 때는 세상 끝, 추수꾼은 천사들이라고 하시며 가라지를 거두어 불에 사르는 것 같이 세상 끝에도 그러하다고 하셨습니다. 결국 의인과 악인을 갈라내어 악인을 풀무불에 던져 넣으리라 하셨습니다.

느헤미야 3장

느헤미야는 백성들을 독려하여 예루살렘 성벽 중수 공사를 진행합니다. 예루살렘 성의 중수를 42구역으로 나누어 성곽을 중수하고 문마다 문짝을 달았는데 북쪽 성벽의 중수자들(1-11), 서남쪽 성벽의 중수자들(12-14), 남동쪽 성곽의 중수를 맡은 자(15-32)들을 기록합니다. 이는 북에서 시작하여, 남, 동쪽으로 거명한 것이고, 그 인원수의 다소는 성의 퇴락한 상태를 따른 것으로 보입니다. 북쪽에 양문, 어문이 있고, 서남쪽에는 분문이 있고, 남동쪽에는 샘문, 마문 등이 나옵니다. 느헤미야는 성벽 중수에 적절한 사람들을 선별하여 책임자로 세웠습니다. 느헤미야의 지혜롭고 탁월한 지도력에 제사장을 위시한 백성들 전체가 하나님께 헌신했습니다.

사도행전 13장

수리아 안디옥교회가 성령의 지시를 따라 바나바와 사울을 세워 기도하고 두 사람에게 안수하여 선교사로 보냅니다. 두 사람이 성령의 보내심을 따라 배 타고 살라미에 이르러 유대인의 회당에서 복음을 전하고 바보에서 총독 서기오가 박수 마술사의 방해를 무릅쓰고 복음을 믿었습니다. 바보에서 배 타고 밤빌리아 버가를 거쳐 비시디아 안디옥에 이르러 안식일에 회당에 들어가 전도했습니다. 설교를 통해 하나님께서 아브라함과 세우신 언약 의 따라 다윗의 후손으로 오신 구주가 예수그리스도이심을 증거했습니다. 그를 힘입어 죄사함 받고 그리스도를 믿어 의롭다 함을 얻는다고(39) 증거했습니다. 설교가 끝난 후 유대인과 유대교에 입교한 경건한 사람들이 많이 바울과 바나바를 따랐습니다. 유대인들이 시기가 가득하여 바울의 말을 반박하고 비방했지만 담대하게 전했습니다. 유대인 중에 선동자가 있어 바울과 바나바를 박해하여 쫓아내니 두 사람은 이고니온으로 갔습니다.

창세기 15장

아브람은 하나님께서 씨를 주지 않으시기에 상속자가 엘리에셀이 될 것이라고 까지 했습니다. 그러나 하나님은 그가 상속자가 아니고 아브람의 몸에서 날 자가 상속자가 되리라 하시고 아브람을 이끌고 나가 하늘을 우러러 뭇 별을 보여주시고 자손들이 그와 같을 것이라 약속하셨습니다. 아브람이 그 약속을 믿으니 하나님께서 이를 그의 의로 여겨주셨습니다(6). 하나님께서 아브람에게 땅을 소유로 받은 것을 확증하기 위해서 제물을 준비하게 하시고 그 모든 것의 중간을 쪼개고 그 쪼갠 것을 마주 대하여 놓고 새는 쪼개지 않았습니다. 하나님께서 아브람의 자손들이 이방에서 400년간 객이 되었다가 큰 재물을 이끌고 나올 것이고 4대 만에 그 땅으로 돌아오리라고 하셨습니다. 어두울 때에 타는 횃불이 쪼갠 고기 사이로 지났습니다. 그날 하나님께서 아브람에게 언약을 세우고 땅을 약속하셨습니다(18-20).

느헤미야 4장

느헤미야의 지도하에 성벽 건축을 진행할 때 산발랏과 도비야와 아라비아 사람들과 암몬 사람들과 아스돗 사람들이 예루살렘 성이 중수되어 가는 것을 보고 심히 분노하여 예루살렘을 공격하여 요란하게 하자고 계략을 꾸밉니다. 느헤미야는 하나님께 기도하고 파수꾼을 두어 주야로 방비하는데 유다 사람들이 대적자들의 영향을 받아 동요합니다. 이에 느헤미야는 유다 백성들에게 무기로 무장하여 지키게 하고, 반대자들을 두려워하지 말고 크고 두려우신 하나님을 기억하고 가족을 위해 싸우라고 격려합니다. 그리고 느헤미야의 수하 사람들의 절반은 일하고 절반은 무장하게 했습니다. 성을 건축하고 짐을 나르는 자는 각각 한 손으로 일하고 한 손에는 무기를 잡았습니다. 그리고 나팔수를 두어 연락을 원활하게 취하도록 했습니다. 느헤미야는 성벽 건축 일과 대적에 대한 방비를 동시에 함께 수행했습니다.

마태복음 14장

당시에 분봉왕 헤롯(안티파스)이 세례요한을 옥에 가두었다가 헤롯의 생일 때에 춤추는 헤로디아의 딸의 소원을 들어준다고 하여 세례요한의 목을 베게 했습니다. 이 일 후에 예수님께서 빈들에서 떡 다섯 개와 물고기 두 마리로 오천 명을 배불리 먹이시고 나머지로 열두 광주리를 차게 거두게 되었습니다. 예수님께서 제자들을 배 타고 건너편으로 가게 하시고 따로 산에 올라 홀로 계셨습니다. 그 밤에 갈릴리 바다에 바람이 거세게 불어 제자들이 큰 곤란을 겪고 있을 때 예수님께서 밤 4경에 바다 위를 걸어오셨습니다. 유령인 줄 알았으나 예수님이 자신인 줄 밝히니 베드로가 예수님의 말씀 따라 바다로 내려 걸어가다가 물에 빠져 버리고 말았습니다. 예수님께서 손을 내밀어 그를 붙잡아 주시며 "믿음이 작은 자여 왜 의심하느냐" 하시며 배에 함께 올랐습니다. 배에 있는 이들이 예수께 절하며 "진실로 하나님의 아들이로소이다"라고 했습니다.

사도행전 14장

바울과 바나바가 이고니온 회당에 들어가 전도하니 유대와 헬라의 큰 무리가 믿었습니다. 그러나 순종하지 않는 유대인들이 이방인들의 마음을 선동하여 형제들에게 악한 마음을 품게 했으나 하나님께서 두 사도가 주님을 힘입어 담대하게 말씀을 전하게 하셨습니다. 이방인과 유대인과 그 관리들이 두 사도를 돌로 치려고 달려들어 그들이 도망하여 루스드라, 더베와 그 근방으로 가서 복음을 전했습니다. 루스드라에 나면서부터 발을 쓰지 못하는 사람이 있었는데 구원받을 만한 믿음이 그에게 있음을 알고 그를 걷게 해주었습니다. 유대인들이 안디옥과 이고니온에서 원정을 와서 무리를 선동하여 돌로 바울을 쳐서 죽은 줄 알고 시외로 끌어 내쳤습니다. 바울이 일어나 이튿날 바나바와 함께 더베로 가서 복음을 전하고, 왔던 곳으로 되돌아가서 제자들의 마음을 굳게 하여 믿음에 머물러 있으라 권면하였습니다. 두 사람이 배 타고 수리아 안디옥으로 돌아왔습니다.

1월 15

창세기 16장

믿음을 의로 여김받은 아브람이 불신을 드러냅니다. 사래가 여종 하갈을 통해 자녀를 얻을까 하여 아브람에게 첩으로 주어 동침하게 합니다. 이때 아브람의 나이 85세입니다. 하갈이 임신하여 주인 사래를 멸시합니다. 이에 사래가 남편에게 불만을 토로하니 아브람이 사래의 눈에 좋을 대로 하갈에게 행하라고 합니다. 사래가 하갈을 학대하니 하갈이 사래 앞에서 도망하였습니다. 여호와의 사자가 술 길 광야의 샘 곁에서 하갈을 만나 여주인 사래에게로 돌아가서 그 수하에 복종하라고 하고, 그녀의 씨를 크게 번성하게 하여 그 수가 많아 셀 수 없게 하리라고 했습니다. 그리고 임신한 아들을 낳으면 이스마엘이라 하라고 했습니다. 그가 들나귀 같이 되어 그의 손이 모든 사람을 치겠고 모든 사람의 손이 그를 칠 것이며, 그가 모든 형제와 대항해서 살리라고 했습니다. 그 샘을 브엘라해로이라 했으니 그 뜻은 나를 살리시는 살아계신 이의 우물이라는 뜻입니다.

느헤미야 5장

그때 백성들 가운데 빈민층이 있어 먹을 양식이 없거나, 밭과 포도원과 집이라도 저당 잡혀 곡식을 얻어야 하는 사람도 있고, 빚을 내어 세금을 바친 이도 있었습니다. 심지어 자녀를 종으로 팔려 하거나 이미 딸이 남의 것이 된 이도 있었습니다. 그래서 불만과 원성이 높았습니다. 느헤미야가 백성의 부르짖음과 말을 듣고 귀족과 민장을 꾸짖고, 대회를 열어 형제에게 고리를 취하는 것에 대해 강하게 책망하고 이자 받기를 그치고, 저당 잡은 밭과 포도원, 감람원과 집과 꾸어 준 돈이나 양식이나 새포도주나 기름의 백분의 일을 돌려보내라고 했습니다. 백성들은 느헤미야의 말대로 행하여 돌려보내고 그들에게 아무것도 요구하지 아니할 것이라 제사장 앞에서 맹세하게 하여 회중이 아멘하여 말한 대로 행하였습니다. 느헤미야는 청렴하고 백성에게 본을 보였습니다. 그는 유다 땅 총독으로 임명받고 이전 총독들과 달리 12년 동안 자신과 형제들이 총독의 녹을 먹지 않았습니다.

마태복음 15장

바리새인들과 서기관들이 제자들이 장로들의 전통을 범하여 떡 먹을 때 손을 씻지 않는다고 예수님께 시비합니다. 예수님께서 그들이 부모에게 드려 유익하게 해야 할 것을 하나님께 드림이 되었다고 하며 부모 공경하라는 계명을 어겨 하나님의 말씀을 폐하는 외식하는 자들이라고 응수하셨습니다(사29:13 인용). 예수님께서 입으로 들어가는 것이 사람을 더럽게 하는 것이 아니라 입에서 나오는 것이 사람을 더럽게 한다고 하시고 사람의 입으로 나오는 것은 마음에서 나오는 것으로 악한 생각, 살인, 간음, 음란, 도둑질, 거짓 증언, 비방 등이라고 하셨습니다. 예수님께서 두로와 시돈 지방에 가셨을 때 딸이 흉악한 귀신들린 가나안 여자가 도와달라고 호소하니 그녀의 믿음을 보시고 "여자여 네 믿음이 크도다 네 소원대로 되리라" 하시니 그때부터 그의 딸이 나았습니다. 예수님께서 떡 일곱 개와 생선 두어 마리를 가지고 축사하신 뒤에 떼어 무리에게 주니 다 배불리 먹었습니다.

사도행전 15장

1차 전도여행 후에 어떤 사람들이 유대로부터 안디옥에 내려와서 형제들을 가르칠 때 모세의 법대로 할례를 행하지 않으면 구원받지 못한다고 했습니다. 이에 그들의 주장을 반대하는 바울, 바나바와 그들 사이에 큰 다툼이 벌어졌습니다. 이 문제를 의논하려고 예루살렘에서 공회가 열렸습니다. 양측 간에 격론이 벌어졌으나 결국 베드로가 발언한 후, 주의 동생 야고보가 구약을 인용하여(16-17) 중재하기를 이방인 중에 하나님께 돌아오는 자들을 괴롭게 하지 말고 다만 우상의 제물과, 음행과 목매어 죽인 것과 피를 멀리하라고 편지를 보내는 것이 옳다고 했습니다. 결국 공회의 결의를(28-29) 편지로 써서 안디옥 등 이방인 형제들에게 바울과 바나바와 함께 유다와 실라를 보내 전하기로 했습니다. 얼마 후 바울과 바나바 사이에 마가 요한의 문제로 두 사람이 갈라져 바나바는 마가를 데리고 구브로로 가고, 바울은 실라를 택하여 수리아와 길리기아로 다니며 교회들을 견고하게 했습니다.

창세기 17장

하나님께서 99세 아브람에게 나타나시어 당신을 전능하신 분으로 계시하시고 언약을 확증하시어 아브람을 아브라함으로 바꾸어주시고 아브라함을 통해 민족들이 나고 왕들이 나오리라고 약속하셨습니다. 그리고 가나안 온 땅을 주어 영원한 기업이 되고 하나님께서 그들의 하나님이 되리라고 하셨습니다. 하나님께서 언약의 표징으로 할례를 행하게 하셨습니다. 하나님께서 사래를 사라로 바꿔주시고 아들을 낳게 하시어 여러 민족의 어머니가 되게 하리라 하셨습니다. 아브라함이 엎드려 웃으며 마음속으로 90세 된 사라가 어찌 출산할까 생각했으나 하나님께서 아들을 낳아 이삭이라 하라고 하셨습니다. 하나님께서 이스마엘은 열두 두령을 낳아 큰 나라가 되게 하시겠다고 했습니다. 하나님께서 그로부터 이듬해 그때 사라가 아들을 낳아 이삭과 언약을 세우리라 하셨습니다. 아브라함이 순종하며 할례를 행하였으니 아브라함이 99세요 이스마엘은 13세였습니다.

느헤미야 6장

성벽공사가 마무리될 무렵 공사 산발랏과 도비야와 아라비아 사람 게셈과 방해자들이 사람을 보내어 오노 평지 한 촌에서 만나자고 합니다. 이는 느헤미야를 유인하여 해코지하려 합니다. 그들이 네 번이나 사람을 보냅니다. 다섯 번째는 편지를 보내어 느헤미야가 왕이 되려 한다는 거짓말로 이간질하여 와서 함께 의논하자고 합니다. 이에 느헤미야는 그들이 성벽역사를 중지하고 이루지 못하도록 음모를 꾸미는 것을 알아차리고 응하지 않았습니다. 그들은 심지어 스마야에게 뇌물을 주어 느헤미야로 하나님의 전에 들어가 죄를 범하게 하도록 모략을 꾸밉니다. 대적 마귀는 지속적으로 하나님 나라의 일을 방해합니다. 느헤미야는 하나님만 의지하며(14) 52일 만에 성벽을 완공했습니다. 기도하는(9, 14) 믿음의 사람 느헤미야는 지혜와 용기로 하나님의 일을 완수할 수 있었습니다.

마태복음 16장

바리새인들과 사두개인들이 그동안 예수님께서 행하신 많은 표적을 보았으면서도 하늘로부터 오는 표적을 보여주기를 청합니다. 예수님께서 악하고 음란한 세대에 보여줄 표적은 요나의 표적이라 하셨습니다. 즉 예수님의 죽음에서의 부활입니다. 예수님께서 제자들과 갈릴리 북쪽 빌립보 가이사랴에 가셨을 때 베드로가 "주는 그리스도시요 살아 계신 하나님의 아들이시니이다"라고 했습니다. 예수님께서 베드로의 반석 같은 신앙고백 위에 교회를 세우리라 하시고 그에게 천국 열쇠를 주시겠다고 약속하셨습니다. 예수님께서 예루살렘에 올라가 고난을 받고 죽임당하고 제삼일에 살아나야 할 것을 비로소 나타내셨습니다. 예수님의 길을 막는 베드로에게 사탄아 내 뒤로 물러가라고 강하게 꾸짖으시고 "누구든지 주님 따라오려거든 자기를 부인하고 자기 십자가를 지고 따를 것이라"(24)고 말씀하셨습니다. 그리고 아버지의 영광으로 그 천사들과 함께 오실 것이라고 하셨습니다.

사도행전 16장

바울은 실라와 함께 2차 전도여행에 나섰습니다. 바울이 루스드라에 이르러 디모데를 만나 할례를 행하게 하고 여러 성으로 다녀가 신앙생활을 격려했습니다. 그런데 성령께서 바울에게 아시아에서 말씀을 전하지 못하게 하시므로 드로아로 내려갔습니다. 밤에 마게도냐 사람이 건너와서 도우라고 하는 환상을 보고 드로아에서 네압볼리를 거쳐 마게도냐의 첫 성 빌립보에 이르렀습니다. 그곳에서 자색 옷감 장사 루디아를 만나 전도하여, 그와 그 집이 다 세례를 받았습니다. 바울이 귀신들려 점치는 소녀를 장악하고 있는 귀신을 내쫓아주었습니다. 그로 인해 매질당하고 깊은 옥에 갇혔으나 한밤중에 기도하며 하나님을 찬송했습니다. 갑자기 지진이 일어나 옥문이 열리고 두 사람이 매인 것이 벗어졌습니다. 자결하려던 간수에게 주 예수를 믿으면 자신과 가정이 구원받는다(31)고 했습니다. 간수와 그 가족들에게 주의 말씀을 전하여 간수와 온 가족이 세례를 받고 기뻐했습니다.

1월 17

창세기 18장

하나님의 사람 셋이 아브라함의 장막을 지나갑니다. 아브라함이 그들을 영접하여 극진히 대접합니다. 그들이 내년 그맘때 사라가 아들을 낳을 것이라고 합니다. 사라가 이를 장막 문에서 들었습니다. 아브라함이 자신과 사라가 많이 늙고 사라에게 생리가 끊어졌다고 합니다. 사라도 속으로 웃고 자신이 노쇠하고 아브라함도 늙었는데 어찌 그런 일이 있겠느냐고 합니다. 하나님께서 어찌 아들을 낳을까 하느냐고 하시며 하나님은 능하지 못할 일이 없다고 하셨습니다(14). 하나님께서 아브라함에게 소돔과 고모라에 대한 부르짖음을 판단해 보시겠다고 하셨습니다. 아브라함이 하나님께 나아가 하나님께서 의인을 악인과 함께 멸하지 마시기를 구합니다. 그리하여 아브라함이 소돔에 대하여 중보하며 의인 50명, 45명, 40명, 30명, 20명, 10명까지 내려오며 의인이 있으면 소돔을 용서하시기를 하나님께 호소합니다.

느헤미야 7장

성벽이 건축되어 문짝을 달고 문지기와 노래하는 자들과 레위 사람들을 세운 후에 느헤미야는 아우 하나니와 영문의 관원 하나냐를 세워 예루살렘을 통치하게 합니다. 느헤미야는 그들에게 성문을 개폐하는 시간과 파수하는 문제에 대해 지시했습니다. 그 당시에 성읍은 광대하고 행정조직이 없고 주민도 부족하고 가옥도 미처 건축하지 못한 상태였습니다. 하나님께서 느헤미야의 마음을 감동시키시어 귀족들과 민장들과 백성을 모아 그 계보대로 포로에서 돌아온 사람들의 명단을 등록하게 했습니다. 옛적 바벨론에 포로로 잡혀 갔다가 예루살렘과 유다에 돌아와 자기들의 성읍에 이른 자들의 자손별 숫자가 나옵니다. 그리고 제사장, 레위 사람들, 문지기, 느디님 사람들, 솔로몬의 신하들 자손 수가 나옵니다. 돌아온 회중의 수가 4만2천3백6십 명입니다. 그때에 족장들과 총독이 많은 예물을 드렸습니다.

마태복음 17장

예수님께서 세 제자를 데리시고 높은 산에 올라가셨는데 그들 앞에서 변형되시어 모세와 엘리야가 나타나 함께 대화하셨습니다. 베드로가 예수님의 영광스러운 모습을 보고 초막 셋을 지어 함께 지내면 좋겠다고 말할 때, 홀연히 구름 속에서 "이는 내 사랑하는 아들이요 내 기뻐하는 자니 너희는 그의 말을 들으라"는 소리가 들려왔습니다. 산에서 내려오셨을 때 무리 중에 한 사람이 예수님께 와서 꿇어 엎드려 간질로 심히 고생하는 아들을 불쌍히 여겨주시기를 간청합니다. 예수님께서 귀신을 꾸짖어 떠나가게 하셨습니다. 예수님께서 제자들이 귀신을 쫓아내지 못한 것은 믿음이 작은 까닭이라고 하시고 믿음이 겨자씨 한 알 만큼만 있어도 산을 명하여 여기저기로 옮길 수 있다고 하셨습니다. 가버나움에 이르러 반 세겔 세금 받는 자들이 베드로에게 예수께서 반 세겔 내지 않는 것을 묻습니다. 이를 베드로가 예수님께 고하니 낚시를 내려 먼저 오르는 고기 입 속에 있는 한 세겔로 각각 세겔을 주라고 하셨습니다.

사도행전 17장

바울 일행이 데살로니가에 이르러 회당에서 세 안식일에 성경을 강론하고 그리스도의 죽으심과 다시 살아나심을 증언하며 예수는 그리스도라고 전했습니다. 그중 바울과 실라를 따른 이도 있었으나 유대인들은 시기하여 저자의 불량한 사람들을 데리고 떼를 지어 성을 소동하게 했습니다. 바울과 실라가 베뢰아로 옮겨와서 유대인의 회당에서 하나님의 말씀을 증거하니 그들이 간절한 마음으로 말씀을 사모하고 날마다 성경을 상고하여 그중에 믿는 사람이 많이 생겼습니다. 실라와 디모데는 거기 머무르고 바울은 아덴에 이르게 됩니다. 바울은 회당에서 유대인을 만나고 장터에서 사람들을 만나 변론했습니다. 에피쿠로스와 스토아 철학자들이 바울과 쟁론하다가 그를 아레오바고로 데리고 갔습니다. 바울이 가운데 서서 천지의 주재이신 하나님을 증거하고, 하나님께서 정하신 자(예수님)를 죽은 자 가운데서 다시 살리셨다고 증언했습니다.

1월 18

창세기 19장

저녁때에 그 두 천사가 소돔에 이르렀는데 롯이 두 천사를 집으로 들어오게 하여 극진히 대접하였습니다. 밤 중에 소돔의 백성들이 노소를 막론하고 롯의 집을 에워싸고 천사들을 끌어내게 하여 간음을 저지르려고 합니다. 동성간이라는 단어 소도마이(sodomy)가 여기서 나왔습니다. 천사들이 롯을 집을 끌어들이고 문을 닫았습니다. 그리고 문 밖의 무리 모두의 눈을 어둡게 하였습니다. 천사들이 롯의 가족을 밖으로 끌어낸 후 돌아보거나 들에 머물지 말고 도망하여 생명을 보존하라고 했습니다. 천사가 롯의 가족을 멸망의 도시에서 강제적으로 끌어내어 소알에 이르게 하십니다. 하나님께서 유황과 불로 소돔과 고모라를 멸하셨습니다. 하나님께서 아브라함의 간구를 생각하시어 롯과 두 딸을 내보내셨습니다. 그들이 굴에 거주하는 중에 두 딸이 롯에게 술을 먹이고 동침하여 각각 모압과 암몬의 조상이 된 모압과 벤암미를 낳았습니다.

느헤미야 8장

이스라엘 백성들이 자기들의 성읍에 거주하는데 일곱째 달에 모든 백성이 일제히 수문 앞 광장에 모였습니다. 그때 학사 에스라가 모세의 율법책을 가져와 회중 앞에서 새벽부터 정오까지 읽으니 뭇 백성이 귀를 기울였습니다. 그 때에 에스라가 특별히 지은 나무 강단에 서고 모든 백성 앞에 서서 책을 펼 때에 모든 백성이 일어섰습니다. 에스라가 하나님을 송축할 때 백성들이 아멘 아멘하며 응답하고 몸을 굽혀 얼굴을 땅에 대고 하나님께 경배하였습니다. 예수아를 위시한 13명의 보조자들과 레위 사람들이 백성이 서 있는 동안에 그들에게 율법을 깨닫게 하니 백성들이 율법의 말씀을 듣고 다 웁니다(9). 그들로 우는 것을 자제시키고 먹고 마시고 즐거워하게 했습니다. 이튿날부터 초막을 짓고 그곳에 거하면서 초막절을 지켰습니다. 에스라는 첫날부터 끝날까지 날마다 하나님의 율법책을 낭독하고 이레 동안 절기를 지키고 여덟째 날에 규례를 따라 성회를 열었습니다.

마태복음 18장

예수님께서 천국에서 누가 큰가에 대한 질문에 대해 어린아이를 내세워 자기를 낮추고 겸손한 자가 천국에서 큰 자라고 하며 겸손을 가르치시고 작은 자 하나를 실족하게 하지 말라고 가르쳐주셨습니다. 손이나 발이나 눈이 범죄하거든 찍어버리고 빼 버리라고 하신 말씀은 철저한 그리스도의 윤리관을 보여주는 교훈입니다. 교회가 그 권위를 행사하여 매고 풀림을 선언하면 하늘에까지 영향이 있는 것입니다. 거듭나고 진실된 교인 둘이 합심하면 교회가 형성되고, 그 사명은 함께 기도하는 것입니다. 무엇이든지 합심하여 기도하면 하나님이 들으십니다. 예수님께서 일곱 번을 일흔 번까지도 용서하라고 하셨습니다. 일만 달란트 탕감받은 종이 자신에게 백 데나리온 빚진 동료가 갚지 않는다고 옥에 가두었습니다. 이를 들은 주인이 그 종을 불러 책망하고 노하여 그 빚을 다 갚도록 옥졸들에게 넘겼습니다. 형제의 죄를 용서하지 아니하면 하늘 아버지께서도 용서하지 않습니다.

사도행전 18장

바울이 아덴을 떠나 고린도로 갔습니다. 그곳에서 본도 출신 천막제조업자, 유대인 아굴라와 브리스길라 부부를 만났습니다. 바울은 안식일마다 회당에서 유대인들에게 예수는 그리스도라고 증언할 때 그들이 대적하고 비방하므로 거기서 옮겨 디도 유스도라 하는 사람의 집에 들어갔습니다. 회당장 그리스보는 온 집안과 더불어 믿고 세례를 받았습니다. 바울이 그곳에서 1년 6개월을 머물며 하나님의 말씀을 가르쳤습니다. 바울은 에베소를 거쳐 배를 타고 가이사랴를 지나 수리아 안디옥으로 내려가 얼마 있다가 3차 전도여행을 떠납니다(23 하). 에베소에 아볼로라는 유력한 유대인이 있었는데, 요한의 세례만 알 뿐입니다. 그래서 아굴라 부부가 데려다가 하나님의 도를 더 정확하게 풀어 설명했습니다. 아볼로가 고린도에 가서 믿는 자들에게 많은 유익을 주고 예수는 그리스도라고 증언하였습니다.

창세기 20장

아브라함이 가데스와 술 사이 그랄에 거류하면서 아내를 자기 누이라고 하여 그랄 왕 아비멜렉이 사람을 보내어 사라를 데려갔습니다. 그 밤에 하나님께서 아비멜렉에게 현몽하여 말씀하시기를 아비멜렉이 데려간 여자는 남편이 있는 여자이니 돌려보내라고 하셨습니다. 만약 돌려보내지 않으면 그와 그에게 속한 자가 다 반드시 죽을 것이라 하셨습니다. 아비멜렉이 아브라함을 불러 원망하니 아브라함이 그곳에서는 하나님을 두려워함이 없으므로 자기의 아내로 인해 사람들이 자신을 죽일까 생각하여 아내를 누이라고 했다고 했습니다. 아비멜렉이 양과 소와 종들을 아브라함에게 주고 사라도 그에게 돌려보냈습니다. 아비멜렉이 그의 땅을 아브라함이 원하는 대로 거주하게 하고 사라에게는 은 천 개를 내어주었습니다. 아브라함이 하나님께 기도하여 아비멜렉과 그의 아내와 여종을 치료하시어 출산하게 하셨습니다.

느헤미야 9장

백성들이 초막절을 지킨 후 그 달 스무나흗날에 이스라엘 자손이 다 모여 금식하며 굵은 베옷을 입고 이방 사람들과 절교하고 자기의 죄와 조상들의 허물을 자복합니다. 그날에 낮 4분의 1은 그 자리에 서서 율법책을 낭독하고 낮 4분의 1은 죄를 자복하며 하나님께 경배하고, 레위 사람들 일곱은 단에 올라서서 큰 소리로 하나님께 부르짖고 다른 레위 사람 여덟은 무리들에게 영원하신 하나님을 송축하라고 하며 과거에 베푸신 은혜에 대해 찬양합니다. 그리고 하나님 앞에 경배하며 부르짖어 기도합니다. 하나님께서 아브라함과 언약을 세우시고 약속하신 땅으로 들어가 차지하게 하셨습니다. 그러나 조상들이 하나님께서 베푸신 큰 복과 넓고 기름진 땅을 누리면서도 주를 섬기지 아니하며 악행을 그치지 않아 하나님께서 주신 땅에서 종이 되었음을 깨닫습니다. 그들이 견고한 각성의 언약을 세워 기록하고 방백들과 레위 사람들과 제사장들 모두가 솔선하여 인봉하였습니다.

마태복음 19장

예수님께서 결혼은 하나님이 짝지어준 한 몸의 의미이기에 사람이 나누지 못할 것이라고 하셨습니다. 예수님께서 모세가 사람의 완악함으로 인해 아내 버림을 허락한 것이지만 본래는 그렇지 않다고 하셨습니다. 한 청년이 예수께 와서 무슨 선한 일을 하여야 영생을 얻습니까 하고 묻고 십계명을 다 지켰다고 하기에 예수께서 가진 소유를 팔아 가난한 자들에게 주고 와서 따르라고 하셨습니다. 청년이 재물이 많아 말씀을 듣고 근심하여 갔습니다. 예수님이 부자가 천국에 들어가기가 어렵다고 하신 뜻은 부가 사람을 독점하기 때문입니다. 제자들이 누가 구원받을 수 있느냐고 물을 때 하나님이 다 하실 수 있다고 하신 것은 예수님의 죽음을 통하여 이루시는 구원을 말씀합니다. 세상이 새롭게 되어, 종말의 새로운 창조의 때, 예수님이 재림하실 때 세상이 교회를 박해했기에 심판을 받게 될 것입니다. 희생과 손해로 예수님을 따를 때 영생과 현세에 있어 여러 배의 보상을 받습니다.

사도행전 19장

바울의 3차 전도여행은 에베소 중심입니다. 바울이 에베소에 와서 세례요한의 세례만 알고 있는 제자들에게 안수하여 성령이 그들에게 임하여 방언도 하고 예언도 하였으니 열두 사람쯤 되었습니다. 바울이 회당에서 석 달 동안 하나님의 나라를 강론하고 권면한 결과 순종하지 아니하고 진리를 비방하므로 두란노서원으로 옮겨 날마다 두 해 동안 말씀을 강론했습니다. 하나님께서 놀라운 능력을 행하게 하셔서 병자를 고치고 악귀도 쫓았습니다. 그곳의 유대인과 헬라인들이 주 예수의 이름을 높이고 마술하는 많은 사람이 자복하고 은 5만의 책을 모아 불사르니 주의 말씀이 흥왕하여 세력을 얻었습니다. 얼마 후 에베소 여신 아데미 신상제작과 관련하여 소요가 있었습니다. 은장색 데메드리오가 바울의 전도로 인해 영업이 어려워지고 아데미 신전도 무시당한다고 선동했습니다. 그때 가이오와 아리스다고를 붙들어 연극장으로 들어가 모인 무리와 더불어 소요를 일으켰습니다.

1월 20

창세기 21장

하나님께서 말씀하신 시기가 되어 사라가 임신하여 노년의 아브라함에게 이삭을 주셔서 난 지 8일 만에 할례를 행하였습니다. 아이가 자라 이삭이 젖 떼는 날에 큰 잔치를 베풀었는데 하갈의 아들이 이삭을 놀립니다. 결국 아브라함이 하나님의 지시로 여종과 그 아들을 내보냅니다. 하갈이 쫓겨나 브엘세바 광야에서 통곡할 때 하나님의 사자가 하늘에서 하갈을 불러 두려워하지 말라고 하며 하나님이 아이의 소리를 들으셨으니 그가 큰 민족을 이루게 하리라 했습니다. 그때 아비멜렉과 그 군대 장관 비골이 아브라함에게 서로 화평관계를 언약하고 서로 후대하자고 제안했습니다. 이에 아브라함이 맹세하고 양과 소를 가져다가 아비멜렉에게 주고 두 사람이 서로 언약을 세웠습니다. 아브라함이 아비멜렉에게 일곱 암양 새끼를 주어 우물 판 증거로 삼고 맹세하여 브엘세바라고 이름하였습니다.

느헤미야 10장

언약서에 인친 자로서 총독 느헤미야와 22명의 제사장(1-8), 레위인 17명(9-13), 및 백성의 두목들 44명(14-27)의 명단이 나옵니다. 그들이 언약을 세운 내용은 이방인과 혼인하지 않는 것으로(28-30) 이방 사람과 절교하고 딸들을 그 땅 백성에게 주지 아니하고 그들의 딸들을 데려오지 아니하리라고 했습니다. 그리고 안식일과 안식년 준수(31) 및 성전세로 주고(32-33), 해마다 각기 세겔의 3분의 1을 수납하여 하나님의 전을 위하여 쓰게 하는 것 등 세 가지였습니다. 다음으로 헌물의 규정으로서 성전의 나무, 토지와 과목의 첫 열매, 또 맏아들들과 가축의 처음 난 것, 소와 양의 처음 난 것을 하나님의 전을 섬기는 제사장에게 주고 및 십일조를 레위인들에게 주는 것 등 헌물의 규례입니다(34-39). 레위 사람들은 십일조의 십분의 일을 하나님의 전 곳간의 여러 방, 골방에 두도록 했습니다. 그래서 성전 중심 신앙을 회복하게 하는 정책을 폈습니다.

마태복음 20장

예수님께서 천국은 마치 품꾼을 포도원에 들여보내는 집 주인과 같다고 하셨습니다. 그는 하루 한 데나리온의 품삯을 주겠다고 약속하고, 품꾼들을 불러 일을 시킨 뒤에 삯을 주는 데 오후 5시에 온 사람이나 먼저 온 이들에게도 똑같이 삯을 줍니다. 주인을 원망하는 한 사람에게 나중에 온 사람에게도 동일하게 주는 것은 주인 뜻이라고 말합니다. 이는 먼저 된 자들이 나중 된 자들과 함께 하나님의 선하심을 찬양하기 위함입니다. 예수님께서 세 번째 수난과 부활을 예고하시는데, 그때 세베대의 아들의 어머니가 그 아들을 예수님께 데려와서 두 아들을 주의 나라에서 각각 주님의 우편과 좌편에 앉게 해달라고 요청합니다. 열 제자가 이를 듣고 두 형제에 대해 분히 여깁니다. 예수님께서 욕심과 시기심이 가득한 제자들에게 크고자 하면 섬기는 자가 되어야 하고 으뜸이 되고자 하는 자는 종이 되어야 한다고 하셨습니다. 예수님이 오신 목적이 섬김과 희생에 있음을 말씀하셨습니다.

사도행전 20장

3차 전도여행을 마치고 예루살렘으로 가려는 바울의 심정은 비장합니다. 에베소에서의 소요가 그친 뒤에 바울은 제자들과 작별하고 떠나 마게도냐와 드로아에 들렀다가 밀레도까지 이르렀습니다. 바울이 밀레도에서 에베소 장로들을 청하여 만나서 에베소에서의 그의 복음사역을 회상하여 고별설교를 합니다. 그는 성령에 매여 결박과 환란이 기다리는 예루살렘에 갈 것을 알립니다. 그는 사명을 생명보다 더 귀하게 여겼습니다(24). 그들에게 당부합니다. 먼저 그들로 하여금 교회의 감독자로 하나님이 자기 피로 사신 교회를 보살피는 자로서 양떼를 위하여 삼가라 하고, 사나운 이리, 거짓사도가 나왔으니 바울처럼 3년 동안이나 밤낮 쉬지 않고 눈물로 훈계하던 것을 기억하라고 했습니다. 바울은 권면이 권면한 후 함께 기도하고 석별의 정을 나누고 작별하였습니다.

창세기 22장

하나님께서 아브라함을 시험하려 하사 독자 이삭을 번제로 드리라고 하십니다. 아브라함은 그대로 순종합니다. 이삭이 아브라함에게 번제드릴 양이 어디 있냐고 물을 때에 하나님이 친히 준비하시리라고(8) 했습니다. 하나님께서 말씀하신 모리아 산에 올라 아브라함이 아들을 묶어놓고 칼로 잡으려 하는데 하나님께서 아브라함을 부르시며 급히 말리시며 아이에게 손을 대지 말라고 하십니다. 그리고 독자까지도 하나님께 아끼지 아니하였으니 아브라함이 하나님을 경외하는 줄 안다고 하셨습니다. 아브라함의 믿음과 순종을 인정해주셨습니다. 여호와께서 준비하신 숫양으로 번제를 드렸습니다. 아브라함이 그 땅을 "여호와이레"라고 했습니다. 여호와의 산에서 준비되리라는 의미입니다. 하나님께서 아브라함에게 큰 복을 주고 그의 씨가 크게 번성하여 하늘의 별과 같고 바닷가의 모래와 같게 하리라 하시고 그의 씨로 말미암아 천하 만민이 복을 받으리라 하셨습니다.

느헤미야 11장

느헤미야는 거주민이 적은 예루살렘에 사람이 거주하도록 정책을 추진했습니다. 백성의 지도자들은 예루살렘에 거주하였고 남은 백성은 제비 뽑아 10분의 1은 예루살렘에, 10분의 9는 다른 성읍에 거주하게 하였습니다. 또한 거주를 자원하는 사람은 받아주었습니다. 제사장, 레위 사람, 느디님 사람, 솔로몬의 신하들의 자손은 유다 여러 성읍에 거주하였습니다. 예루살렘에 거주한 유다와 베냐민 자손으로 예루살렘에 거주한 자들과 제사장들을 거명합니다. 성전에서 일하는 자의 형제, 그 형제의 족장된 자, 그들의 형제의 큰 용사들, 레위 사람, 성문지기 등의 수가 나옵니다. 그 나머지 이스라엘 백성과 제사장과 레위 사람은 유다 모든 성읍에 살았습니다. 느디님 사람은 오벨에 거주하였습니다. 이어서 노래하는 자들의 명단이 나옵니다. 예루살렘 이외의 마을과 주변 동네에 거주한 유다 자손과 베냐민 자손은 지명별로 소개합니다.

마태복음 21장

예수님께서 예루살렘 성전에 들어가셔서 돈 바꾸는 사람들의 상과 비둘기파는 자들의 의자를 둘러 엎으셨습니다. 예수님이 길가에 잎만 있는 무화과나무를 향해 저주하셨는데, 이는 구원을 주지 못하는 성전 중심 율법종교를 의미한다고 봅니다. 아버지가 두 아들에게 포도원 일을 시켰습니다. 불순종한 맏아들은 유대인들을 가리키고, 결국 순종한 둘째 아들은 세리와 창녀 같은 이들입니다. 그들이 먼저 하나님의 나라에 들어가리라고 하셨습니다. 예수님께서 포도원 농부 비유를 말씀하셨습니다. 주인 되신 하나님이 농부들에게 소출을 받아오라고 종들을 보냅니다. 농부들은 상속자 아들을(예수님) 죽이고 유산을 차지하자고 하며 아들을 죽였습니다. 예수님은 또한 건축자들이 버린 돌이 모퉁이 머릿돌입니다. 이 돌이 사람 위에 떨어지면 그를 가루로 만들어 흩으리라(다니엘서 2장) 하셨습니다. 예수님의 말씀과 비유가 대제사장들과 바리새인들을 가리켜 하신 것입니다.

사도행전 21장

바울이 에베소 장로들과 작별하고 구브로와 두로에 상륙했습니다. 거기서 머물 때 제자들이 성령의 감동으로 바울에게 예루살렘에 들어가지 못하도록 만류합니다. 바울이 가이사랴 빌립 집사의 집에 머물 때 아가보라는 선지자도 바울에게 예루살렘에 올라가지 말라고 권합니다. 그러나 바울은 주 예수의 이름을 위하여 결박뿐 아니라 예루살렘에서 죽을 것도 각오하였다고 했습니다. 바울이 여러 날 후에 예루살렘으로 올라갑니다. 주의 동생 야고보가 바울에게 서원한 네 사람을 데리고 결례를 행하고 비용을 내어 머리를 깎게 하라고 합니다. 결례의 기간인 이레가 거의 다 되어서 아시아로부터 온 유대인들이 성전에서 바울을 보고 무리를 충동하여 그를 붙들고 성전을 더럽혔다고 소리높이며 소동을 벌입니다. 무리들이 소리를 들은 천부장이 진상을 알고자 하여 바울을 영내로 데리고 들어갈 때에 바울이 천부장의 허락 하에 히브리말로 말하기를 시작했습니다.

창세기 23장

아브라함의 아내 사라가 127세에 헤브론 즉 기럇아르바에서 죽어 장사지내는 이야기가 나옵니다. 아브라함은 아내의 시신을 장사하기 위해 헷족속의 땅을 사려고 합니다. 그러나 헷족속은 아브라함을 하나님의 지도자로 인정하고 값없이 기꺼이 땅을 내주려고 합니다(6). 결국 아브라함이 에브론의 땅을 은 400세겔에 매장지로 샀습니다. 마므레(헤브론) 앞 막벨라에 있는 에브론의 밭과 거기에 속한 굴과 그 밭 주위에 둘린 모든 나무가 성문에 들어온 모든 헷족속이 보는 데서 아브라함의 소유로 확정되었습니다(18). 그 땅은 이미 하나님께서 아브라함에게 약속하신 땅입니다. 아브라함이 아내 사라를 막벨라 밭 굴에 장사하였습니다. 마므레는 곧 헤브론입니다.

느헤미야 12장

1차 포로귀환 시 지도자 스룹바벨 때부터 느헤미야 시대까지 예루살렘에서 활동했던 제사장(1-7), 귀환한 레위인들(8-11)에 관해 언급하고 있습니다. 이어서 제사장 요야김 때의 제사장의 족장된 자들을 족별로 명단과(12-21) 레위인의 족장들을 기록하고 있습니다(22-26). 예루살렘 성벽 봉헌식 축제가 대대적으로 열렸습니다. 레위인 중에서 악기를 연주하는 이들과 노래하는 이들이 모여들었습니다. 제사장들과 레위 사람들이 몸을 정결하게 하고, 백성과 성문과 성벽을 정결하게 하였습니다. 그리고 낙성을 축하하기 위해 방백들과 전 백성을 성 위에 대오를 지어 올리는데, 두 떼로 나누어 한 떼는 남편으로 가서 동편 성벽에 이르고, 한 떼는 북편으로 가서 동편에 이르게 하여 두 떼가 만나도록 행진하게 하였습니다. 이때 악기를 잡은 무리, 찬송하는 무리도 행진했습니다. 그날에 무리가 큰 제사를 드리고 심히 즐거워하였는데 그 소리가 멀리까지 들릴 정도였습니다.

마태복음 22장

예수님께서 천국을 자기 아들을 위하여 혼인 잔치를 베푼 어떤 임금과 같다고 하셨습니다. 청한 사람들이 혼인 잔치에 오지 않았습니다. 유대인들을 의미합니다. 임금이 혼인잔치에 청한 사람은 합당하지 아니하므로 네거리에 만나는 대로 혼인 잔치에 오게 하라고 했습니다. 종들이 길에 나가 만나는 대로 모두 데려오니 손님이 가득했습니다. 임금이 예복을 입지 않은 한 사람에게 손발을 묶어 바깥 어두운 데 내던지라고 했습니다. 의의 옷이 예복입니다. 예수님은 하나님은 죽은 자의 하나님이 아니요 살아 있는 자의 하나님이시라고 대답하셨습니다. 하나님은 천국에 계시고, 조상들이 살아서 하나님을 뵙고 있다는 것을 가르칩니다. 예수님께서 바리새인들에게 그리스도가 누구의 자손이냐고 물으니 다윗의 자손이라고 대답합니다. 그때 예수님께서 말씀(시 110:1)을 인용하시며 다윗이 그리스도를 주라 칭했는데 어찌 그의 자손이 되겠느냐고 하시니 그들이 한 마디도 더하지 못했습니다.

사도행전 22장

바울이 영내 입구 층대에서 자신의 변명하며 간증하며 예수만나기 전의 자신의 정체를 이야기합니다. 또한 그가 다메섹에 믿는 사람을 잡기 위해 가다가 부활하신 예수를 만난 뒤에 아나니야를 통해 증인의 사명을 깨닫고 세례를 받았다고 했습니다. 후에 예루살렘으로 돌아와서 성전에서 기도할 때에 황홀한 중에 주께서 멀리 이방인에게로 보내리라 하셨다고 증거합니다. 무리가 이 말을 듣다가 격분하여 바울을 없애버려야 한다고 소리칩니다. 천부장이 바울을 급히 영내로 데려가라 명하며 그들이 무슨 일로 떠드는지 알아보고자 채찍질하며 심문하라고 했습니다. 바울은 자신을 가죽줄로 포박하고 채찍질하려는 백부장에게 자신은 나면서부터 로마 시민권자임을 밝힙니다. 천부장이 바울이 로마 시민인 줄 알고서 그를 결박한 것 때문에 두려워했습니다. 이튿날 천부장이 유대인들이 무슨 일로 그를 고발하는지 알고자 하여 제사장들과 공회를 모으고 바울을 그 앞에 세웠습니다.

1월 23

창세기 24장

아브라함이 자기 집 모든 소유를 맡은 늙은 종을 가나안에서 이삭을 위한 아내를 택하지 말고 자신의 고향 자신의 족속에게로 가서 택하여 오라고 보냅니다. 그래서 메소보다미아 나홀의 성에 가서 리브가를 만나게 됩니다. 리브가는 밀가와 나홀의 아들 브두엘의 딸이요, 그녀의 오라버니는 라반입니다. 아브라함의 종이 라반과 브두엘에게 사연을 이야기합니다. 라반이 리브가가 천만인의 어머니가 되고, 리브가의 씨로 말미암아 그 원수의 성문을 얻게 할 것이라고 축복하고 보냅니다. 결국 이삭이 리브가를 아내로 맞이하였습니다. 하나님께서 아브라함의 언약을 이삭으로 계승하게 하십니다(12:7, 24:7, 60).

느헤미야 13장

느헤미야가 예루살렘 12년 사역 후 바사에 다녀온 사이에 문제가 발생했습니다. 성전 부속으로 성물과 십일조를 보관하는 곳간이 있었는데 그 방을 도비야가 차지하였습니다. 느헤미야가 도비야의 세간을 밖으로 다 내던지고 다시 그 방을 정결하게 하여 하나님의 전의 성물을 다시 들여놓았습니다. 또한 레위 사람들에게 몫을 주지 아니함으로 성전 직무를 행하는 자들이 이탈하여 자기 밭으로 도망하였습니다. 느헤미야가 민장들을 꾸짖고 레위인들을 불러 다시 제자리에 세웠습니다. 그리하여 레위인들의 몫인 십일조를 곳간에 들이고 창고지기를 세우고 분배하는 일을 맡겼습니다. 그때에 안식일을 범하는 일이 벌어져 느헤미야가 고관들을 꾸짖고 안식일을 준수하게 했습니다. 또한 유다 사람이 모압 여인을 맞아 그들의 자녀들의 언어에 문제가 생겼습니다. 느헤미야가 그들을 책망하고 엄격하게 다루었습니다. 한편 대제사장 집안의 후손이 산발랏의 사위가 된 일이 일어나 느헤미야가 그들에게 이방 사람을 떠나게 하므로 그들을 깨끗하게 하였습니다.

마태복음 23장

예수님께서 율법주의자들과 논쟁하며 비판하시는 중에 서기관들과 바리새인들은 말만 하고 행하지 않는다고 책망하십니다. 그들의 행위는 사람에게 보이려고 하고 겉으로 경건한 체 꾸밉니다. 예수님께서 큰 자는 섬기는 자가 되어야 한다고 하시고 누구든지 자기를 낮추는 자는 낮아지고 누구든지 자기를 낮추는 자는 높아지리라고 하셨습니다. 예수님께서 외식하는 서기관들과 바리새인들을 향해 7회에 걸쳐 화 있으라고 강하게 비판하셨습니다. 그들은 천국 문을 닫고, 교인 한 사람도 지옥 자식이 되게 하고, 눈먼 인도자로서 거짓 맹세하고, 십일조를 드리나 정의와 긍휼과 믿음은 버렸고, 잔과 대접의 겉은 깨끗이 하나 그 안에는 탐욕과 방탕으로 가득 찼고, 회칠한 무덤같이 겉은 아름답게 꾸미나 그 안에는 죽은 사람의 뼈와 모든 더러운 것이 가득하며, 선지자들의 무덤을 만들고 의인들의 비석을 꾸미면서 선지자를 죽임으로 조상들의 죄의 분량을 채운다고 하셨습니다.

사도행전 23장

바울이 공회 앞에서 증언하며 자신이 바리새인이요 바리새인의 아들로 죽은 자의 소망, 부활로 말미암아 심문받는다고 했습니다. 이에 부활을 믿는 바리새인과 믿지 않는 사두개인 사이에 큰 다툼이 일어났습니다. 천부장은 바울을 해할까 하여 무리 가운데서 빼앗아 영내로 들어가게 했습니다. 이때 바울을 죽이려고 굳게 맹세한 동맹자 40여 명이 천부장에게 바울을 대제사장들과 장로들에게 나아오도록 유인하여 매복했다가 내려올 때 죽이기로 계략을 꾸몄습니다. 바울이 생질에게 유대인들이 바울을 죽이기로 공모한 사실을 천부장에게 알리게 했습니다. 천부장이 듣고서 바울을 밤 제 3시(오후 9시)에 많은 병력을 동원하여 가이사랴 벨릭스 총독에게 보내는데 편지도 함께 보내었습니다. 총독이 편지를 읽고 바울에게 출신 영지를 묻고 바울을 고발하는 사람들이 오면 바울의 말을 듣겠다고 하며 바울을 헤롯 궁에 구류하게 했습니다.

1월 24

창세기 25장

아브라함이 후처를 그두라를 맞이하여 여섯 아들을 낳았습니다. 그가 죽기 전에 이삭에게 모든 소유를 주고 서자들에게도 재산을 주어 이삭을 떠나 동방 땅으로 가게 했습니다. 아브라함이 175세에 죽어 막벨라 굴에 장사했습니다. 사라의 여종 하갈이 낳은 이스마엘은 137세에 죽었습니다. 이삭이 아내 리브가가 임신하지 못하여 여호와께 기도하니 하나님께서 들으시어 임신하여 쌍둥이를 낳으니 에서와 야곱입니다. 둘이 장성하여 에서는 사냥꾼으로 들사람이 되고, 야곱은 조용하여 장막에 거주하였습니다. 이삭은 사냥한 고기를 좋아하여 에서를 사랑하고 리브가는 야곱을 사랑하였습니다. 에서가 들에서 돌아왔을 때 야곱이 죽을 쑤었습니다. 팥죽을 구하는 에서에게 야곱 장자의 명분을 팔라고 요구합니다. 에서가 장자의 명분을 팔기로 맹세하니 야곱이 떡과 팥죽을 에서에게 주었습니다. 야곱이 에서 대신 언약의 계승자가 된 것은 하나님의 섭리입니다.

에스더 1장

하나님의 구원역사 섭리는 놀랍습니다. 에스더서는 바사 왕 아하수에로(B. C 485-464)가 통치할 때 하만의 음모로 유대 족속이 몰살당할 위기에 처했을 때 한 여성을 민족을 구원하는 도구로 사용하신 이야기입니다. 아하수에로 왕은 인도로부터 구스까지 127도 지방을 다스리는 왕입니다. 그의 즉위 3년에 바사와 메대의 장수와 각 지방의 귀족과 지방관들을 모으고 잔치를 베풀었습니다. 그날이 지나 왕이 도성 수산에 있는 백성을 위하여 왕궁 후원 뜰에서 7일 동안 잔치를 베풀었습니다. 제7일에 왕이 명하여 왕후 와스디를 왕 앞으로 오게 했는데 왕비가 이를 거절하였습니다. 그때 일곱 지방관 중 하나인 므무간이 왕명을 따르지 않는 왕비를 폐위하고 왕후의 자리를 다른 사람에게 주도록 요청하였습니다. 왕과 지방관들이 그 말을 옳게 여겨 모든 지방에 조서를 내려 남편의 권위를 세워주도록 하라는 명을 하달했습니다.

마태복음 24장

예수님께서 감람산 위에 앉아 제자들에게 말씀하셨습니다. 종말에 대한 징조로 적그리스도의 미혹, 난리, 난리 소문, 민족이 민족을 나라가 나라를 대적, 기근과 지진이 있을 것인데 재난의 시작이라 하셨습니다. 그때 거짓선지자가 많이 일어나고 불법이 성하고 천국 복음이 온 세상에 전파되면 그제야 끝이 오리라고 하셨습니다. 또한 가까운 미래의 재난을 말씀하시며, 가증한 것이 거룩한 곳에 서거든 도망을 가라고 했습니다. 환란 후에 해, 달, 별 등 하늘의 권능들이 흔들리고 그리스도 재림의 징조가 보이며 그리스도께서 구름을 타고 능력과 큰 영광으로 오는 것을 볼 것이요, 큰 나팔 소리와 함께 천사들을 보내어 그의 택하신 자들을 사방에서 모으리라 하셨습니다. 이런 말씀 후에 이 모든 징조를 보면 주님이 가까이 임한 줄 알 것이라 하셨습니다. 노아 홍수 시대, 밭가는 두 사람, 맷돌질하는 두 여자 이야기를 통해 깨어 준비하고 있으라고 했습니다.

사도행전 24장

닷새 후 대제사장 아나니아가 어떤 장로들과 한 변호사 더둘로와 함께 총독 앞에서 바울을 고발합니다. 더둘로가 총독 앞에서 바울을 나사렛 이단의 우두머리라고 하며, 성전을 더럽게 했다고 고발합니다(5-6). 총독이 바울에게 말하게 하니 바울은 율법과 선지자들의 글에 대한 믿음과 부활 소망을 가지고 항상 양심에 거리낌이 없기를 힘써 왔음을 간증했습니다. 자신이 구제할 제물을 갖고 예루살렘에 와 서 경건하게 결례를 행하였을 뿐이요, 오직 죽은 자의 부활만 외칠 따름이라고 했습니다. 총독이 천부장 루시아가 내려오거든 이 일을 처결하리라고 하고 백부장에게 바울을 어떻게 예우할지 지시했습니다. 수일 후에 총독이 아내 유대인 드루실라와 함께 바울을 불러 예수그리스도를 듣고 두려워하며 다음에 다시 듣겠다고 하며 보내었습니다. 이태가 지난 후에 베스도가 벨릭스의 소임을 이어받았습니다.

1월 25

창세기 26장

이삭이 살던 땅에 흉년이 들어 그랄 땅 아비멜렉에게 이르렀습니다. 하나님께서 이삭에게 아브라함에 언약하신 땅과 자손을 약속하시고 그 자손으로 말미암아 천하 만민이 복을 받으리라고 하셨습니다. 이삭이 그곳에 거주하면서 사람들에게 리브가를 누이라고 속였으나 결국 아내임이 밝혀졌습니다. 하나님께서 이삭에게 복을 주시어 그 땅에서 거부가 되어 불레셋 사람들이 시기하여 아브라함의 종들이 판 모든 우물을 메웠기에 이삭의 종들이 우물을 다시 팠습니다. 우물로 인해 그랄의 종들과 이삭의 종들이 다툼이 있어 세 차례나 우물을 다시 팠습니다. 하나님께서 브엘세바에서 이삭에게 나타나 두려워하지 말라고 말씀하시고 언약을 상기시키셨습니다. 아비멜렉이 아브라함 때처럼 이삭을 찾아와 상호 평화의 계약을 맺자고 요청하니 이삭이 그들에게 잔치를 베풀고 맹세하고 그들을 보내었습니다. 하나님께서 그곳에 우물을 얻게 하시어 그 성읍을 브엘세바라 불렀습니다.

에스더 2장

아하수에로 왕의 측근 신하들이 왕에게 새로운 왕비를 간택하기 위해 처녀들을 구하도록 청하니 왕이 쾌히 승낙했습니다. 하나님께서 에스더와 그의 4촌 오라버니 모르드개를 예비하셨습니다. 모르드개는 유다 왕 여고냐(여호야긴)와 왕 때 바벨론에 잡혀 왔습니다. 아하수에로 왕이 왕비를 간택하는데 왕이 다른 여자들보다 에스더를 더 사랑하니 에스더가 왕의 은총을 입어 와스디 대신에 왕후의 자리에 올랐습니다. 그 당시 모르드개는 왕의 대궐 경비를 맡아 대궐 문에 앉았습니다. 모르드개가 대궐 문에 앉았을 때에 왕의 내시 빅단과 데레스가 왕을 암살하려 하는 음모를 꾸미는 것을 알고 그 사실을 에스더가 모르드개의 이름으로 왕에게 아뢰었습니다. 결국 조사 끝에 두 사람을 나무에 달고 그 일을 왕 앞에서 궁중일기에 기록하였습니다.

마태복음 25장

예수님께서 천국은 마치 등을 들고 신랑을 맞으러 나간 열 처녀와 같다고 합니다. 밤중에 신랑이 왔다는 소식을 듣고 미련한 다섯 처녀는 기름을 준비하지 않아 사러 간 사이에 신랑이 왔습니다. 어떤 사람이 타국에 갈 때 그 종들을 불러 그 재능대로 다섯, 둘, 한 달란트를 각각 맡겼습니다. 다섯, 둘 받은 종은 그것으로 장사하여 다섯과 둘을 각각 남겼습니다. 그들은 착하고 충성된 종이라 칭찬 들었으나(20,23), 하나 받은 종은 변명만 늘어놓자 주인은 그 종에게 악하고 게으른 종이라고 책망하여 쫓아냈습니다(26-30). 예수님께서 자기 영광으로 임하셔서 영광의 보좌에 앉아 모든 민족을 모으고 각각 양과 염소를 구분하여 심판하십니다. 임금이 오른편에 있는 자들에게 내 아버지께 복 받을 자들이라고 하여 예비된 나라를 상속받으라고 했습니다. 그 이유는 임금에게 선행한 것 즉 형제 중 지극히 작은 자 하나에게 선행한 것 때문이라고 했습니다.

사도행전 25장

베스도가 총독으로 부임하자마자 대제사장들과 유대인 중 높은 사람들이 바울을 고소하여 가이사랴 재판 자리에 앉아 심문했으나 능히 증거를 대지 못합니다. 바울은 자신이 도무지 죄를 범하지 아니하였다 하고 만일 불의를 행하여 죽을죄를 지었으면 죽기를 사양하지 아니할 것이라 했습니다. 만일 유대인들이 자신을 고발하는 것이 사실이 아니면 아무도 자신을 그들에게 내 줄 수 없으니 가이사에게 상소하겠다고 청원했습니다. 수일 후에 바울이 아그립바(2세) 왕과 버니게(아그립바 1세의 맏딸)가 베스도에게 문안하러 가이사랴에 왔을 때 바울을 불러 심문합니다. 바울이 아그립바, 버니게와 천부장과 시중의 높은 사람들과 함께 접견 장소에 들어왔을 때 베스도가 심문을 진행합니다. 그는 자신이 바울을 살펴보니 죽일 죄를 범한 일이 없으나 황제에게 상소하므로 보내기로 결정했다고 했습니다.

1월 26

창세기 27장

야곱이 에서 대신 아버지 이삭으로부터 장자의 축복을 받는 내용을 그려주고 있습니다. 어머니 리브가가 야곱과 계략을 세워 눈이 어둡고 노쇠한 이삭을 속입니다. 결국 이삭이 야곱이 준비한 고기를 먹고 야곱을 축복합니다(27하-29). 야곱이 나간 후에 별미를 가지고 온 에서가 이삭에게 축복을 받으려고 했으나 에서가 동생이 자신을 속여 장자의 명분을 빼앗고 자신의 복을 빼앗은 것을 알았습니다. 속이는 자를 언약의 계승자로 삼으시는 하나님의 섭리를 봅니다. 아버지가 야곱을 축복한 그 축복으로 인해 에서가 야곱을 미워하고 심중에 죽이려는 마음을 품었습니다. 어머니 리브가가 에서의 짐작을 알고 작은 아들을 불러 형 에서가 야곱을 죽여 그 원을 풀려고 하니 형의 노가 풀리기까지 하란에 가서 거주하라고 합니다. 리브가가 이삭에게 야곱을 떠나보내려고 헷 사람의 딸들 중에서 아내를 맞이하지 않도록 하자고 합니다.

에스더 3장

그 후에 아하수에로 왕의 아각 사람 하만의 지위를 모든 대신 위에 두었습니다. 대궐 문에 있는 모든 신하가 왕의 명령에 따라 하만에게 꿇어 절했지만 모르드개는 꿇지도 절하지도 않았습니다. 신하들이 날마다 권해도 듣지 아니하고 자신이 유대인임을 알렸습니다. 이에 하만은 격노하여 모르드개의 민족을 진멸하기로 작정하고 왕에게 왕의 법률을 지키지 않는 한 민족이 왕에게 무익하다고 하여 조서를 내려 그들을 진멸하도록 청하였습니다. 이에 왕이 허락하여 조서를 쓰되 각 지방의 문자와 각 민족의 언어로 쓰고 왕의 반지로 인을 쳤습니다. 그리하여 그 조서를 역졸에게 맡겨 왕의 각 지방에 보내 아달월 13일 하루 동안에 유다인 모두를 도륙하고 재산을 모두 탈취하도록 하라고 하는 조서 초본을 모든 민족에게 선포하게 했습니다. 역졸이 왕의 명령을 받들어 급히 나가 조서를 반포했습니다.

마태복음 26장

유월절의 첫날에 제자들과 마지막 만찬석에서 예수님께서 떡과 잔을 각각 나누어 주시면서 내 몸이라, 내 피, 속죄 언약의 피라 하셨습니다. 이후 감람산으로 나아가시면서 그날 밤 제자들이 목자를 치면 양들이 흩어지듯이(슥 13: 7) 다 자신을 버릴 것이라 하시며 자신은 살아나서 먼저 갈릴리로 가리라 하셨습니다. 예수님께서 몇몇 제자들과 감람산 겟세마네 동산에 가셔서 아버지의 뜻대로 되기를 원하는 기도를 세 번 하셨습니다. 잠든 제 자들에게 시험에 들지 않게 깨어 기도하라(41)고 하셨습니다. 가룟유다가 대제사장들과 장로들이 보낸 무리들과 함께 왔을 때 순순히 체포당하십니다. 예수님이 공회에 압송되어 가셔서 대제사장 가야바에게 심문받으실 때 두 사람이 예수님을 성전모독죄로 고발합니다. 또 대제사장이 예수께 하나님의 아들인지 말하라 할 때 예수님께서 인자가 권능의 우편에 앉아 있는 것과 하늘 구름을 타고 오는 것을 보리라 하셨습니다.

사도행전 26장

아그립바 왕 앞에서 바울이 변명을 시작합니다. 그가 교회를 박해하려고 다메섹으로 가는 도중에 하늘로부터 해보다 더 밝은 빛이 비취는 가운데 "사울아 사울아 네가 어찌하여 나를 박해하느냐."는 하늘의 소리를 들었습니다. 사울이 박해하는 죽은 자 가운데서 부활하신 예수그리스도의 음성입니다. 바울을 이방인들에게 보내사 사명을 감당하라고 하십니다. 바울은 단지 하나님의 뜻을 전하는데 유대인들은 자신을 성전에서 죽이려고 한다고 변명합니다. 베스도가 크게 소리 내어 바울에게 미쳤다고 했습니다. 바울은 자기의 말을 듣는 모든 사람도 결박된 것 외에 자신 같이 되기를 원한다고 했습니다. 왕과 총독과 또한 함께 앉은 사람들이 바울은 사형이나 결박당할 만한 행위가 없다고 여기고, 왕은 바울이 가이사에게 상소하지 아니하였더라면 석방될 수 있을 뻔 하였다고 했습니다.

1월 27

창세기 28장

이삭이 야곱을 축복하고 가나안 사람의 딸들 중에서 아내를 맞이하지 말고 밧
단아람으로 가서 외삼촌 라반의 딸들 중에서 아내를 맞이하라고 당부합니다. 그
리고 아브라함에게 주신 언약의 계승자가 야곱임을 축복하고(3, 4) 밧단아람으
로 보냅니다. 에서는 이스마엘의 딸인 마할랏을 아내로 맞이하였습니다. 하나님
께서 브엘세바를 떠나 야곱이 하란으로 가는 도중에 루스에서 야곱에게 꿈에 나
타나셔서 약속하십니다. 곧 아브라함에게 주신 언약입니다(13, 14). 동시에 하나
님께서 야곱과 함께하시고 지키시고 그 땅으로 돌아오게 하시겠다고 약속하셨
습니다. 야곱이 아침에 베개로 삼았던 돌을 기둥으로 세우고 그 위에 기름을 붓
고 그곳 이름을 벧엘이라 하였습니다. 야곱은 하나님께서 평안히 아버지 집으로
돌아가게 하시면 여호와께서 자신의 하나님이 되실 것이요, 기둥으로 세운 돌이
하나님의 집이 될 것이며 십일조를 반드시 하나님께 드릴 것이라 약속했습니다.

에스더 4장

모르드개는 하만의 계략을 알고서 굵은 베옷을 입고 재를 뒤집어쓰고 성 중에
나가서 통곡합니다. 왕의 명령과 조서가 각 지방에 이르니 무수한 유다인이 크게
애통하며 울며 부르짖고 굵은 베옷을 입고 재에 누웠습니다. 에스더는 내시 하닥
을 모르드개에게 보내 사정을 물었습니다. 모르드개는 에스더에게 하만을 통해
유대인을 멸하도록 하는 왕의 조서가 내린 사실을 알리고 왕에게 나아가 자기 민
족을 위하여 간절히 간구하라고 했습니다. 에스더가 이를 듣고 모르드개에게 왕
에게 나아가기 위해서는 왕이 금 홀을 내밀어야 한다는 것을 하닥을 통해 알리게
했습니다. 모르드개는 에스더가 유대민족을 구원하도록 왕후의 자리를 얻은 것
이 이때를 위함(14)이라고 알려주었습니다. 에스더가 모르드개에게 온 유대인을
모으고 밤낮 3일을 금식하도록 부탁하고 자신도 금식한 후에 '죽으면 죽으리라'
는 각오를 갖고 규례를 어기고 왕에게 나아가리라 사생결단을 전합니다.

마태복음 27장

가야바 심문 후 새벽에 대제사장과 백성의 장로들이 예수님을 빌라도에게 넘겨주었습니다. 빌라도가 재판석에 앉았을 때 대제사장들과 장로들과 무리들은 바라바 놓아주고 예수를 십자가에 달게 하라고 소리칩니다. 결국 바라바는 풀어주고 예수님은 십자가에 넘겨주어 못 박았습니다. 그때 제6시로부터 온 땅에 어둠이 임하여 제9시까지 계속되더니 제9시쯤에 예수님께서 "엘리 엘리 라마 사박다니"라고 소리를 지르시고 영혼이 떠나셨습니다. 백부장과 함께 예수님을 지키는 자들이 그 광경을 보고 심히 두려워하여 이는 진실로 하나님의 아들이었도다라고 했습니다. 해가 저물었을 때 아리마대 사람 요셉이 빌라도에게 허락받아 시신을 수습하고 세마포에 싸서 바위 속에 판 자기 새 무덤에 넣어 두고 큰 돌을 굴려 무덤 문에 놓고 갑니다. 다음날 대제사장들과 바리새인들이 함께 가서 빌라도에게 무덤을 사흘까지 굳게 지키게 해달라고 부탁합니다.

사도행전 27장

바울과 다른 죄수 몇 사람이 아구스도 부대의 율리오 백부장에게 넘겨졌습니다. 아드라뭇데노 배를 탔는데 아리스다고도 함께 했습니다. 이후 무라 시에 이르러 이달리야로 가려 하는 알렉산드리아 배를 탔습니다. 여러 날 이후 금식 절기(대속죄일)가 끝나고 항해하기가 위태한 때이기에 바울이 만류했으나 항해를 계속하는 중 유라굴로라는 큰 광풍을 만났습니다. 그리하며 구원의 여망마저 없어져 버린 가운데 바울이 하나님의 계시를 받아 아무도 죽지 않는다고 배에 탄 무리들을 두려워하지 말라고 격려합니다(23-25). 출항한 지 열나흘이 지나 육지가 가까워져 사공들이 도망치고자 할 때 바울은 배에 머물러야 구원받는다고 하면서 음식을 권했습니다. 배에 있는 화물, 기구와 식물까지 버리고 닻까지도 끊어버리고, 육지에 가까워질 때 두 물이 합하여 흐르는 곳에서 고물이 큰 물결에 깨어졌습니다. 그러나 무사히 육지에 도착하여 276명 모두가 상륙하여 구조되었습니다.

창세기 29장

야곱이 밧단아람에서 하란 외삼촌 라반의 집으로 이주하여 20년을 기거합니다. 야곱은 외삼촌의 두 딸 중 레아 보다 라헬을 더 사랑했습니다. 외삼촌은 7년을 자신을 섬기면 라헬을 아내로 주겠다고 약속했습니다. 그래서 야곱은 7년을 약속대로 라반을 섬겼으나 라헬 대신 레아를 주었습니다. 레아를 아내로 맞아들인 야곱이 7년을 수일 같이 라반을 섬겨 라헬을 얻었습니다. 결국 야곱은 라반의 두 딸을 아내로, 그들의 여종인 실바와 빌하를 맞이하여 그들을 통해 각각 자식을 얻었습니다. 하나님께서 레아의 태의 문을 여셔서 네 아들 르우벤, 시므온, 레위, 유다를 낳게 하셨습니다. 과연 하나님께서 야곱을 아브라함과 이삭을 잇는 언약의 족장으로 삼으시고 아들을 얻어 이스라엘 12지파가 되게 하셨습니다.

에스더 5장

제3일에 왕이 어전에서 왕좌에 앉았다가 왕후 에스더가 뜰에 선 것을 보고 매우 사랑스러우므로 손에 잡았던 금규를 내미니 에스더가 가까이 가서 금규 끝을 만졌습니다. 왕이 에스더에게 소원을 묻고 나라의 절반이라도 주리라는 요구도 다 들어주겠다고 했습니다. 에스더는 그 기회를 타서 다음날 자신이 왕과 하만을 위해 베푸는 잔치에 와달라고 청을 아뢰었습니다. 이를 하만에게 알리고 왕이 하만과 함께 에스더가 베푼 잔치에 갔습니다. 잔치의 술을 마실 때 왕이 에스더에게 소청이 무엇인지 물었습니다. 에스더는 자신이 왕과 하만을 위하여 베푸는 잔치에 또 오도록 청하고 그때 요구를 말하겠다고 했습니다. 그날 하만이 이 소식을 듣고 기뻤으나 자신에게 절하지 않는 모르드개로 인해 격노했습니다. 그때 그의 아내 세레스와 친구들이 모르드개를 50규빗(20m) 높이의 나무에 매달도록 왕에게 요구하고 잔치에 나가라고 계략을 꾸며 나무를 세우게 했습니다.

마태복음 28장

안식 후 첫날 새벽 막달라 마리아와 다른 마리아가 무덤을 보려고 갔는데 주의 천사가 하늘로부터 내려와 돌을 굴려내고 그 위에 앉았습니다. 천사가 여자들에게 "예수께서는 여기 계시지 않고 말씀하시던 대로 살아나셨느니라 와서 그가 누우셨던 곳을 보라"고 합니다. 또 빨리 가서 제자들에게 예수께서 살아나셨고 먼저 갈릴리로 가시니 거기서 제자들이 뵈오리라 하라고 합니다. 여자들이 무서움과 큰 기쁨으로 제자들에게 알리려고 달음질하는데 예수님께서 그들을 만나주셨습니다. 여자들이 그 발을 붙잡고 경배하니 부활하신 예수께서 가서 형제들에게 갈릴리로 가라 거기서 나를 보리라고 하십니다. 열 한 제자가 부활하신 예수님을 뵙고 경배합니다. 예수님께서 제자들에게 분부하셨습니다. 너희는 가서 모든 민족으로 제자로 삼아 아버지와 아들과 성령의 이름으로 세례를 베풀고 분부한 모든 것을 가르치게 하라, 세상 끝 날까지 항상 함께 있으리라고 하셨습니다.

사도행전 28장

바울이 탄 배가 구조된 섬은 멜리데입니다. 원주민들이 불을 피워 바울 일행을 영접했습니다. 불에 들어있던 뱀이 나와 바울의 손을 물었으나 조금도 상함이 없었습니다. 바울이 죽을 줄로 알았는데 아무 이상이 없음을 보고 신이라고까지 했습니다. 열병과 이질로 고생하는 추장 보블리오의 부친을 위해 기도하고 안수하여 낫게 했더니 섬 가운데 병든 사람들이 와서 고침받고 후한 대접했습니다. 석달 후에 보디올에 이르렀다가 드디어 로마로 들어갔습니다. 바울의 숙원의 땅 로마에 들어갔는데 사람들을 만날 수 있는 일정한 자유가 주어졌습니다. 사흘 후에 바울이 유대인 중 높은 사람들을 청하여 바울이 쇠사슬에 결박된 것은 이스라엘의 소망 때문이라고 했습니다. 그들이 날짜를 정하여 바울이 유숙하는 집에 많이 오므로 아침부터 저녁까지 예수에 대하여 전도합니다. 바울이 온 이태를 자기 셋집에 머물며 하나님의 나라를 전파하며 담대하게 주 예수그리스도를 증거했습니다.

1월 29

창세기 30장

라헬은 자식을 낳지 못해 언니를 시기하여 여종 빌하를 야곱에게 주어 빌하가 단과 납달리를 낳았습니다. 레아는 여종 실바를 야곱에게 주어 갓과 아셀을 낳게 했습니다. 밀 거둘때 르우벤이 들에서 불임 치료 묘약 합환채를 취하여 레아에게 드렸습니다. 이때 라헬이 그 합환채를 레아에게 요구하니 이를 거절하므로 르우벤의 합환채를 자신이 사는 대신 레아에게 야곱의 침소에 들어가게 합니다. 그로 인해 레아는 잇사갈과 스불론 등 여섯의 아들을 낳고 또한 딸 디나를 낳았습니다. 한편 하나님께서 라헬의 태를 여셔서 요셉을 낳게 하셨습니다. 이후 야곱이 자신의 고향 땅으로 가려 하니 외삼촌이 야곱의 품삯을 정하자고 합니다. 야곱이 그동안 외삼촌의 집에서 삯을 제대로 받지 못했기에 꾀를 내어 약한 것은 라반의 것이 되게 하고 튼튼한 염소와 양은 자신이 얻어 품삯으로 취했습니다. 이에 야곱이 매우 번창하여 양 떼와 노비와 낙타와 나귀가 많아졌습니다.

에스더 6장

대반전이 시작됩니다. 왕이 그날 밤에 역대 궁중일기를 가져와 읽게 했습니다. 왕이 그 속에서 두 내시 빅다나와 데레스가 자신을 암살하려는 음모를 모르드개가 알고 고발하여 암살을 모면한 것을 알았습니다. 왕은 모르드개에게 존귀와 관작을 베풀지 않았다는 것을 알고 하만에게 사람을 최고로 존귀하게 하여 높여주는 것을 물었습니다. 그리고 하만이 말한 대로(9) 대궐 문의 모르드개로 하여금 존귀하게 높여주도록 하만에게 지시했습니다. 모르드개가 크게 번민하여 집으로 돌아가 이 사실을 아내와 측근들에게 토로합니다. 이를 듣고 지혜로운 자와 아내가 하만이 모르드개에게 굴욕당하기 시작했고 모르드개를 이기지 못하고 그 앞에 엎드러질 것을 알려줍니다. 과연 의인의 길은 여호와께서 인정하시지만, 악인의 길은 망할 수밖에 없습니다.

마가복음 1장

하나님의 아들 예수그리스도의 공생애가 시작하시기 직전에 예수께서 세례요한에게 세례를 받으시고 물에서 올라 오실 때에 성령이 비둘기같이 내려오시고 하늘로부터 "너는 내 사랑하는 아들이라 내가 너를 기뻐하노라"는 소리가 들렸습니다. 예수께서 광야에서 40일간 계시면서 사탄에게 시험받으신 후, 요한이 잡힌 후에 갈릴리에서 복음을 전파하십니다. 예수님께서 갈릴리 해변으로 가시다가 시몬과 그 형제 안드레, 또 세베대의 아들, 야고보와 요한을 부르셨습니다. 예수님께서 안식일에 가버나움 회당에 들어가셨는데 더러운 귀신들린 사람이 있어 꾸짖어 그 사람에게서 나오라 하시니 더러운 귀신이 큰 소리를 지르며 그에게서 나왔습니다. 예수님께서 여러 회당에서 전도하시고 귀신을 내쫓아 주셨습니다. 한 나병환자가 자신을 깨끗하게 하실 수 있다고 할 때 그를 불쌍히 여기사, 손을 내밀어 내가 원하노니 깨끗함을 받으라 하시니 나병이 떠나가고 깨끗해졌습니다.

로마서 1장

복음은 구약성경에 약속된 하나님의 아들이요 다윗의 혈통에서 났고 죽은 자 가운데서 부활하심으로 하나님의 아들로 선포되었으니 바로 예수그리스도입니다. 바울은 로마에 있는 성도들에게 복음을 전하기를 원하고 복음을 부끄러워하지 않습니다. 복음은 모든 믿는 자에게 구원을 주시는 하나님의 능력이기 때문입니다. 하나님의 의는 예수그리스도 안에 나타났는데 믿음으로 그것을 받아들이는 모든 사람에게 효력을 발휘합니다(17). 하나님의 진노가 이방인의 불의에 대하여 하늘로부터 나타났는데, 불의는 하나님을 알지 못하는 것입니다. 영적으로 무지 몽매하여 썩어지지 아니하는 하나님의 형상을 썩어질 사람과 짐승, 동물 모양의 우상으로 바꾸었습니다. 하나님께서 정욕대로 더러움에 내버려두어 피조물을 조물주보다 더 경배하고 섬기며 악한 동성 간음죄를 저지릅니다. 그들이 마음에 하나님을 두기 싫어하므로 진리와 단절되어 합당하지 못한 일을 저지릅니다(29-31).

1월 30

창세기 31장

야곱의 소유가 많아지면서 라반의 아들들이 야곱에 대해 좋지 않은 소문을 퍼뜨립니다. 라반이 야곱을 대하는 것이 전과 같지 않았습니다. 그때 하나님께서 야곱에게 조상의 땅 족속들에게로 돌아가라고 하시면서 지키시고 함께 하시겠다고 약속하십니다. 야곱은 두 아내들에게 라반의 집을 떠나야 할 것을 말하고 밧단아람에서 모은 재산과 자식들과 종들을 이끌고 라반 몰래 가나안 땅 아버지 집으로 향합니다. 라반이 사흘 후에 야곱과 일행이 함께 떠났다는 것을 알고 7일 길을 쫓아가 길르앗 산에서 야곱에게 이르렀습니다. 라헬은 아버지의 수호신 드라빔을 훔쳐 나왔으나 발견되지 않게 숨겼습니다. 라반과 야곱 사이에 서로 간에 좋지 않은 감정이 있었으나 증거의 돌무더기를 세워 언약을 체결하고 대화해를 이룹니다. 이에 라반이 손자들과 딸들에게 축복하고 작별합니다.

에스더 7장

에스더가 잔치를 베풀고 왕과 하만을 초대했습니다. 왕이 술을 마시며 다시 에스더에게 소원을 묻고 나라의 절반을 요구해도 들어주겠다고 합니다. 이에 에스더는 왕에게 자신의 소청대로 자신과 자기의 민족이 죽임과 도살당할 위기에 빠졌으니 자신의 생명과 민족을 달라고 요구했습니다. 왕이 이런 악의를 품은 이가 누군지 물을 때 하만이 바로 대적과 원수라고 아뢰었습니다. 왕이 노하여 잔치 자리를 떠나니 하만이 왕후 에스더에게 생명을 구했습니다. 왕이 잔치 자리에 돌아와 보니 하만이 에스더가 앉은 걸상 위에 엎드러져 있습니다. 결국 하만은 왕의 지시로 모르드개를 매달려고 준비한 50규빗 높이의 장대에 대신 달리게 되었습니다. 그리하여 비로소 왕의 노가 그쳤습니다.

마가복음 2장

사람들이 한 중풍병자를 메워 와서 지붕을 뚫고 상을 달아 내렸습니다. 예수님께서 그들의 믿음을 보시고 죄를 사해주셨습니다. 또한 말씀으로 병도 고쳐주셨습니다. 예수님께서 세관에 앉아 있는 레위를 제자로 부르셨습니다. 레위가 예수님을 초청하여 그 집에서 잡수실 때 많은 세리와 죄인도 함께 했습니다. 예수님께서 의인을 부르러 온 것이 아니고 죄인을 부르러 오셨다고 하셨습니다(17하). 예수님께서 혼인 집 손님들이 신랑과 함께 있을 때 금식할 수 없고 신랑을 빼앗기는 날에 금식할 것이라 하셨습니다. 생 베 조각과 새 포도주는 새로운 그리스도의 복음이요 가르침이므로 유대교의 낡은 의식으로 감당하지 못한다고 하셨습니다. 안식일에 제자들이 밀 이삭을 잘랐습니다. 예수님께서 다윗과 아비아달 제사장의 예를 들어 안식일이 사람을 위하여 있는 것이지 사람이 안식일을 위하여 있는 것이 아니요, 인자는 안식일에도 주인이라고 하셨습니다.

로마서 2장

바울은 이방인의 비도덕적 행실을 판단하면서도 자신을 살피지 않고 똑같이 행하는 이들(유대인)을 힐책합니다. 그들은 하나님의 심판을 피할 수 없습니다. 그들은 고집과 회개하지 않은 마음을 따라 하나님의 진노를 쌓습니다. 하나님께서 행한 대로 보응하십니다. 유대인들은 율법을 가졌지만 율법을 행하지 않은 죄를 범하여 율법으로 말미암아 심판받습니다. 유대인들은 율법을 의지하여 율법의 교훈을 받아 하나님의 뜻을 알고 선한 것을 분별했지만 맹인의 인도자요, 교사여서 다른 사람을 가르치면서도 자신은 가르치지 않고 행하지도 않습니다. 율법을 자랑하나 율법을 범함으로 하나님을 욕되게 합니다. 할례를 행해도 율법을 범하였으므로 무할례자가 됩니다. 그러므로 표면적 유대인은 유대인이 아니며 표면적 할례가 진정한 할례가 아닙니다. 이면적 유대인이 유대인이요 할례는 마음으로 하는 것이요 영에 있고 율법 조문에 있지 않습니다.

1월 31

창세기 32장

야곱이 귀향 중 하나님의 사자들을 만났는데 야곱이 그들을 하나님의 군대라 하고 그 땅 이름을 마하나임이라 하셨습니다. 야곱이 세일 땅에 사는 에서에게 자기보다 앞서 사자들을 보내 에서의 은혜입기를 원한다고 전하라고 했습니다. 사자들이 야곱에게 돌아와 에서가 군사 400명을 거느리고 만나러 온다는 것을 전합니다. 야곱이 이를 듣고서 두렵고 답답하여 자신을 형의 손에서 건져내어 주시기를 간구합니다. 하나님께서 은혜를 베풀어 조부에게 베푼 언약을 지켜주시겠다고 응답하십니다. 그래도 불안을 떨칠 수 없어 예물을 세 떼로 준비하여 형의 감정을 풀어 보려 합니다. 밤이 되자 얍복강 나루에서 밤새 천사와 씨름합니다. 결국 야곱이 처절한 영적 싸움 후 깨어진 채 응답받았습니다. 하나님께서 야곱을 이스라엘로 바꿔주시고, 그곳을 브니엘(하나님의 얼굴), 하나님을 대면했다는 의미로 바꿨습니다.

에스더 8장

에스더 드라마의 대역전입니다. 에스더의 소청대로 하만의 집안을 모르드개에게 주어 몰락하게 하고, 왕이 하만에게 준 반지를 빼 주어 최고의 자리에 높여 주었습니다. 에스더가 왕 앞에서 하만이 유다인을 해하려 한 악한 꾀를 제거하기를 울며 구하였습니다. 왕이 조서를 온 나라에 반포하게 하여 유대 족속을 멸절시키기로 한 계획을 철회하였습니다. 그리고 조서를 내려 인도로부터 구스까지 127 지방 유대인과 대신과 지방관과 관원에게 전하여 유다 족속의 생명을 보존하게 하고 악한 계획에 가담한 대적 원수들을 진멸하게 했습니다. 모르드개는 최고로 존귀와 높임 받고 유대인들은 영광과 즐거움과 기쁨과 존귀함이 있었습니다. 그래서 각 지방 각 읍에서 유대인들이 즐기고 기뻐하여 잔치를 베풀고 그 날을 명절로 삼았습니다.

마가복음 3장

예수님께서 안식일에 회당에 들어가셔서 안식일에 선을 행하는 것과 생명을 구하는 것이 가하다는 것을 보여주기 위해 한쪽 손 마른 자를 고쳐주셨습니다. 예수님께서 많은 병자를 고치셨기에 병으로 고생하는 자들이 예수님을 만지고자 모였고, 귀신들도 예수님 앞에서 엎드려 굴복했습니다. 예수님께서 열둘을 제자로(17-18) 세우셔서 자기와 함께 있게 하시고 보내사 전도도 하고 귀신을 내쫓은 권능도 가지게 하셨습니다. 서기관들은 예수님이 바알세불에 지폈다 하여 귀신의 왕을 힘입어 귀신을 쫓아낸다고 예수님을 폄훼합니다. 예수님께서 사탄의 나라가 서로 분쟁하여 쫓아내는 법이 없다고 비유로 말씀하시고 예수님이 강하신 하나님의 능력으로 귀신을 쫓아낸다는 것을 강조하시고 성령을 모독하는 자는 영원히 사함을 얻지 못하고 영원한 죄가 된다고 하셨습니다. 예수님께서 하나님의 뜻대로 행하는 자가 예수님의 형제요 자매요 어머니라 하셨습니다.

로마서 3장

유대인이 언약을 가졌다 하나, 그들은 의롭지 않음으로 하나님의 신실이 더 드러나고, 인간의 불의를 의로우신 하나님이 심판하십니다. 이방인은 죄인이요(1장), 유대인도 죄인입니다(2장). 결론으로서 전 인류가 죄 아래 있는 것을 단정합니다(9). 이에 대한 입증으로 구약성경을 인용하여 인간의 죄성을 밝힙니다(11-18). 의인은 없으니 하나도 없습니다(11). 율법은 사람에게 죄를 깨닫게 합니다. 율법으로 말미암아 만인은 죄인이 되었습니다(19-20). 이제까지의 죄론을 넘어서서 구원론을 시작합니다. 인간이 의롭게 되는 길은 율법의 행위에 있지 아니하고, 하나님의 의로 인함입니다. 그 의는 율법과 선지자들에게 증거를 받은 것으로(21), 오직 예수그리스도를 믿음으로 말미암습니다. 우리는 그리스도 예수 안에 있는 속량으로 말미암아 하나님의 은혜로 값없이 의롭다 하심을 얻은 자되었습니다(24). 사람이 의롭다 하심을 얻는 것은 율법의 행위에 있지 않고 믿음으로 됩니다.

2월

February

2월 01

창세기 33장

에서와 야곱 두 형제가 20년 만에 상봉합니다. 야곱은 그의 가족들을 나누어 뒤에 자리하게 하고 자신은 그들 앞에서 나아가 몸을 일곱 번 땅에 굽히며 에서에게 가까이 가니 에서가 달려와서 야곱을 안고 입 맞추고 서로 웁니다. 야곱은 하나님의 은혜로 가족을 이루었음을 아뢰며 형에게 온 가족이 함께 절합니다. 에서의 노한 마음과 복수심은 온데간데없습니다. 야곱은 형님의 얼굴 뵈니 하나님 얼굴을 뵙는 것 같다고 형을 한껏 높입니다. 동생이 준비한 예물을 에서가 거절하다 야곱이 강권하므로 받습니다. 상봉 후에 에서는 세일로 돌아가고 야곱과 그의 가족은 세겜 성읍에 안착합니다. 그곳에 장막, 우릿간을 짓고 그 땅 이름을 숙곳이라 불렀습니다. 야곱은 세겜의 아버지 하몰의 아들들에게서 밭을 사서 제단을 쌓고 엘엘로헤이스라엘(하나님, 이스라엘의 하나님)이라 불렀습니다.

에스더 9, 10장

9장. 아달월 곧 열두째 달 13일에 유다인들이 제거될 날이었으나 도리어 유다인들이 자신들을 도륙하고자 한 대적들을 철저하게 제거합니다. 하만의 열 아들들의 시체를 매달았습니다. 유다인들이 많은 대적들을 죽였으나 재산에는 손을 대지 않았습니다. 모르드개는 왕궁에서 존귀함을 얻고 명성이 각 지방에 퍼졌습니다. 모르드개는 아달월 14일과 15일에 유대족이 대적에게서 벗어난, 기쁘고 길한 날이라고 하여 두 날을 부림이라는 명절이라 하여 잔치를 베풀고 즐기며 서로 예물을 주며 가난한 자를 구제하라고 했습니다. 이 부림일을 폐하지 않게 하고 그들의 후손들이 계속해서 기념하게 했습니다. 10장. 모르드개는 왕의 다음, 2인자가 되고 유다인 중에서 크게 존경받고 그의 허다한 형제에게 사랑을 받았습니다. 그는 그의 백성의 이익을 도모하며 그의 모든 종족을 안위하였습니다.

마가복음 4장

씨뿌리는 자의 비유입니다. 씨앗이 길 가, 흙이 얕은 돌밭, 가시떨기, 좋은 땅 등에 뿌려졌습니다. 길가에 뿌려진 씨, 뿌려진 씨, 가시떨기에 뿌려진 씨는 결실하지 못합니다. 그러나 좋은 땅에 뿌려졌다는 것은 곧 말씀을 듣고 받아 30배, 60배, 100배의 결실을 하는 자입니다. 등불은 등경 위에 둡니다. 등경은 교회입니다. 교회를 통해서 복음의 빛이 비취어야 합니다. 복음의 빛은 나타내고 전파되어야 합니다(24). 누구든지 복음을 잘 듣고 이해하여야 합니다. 하나님의 나라는 씨가 뿌려져 알지 못하는 가운데 스스로 자라는 것이나, 하나님이 싹이 트고 이삭이 되고 자라고 충실한 곡식이 되게 하십니다. 추수 때, 하나님은 구원의 경륜이 성취되면 심판하실 것입니다. 하나님의 나라는 겨자씨와 같아서 심길 때 작은 것이나 모든 풀 보다 커지며 가지를 내듯이 점점 자라 크게 되는 것입니다

로마서 4장

믿음으로 의롭다함을 얻는 것의 구약적 배경은 믿음의 조상인 아브라함의 의와 관련 있습니다(창 15:6). 아브라함이 행함으로서 의롭게 되었으면 그가 받은 축복은 삯이요 빚이지 은혜가 아닙니다. 다윗이 죄 용서받은 것도 삯이 아니요 복입니다. 아브라함이 의롭다함을 얻은 것은 할례와(창 17:11) 상관없이 할례받기 전에 믿음으로(창 15:6) 얻었습니다. 그러므로 아브라함은 할례자로서 믿는 모든 자의 조상이요, 무할례자로서 믿는 모든 자의 조상이기도 합니다. 아브라함의 믿음의 상속자가 되는 것도 오직 믿음의 의로 말미암았습니다(13). 아브라함은 유대인 신자나 이방인 신자나 할 것 없이 모든 믿는 자의 조상입니다(16). 아브라함의 믿음은 바랄 수 없는 중에도 바라고 믿은 것입니다. 믿음으로 의로 여겨진 것은 아브라함만 위한 것이 아니요, 의로 여기심 받은 이방인 신자도 위함입니다. 곧 예수 우리 주를 죽은 자 가운데서 살리신 이를 믿는 자입니다.

창세기 34장

야곱 가족이 그 땅에 거하는 중에 디나가 히위 족속 하몰의 아들 추장 세겜에게 강간을 당하는 일이 벌어졌습니다. 하몰이 야곱의 아들들에게 디나를 세겜에게 주어 아내로 삼게 하라고 부탁합니다. 이에 야곱의 아들들이 할례받지 아니한 자에게 누이를 줄 수 없으니, 누이와 결혼하는 조건으로 세겜의 남자들 모두 할례할 것을 요구합니다. 이에 하몰과 그의 아들 세겜이 좋게 여겨 디나를 맞을 욕심으로 성문에 출입하는 모든 남자가 모두 할례를 행하였습니다. 제3일, 그들이 아직 아파할 때 시므온과 레위가 칼을 가지고 성읍을 기습하여 하몰과 세겜뿐 아니라 모든 남자를 죽이고 디나를 세겜의 집에서 데려왔습니다. 또한 야곱의 여러 아들들이 가축과 재물을 빼앗고 그들의 자녀와 아내들을 사로잡고 물건을 다 빼앗았습니다. 야곱은 시므온과 레위로 인해 자신에게 화가 미치고 그들이 자신을 죽이고 자신의 집을 멸망할 것을 우려했습니다.

욥 1장

우스 땅의 욥은 온전하고 정직하여 하나님을 경외하고 악에서 떠난 사람입니다. 그에게는 아들 일곱과 딸 셋이 있었습니다. 그는 부요했고 동방 사람 중에 가장 훌륭한 사람입니다. 자녀들이 죄를 범하여 하나님을 욕되게 할까 하는 마음으로 자녀들을 각자를 위해 번제를 드렸습니다. 하루는 천상에서 하나님의 아들들(천사)과 사탄도 함께 하는 회의가 열렸습니다. 사탄이 하나님께 나와서 욥을 참소하며 그의 소유를 치도록 요구할 때 하나님께서 사탄에게 소유물을 맡겼으나 몸은 손대지 말라고 하셨습니다. 그런데 하루아침에 욥이 그가 가진 모든 재산과 가축과 종들을 모두 잃어버렸습니다. 거기에다 큰바람이 와서 집이 무너져 10남매 자녀들이 다 죽었습니다. 욥이 겉옷을 찢고 머리털을 밀고 땅에 엎드러져 예배합니다. 그는 하나님의 주권을 고백하고 하나님의 이름을 찬양합니다 (21). 욥은 이 모든 일에 범죄하지 아니하고 하나님을 원망하지도 않았습니다(23).

마가복음 5장

예수님께서 거라사인의 지방에 가셔서 군대라는 이름의 더러운 귀신을 명하여 돼지 떼에 들어가게 하시어 내쫓아주셨습니다. 예수님께서 회당장 야이로 집으로 가는 도중에 열두 해 혈루증으로 앓아 온 한 여자가 무리 가운데 들어와서 예수님의 옷에 손을 대었습니다. 옷에만 손대어도 구원받으리라 생각했기 때문입니다. 곧 그의 혈루 근원이 마르고 병이 나은 것을 깨달았습니다. 여자가 두려워 떨며 와서 예수님 앞에 엎드려 모든 사실을 여쭐 때 예수님께서 딸아 네 믿음이 너를 구원하였으니 평안히 가라 네 병에서 놓여 건강할지어다고 하셨습니다. 말씀하실 때 회당장의 집에서 사람들이 와서 딸이 죽었다고 알립니다. 예수님께서 들으시고 회당장에게 두려워하지 말고 믿기만 하라고 하셨습니다. 예수님께서 회당장의 집에 가셔서 아이의 손을 잡고 달리다굼, 내가 네게 말하노니 일어나라고 하시니 소녀가 일어나서 걸었습니다.

로마서 5장

믿음으로 의롭다함을 얻은 자는 하나님과 더불어 화평을 누리고 하나님의 영광을 바라고 즐거워합니다. 그리스도께서 죽으심으로 하나님의 사랑이 우리에게 임하여 구원받았으며 하나님과 화목하게 되었습니다. 아담 한 사람으로 인해 죄가 세상에 들어오고 죄로 말미암아 사망이 들어왔습니다. 그 죄는 율법 있기 전 세상에 있었습니다. 죄로 인하여 사망이 모든 사람에게 왕 노릇했습니다. 그런데 한 사람 예수 그리스도의 은혜로 말미암은 의의 선물이 모든 사람에게 미쳤습니다. 한 범죄로 많은 사람이 정죄에 이른 것같이 한 의로운 행위로 말미암아 많은 사람이 의롭다하심을 받아 생명에 이르렀습니다. 한 사람의 순종하지 않으므로 모든 사람이 죄인된 것같이 한 사람의 순종하심으로 많은 사람이 의인이 됩니다. 죄가 사망 안에서 왕노릇 한 것 같이 은혜도 또한 의로 말미암아 왕노릇하고 예수그리스도로 말미암아 영생에 이르게 합니다.

창세기 35, 36장

35장. 하나님께서 야곱에게 복주시려고 벧엘에서 제단을 쌓으라고 하십니다. 야곱은 일체의 이방 신상을 다 제하고 하란으로 갈 때 하나님을 만나고 제단을 쌓기로 약속했던 루스, 벧엘에 온 집안이 함께 올라가 제단을 쌓고 그곳 이름을 엘벧엘이라 불렀습니다. 야곱이 밧단아람에서 돌아오니 하나님께서 야곱에게 나타나셔서 복을 주십니다. 야곱을 이스라엘이란 이름으로 바꾸셨음을 다시 상기시켜주시고 아브라함과 이삭에게 세우신 언약을 새롭게 하십니다(9-11). 야곱이 하나님이 말씀하시던 곳에 돌기둥을 세우고 그곳의 이름을 벧엘이라 불렀습니다. 라헬이 12째 아들 베냐민을 낳고 산고로 죽었습니다. 야곱의 아버지 이삭은 헤브론에서 180세에 죽어 장사했습니다. 36장. 본장에는 에서 곧 에돔의 자손 족보와, 세일 산에 있는 에돔의 자손에 대해 기록합니다. 또한 세일산 자손으로 그 땅의 족속과 자손, 에돔 부족의 왕들과 에서에게서 나온 족장들을 언급합니다.

욥기 2장

또 하루는 천상에서 회의가 열렸는데 하나님께서 욥이 온전하고 정직하여 하나님을 경외하여 악에서 떠난 자로 욥 같은 자가 세상에 없다고 칭찬하십니다. 그러나 사탄은 하나님께서 욥의 뼈와 살을 치시면 틀림없이 하나님을 향해 욕할 것이라고 욥을 참소합니다. 하나님께서 사탄에게 욥을 맡겨 고난을 받게 하되, 뼈와 살을 치도록 허락하셨으나 생명은 해하지 말라고 하셨습니다. 사탄이 욥을 쳐서 발바닥에서 정수리까지 온몸에 종기가 나서 질그릇 조각으로 긁지 않으면 잠시도 견딜 수 없는 지경에 이르렀습니다. 그 모습을 본 욥의 아내가 욥을 조롱하며 하나님을 욕하고 죽으라고 비꼽니다(9). 그렇지만 욥은 복도 화도 하나님의 손에 있음을 알고 이 모든 일에 입으로도 범죄하지 않습니다(10). 그때 욥의 친구 세 사람이 욥에게 재앙이 내렸다는 것을 듣고 욥을 위로하려고 찾아와 그의 고통을 보고서 입을 다물 수밖에 없었습니다.

마가복음 6장

예수님께서 나사렛에 가셨는데 그의 지혜와 권능에 놀라면서도 그 가족을 보고 예수님을 배척했습니다. 예수님께서 열두 제자를 부르시어 둘씩 짝지어 더러운 귀신을 제어하는 권능을 주시고 전도자로 보내셨습니다. 제자들이 나가서 회개하라 전파하고, 많은 귀신을 쫓아내고 많은 병자에게 기름을 발라 고쳤습니다. 예수님께서 빈들에 모인 무리들을 떡 다섯 개 물고기 두 마리를 가지고 축사하시고 나누어 주게 하셨습니다. 다 배불리 먹고 열두 바구니에 차게 거두었습니다. 예수님께서 제자들을 배 타고 벳새다로 가게 하시고 기도하러 산으로 가셨습니다. 바람이 거스르므로 밤 사경(오전 3-6시) 쯤에 바다 위로 걸어서 오사 지나가려 하시는데 제자들이 유령인가 하여 소리 지릅니다. 예수님께서 안심하라 두려워하지 말라 하시고 배에 오르시니 바람이 그쳤습니다. 이후 예수님께서 게네사렛 땅에 가셨는데 각처에서 예수의 소문을 듣고 온 각색 병자들을 고쳐주셨습니다.

로마서 6장

그리스도인은 그리스도와 합하여 세례받고, 그의 죽으심과 합하여 세례를 받았습니다. 또 예수그리스도와 함께 장사되고 새 생명 가운데서 행하게 되었습니다. 옛사람이 예수와 함께 못 박힌 것은 죄의 몸이 죽어 다시는 죄에 종노릇하지 아니하려 합니다. 이는 죽은 자가 죄에서 벗어나 의롭다함을 얻었기 때문입니다. 우리는 우리 자신을 죄에 대하여 죽은 자요 그리스도 예수 안에서 하나님께 대해서는 살아있는 자로 여길 것입니다. 그리하여 그리스도인은 죽은 자 가운데서 다시 살아나신 자 같이 하나님께 드리며 의의 무기로 하나님께 드려야 합니다. 죄가 그리스도인을 주장하지 못할 것은 그리스도인이 법 아래에 있지 아니하고 은혜 아래 있기 때문입니다. 전에는 자신의 지체를 부정과 불법에 내주어 불법에 이르렀으나 이제는 지체를 의에게 종으로 내주어 거룩함이 이르러야 합니다. 죄의 삯은 사망이나 하나님의 선물은 그리스도 예수 우리 주 안에 있는 영생입니다.

2월 04

창세기 37장

요셉은 노년에 얻은 아들이므로 야곱이 여러 아들들보다 더 사랑하였습니다. 그래서 형들은 요셉을 미워했습니다. 요셉이 열일곱 살 때 꾼 꿈을 이야기하니 형들은 요셉을 시기하나 아버지는 그 말을 간직해 두었습니다. 결국 요셉이 애굽으로 팔려갑니다. 요셉이 도단에서 양떼를 돌보고 있는 형들에게 아버지 심부름 갔다가 형들이 요셉을 죽이려고 할 때 르우벤이 생명은 해치지 말자고 하여 구덩이에 던졌습니다. 결국 유다의 제안으로 이스마엘 상인들에게 팔아넘겼습니다. 형들은 아버지에게 수염소 피가 묻은 요셉의 옷을 보여주며 요셉이 짐승에게 죽임 당했다고 거짓말합니다. 아버지는 요셉의 소식을 듣고 심히 울며 슬퍼했습니다. 상인들은 요셉을 애굽으로 데리고 가서 바로의 친위대장 보디발에게 종으로 팔았습니다. 하나님께서 요셉을 애굽으로 보내시고 애굽의 통치자가 되도록 섭리하셨습니다(45:8).

욥기 3장

고난 앞에서 의연했던 욥, 하나님을 원망하지 않고 죽고 사는 것이 하나님의 주권이라 했던(1:21) 그가 7주간의 침묵이 지난 후 입을 열어 자신의 출생을 저주하고 이 땅에 태어났음을 한탄합니다(3-10). 그때 죽지 않았음을 한합니다. 그가 생명을 부지하고 있는 것이 한스럽다고 신세를 한탄합니다. 욥은 생일을 저주하는 것을 넘어 죽음을 사모합니다. 그에게는 다만 불안 만이(26) 있는 상태라고 한숨 짓습니다. 고난은 어떤 누구도, 경건한 사람이라도 고난당할 수 있음을 가르쳐 줍니다. 욥은 육체적 고난을 통해 정신적으로 절망에 빠졌고 영적으로도 큰 고통을 겪고 있습니다. 인생은 누구든지 고난 앞에서 좌절합니다. 고난의 의미와 하나님의 섭리를 깨닫기까지 절망하고 비관할 수밖에 없습니다. 고난 중에 하나님을 만나는 것이 해결책입니다.

마가복음 7장

바리새인과 서기관 중 몇이 예수님께 제자들이 어찌 장로들의 전통을 준행하지 아니하고 부정한 손으로 떡을 먹느냐고 질문합니다. 예수님께서 성경을 인용하시며(사 29:13), 그들이 사람의 전통을 지키려고 하나님의 계명을 버린다고 책망하십니다. 하나님께 드림이 되었다(고르반) 하며 부모 공경하지 않는 것을 예로 들어 전통을 지킨다고 하며 하나님의 말씀을 폐한다고 비판하십니다. 예수님은 사람 속에서 즉 마음에서 나오는 악한 것이 있어 사람을 더럽힌다고 하셨습니다(21-22). 예수님께서 두로 지방에서 더러운 귀신들린 딸을 둔 한 여인을 만났습니다. 그 여자는 수로보니게(수리아 버니게) 족속입니다. 예수님께서 그녀의 간절한 호소와 믿음을 보시고 그 딸을 고쳐주셔서 귀신이 나갔습니다. 예수님께서 갈릴리로 돌아오셔서 귀먹고 말더듬는 자에게 손가락을 그의 양 귀에 넣고 침을 뱉어 그의 혀에 손을 대시며 에바다(열리라) 하시니 귀가 열리고 혀도 풀어졌습니다.

로마서 7장

율법으로부터의 자유를 혼인관계로 비유합니다. 남편이 있는 아내가 생전에 남편의 법에 매이지만 남편이 죽으면 그 법에서 벗어납니다. 남편 생전에 다른 남자에게 가면 음녀이지만 남편이 죽으면 법에서 벗어나 다른 남자에게 가도 음녀가 되지 않습니다. 그리스도의 몸으로 말미암아 율법에 대하여 죽임을 당하였으니 죽은 자 가운데서 살아나신 예수(새남편)에게 가서 하나님을 위하여 열매를 맺습니다. 이전에 율법으로 말미암아 죄의 정욕으로 사망을 위하여 열매를 맺었다가 이제 얽매였던 것에 대하여 죽었으므로 율법에서 벗어나 영의 새로운 것으로 섬길 것입니다. 율법은 죄를 깨닫게 하는 것이요, 의롭고 선한 계명이 사망에 이르게 했습니다. 율법 아래 있으므로 내 속에 거하는 죄가 죄를 짓게 합니다. 내 안에 속사람이 섬기는 하나님의 법(믿음의 법)과 육신으로 섬기는 죄의 법이 있습니다. 율법 아래에 있으면 파국이나, 율법에서 벗어나는 진리가 있습니다.

창세기 38장

야곱의 넷째 아들 유다가 가나안 땅 수아의 딸을 통해 엘과 오난과 셀라, 세 아들을 낳았습니다. 엘이 다말을 아내로 맞았습니다. 엘과 오난이 하나님 보시기에 악하여 그들을 죽이셨습니다. 유다는 다말이 수절하고 자신의 집에 거하게 했습니다. 얼마 후에 유다의 아내가 죽고 나서 딤나 양털 깎는 자에게 이르렀는데 그곳에서 유다가 한 여인과 담보물을 주고 동침하였는데, 자신은 그 여인이 창녀인 줄 알았습니다. 유다는 의도치 않게 과부가 된 며느리 다말과 동침하게 되었고 결국 다말은 쌍둥이 베레스와 세라를 낳습니다. 비록 유다가 알지 못한 가운데 임신하였으나 수치스러운 사건입니다. 그러나 하나님의 구원역사 섭리가 놀랍습니다. 메시야가 유다 지파 다윗의 자손으로 이 땅에 오셨습니다. 부패하고 죄악된 인간 역사 속에 메시야가 와서 우리 인간을 구원하셨습니다.

욥기 4장

욥의 세 친구가 욥을 위문하러 왔다가 차례로 욥과 토론합니다. 먼저 엘리바스가 욥에게 충고합니다. 욥이 이전에 의를 많이 행하였으나 이런 일이 닥친 것으로 욥이 놀라워하지만, 죄 없이 망한 자가 어디 있겠느냐고 하며, 욥이 죄를 지었기 때문에 고난당한 것이라고 하여 위로 대신 일반의 상식을 이야기합니다. 하나님은 의로우신 분이지만, 의롭지 않은 사람 욥이 자기의 죄의 삯을 받는 것이라고 주장합니다. 엘리바스의 주장은 인과응보의 세계관입니다. 일견 잘못된 것이 없습니다. 그러나 겉만 보고 판단하는 그의 충고는 타당할지 모르나 옳은 말, 도덕적 잣대만으로 위로를 줄 수 없습니다. 고난당하는 자에게는 하나님의 섭리에 대한 믿음의 고백이 위로가 됩니다. 오직 고난당하신 주님의 이름으로 하는 위로가 진정한 것입니다.

마가복음 8장

예수님이 떡 일곱 개, 또 작은 생선 두어 마리를 축복하시고 나누어 주게 하시니 4천명이 배불리 먹고 열두 광주리를 거두었습니다. 제자들에게 경고하시기를 바리새인들의 누룩과 헤롯의 누룩, 즉 그들의 독선과 위선 그리고 세속주의를 주의하라고 하셨습니다. 예수님께서 떡 표적에 대한 관심 뿐 영적 깨달음이 없는 제자들을 나무라셨습니다. 예수님께서 빌립보 가이사랴에 가셨는데 때 베드로가 "주는 그리스도입니다"라고 고백했습니다. 예수님께서 비로소 고난받고 죽임당하시고 사흘 만에 살아나리라고 말씀하셨습니다. 예수님께서 제자의 길을 말씀하셨습니다. 누구든지 예수님을 따르려는 자는 자기를 부인하고 자기 십자가를 지고 주를 따라야 할 것을 말씀하셨습니다(34). 예수님께서 역설적인 진리를 말씀하셨습니다. 잃는 자는 얻고 얻는 자는 잃는다는 것입니다(35).

로마서 8장

그리스도 예수 안에 있는 자는 결코 정죄함이 없습니다. 그리스도 예수 안에 있는 생명과 성령의 법이 죄와 사망의 법에서 해방되었기 때문입니다. 하나님께서 성도를 죄로부터 해방시켜 하나님의 영을 통하여 하나님이 우리의 삶의 중심이 되게 하셨습니다. 그리스도인은 양자의 영을 받아 하나님을 아빠 아버지라 부르니 하나님의 자녀, 상속자입니다. 성도는 미래의 몸의 구속을 기다리는 소망을 갖고 있습니다. 성령은 성도를 돕는 자요 위하여 간구합니다. 하나님의 구원은 하나님이 처음부터 끝까지 보장하십니다(29-30). 성도의 개가는 하나님이 성도를 향한 보장이 충만하고 충분합니다(31-34). 그리스도 사랑이 너무 크고 두터워 그리스도의 사랑에서 아무것도 끊을 수 없습니다(35-35). 하나님께서 성도의 승리를 보장하시기에 성도를 사랑하시는 하나님으로 넉넉히 승리합니다(37). 그리스도 예수 안에 있는 하나님의 사랑에 서 어떤 무엇도 끊을 수 없습니다(38-39).

2월 05

창세기 39장

요셉이 애굽으로 끌려가 바로의 친위대장 보디발의 집에서 종살이합니다. 주인이 그의 아내 이외에 그의 모든 소유를 다 위탁할 정도로 요셉을 신임했습니다. 그런데 보디발의 아내가 용모가 빼어나고 아름다운 청년 요셉에게 동침하자고 집요하게 유혹합니다. 그러나 요셉은 거절하여 큰 악을 행하여 하나님께 죄를 지을 수 없다고 유혹을 물리쳤습니다. 보디발의 아내는 날마다 유혹했으나 요셉이 물리치자 요셉이 자신을 희롱하여 겁탈하려 한다고 모함하여 주인이 요셉을 옥에 가두었습니다. 요셉이 옥에 갇혔으나 하나님께서 요셉과 함께하시고 인자를 더하사 간수장에게 은혜를 받게 하시어 죄수를 요셉에게 맡기고 제반 업무를 처리하게 했습니다. 억울하게 옥에 들어갔으나 하나님이 그와 함께하심으로 하나님께서 그를 범사에 형통하게 하셨습니다(2, 3, 23).

욥기 5장

엘리바스의 충고가 계속됩니다. 창졸간에 자식들과 재산과 한꺼번에 다 잃어버린 욥에게 재난과 고생은 우연히 생긴 것이 아니라 하나님께 죄를 지어 벌을 받는 것이라는 주장을 폅니다. 이는 인본적인 권선징악의 이론으로 욥의 아픈 마음을 헤집어 놓는 것입니다. 하나님의 긍휼에 기인하지 아니하고 하나님 앞에 올바르게 행하기만 하면 회복될 것이라는 충고는 통속적인 주장에 불과합니다. 그것은 진정한 신앙적인 위로와 격려가 될 수 없습니다. 인간이 당하는 고난은 다양한 원인이 있음에도 추정적인 도덕적 잣대로 고난 중에 있는 욥을 판단하는 것은 단선적입니다. 고난의 원인을 따지는 것을 넘어서서 고난 중에 있는 자에게 그럼에도 불구하고 하나님의 섭리와 주권적인 은혜가 있음을 깨닫게 하는 것이 고난당하는 자를 위로하는 힘이 됩니다.

마가복음 9장

예수님께서 세 제자를 데리시고 따로 높은 산에 올라가셨을 때 구름 속에서 소리가 들렸습니다. 예수님께서 메시야의 선구자 엘리야가 왔으나 그를(세례요한) 죽였고 그리스도도 이미 세상에 오셨으나 사람들은 그를 알지 못하고, 그는 고난을 받을 것을 밝히셨습니다. 귀신들린 아이에게서 귀신을 내쫓아주지 못한 제자들을 향해 믿음이 부족한 것 때문이라 하셨습니다. 예수님께서 믿는 자에게는 능히 하지 못할 일이 없느니라(23) 말씀하시고 더러운 귀신을 꾸짖어 쫓아내셨습니다. 예수님께서 믿음의 기도로 귀신을 내어 쫓는다고 말씀하셨습니다. 예수님께서 수난에 대해 두 번째 예고하셨는데 제자들은 누가 크냐며 쟁론합니다. 예수님께서 누구든지 첫째가 되고자 하면 뭇사람을 섬기는 자가 되어야 한다고 하시고 어린아이 하나를 영접하면 예수님을 영접하는 것이라고 하셨습니다. 예수님께서 손과 발과 눈을 죄짓는 것에 사용하지 않도록 엄격하고 철저한 교훈을 가르쳐 주셨습니다.

로마서 9장

바울은 큰 근심과 마음의 고통 속에서, 골육 친척이 구원받지 못한 것을 안타까워하며 유대민족이 구원받기를 갈망합니다. 약속받은 것이 많은 이스라엘이 복음에 귀의하지 않는다면 하나님의 약속이 파기되었는가 하는 물음이 생깁니다. 결국 아브라함에게 주신 약속은 육의 자녀(8) 모두에게 해당되는 것이 아니라 하나님의 자유로운 결정에 기인하는 것입니다(13). 하나님은 토기장이로서 하나님의 자유로운 선택, 불가침적인 주권에(27-29) 달렸습니다. 이것이 이중 예정(구원과 심판 예정)의 근거이지만, 하나님 말씀의 절대적인 우의성을 부각하는 의미가 있습니다. 하나님의 구원 약속은 행위를 의지함이 유효한 것이 아니라 하나님이 주시는 것을 선물로 받아들이는 믿음에 따라 유효합니다. 이방인들은 예수그리스도를 믿는 믿음으로 의를 얻었으나 의의 법을 따라간 이스라엘은 행위를 의지함으로 율법의 의를 이루지도 못하고 믿음의 의도 얻지 못했습니다.

2월 07

창세기 40장

요셉이 왕의 친위대장의 감옥에 갇혀 있을 때 바로 왕의 술 맡은 관원장과 떡 굽는 관원장이 범죄하여 감옥에 들어왔습니다. 친위대장이 요셉에게 그들을 수종들게 했습니다. 그런데 두 사람이 어느 날 밤에 꿈을 꾸었습니다. 요셉이 두 사람의 꿈 이야기를 각각 듣고서 그들의 꿈을 해석해주었습니다. 요셉은 바로의 술 맡은 관리가 전직을 회복하면 자신을 생각하고 은혜를 베풀어 자신의 사정을 바로에게 아뢰어 자신을 건져달라고 하며 자신이 히브리 땅에서 끌려왔는데 옥에 갇힐 일을 하지 않았다고 했습니다. 요셉의 해석대로 술 맡은 관리는 지위가 회복되어 잔을 바로의 손에 받들어 드렸으나, 떡 맡은 관원은 목이 매달려 죽임 당했습니다. 하나님께서 요셉이 꿈을 해석하도록 함께 하셨습니다. 요셉은 꿈의 해석이 자신에게 있지 않고 하나님께 있음을 알았습니다(8하).

욥기 6장

욥이 엘리바스의 충고를 듣고 자신을 성찰해봅니다. 전능하신 하나님으로부터 매를 맞고(4) 진노를 당한 자신의 처지가 처량하게 여겨집니다. 더구나 자신의 고난을 헤아려주기는커녕 겉모습만 보고 판단하는 친구의 부당한 충고가 도리어 고통을 배가할 뿐입니다. 욥 자신이 하나님을 거역하지 않았다는(10하) 생각을 하니 더욱 비참한 생각이 듭니다. 엘리바스의 질문에 대한 답한 욥은 친구에 대한 실망을 토로하며 개울 같고 개울의 물살같이 변덕스럽다고 했습니다. 욥은 친구들에게 자신을 바로 바라보고, 바로 이해해주기를 바라고 있습니다. 친구들이 선입관이나 편견을 가지고 자신을 바라보지 말고 정당하게 관찰하여 보라고 하며, 자신은 아직까지 비난 받을 이유가 없다고 변호합니다(29). 형제가 고난당할 때 자기중심의 신앙적 훈수나 비판이 위로는커녕 큰 상처를 안길 수도 있습니다. 누구든지 '하나님의 시간과 뜻을 바라보며 인내하는 것이 참 지혜입니다.

마가복음 10장

재물이 많은 청년이 영생얻는 문제를 예수님께 질문했습니다. 가진 것 다 팔아 가난한 자에게 나눠주고 따르라는 주님의 요구에 청년은 재물에 대한 욕심 때문에 이웃사랑을 실천하지 못했습니다. 재물이 교만을 갖게 하고 신앙의 약화를 초래할 수 있기에 재물을 경계하셨습니다. 예수님께서 구원은 사람에게 있는 것이 아니라 하나님이 주신다는 것을 가르쳐 주셨습니다. 성도는 구원받고 현세의 축복을 받아도 핍박을 각오해야 합니다. 예수님께서 예루살렘으로 올라가시는 도중 세 번째로 예수님의 수난에 대해 예고하셨습니다. 그렇지만 야고보, 요한 형제가 주의 영광중에 우편과 좌편에 앉게 해달라고 영화를 꿈꿉니다. 주님의 잔을 마시는 것은 주님의 고난에 참여하는 것입니다. 크고자 하는 자는 섬기는 자가 되고 으뜸이 되고자 하는 자는 모든 사람의 종이 되어야 하는 겸손을 가르쳐주셨습니다. 예수님은 섬기고 당신의 목숨을 희생하기 위해서 오셨습니다 (45).

로마서 10장

바울의 간절한 소원과 기도는 이스라엘의 구원을 받는 것입니다. 그들은 하나님께 대한 열심은 있으나 자기 의를 세우려고 힘써 하나님의 의에 복종하지 아니하였습니다. 유대인의 의는 행위(공적)에 근거하여 획득하려고 하는 의입니다. 믿음으로 말미암은 의는 하나님께서 그 아들을 십자가에 죽게 하시고 부활하게 하심으로써 이루신 것입니다. 그리스도를 믿음으로 얻는 의의 복음은 믿음으로 마음에 있는 바요 믿음의 말씀입니다(8). 입으로 예수를 주로 시인하고 하나님께서 예수를 죽은 자 가운데서 살리신 것을 믿으면 구원받습니다. 한 분이신 주께서 모든 사람의 주가 되사 그를 부르는 모든 사람에게 부요하십니다. 누구든지 주의 이름을 부르는 자는 구원을 받습니다. 믿음은 들음에서 나오며 들음은 그리스도의 말씀으로 말미암습니다. 이스라엘은 전파된 복음을 믿지 않았으나 복음이 온 세상에 퍼져 이방인들이 믿게 되었습니다.

2월 08

창세기 41장

2년 후에 바로가 꿈을 꾸었습니다. 애굽 땅에 어떤 누구도 왕의 꿈을 해석하지 못했습니다. 술 맡은 관원이 바로 왕에게 요셉을 소개합니다. 하나님이 함께하시는 요셉이 바로의 지시로 감옥에서 나와 바로 왕의 꿈을 해석합니다. 요셉은 꿈의 해석은 하나님께 있음을 밝히고(16), 하나님께서 하실 일을 바로에게 꿈으로 보이셨다고 합니다. 바로가 꿈을 두 번 겹쳐 꾼 것은 하나님이 정하신 일임을 보여주는 것이라고 했습니다(32). 요셉은 바로가 해야 할 일을 알려주었습니다. 바로는 요셉의 명철과 지혜를 인정했습니다. 바로는 요셉에게 애굽 전체를 다스리는 총리로 삼았습니다. 요셉은 서른 나이에 아스낫을 아내로 맞아 두 아들, 므낫세와 에브라임을 낳았습니다. 그의 꿈대로 온 지면에 기근이 있어 요셉이 모든 창고를 열고 백성들에게 양식을 팔았고 각국 백성도 양식을 사려고 애굽으로 들어와 요셉에게 이르렀습니다.

욥기 7장

욥은 자신의 육적 고통을 호소하고, 자신에게 소망이 없음을 고백합니다. 희망이 다 사라지고 오로지 고통스럽고 고달픈 시간을 보내는 상황에서 하나님께 자신의 고통스럽고 쓰라린 마음을 토로하며 하나님께 호소합니다. 욥은 자신의 처지를 생각하며 허무함과 분노를 억누르기가 어렵습니다. 극한 슬픔 속에서 침묵하시는 하나님이 원망스럽기조차 합니다. 욥은 죽기 전에 하나님이 미미한 자신을 왜 치시는지 그의 재난의 이유를 알고 싶어 합니다. 욥은 고통 중에서도 자신이 겪고 있는 고통이, 비록 하나님께서 징벌하시는 것이지만 자신을 단련시키시며 자신에 대해 큰 관심을 가지고 계시다는(17-18) 생각을 갖습니다. 욥은 지금까지 자신의 무죄를 주장하였으나 어느 정도 자신의 죄를 인식하는 듯합니다(21).

마가복음 11장

예수님이 나귀를 타고 예루살렘으로 입성하셨습니다. 이튿날 잎사귀만 있고 열매가 없는 무화과를 향해 이제부터 영원토록 열매를 따 먹지 못하리라고 하셨습니다. 성전 제일주의 유대교를 두고 하신 말씀으로 해석합니다. 이어 성전에 들어가시어 성전을 숙청하셨습니다. 다음 날 아침 베드로가 그 무화과가 뿌리째 마른 것을 예수님께 아룁니다. 이에 예수님께서 마음에 의심치 않는 믿음을 강조하시고, 받은 줄로 믿고 기도하는 믿음을 말씀하셨습니다. 예수님께서 성전에서 거니실 때 대제사장들과 서기관, 장로들이 예수님께 예수님의 권위에 대해 질문했습니다. 예수님께서 즉답을 피하시고 세례 요한의 세례가 하늘로부터인지, 사람으로부터인지 대답하라고 하셨습니다. 이에 그들이 진퇴양난에 빠져 알지 못한다고 대답할 때 예수님도 자신이 무슨 권위로 그런 일을 하는지 이르지 아니하겠다고 하셨습니다.

로마서 11장

바울은 이스라엘의 불신으로 이스라엘을 버리신 것 같으나(10:21) 결국 하나님께서 자기 백성을 버리지 않으실 것이라고 했습니다. 하나님께서 7천 명을 남겨 주었다고 한 말씀을 예로 들어(4, 왕상 19:18) 지금도 은혜로 택하심을 따라 남은 자가 있다고 했습니다. 이스라엘이 믿지 않음으로 구원이 이방인에게 이르러 이스라엘로 시기가 나게 했습니다. 그들의 구원의 실패가 이방인의 풍성함이 되었습니다. 이방인 그리스도인들은 돌 감람나무로서 참 감람나무(유대인)의 꺾인 부분에 접붙인 것이 되었으니 자랑할 것이 없습니다. 이스라엘의 우둔함은 궁극적인 것이 아니라 이방인의 충만한 수(이방선교의 완성)로 인하여 이스라엘이 구원받을 것입니다. 이스라엘의 순종하지 않으므로 이방인이 긍휼을 입었고, 이방인에게 베푸는 긍휼로 그들도 긍휼을 얻게 하려 함입니다. 바울은 하나님의 구원의 주권과 인간적인 모든 이해를 뛰어넘는 신비로움을 찬양합니다.

2월 09

창세기 42장

가나안에 기근이 들어 야곱이 베냐민 이외에 열 아들을 애굽으로 양식을 구하도록 보냈습니다. 요셉이 곡물을 사기 위해 애굽에 내려온 형들을 만납니다. 형들이 요셉에게 엎드려 절합니다. 요셉은 모르는 체하며 그들에게 정탐꾼이라는 누명을 씌워 3일간 구류했습니다. 요셉은 막내아우가 오지 아니하면 그곳에서 나가지 못하리라고 하고, 그들이 정탐꾼이 아닌 것을 증명하기 위해 아우를 데려올 때까지 한 사람이 갇히어 있으라고 합니다. 3일 후에 요셉은 시므온을 억류해 두고 막내아우 베냐민을 데려오도록 하여 형들을 가나안으로 돌려보냅니다. 형들로부터 자초지종을 들은 야곱은 베냐민을 데리고 애굽으로 데리고 가는 것을 반대합니다. 이에 르우벤이 만일 베냐민을 데리고 갔다가 아버지에게로 데려오지 않으면 자신의 두 아들을 죽이라고 하며 아버지의 허락을 요구했으나 야곱은 결코 베냐민을 보내고 싶지 않습니다.

욥기 8장

빌닷이 욥의 말을 받아 충고합니다. 하나님은 정의로우시고 공의로우신 분이시기에 욥의 고난은 욥의 행동에 대한 하나님의 징계 때문이라고 주장합니다. 그러니 전능하신 하나님을 찾고 간구하라고 충고합니다(6). 하나님은 부당한 고난이 있을 리 없다고 합니다. 하나님을 의지하면 잘되나 악인은 파괴된다는 빌닷의 충고는 일견 옳은 주장입니다. 그는 세상의 성공과 실패는 모두 인간에게 달려있다는 통속적인 잣대로 욥을 충고합니다. 그러나 인간의 행불행, 성패는 사람의 행위에 따라 엄격하게 결정되는 것이 아닙니다. 특히 예기치 않은 고난 중에 있을 때라도 하나님의 뜻과 섭리를 믿고, 하나님 의지함으로 주님의 위로와 회복을 소망하고 인내하며 나아가는 것이 지혜로운 자세입니다.

마가복음 12장

예수님과 유대주의자들 간의 논쟁의 장입니다. 포도원 농부 비유에서 농부들이 죽인 아들, 예수님은 건축자들이 버린 돌(시 118:22, 23)입니다. 예수님의 말씀을 책잡으려 하는 이들의 질문에 가이사의 것은 가이사에게, 하나님의 것은 하나님께 바치라고 하셨습니다. 부활이 없다는 사두개인이 7형제와 한 여인의 이야기로 질문할 때 부활 시에는 장가가거나 시집가거나 하는 것이 아니라고 하시고, 하나님은 죽은 자의 하나님이 아니라 (죽었으나 천국에서) 산 자의 하나님이라고 하셨습니다. 서기관들이 그리스도를 다윗의 자손이라 하는 문제를 질문할 때, 그리스도를 주(하나님)라고 칭한 말씀으로(시 110:1) 그들의 질문에 답하셨습니다. 예수님께서 서기관들의 명예욕과 탐욕과 외식을 삼가라고 하셨습니다. 예수님께서 많은 돈을 넣는 부자를 보시고 가난한 중에서 모든 사람보다 더 많이 헌금함에 넣은 가난한 과부가 헌금하는 것을 칭찬하셨습니다.

로마서 12장

구원받은 그리스도인의 삶은 하나님의 자비에 대한 응답에 기인합니다. 그것은 하나님이 기뻐하시는 살아있는 제물로 드리는 것입니다. 그것이 영적(이성적, 합리적) 예배입니다. 그것은 마음을 새롭게 함으로 변화를 받아 하나님의 선하시고 기뻐하시고 온전하신 뜻이 무엇인지 분별하는 것입니다. 교회는 그리스도의 몸입니다. 성도는 지체로서 하나님이 주신 다양한 은사를(6-8) 자신에게 주어진 믿음의 분수대로, 믿음에 알맞게 봉사해야 하고 사랑의 삶을 실천해야 합니다. 그리스도를 섬기는 일에 게으르지 말아야 하고 소망과 인내와 기도에 힘쓰고 성도들의 쓸 것을 공급하는 것입니다. 박해하는 자를 축복하고, 함께 즐거워하고 함께 울라고 했습니다. 낮은데 마음을 두고 모든 사람 앞에서 선한 일을 도모해야 합니다. 모든 사람과 화목하게 지내고 원수 갚는 것은 하나님께 맡기고 원수에게 사랑을 실천하되 악에 지지 말고 선으로 악을 이기라고 권면합니다.

2월 10

창세기 43장

요셉이 형들이 애굽에서 구해온 양식이 다 떨어져 아버지가 아들들에게 다시 가서 양식을 사오게 합니다. 결국 야곱의 아들들이 베냐민을 데리고 애굽으로 내려가서 요셉을 만납니다. 요셉은 그동안 억류되어 있던 시므온을 다른 형제들에게 이끌어 내어 형제들과 상봉합니다. 그때 형들이 요셉에게 예물을 드리고 엎드려 절합니다. 요셉은 아버지의 안부를 자세히 묻고 베냐민을 만나 아우를 사랑하는 마음이 복받쳐 급히 안방으로 자리를 옮겨 울고 얼굴을 씻고 나와 감정을 억제합니다. 요셉은 형들을 위해 찬지를 베풀고 나이에 따라 앉히니 서로 의아하게 여겼습니다. 요셉이 자기 음식을 그들에게 주되 베냐민에게는 다른 사람보다 다섯 배나 주고 그들이 마시며 요셉과 함께 즐거워하였습니다. 과연 하나님께서 요셉을 앞서 애굽에 내려가 요셉의 길을 인도하시고 배후에서 역사하셔서 요셉의 꿈을 이루게 하셨습니다.

욥기 9장

고통으로 인해 절망에 빠진 욥은 지금 극심한 고난 가운데서 자신의 처지를 비관하고 있습니다. 그는 전능하시고 천지를 주관하시는 하나님의 능력과 지혜와 신비 앞에서(10) 하나님과의 엄청난 간극을 통절하게 인식합니다. 하나님 앞에 자신은 무력할 수밖에 없습니다. 그는 하나님을 원망하며 스스로 비하합니다(20-21). 고통으로 뒤틀려 낙망 가운데 빠진 욥의 실존은 보통 사람, 우리의 모습입니다. 이런 가운데 인간적인 처세와 노력은 아무 효력이 없습니다. 과연 '우리 사이의 판결자' 곧 중보자가 필요합니다. 그분은 예수그리스도이십니다(딤전 2:4, 요일 2:1). 하나님과 우리 사이를 이어주시고, 유일한 길(요 14:6)이신 주님의 이름을 의지함으로 소망과 위로를 얻을 수 있습니다.

마가복음 13장

　본장은 소묵시록입니다. 예수님께서 성전 건물이 산산이 부서질 것을 예언하셨습니다. 제자들이 예루살렘의 멸망과 세상의 종말의 징조에 대해 질문했습니다. 이에 대해 예수님께서 거짓 그리스도 출현, 전쟁, 천재지변, 성도에 대한 핍박 등의 징조를(9-13) 말씀하셨습니다. 이어서 가까이는 예루살렘 멸망을, 멀리는 종말적인 대환란을 예고하셨습니다(14-23). 종말적 대환란 후에 그리스도의 재림이 뒤따릅니다. 우주적인 종말로 천체의 이변이(24-25) 일어납니다. 그리스도께서 구름을 타고 영광중 공개리에 오십니다(26). 그리고 천사들을 통하여 택하신 자들을 모으실 것입니다. 여름을 알리는 징조로 무화과나무가 잎사귀를 내는 것처럼, 여러 징조들이 나타나면 그리스도의 재림이 임박한 줄 알라고 하셨습니다. 그러나 그날과 그때는 아무도 모르고 아버지만 아십니다. 주님의 재림을 기다리는 성도는 맡은 권한과 사무를 수행하며 깨어있으라고 하셨습니다.

로마서 13장

　그리스도인과 세상 권세에 있어, 위에 있는 권세에 복종하라고 했습니다. 권세는 하나님께로 난 것입니다. 권세자는 하나님의 사역자로서, 악을 행하는 자에게 진노로 보응하는 자이기에 복종하고 선을 행하라고 했습니다. 조세와 관세를 바치고 두려워할 자를 두려워하며 존경할 자를 존경하라고 했습니다. 피차 사랑의 빚 외에는 아무에게든지 아무 빚도 지지 말아야 할 것은 남을 사랑하는 자는 율법을 다 이루었기 때문입니다. 십계명 뿐 아니라 그 외에 다른 계명이 있을지라도 이웃을 너 자신 같이 사랑하라 하신 그 말씀 가운데 다 들었으니 사랑은 율법의 완성입니다. 현 시기가 자다가 깰 때가 벌써 된 것은 이제 우리의 구원이 처음 믿을 때 보다 더 가까웠기 때문입니다. 밤이 깊고 낮이 가까웠으니 어둠의 일을 벗고 빛의 갑옷을 입어야 합니다. 낮과 같이 단정히 행하고, 오직 주 예수그리스도로 옷 입고 정욕을 위하여 육신의 일을 도모하지 말아야 할 것입니다.

창세기 44장

청지기들이 가나안으로 돌아가는 요셉의 형들을 뒤쫓아 가서 베냐민의 자루에서 은금을 찾아내어 형제들을 요셉이 있는 곳으로 되돌아오게 합니다. 요셉은 베냐민을 억류시키려 합니다. 곤란한 상황에 빠진 형제들 가운데 유다가 나서서 아버지 야곱의 사정을 이야기하며 자신을 애굽에 억류시키고 베냐민은 아버지에게 가게 해달라고 간곡히 호소합니다. 형제들에게 구덩이에 빠뜨린 요셉의 생명은 빼앗지 말자고 제안했던(37:26) 유다가 이번에는 자신이 대신 희생하겠다고 나섭니다. 결국 그는 유다 지파, 남 유다의 조상이 되었습니다. 그뿐만 아니라 그는 다윗의 조상이 되고 그의 자손으로 메시야가 이 땅에 오셨습니다.

욥기 10장

욥은 자신이 당하는 고난의 원인을 하나님께 정면으로 질문합니다. 욥이 딱히 죄를 짓거나 악한 일을 저지르지 않았는데 자신이 정죄당하고 있는 문제, 자신에게 닥친 고난이 정당한지를 하나님께 질문합니다. 즉 왜 자신에게 노하시나이까? 왜 하나님이 창조하신 것을 파괴하시나이까? 등으로 질문합니다. 욥은 하나님께서 자신을 지으셨음을 고백하며 자신을 질병과 고난 가운데 내버려 두시는 하나님에 대한 원망과 절규의 기도를 드립니다. 나아가 하나님의 자비와 긍휼을 기대하고 있습니다. 욥은 잠시나마 자신을 병고에서 놓아 죽기 전 고통에서의 잠시의 평안을 구합니다(20). 성도가 하나님 앞에 자신의 처지를 토로하며 자신의 당면한 실존의 문제를 질문하며 아뢰는 것은 당연합니다. 성도는 누구든지 주 예수 이름으로 하나님 앞에 나아가 기도할 수 있는 거룩한 특권을 얻었습니다.

마가복음 14장

예수께서 십자가를 지실 날이 임박했습니다. 예수님께서 베다니 나병환자 시몬 집에서 식사하실 때 한 여자가 값진 향유 옥합을 깨뜨려 예수님의 머리에 부었습니다. 예수님께서 무교절 첫날 저녁 제자들과 함께 유월절 음식을 잡수셨습니다. 그때 떡과 잔을 주시며 성만찬을 제정하셨습니다. 예수님께서 베드로가 세 번 예수님을 모른다고 할 것을 예고하셨습니다. 그 밤에 세 제자와 함께 겟세마네 동산에 가서서 기도하십니다. 자는 제자들에게 시험에 들지 않게 깨어있어 기도하라고 하셨습니다. 예수님께서 기도 후에 체포당하시고 대제사장에게 가서 심문받으셨습니다. 침묵하시던 예수님께 하나님의 아들 그리스도냐고 물을 때에 그렇다고 대답하셨습니다. 예수님을 신성모독이라며 사형에 해당한다고 정죄하고 침 뱉고 얼굴을 가리며 주먹과 손바닥으로 치며 모욕했습니다. 베드로는 예수님의 예고대로 주님을 세 번 부인했습니다.

로마서 14장

교회생활에 대한 교훈입니다. 먹는 문제에 있어 먹는 자는 먹지 않는 자를 업신여기지 말고, 먹지 않는 자는 먹는 자를 비판하지 말라고 했습니다. 날을 지키는 문제도 자기의 마음으로 확정할 것이지만 주를 위해서 중히 여기고, 먹는 자나 먹지 않는 자도 주를 위해 해야 합니다. 그리스도인은 사나 죽으나 주의 것이기 때문에 살아도 주를 위하여 살고 죽어도 주를 위하여 죽는 것입니다. 음식 문제로 형제를 근심하게 하면 사랑으로 행하지 않기 때문입니다. 하나님의 나라는 성령 안에서 의와 평강과 희락입니다(17). 그리스도를 섬기는 자는 하나님을 기쁘시게 하고 사람에게 칭찬받습니다. 그러므로 그리스도인은 화평의 일과 서로 덕을 세우는 일을 힘써야 합니다. 음식으로 하나님의 사업을 무너지게 해서는 안 되며 무엇에든지 형제를 거리끼게 하지 않는 것이 아름답습니다. 문제는 믿음을 따라 하였느냐 하는 것입니다. 믿음을 따라 하지 아니하는 것은 다 죄입니다.

2월 12

창세기 45장

요셉이 형들에게 자신이 요셉임을 밝힙니다. 요셉이 형들에게 고백합니다. "하나님이 큰 구원으로 당신들의 생명을 보존하고 당신들의 후손을 세상에 두시려고 나를 당신들보다 먼저 보내셨나니"(7). 과연 하나님이 구원역사의 주인이십니다. 요셉을 애굽으로 보낸 이는 형들이 아니라 하나님이시요, 자신을 바로의 아버지로 온 집의 주로 애굽 온 땅의 통치자로 삼으셨다고 간증합니다(8). 형제 상봉이 이루어지고 바로의 궁에도 이 사실이 알려졌습니다. 요셉은 형들에게 돌아가 아버지에게 말하고 아버지와 가족을 모셔 오라고 합니다. 형들이 가나안에 돌아가 요셉이 애굽의 총리가 되었음을 알리니 야곱은 믿기지 않아 어리둥절할 수밖에 없었습니다. 요셉의 배후에서 일하신 분은 하나님이요, 길잡이도 주권자이신 하나님이십니다.

욥기 11장

소발이 논쟁에 끼어듭니다. 그도 다른 두 친구처럼 인과응보설을 옹호하고 더욱 예리하게 논리를 펼칩니다. 그는 욥이 말이 많다고 비난하고 욥이 스스로 정결하다고 주장하는 것을 못마땅하게 여깁니다. 소발은 욥의 고난이 그의 죄의 결과임을 인정하고 하나님이 욥에게 그의 죄를 알게 하시기를 빕니다. 그는 하나님의 지혜와 지식의 광대함과 하나님의 오묘함을 측량할 수 없다는 자신의 소신을 내세워 욥의 고통스러운 탄식을 일축합니다. 소발도 역시 욥이 당하고 있는 고난을 이해해보려는 생각이 없이 욥에게 바른 마음으로 하나님께 회개하고 돌이키기만 하면 된다고 경고의 형식으로 그의 말을 맺습니다. 어떤 상황에 놓여 있든지 간에 하나님께 돌이켜 하나님의 주권과 섭리 앞에 잠잠히 머리 조아리는 것이 지혜입니다.

마가복음 15장

공회가 예수님을 빌라도에게 사형판결을 내려주기를 기대하며 넘겨주었습니다. 빌라도는 예수님이 사형에 해당하는 죄를 범하지 않았음을 알고 바라바를 죽음에 넘겨주려 했으나 대제사장들과 무리들이 예수를 십자가에 못 박으라는 강력한 요구에 빌라도가 무리들에게 만족을 주고자 예수님을 채찍질하고 십자가에 넘겨주었습니다. 예수님이 십자가를 지고 갈 때 구레뇨 시몬이 예수님 대신에 지고 골고다에 올랐습니다. 예수님이 못 박히신 후 제6시, 정오부터 온 땅에 어둠이 임하여 9시까지 계속되었습니다. 제9시에 예수님께서 엘리 엘리 라마 사박다니 하신 후 큰 소리를 지르시고 숨지셨습니다. 예수님을 향하여 섰던 백부장이 '이 사람은 진실로 하나님의 아들이었도다'고 했습니다. 그날은 안식일 전날이므로 아리마대 요셉이 빌라도에게 허락받아 예수님의 시신을 세마포로 싸서 바위 속 판 무덤에 넣어두고 돌을 굴려 무덤 문에 놓았습니다.

로마서 15장

스스로 믿음이 강하다고 생각하며 자기들의 확신이 옳다 해도 자기 마음 내키는 대로 살지 말고 연약한 자들의 약점을 함께 짊어지라고 했습니다. 각 사람이 이웃을 기쁘게 하되 선을 이루고 덕을 세우도록 해야 합니다. 성도는 예수님을 본받아 서로 뜻을 같이하여 한 마음과 한 입으로 하나님께 영광을 돌리도록 해야 합니다. 그리스도께서 우리를 받아 하나님께 영광을 돌리심과 같이 성도 간에 누구든지 서로 받아야 합니다. 14절부터는 로마서의 결미와 인사입니다. 바울은 서바나로 가는 길에 로마에 가서 그들과 사귐으로 로마교회가 자신을 서바나로 보내주기를 기대하고 있습니다. 그동안 마게도냐와 아가야 사람들이 예루살렘 성도 중 가난한 자들을 위하여 연보를 드렸습니다. 바울은 이를 전달하는 섬김의 일로 로마를 방문했다가 서바나로 갈 계획을 가지고 있습니다.

2월 13

창세기 46장

야곱이 애굽으로 떠나기 전 브엘세바에서 희생제사를 드리는 날 밤에 하나님이 이상 중에 나타나셨습니다. 하나님께서 야곱에게 언약하신 바대로 애굽으로 함께 내려갈 것이니 두려워하지 말라고 하시고, 애굽에서 큰 민족을 이루게 해 주시겠다고 약속하셨습니다. 야곱이 그 아들들과 모든 자손을 데리고 애굽으로 내려갔습니다. 그때 애굽에 이주한 야곱 가족의 이름이 나오는데 그 수가 모두 70명입니다. 그들은 목축업을 하는 자들이기에 고센에 거주하게 되었습니다. 드디어 야곱과 요셉, 부자 상봉이 이루어집니다. 하나님께서 요셉을 통해 가나안의 온 가족을 살리셨습니다. 과연 하나님은 언약을 이루시는 신실하신 하나님이십니다. 인생 여정 가운데 하나님이 나와 함께 하심을 믿고 약속을 의지하고 나갈 때 담대할 수 있습니다.

욥기 12장

친구들이 충고하기를 의로운 삶에는 형통이 뒤따르나 악인에게는 화가 임한다고 했습니다. 욥은 세 친구에게 자신도 그들 못지않게 지혜자인 것을 밝히고 그 정도의 지혜는 동물이나 자연도 가지고 있다고 주장합니다. 욥은 친구들의 이론이 합당한 것이 아니라 생각하기에 그들에게 불만과 억울함이 가득합니다. 단지 인생이 당하는 문제는 사람에 의해 좌지우지되는 것이 아니라, 모든 생물과 사람의 육적인 생명까지도 하나님이 주장하시고 인도하신다는 것을 밝힙니다. 즉 하나님이 지으신 피조물인 세상에는 그의 지혜와 권능이 나타나 있고, 세상만사는 하나님의 지배 하에서 성사됩니다. 지혜와 모략과 명철이 하나님께 속하였기에 사람의 눈에 보이는 대로 섣불리 판단할 것이 아니라 하나님의 주권을 인정하고 하나님을 경외하는 것이 지혜입니다.

마가복음 16장

안식 후 첫날 이른 새벽 막달라 마리아를 위시한 몇몇 여성들이 향품을 가지고 무덤에 가니 무거운 돌이 굴려져 있었습니다. 흰옷을 입은 청년(천사)이 "그가 살아나셨고 여기 계시지 아니하니라."고 합니다. 그리고 베드로를 위시한 제자들에게 예수님께서 먼저 갈릴리로 가시니 거기서 뵈오리라고 전하라고 했습니다. 예수님께서 부활하신 후 일곱 귀신을 쫓아내 주신 막달라 마리아에게 먼저 보이셨습니다. 예수님께서 승천하시기 전에 분부하시기를 온 천하 만민에게 복음을 전하라고 하셨습니다. 믿고 세례를 받는 자는 구원 얻을 것이나 믿지 않는 자는 정죄를 받습니다. "믿는 자에게 따르는 표적은 예수 이름으로 귀신 쫓아내고 새 방언을 말하고 뱀을 집어 올리고 무슨 독을 마셔도 해를 받지 않을 것이며 병든 사람에게 손을 얹고 기도하면 나으리라" 하셨습니다. 이는 예수님의 약속이요 보장입니다. 예수님께서 승천하시어 하나님 우편에 앉으셨습니다.

로마서 16장

바울의 추천사와 끝인사입니다. 겐그레아 교회 뵈뵈 집사의 영접을 언급하는 것으로 보아 뵈뵈는 로마서를 전달한 여성도일 것입니다. 그는 바울에게 보호자 역할을 했습니다. 브리스가와 아굴라 부부는 자신들의 목숨을 내놓으면서 바울의 목숨을 구해주었습니다. 에베네도는 아시아의 첫 개종자이며 마리아는 로마 교회를 위해 많이 수고했습니다. 사도들이 존중히 여기는 사람 안드로니고와 유니아, 암블리아, 동역자 우르바노, 스다구, 아벨레네, 아리스도불로의 권속, 친척 헤로디온, 나깃수의 가족 중 주 안에 있는 자, 드루배나와 드루보사, 주 안에서 많이 수고한 버시, 루포와 그의 어머니, 아순그리도 와 블레곤, 헤메와 바드로바, 허마와 및 그들과 함께 있는 형제들, 빌로로고와 율리아, 네레오와 그의 자매 올름바와 성도들에게 문안하라고 했습니다. 바울은 거짓교사들에 대해 신랄한 경고를 덧붙이고 성도들에게 선한데 지혜롭고 악한데 미련하기를 권면합니다.

2월 14

창세기 47장

바로가 요셉의 형들의 알현을 받고 또 야곱도 만났습니다. 야곱의 나이를 물을 때에 나그네 길의 세월이 137세라고 하며 험악한 세월을 보냈다고 합니다. 바로는 야곱 가족을 고센에서 육축하며 거주하게 하고 좋은 땅 라암셋을 또한 소유로 주며 환대하였습니다. 기근이 더욱 심하여 사방에 먹을 것이 없고 가나안도 땅이 기근으로 황폐했습니다. 요셉이 곡식을 팔아 그 돈으로 바로의 궁으로 가져갔습니다. 또한 애굽 백성들이 돈이 없는 자가 양식을 구할 때 가축을 받고 곡물을 팔고, 이후에는 토지를 사들이고 종자를 파니 애굽의 토지가 바로의 소유가 되었습니다. 또한 애굽 토지법을 세워 수확량의 오분의 일이 바로의 것이 되게 했습니다. 요셉은 기근 시 고국에 있는 가족의 생명을 살리고 기근을 대비하여 양식을 비축한 것으로 백성도 살리고 바로의 소유도 부하게 만들었습니다. 야곱이 애굽에 17년을 살고 147세가 되어 죽을 날이 가까워 요셉에게 자신을 조상의 묘지에 장사하라고 당부합니다.

욥기 13장

욥은 허무한 말로서 욥의 문제를 해결하려는 세 친구는 쓸데없는 의원들이라고 하며 친구들을 향해 자신의 변명과 변론이 그들보다 못하지 아니하고 하나님에 관한 깨달음도 더 낫다고 주장합니다. 그래서 욥은 생명을 걸고, 하나님 앞에서 변명하기를 원하여, 또 그렇게 기도합니다. 친구들의 충고와 지혜는 보잘것없고, 자신이 친구들보다 더 정의롭다고 자신을 변호합니다. 하나님을 향해서는 자신의 호소를 들어주시며, 자신의 허물과 죄를 알게 해달라고 갈구합니다. 또한 자신의 고난이 하나님께로부터 임한 것이 아닌가 하는 의문을 토로합니다. 한편 하나님 앞에 의롭다고 주장할 자 아무도 없습니다. 이런 삶의 문제들 앞에서 하나님께 질문하고 호소하여 하나님의 뜻을 깨닫는 것이 지혜입니다.

누가복음 1장 1절-38절

하나님께서 제사장 사가랴와 엘리사벳을 통해 아들이 날것을 천사를 통해 사가랴에게 통보하시고 아들의 사명을 이야기합니다. 천사의 말을 불신하는 사가랴에게 그 일이 이루기까지 벙어리가 될 것이라 했습니다. 6개월이 지난 후 천사 가브리엘이 하나님의 보내심을 받고 나사렛 동네 약혼 처녀 마리아에게 아들의 수태를 고지하며 아들을 낳으면 예수라 하라고 합니다. 주 하나님께서 다윗의 왕위를 그에게 주시고, 영원히 야곱의 집을 왕으로 다스리실 것이며 그 나라가 무궁하리라고 했습니다. 깜짝 놀라는 마리아에게 그의 잉태는 성령으로, 지극히 높으신 이의 능력이 덮임 때문이요, 나실 분은 하나님의 아들이라 일컬어지리라고 통지합니다. 마리아는 하나님의 모든 말씀은 능치 못하심이 없으니 말씀대로 자신에게 이루어지라고 믿었습니다(38). 과연 마리아는 거룩한 어머니요 은혜를 입은 자입니다

고린도전서 1장

바울이 고린도 성도들에게 하나님께 감사드리는 이유는 그리스도의 증거가 견고하여 주 예수를 기다리기 때문입니다. 바울이 고린도교회를 향한 첫 번째 권면은 같은 말을 하고, 분쟁이 없이 같은 마음과 같은 뜻으로 온전히 합하라는 것입니다. 바울은 그들 안에 몇 개의 분파가 있다는 소식을 들었습니다. 바울이 전하는 도는 말의 지혜가 아니고 그리스도의 십자가입니다. 십자가의 도는 구원받는 자에게 하나님의 능력입니다. 그리스도는 하나님의 능력이요 지혜입니다. 하나님께서 보통의 종류의 인간을 자기의 교회의 회중으로 부르셨다는 것은 하나님의 부르심의 주권입니다. 하나님께서 약한 것들과 세상의 천한 것들과 멸시받는 것들을 택하심으로 세상적인 것을 자랑하고 자기를 신뢰하는 것을 폐하십니다. 그것은 어떤 누구도 하나님 앞에 자랑하지 못하게 하려 함입니다. 하나님께로 부터 오신 예수그리스도는 우리에게 지혜와 의로움과 구원함이 되셨습니다.

2월 15

창세기 48장

야곱이 병이 들어 세상을 떠날 때가 되어 요셉과 두 아들 므낫세와 에브라임이 함께 야곱에게 왔습니다. 야곱이 요셉에게 이전에 루스에서 하나님께서 야곱에에 복을 주신 것을 상기시키며 유언을 남깁니다. 그리고 요셉의 두 아들을 축복하는데, 그때 요셉이 아버지의 왼손을 차자 에브라임에게, 오른손을 장자 므낫세에게 올리게 했으나 야곱은 손을 엇바꾸어서 장남 므낫세의 머리에 왼손을 얹고 차남 에브라임에게는 오른손을 얹고 축복합니다. 야곱이 요셉을 위하여 축복하기를 조부 아브라함과 아버지 이삭이 섬기던 하나님, 지금까지 목자가 되셔서 인도해주시고 기르신 하나님, 환란에서 건져주신 여호와께서 복을 주시기를 빌었습니다(15-16). 요셉이 그 아버지가 오른손을 에브라임에게 올린 것을 기뻐하지 아니하여 아버지의 손을 들어 바꾸어 옮기고자 했으나 야곱은 아우가 그보다 큰 자가 되고 그의 자손이 여러 민족을 이루리라고 하며 에브라임을 므낫세보다 앞세웠습니다. 이후 에브라임 지파가 므낫세보다 뛰어나서 북 왕국을 이끌어가는 지파가 됩니다.

욥기 14장

인생은 짧고 허무한 것이라는 인생 시로서 욥과 그 친구들 간의 첫 번째 대화는 끝납니다. 친구들을 향해 격정을 드러내며 하나님께 질문하던 욥은 체념에 빠져 인간이 나약함을 탄식합니다. 욥은 은혜로우신 하나님에게로 나래를 펼쳤던 믿음에서 떨어져 소망을 단념하고 방황하고 있습니다. 욥은 짧은 인생을 사는 자신에게 뚜렷한 희망도 없음을 비관하며 죽음 저편, 사후에 어떤 소망을 갖기를 소망합니다. 욥이 구하는 사후의 생명은 앞선 부분(19:25-27)에는 임시적이었으나 여기서는 보다 강렬하고 선명한 윤곽을 드러냅니다. 욥은 여전히 하나님의 깊은 뜻과 섭리를 헤아리지 못해 번민하는 중입니다. 그럼에도 하나님은 욥의 길을 잠잠히 섭리하시고 그 길을 인도하시는 가운데 있습니다.

누가복음 1:39-80

수태를 고지받은 마리아가 엘리사벳을 방문하니 엘리사벳이 성령의 충만으로 마리아와 복중의 아이가 복이 있음을 경축합니다. 이에 마리아가 주를 찬양합니다(46-55). 세례자 요한이 출생하여 난지 8일에 할례하고 이름을 요한이라고 지었습니다. 이에 사가랴의 입이 열리고 혀가 풀리며 말을 하게 되어 하나님을 찬양하니 하나님의 사자의 말대로(20) 되었습니다. 세례요한의 아버지 스가랴가 성령이 하나님께서 백성을 속량하시고 구원의 뿔을 다윗의 집에 일으키셨음을 찬양합니다. 이는 아브라함에게 이미 언약하신 바입니다. 사가랴가 아이를 향해 지극히 높으신 이의 선지자라 일컬음을 받고 주 앞에 앞서 가서 그 길을 준비하여 주의 백성에게 그 죄 사함으로 말미암은 구원을 알게 할 것이라고 했습니다. 돋는 해가 위로부터 임하여 어둠과 죽음의 그늘에 앉은 자에게 비치고 사람들의 발을 평강의 길로 인도하실 것이라 찬양합니다.

고린도전서 2장

바울은 복음을 증거할 때 오직 예수그리스도와 그분이 십자가에 못 박히신 것 이외에 아무것도 알지 아니하기로 작정했습니다. 바울은 전도할 때 설득력과 세상의 지혜의 말로 아니하고, 성령의 나타남과 능력으로 하였습니다. 바울이 믿음이 성숙한 자들에게 말하는 지혜는 하나님의 지혜입니다. 그리스도를 십자가에 매단 유대 관원들은 이를 알지 못했습니다. 만일 알았더라면 영광의 주님을 십자가에 못 박지 않았을 것입니다. 하나님께서 하나님의 지혜는 성령으로 우리에게 보이셨습니다. 하나님의 일을 하나님의 영이 아시기 때문입니다. 우리는 세상의 영이 아닌 하나님으로부터 온 영을 받았기에 은혜로 주신 것들을 하나님이 알게 하십니다. 영적인 것은 영으로 분별합니다. 육에 속한 사람은 성령의 일들을 받지 아니합니다. 그들에게는 어리석게 보이고 알 수도 없습니다. 신령한 자는 모든 것을 영적으로 분별하고 판단합니다. 십자가를 믿는 성도는 마음속에 성령이 함께하시고 성도들은 주의 마음을 본받습니다(16).

2월 16

창세기 49장

야곱이 아들들을 불러 모아 후일에 당할 일을 예언하며 12 아들에게 각 사람의 분량대로 축복합니다. 아들들을 축복한 내용은 그들의 죄와 선행을 따라 저주와 복이 내려집니다. 특별히 유다를 향해서 형제의 찬송이 될 것이며 원수의 목을 잡을 것이요 아버지의 아들들이 그 앞에 절하리라고 예언합니다. 과연 유다 지파는 하나님께서 아브라함에게 주신 언약의 계승자입니다. 요셉을 향해서는 가장 길게 축복합니다. 야곱이 12 아들에게 선포하는 예언은 향후 전개되는 선민의 역사가 하나님의 주권적 섭리 속에 전개되는 하나님의 구속사임을 보여줍니다. 그가 아들들에게 명하기를 자신이 조상들에게로 돌아가면 선조들이 장사된 가나안 땅 마므레 앞 막벨라 밭에 장사하라고 했습니다. 그 밭은 아브라함이 셋 사람 에브론에게서 사서 사라와 이삭과 리브가와 레아를 장사했습니다. 야곱이 아들에게 명하기를 마치고 숨을 거둡니다.

욥기서 15장

두 번째 대화(15-21)의 시작으로 엘리바스의 첫 번째 공격은 은유적이었으나 두 번째는 직접적으로 욥의 죄를 지적합니다. 그는 욥의 불신과(1-6) 불손(7-16)을 공박하고 악인의 운명을 주장합니다. 즉 엘리바스는 욥을 향해 하나님을 경외치 아니하고 죄로 인해 간사한 혀로 무익한 변론을 늘어놓는다고 비난합니다. 그는 사람은 자신이 저지른 악으로 고통당하고 멸망한다는 식으로 욥을 정죄합니다. 또한 하나님을 대적함으로 하나님으로부터 보응을 받아 망할 수밖에 없다고 소리높입니다. 요컨대 악인은 심판받게 되며, 불안과 공포에서 살게 된다는 것을 강조하고, 욥에게 간접적으로 경고합니다. 고난당할 시에 고난의 배후에 계신 하나님의 섭리가 있으며, 화와 복도 하나님의 주권 하에 있음을 알고 주님을 의지하는 것이 합당한 자세입니다.

누가복음 2장

가이사 아구스도 황제가 호적령을 내려 요셉이 베들레헴, 다윗의 동네로 마리아와 함께 호적 신고하러 갔다가 아기를 낳아 구유에 뉘었습니다. 천사가 밤에 밖에서 자기 양 떼를 지키는 목자들에게 온 백성에게 큰 기쁨의 좋은 소식, 구주 탄생 소식을 전했습니다. 그 밤에 천군이 천사들과 함께 하나님을 찬양합니다(14). 목자들이 아기를 찾아가서 보고 천사들이 한 이야기를 전했습니다. 아기를 데리고 결례 날 예루살렘에 올라갔는데 경건하고 의로운 사람 시므온은 성령의 감동으로 성전에 갔다가 아기 예수를 만나는 영광을 얻었습니다. 84세 안나도 주야로 금식하며 기도하다가 아기 예수를 만났습니다. 요셉과 마리아가 12살 소년 예수와 함께 예루살렘에 올라갔다가 돌아오는 길에 소년 예수가 보이지 않아 성전에 가서 만났습니다. 예수는 자신이 하나님의 아들이라는 자의식을 가졌습니다(49). 예수는 나사렛에 내려와서 부모에게 순종하여 받들었습니다.

고린도전서 3장

고린도교회 성도들은 육신에 속한 자이기에 시기와 분쟁이 있음을 지적하고, 육신에 속하여 사람을 따라 행함을 책망합니다. 아볼로나 바울이나 주님을 믿게 한 사역자로서 심고 물을 주었으나 오직 하나님이 자라게 하십니다. 예수그리스도는 교회의 터요 기초이며 바울은 터를 닦는 역할을 하는 동역자입니다. 사역자에게 금, 은, 동 등의 공적이나, 나무나 풀이나 짚으로 공적으로 세울 것이나 그리스도 재림의 날에 각 사람의 공적에 따른 결과가 공개적으로 드러날 것입니다. 그 공적에 대한 '불'의 시험이 있을 것인데, 무가치하거나 잘못된 동기에서 나온 공적은 불타 없어질 것입니다(15). 성도는 하나님의 영이 거하시는 성령의 전이요, 하나님의 성전은 거룩합니다. 세상 지혜에는 어리석어야 지혜로운 자가 됩니다. 우주 안에 있는 하나님의 모든 축복이 구속받은 교회에 속한 것입니다(21-22). 바울은 인류의 궁극적인 근원, 즉 만물에 대한 하나님의 주권을 선포합니다.

창세기 50장

야곱이 죽어 그 몸을 향으로 처리하는데 40일이 걸렸고, 애굽 사람들은 70일 동안 그를 위하여 곡하였습니다. 야곱이 죽어 가나안에 장사지낸 후 요셉의 형들이 복수를 두려워하여 요셉에게 자신들의 지은 죄 용서를 구합니다. 요셉은 '형들은 나를 해하려 하였으나 하나님은 그것을 선으로 바꾸시어 많은 백성의 생명을 구원하게 하려 하셨다'며(20) 간곡한 말로 형들을 위로합니다. 요셉은 고난 중에라도 하나님의 섭리를 믿고 하나님을 경외하였습니다. 요셉은 죽기 전에 형제들에게 자신이 죽은 후에는 하나님이 형들을 돌보시고 종래에는 아브라함, 이삭, 야곱에게 맹세하신 땅으로 이르게 하실 것이라는 유언을 남깁니다. 과연 요셉은 하나님과 형제와 가족 사이의 중보자 역할을 한 하나님과 동행한 사람이었습니다.

욥기 16, 17장

16장. 욥이 친구에게 재난을 주는 위로자들이라고 일갈합니다. 그들의 번뇌스러운 말이 위로는커녕 번민케 하는 말에 지나지 않습니다. 자신을 악인에게 넘기시고 행악자의 손에 던진 하나님이 원망스럽습니다. 친구가 자신을 조롱하는 상황을 하늘에 계신 분이 아실 것이라며, 하나님과 자신 사이를 중재할 중보자를 기대하고 있습니다. 17장. 그는 절대 절망에 빠져 차라리 스올, 준비된 무덤으로 들어가는 것이 희망이라 할 정도에까지 이르렀습니다. 욥은 억지로라도 하나님이 대변자로 나서서 자신을 대변하시어 자신의 의로움과 결백을 밝혀줄 담보물이 되어주시기를(3) 희망합니다. 고난이 무엇인가에 대한 질문에 대한 대답은 이 땅에는 없습니다. 하나님의 긍휼과 개입을 기다릴 뿐입니다. 우리에게 유일한 중보자는 예수님입니다.

누가복음 3장

디베료 황제 치세 15년, 본디오 빌라도가 총독으로, 분봉왕들이 팔레스틴을 나눠 각각 다스렸습니다. 세례자 요한은 그는 구약에 예언된 메시야의 길을 준비하는 자로서 물로 회개의 세례를 베푸나 그리스도는 성령과 불로 세례 베푸실 것이라 천명합니다. 그는 회개의 열매를 맺기를 촉구했으나 전파의 중심은 예수그리스도이십니다. 예수님의 세례는 하나님의 아들로서의 임명식이자 공생애 취임식입니다. 세례를 받으시고 기도하실 때 하늘이 열리며 성령이 비둘기 같은 형체로 그의 위에 임하였습니다. 예수님이 공생애를 시작하실 때 30세쯤이었습니다. 예수님으로부터 거꾸로 열거된 족보 이야기는 예수님이 하나님의 시간에 따라 구약에 예언된 대로 아담의 후손인 인류 구원의 뜻을 성취하기 위해 역사 속에 들어오신 예수, 하나님의 아들임을 보여줍니다. 구속 역사의 주인은 예수그리스도이십니다.

고린도전서 4장

바울과 동역자는 그리스도의 일꾼이요 하나님의 비밀을 맡은 자이기에 충성해야 합니다. 바울은 고린도 교회의 교만과 오만을 풍자적인 방법으로 비판합니다. 그들은 하나님의 은혜를 망각하고 스스로 배부르며 왕이 되었다고 자처하는 것을 풍자합니다. 그 반면에 사도들은 끄트머리에 처한 채 구경거리가 되었습니다. 그들은 지혜롭고 강하고 존귀하나, 사도들은 어리석고 약하고 비천에 처했다고 합니다. 나아가 복음을 위하여 많은 고난을 받고 비방을 받고 세상의 더러운 것과 만물의 찌꺼기같이 되었다고(11-12) 비교하며 고린도 성도의 안일과 교만을 지적합니다. 바울은 복음으로 낳은 고린도 교회를 영적 아버지의 심정으로 권합니다. 바울이 보인 사랑의 실천을 본받고 바울이 파송하는 믿음의 아들 디모데의 격려와 권고를 받으라고 했습니다. 바울이 고린도 교회에 가기를 약속하며 매가 필요할지, 사랑과 온유한 마음이 필요할지 그들로 선택하여 행동하라고 했습니다.

2월 18

출애굽기 1장

야곱과 그의 아들들과 가족들 70명이 애굽으로 이주한지 400년 세월이 흘렀습니다. 그동안에 이스라엘 자손은 생육하고 불어나 번성하고 매우 강해졌습니다. 요셉을 알지 못하는 새 왕 바로가 애굽을 다스리는데 이스라엘 자손에게 무거운 짐을 지우고, 국고성을 쌓게 하며 괴롭혔지만 학대받을수록 더욱 번성했습니다. 바로는 히브리인들이 더 많아지는 것을 두려워하여 바로는 히브리 산파 십브라와 부라에게 남자아이가 나면 죽이라고 했으나 산파들이 하나님을 두려워하여 왕명을 어기고 남자 아기들을 살렸습니다. 결국 바로 왕은 산파들을 불러 아들이 태어나면 나일강에 던져버리라고 명령을 내렸습니다. 바로의 압제 속에서도 히브리 백성은 더욱 번성하고 강해져 갔습니다. 하나님의 시간, 출애굽의 때가 무르익어 가고 있었습니다.

욥기서 18장

빌닷이 욥을 악인으로 취급하며 악인이 당할 벌을 나열합니다. 그의 어조는 더욱 과격하고 냉혹합니다. 악인은 쇠퇴하고 올 무에 빠지거나 굶어죽을 것이요 재앙과 질병이 그에게 임할 것이라고 소리칩니다. 후손도 후예도 없을 것이며 불의를 저지르는 자의 집안이 되어 비참하게 되고 결국 망하게 될 것이라고 합니다. 고난당하는 욥의 가슴에 비수를 꽂는 저주 같은 말입니다. 빌닷은 위로는 고사하고, 욥의 죄를 찾기에 바쁩니다. 그는 욥이 고난당할 짓을 했기에 고난이 왔을 것이라고 단정합니다. 또한 악인의 운명이 모든 불의한 자와 하나님을 알지 못하는 자에게 임하는 것인데, 욥이 곧 그 악인이라는 것이 빌닷의 결론입니다. 그러나 선한 사람은 잘되고 악한 사람은 벌을 받는다는 이론이 변함없는 진리가 아닙니다. 고난이 어디서 오고, 누구에게 찾아오는 것인지도 불확실합니다.

누가복음 4장

예수님께서 공생애를 시작하시면서 마귀에게 시험을 받으셨으나 물리치셨습니다. 누구든지 시험당할 때 예수님의 승리를 힘입어 승리합니다. 예수님께서 나사렛의 회당에서 이사야 61:1,2를 읽으시고 메시야의 사역을 시작하실 것을 선언하셨습니다. 예수님은 가는 곳마다 복음을 전파하시고 가르치셨습니다. 그리고 고치셨습니다. 엘리야 시대에 사렙다 과부만 기적을 체험하고 나아만장군만 나병에서 고침 받았던 것처럼 예수님을 기꺼이 영접할 때 은혜를 체험합니다. 예수님은 모든 병을 고치시고, 귀신도 내쫓으셨습니다. 예수님은 하나님의 아들, 그리스도이십니다.

고린도전서 5장

고린도교회에 근친상간 음행의 문제가 있었습니다. 성령을 모신 성전인 자신의 몸을 더럽히는 죄입니다. 더 큰 문제는 이를 알고도 통한히 여기지 아니하고 음행을 저지르는 자들을 판단하여 내쫓지 않고 있었습니다. 음행은 마치 적은 누룩이 온 덩어리에 퍼지는 것처럼 공동체에 해악을 줍니다. 그러므로 음행뿐만 아니라 탐욕과 우상숭배, 모욕, 술취함, 속여 빼 앗는 행위가 있는지 살피고 판단하여 단호하게 다스리라고 했습니다(13). 그래서 교회의 성결을 도모해야 합니다. 교회는 거룩한 공동체입니다.

2월 19

출애굽기 2장

레위 가족의 한 사람이 레위 여자에 장가들어 아들을 낳아 석 달을 숨겨 키우다가 갈대 상자에 담아 나일 강에 띄워 보냅니다. 바로의 공주가 강가를 거닐다가 상자를 보고 아기를 건져내어 자기의 양자로 삼고 히브리 여인 유모가 젖을 먹이며 키웠습니다. 공주가 아이의 이름을 모세라 지었습니다. 모세가 장성하여 히브리인을 괴롭히는 애굽인을 쳐 죽였다가 바로에게 알려지자 미디안으로 도망을 갑니다. 그곳에서 르우엘의 딸 십보라를 아내로 맞아 아들 게르솜을 얻습니다. 여러 해 후에 이스라엘 자손이 고된 노동으로 인해 탄식하며 부르짖습니다. 하나님은 그들의 고통소리를 들으시고 아브라함 이삭 야곱에게 언약하신 바를 기억하시어, 이스라엘 자손을 돌보시고 그들을 기억하시고 구원을 계획하셨습니다.

욥기서 19장

욥은 친구들이 자신을 괴롭히는 것이 분하고 하나님이 자신을 억울하게 내버려 두시는 것 같아 그는 마음이 상합니다. 그는 극한 고통을 하나님께 하소연해 보아도 소용이 없고 자기의 친척과 친지들도 자신을 소외시킵니다. 심지어 종들에게도 박대당하고 아내와 자식들도 자신을 가련하게 만듭니다. 욥은 친구들에게 자신을 불쌍히 여겨달라고 동정을 구합니다. 극심한 재난에 시달린 그는 무엇보다 대적들의 비방을 무너뜨리고 자신의 영예를 회복시켜 주실 자, 구속자를 희구합니다(25). 욥의 기대 속에는 희미하게나마 내세 부활의 소망을 피력하는 구원의 희망이 담겨있습니다. 육체 밖에서 하나님을 보리라는 기대를 통해 종말론적인 부활의 신앙을 엿볼 수 있습니다. 성도의 부활 영생, 소망은 죽음에서 부활하신 예수그리스도입니다.

누가복음 5장

예수님께서 갈릴리 호수 가에서 시몬을 만나주시고 깊은 곳에 그물을 내려 많은 고기를 잡게 하셨습니다. 이에 베드로가 예수님 무릎 아래 엎드려 자신이 죄인임을 고백합니다. 예수님께서 침상에 누인 채로 예수님께 나아 온 한 중풍병자의 죄를 사해주시고 병도 낫게 하셨습니다. 그 후에 죄인이라 손가락질 받는 세리 레위를 제자로 불러주셨습니다. 그가 큰 잔치를 베풀고 예수님을 초대했는데 그 자리에 많은 세리와 죄인들이 함께 했습니다. 과연 예수님은 죄인을 불러 회개시키러 오셨습니다(32). 바리새인과 서기관들이 예수님의 제자들이 금식하지 않는 문제로 시비할 때, 율법(유대교)의 옛 질서와 신약(그리스도교)의 새 질서에 관하여 신랑과 그의 친구, 새 조각과 낡은 옷 및 새 포도주와 낡은 부대 등 세 가지 비유로 가르치셨습니다. 과연 예수님은 새 시대와 새 질서의 주인이십니다.

고린도전서 6장

바울은 고린도교회 안에 생긴 성도 간의 소송 문제를 스스로 판단하여 해결해야 하는데 세상 법정에 고발하는 것을 책망합니다. 불의한 자가 하나님의 나라를 유업으로 받지 못할 줄을 알지 못하느냐고 반문하며 불의의 예를 들고 있습니다(9-10). 이러한 불의를 행하는 자들이었으나 주 예수그리스도의 이름과 성령 안에서 씻음과 거룩함과 의롭다 함을 받았습니다. 바울은 성도의 몸은 음란을 위해 있지 않고 오직 주를 위하여 있으며 주는 몸을 위하여 계신다고 했습니다. 바울은 고린도 성도가 그 몸으로 창기와 결합하는 것에 대해 책망합니다. 창녀와 합하면 한 몸입니다. 주님과 합하는 자는 한 영입니다(17). 음행을 피해야 합니다. 그리스도인의 몸은 하나님께로부터 받았고, 성령의 전입니다. 그리스도인은 값으로 산 것이 되었으니 그런즉 몸으로 하나님께 영광을 돌리라고 했습니다.

출애굽기 3장

모세가 장인 이드로의 양 떼를 치는 중에 하나님의 산 호렙에 이르렀을 때 하나님께서 불붙는 떨기나무에 임재하셔서 모세를 부르십니다. 하나님께서 모세의 조상의 하나님으로서 아브라함과 이삭과 야곱의 하나님이라 하시니 모세가 뵈옵기를 두려워하여 얼굴을 가립니다. 하나님께서 이스라엘 백성을 애굽인의 손에서 건져내어 가나안 땅으로 인도하라고 모세에게 사명을 주셨습니다. 하나님께서 할 수 없다고 거부하는 모세에게 하나님이 함께하시겠다고 약속하십니다. 모세가 하나님의 이름을 여쭐 때 하나님께서 야웨 즉 "스스로 있는 자"(14)라고 하셨습니다. 이스라엘 백성들에게는 아브라함과 이삭과 야곱에게 언약하신 하나님이 자신을 보내시어 이스라엘을 구원하여 가나안 땅으로 들어가게 하시겠다고 전하라고 하십니다. 애굽 왕은 허락하지 않다가 여러 가지 이적으로 그 나라를 친 후에야 백성들을 내보낼 것이라 하셨습니다.

욥기 20장

소발은 악인의 멸망은 필연적이란 인과응보설을 반복할 뿐입니다. 그는 욥의 대답이나 종말론적인 사상에는 일절 언급하지 않습니다. 욥은 친구들의 변론에 대하여 더욱 냉담하게 반응합니다. 친구들은 악인은 징벌의 대상이요, 그가 바로 욥이라는 논리로 욥에게 반박합니다. 소발은 악인이 소유한 재물은 잠시라는 것을 되풀이하고 허무함을 강조합니다. 결국 악인의 악이 독사의 독같이 그를 해치고 하늘과 땅도 그를 쳐서 그가 당할 보응은 필경 멸망밖에 없다는 것입니다(29). 소발이 욥을 정죄하고 악인시 하는 비난을 퍼붓는 것은 교만과 신중하지 못한 자세에 기인합니다. 고난당하는 이를 향해 선한 사람은 잘되나 악한 사람에게 징벌이 따른다는 논리를 엮는 것은 단편적인 견해입니다. 고난당하는 자나, 그를 지켜보는 자나 모두가 고난당하신 주님을 바라보아야 합니다.

누가복음 6장

예수님께서 제자들이 안식일에 밀 이삭을 잘라 비비어 먹는 것에 대해 바리새인들이 비난할 때 예수님이 안식일의 주인이라 하셨습니다. 또 다른 안식일에 예수님께서 회당에서 오른손 마른 사람을 고치시기 위해 일으켜 세우시고 안식일에 선을 행하고 생명을 살리는 것은 당연한 일임을 가르쳐주시고 고쳐주셨습니다. 예수님의 가르침은 파격적이고 역설적입니다. 가난한 자, 주린 자, 우는 자, 사람들로부터 미움과 욕을 당하는 자가 복이 있다고 하셨습니다. 원수를 사랑하고 미워하는 자를 선대하고, 저주하는 자를 축복하고, 모욕하는 자를 위해 기도하라고 하셨습니다. 남에게 대접받고자 하는 대로 먼저 남을 대접하라 하시고, 주면 더 후하게 받게 된다고 말씀하셨습니다. 누구든지 자신 속에 있는 들보를 깨닫고, 좋은 열매를 맺고 선을 내도록 하라고 가르쳐주셨습니다. 예수님의 제자는 하나님의 말씀을 듣고 행하여 반석 위에 주초를 놓는 자입니다.

고린도전서 7장

결혼과 이혼에 대한 교훈입니다. 남녀가 음행을 방지하기 위해 결혼할 필요성이 있습니다. 남편과 아내는 각각 성적인 의무를 수행해야 합니다. 미혼의 여성이나 과부는 그냥 지내는 것이 좋으나 결혼할 수도 있습니다. 결혼과 이혼의 문제는 엄격한 잣대가 없습니다. 오직 주께서 각 사람에게 나눠 주신 대로 하나님이 각 사람을 부르신 그대로 행하라고(17, 20, 24) 했습니다. 처녀의 결혼에 있어 임박한 환란으로 말미암아 그냥 지내는 것이 좋다고 했습니다(26). 장가가도 시집가도 무방하고, 고난 때문에 독신을 권하나 그것마저도 계시가 아니라 사견입니다. 주님의 재림 때가 단축해진 고로 이 세상에서 이룩한 가치들이 그리스도께서 재림하실 때 형체도 없이 무너질 것이기에 세상의 것을 연연하지 말고(29-31) 주님의 재림을 준비해야 할 것입니다. 결혼하는 것도 잘하는 것이요 결혼하지 않는 것은 더 잘하는 것이라 했습니다. 재혼도 할 수 있으나 주 안에서 해야 합니다.

2월 21

출애굽기 4장

하나님께서 바로에게 가기를 주저하는 모세에게 표징을 보여주셨습니다. 모세의 지팡이를 땅에 던져 뱀이 되게 하고 꼬리를 잡게 하여 다시 지팡이가 되게 하셨습니다. 또한 모세가 손을 품에 넣으니 나병이 생겼다가 다시 손을 품에 넣었다가 내어보니 본래의 살로 되돌아왔습니다. 만일 그들이 모세를 믿지 아니하면 두 이적을 보여주고 그것을 믿지 않으면 나일 강물을 피가 되는 표적을 보이라고 하셨습니다. 또한 입이 뻣뻣하고 혀가 둔하다고 하는 모세에게 말을 잘하는 아론을 붙여 주셔서 대신 말하게 해주겠다고 약속하셨습니다. 모세가 가족을 이끌고 애굽으로 돌아갑니다. 하나님께서 모세를 보내실 때 이스라엘 백성을 당신의 장자(22)라고 하시고 바로가 백성을 내어주지 않으면 바로의 장자를 죽이리라 전하라고 하셨습니다. 모세가 길을 갈 때 십보라가 그의 아들의 포피를 베어 모세의 발에 갖다 대며 자신에게 피 남편이라고 했습니다. 그것은 할례 때문입니다.

욥기 21장

욥이 친구 빌닷을 반격합니다. 인과응보설로 일관하며 욥을 악인 취급하고 징벌을 피할 수 없다고 비난하는 것에 대해 악인이 잘되는 경우도 많다고 반박합니다. 악인의 형통에 대해 하나님의 섭리의 불가해성을 지적하고, 이 세상에 선인이 번성하고 악인이 패망하는 도식대로만 된다고 판단하는 모순을 보이는 친구들의 주장을 논박합니다. 인생은 누구에게나 허무한 것이고, 모든 사람은 결국 무덤으로 내려가는 가련한 신세이기에 부하다고 너무 기뻐할 필요가 없고 빈한하다고 너무 고뇌할 필요가 없다고 반박합니다. 현실을 무시하고, 인과응보설에만 사로잡힌 친구들의 위로가 허구하다는 것입니다. 그런고로 고난에 대해 눈에 보이는 대로 판단하는 것은 헛될 것밖에 없습니다. 고난 중에 하나님의 섭리를 깨닫는 것이 합당한 자세입니다.

누가복음 7장

예수님께서 병들어 죽게 된 종을 구해달라는 백부장의 믿음을 칭찬하시고(9하) 청을 들어주셨습니다. 또한 나인성 과부의 독자의 관을 멈춰 세우시고 손을 대시며 죽은 청년을 명하여 살아나게 하셨습니다. 세례자 요한이 그의 제자 둘을 예수님께 보내어 오실 메시야이신지 여쭈어보라고 했습니다. 예수님이 자신이 메시야의 사역을 하고 계신다는 것을 알리라고 하셨습니다. 예수님은 세리와 죄인들과 함께 먹고 마시는 그들의 친구이십니다. 예수님께서 바리새인 시몬 집에 가셨을 때 그 동네에 죄를 지은 한 여자가 예수님께 향유를 부어드렸습니다. 그 여인은 받은 은혜가 커서 최고의 사랑과 정성을 쏟아 부었습니다. 그러나 시몬은 은혜받은 경험이 없어, 은혜를 모르기 때문에 예수님께 발 씻을 물도 주지 않았습니다. 예수님이 그 여인에게 죄 사함 받았음을 선언하셨고 믿음이 그녀를 구원하였으니 평안히 가라고 말씀하셨습니다.

고린도전서 8장

우상의 제물을 먹는 문제에 앞서 지식보다 사랑이 중하다고 했습니다. 우상은 아무것도 아닙니다. 당시 우상 제물을 먹는 문제로 의견이 분분했습니다. 우상 제물 자체에는 문제가 없습니다. 그러나 먹는 자유(권리)가 믿음이 약한 자들에게 걸려 넘어지게 하는 것이 되지 않도록 조심하라고 했습니다. 만일 우상 제물을 먹어도 된다는 지식을 가진 자가 우상의 집에 앉아 먹는 것을 보고 믿음이 약한 자들이 담력을 얻어 우상의 제물을 먹게 되면, 우상 제물을 먹어서 안 된다고 여기는 믿음이 약한 자가 멸망할 것입니다. 그러면 지식있는 자가 형제에게 죄를 지어 그 약한 양심을 상하게 하는 것이요, 곧 그리스도께 죄를 짓는 것입니다. 바울은 음식이 형제를 실족하게 한다면 영원히 고기를 먹지 아니하여 형제를 실족하지 않게 하겠다고 했습니다.

출애굽기 5장

모세와 아론이 하나님의 지시대로 바로왕에게 가서 광야로 나가서 여호와께 제사 드리려고 하니 이스라엘 백성을 내어달라고 거듭 요청합니다. 바로 왕은 일언지하에 거절하고 도리어 이스라엘 백성들이 게을러서 여호와께 제사를 드리려 한다고 이유를 내세워 더 고된 노역을 시킵니다. 심지어 벽돌을 구울 짚을 주지 아니하고 평소의 수효대로 벽돌을 구워 수량대로 바치라고 했습니다. 감독들은 그들을 독촉하여 그날의 일을 그날에 마치라고 하며 매일 만드는 벽돌을 조금도 감하지 않게 했습니다. 이스라엘 백성들이 모세를 원망합니다. 모세가 하나님께 백성이 학대당하게 된 것을 아뢰며 자신을 바로에게 보낸 하나님께 불평합니다. 모세가 바로에게 여호와의 이름으로 말한 후로 더 학대하는데 하나님께서도 백성을 건져주지 않은 것이 불만입니다. 이에 하나님께서 당신의 강한 손으로 바로가 백성을 내보낼 것이라 약속하십니다(6:1).

욥기서 22장

엘리바스는 욥이 고난당하는 것은 그의 죄악 때문이라고 단정합니다. 그리고 욥의 죄상을 추측하여 구체적으로 열거하며 욥을 정죄합니다. 하나님께서 땅에서 일어나는 모든 사건을 살피시는 분이라고 하며 욥의 고난은 죄의 결과임을 암시합니다. 그는 하나님은 반드시 그들의 행한 대로 보응하신다고 하며, 마치 하나님의 대변자인냥 욥에게 권고합니다. 엘리바스의 변론은 일견 타당한 권면인 듯 하지만 견디기 어려운 고난에 빠진 욥의 심중을 알지 못하고 자신 입장에서 권면 아닌 판단을 할 따름입니다. 그는 일반적인 진실을 말하는 것 같지만 욥을 정죄하는 태도를 견지하고 있습니다. 그는 결론적으로 욥에게 회개를 독촉하면서 그리하면 그가 다시 회복한다고 역설합니다. 누구든지 하나님의 빛 아래서만 자신과 상대방을 잘 알 수 있습니다.

누가복음 8장

예수님께서 네 가지 땅에 떨어진 씨 비유의 말씀을 가르쳐주셨습니다. 네 가지 중에 좋은 땅은 착하고 좋은 마음으로 말씀을 받고 지키어 인내로 결실합니다. 빛은 가리지 말고 비춰야 합니다. 빛은 복음의 상징입니다. 제자는 복음의 빛을 숨김없이 비춰야 하고, 진리를 바로 듣고 바로 실행해야 합니다. 예수님을 모시고 갈릴리 호수 저편으로 가실 때 광풍을 만나 배에 물이 가득 차 위태할 때 제자들이 주무시던 예수님을 깨우며 죽겠다고 아우성칠 때 예수님께서 너희 믿음이 어디 있느냐고 하셨습니다. 이후 예수님께서 거라사 땅의 강력한 힘을 지닌 군대 귀신을 내쫓아 돼지에게로 들어가 돼지들이 호수에 들어가 몰사했습니다. 귀신이 떠난 사람이 정신이 온전하여 온 성내에 예수님이 하신 일을 증거하였습니다. 열두 해 혈루증으로 고생하던 여인이 예수님의 옷 가를 만졌다가 고침받았습니다. 예수님께서 여인의 믿음을 칭찬하셨습니다.

고린도전서 9장

고린도교회에 바울의 사도직을 폄훼하는 이들이 있어 바울의 사도직은 주 안에서 인친 것이라고 사도직을 변호합니다. 그는 다른 사도들처럼 사도직의 권리를 행사하고 비용도 요구할 자격이 있으나 그 권리를 쓰지 않고 참는 것은 복음 전파에 장애가 없도록 하기 위함입니다. 바울은 복음을 전할지라도 자랑할 것이 없는 것은 부득불 할 일이요 복음 전하지 않으면 자신에게 화가 있을 것이라고(16) 복음전파 사명을 앞세웁니다. 바울은 복음을 전할 때 값없이 전하고 권리를 다 쓰지 아니하는 것이 그의 상입니다. 그는 비록 자유로우나 복음을 위해 종이 되는 등 비록 아닐지라도 여러 사람에게 여러 모습이 되었다는 것은 아무쪼록 몇 사람이라도 구원 얻게 하고자 함이었습니다(19-23). 바울은 신앙의 여정을 운동장에서 달음질하여 상받기 위해 달리는 것으로 비유하며 절제가 필요함을 가르칩니다. 바울은 향방과 목표를 정하고 자신을 쳐서 복종하는 경주를 한다고 고백합니다.

2월 23

출애굽기 6장

이스라엘 백성을 내어주기를 바로가 거절합니다. 하나님께서 모세를 부르셔서 이스라엘 자손의 신음 소리를 듣고 언약을 기억하시어, 백성들을 애굽에서 빼내어 조상들에게 약속하신 땅으로 인도하여 그 땅을 기업으로 삼게 하시겠다고 말씀하셨습니다. 이를 이스라엘 자손에게 전하지만 그들의 마음의 상함과 가혹한 노역으로 인해 모세의 말을 듣지 않습니다. 하나님께서 다시 모세를 바로에게 가게 하시지만 모세는 입이 둔하다는 이유로 거절합니다. 하나님께서 또 아론과 모세를 바로에게 가라고 하십니다. 이토록 하나님께서 재삼 재차 하나님의 일을 수행하게 하십니다. 모세에게 주신 말씀을 바로에게 다 말하라고 하십니다. 모세는 자기의 입이 둔하다 하고 핑계하며 머뭇거립니다. 하나님이 구원역사의 주권자로서 하나님의 백성들을 통해 구원의 역사를 맡겨 역사하십니다.

욥기서 23장

욥이 자신이 당하고 있는 재앙을 죄 때문이라고 하는 엘리바스에게 반박합니다. 자신의 고통을 하나님이 들어주시고 알아주시면 좋을텐데 발견할 수 없음이 (3) 안타까울 뿐입니다. 그래도 욥은 하나님께서 자신을 단련하신 후에 순금같이 되어 나올 수 있게 해주실 것이라는 희망이 있습니다(10). 욥은 자신의 무죄를 확신하나 하나님의 작정은 아무도 변경할 수 없으므로 하나님 앞에서는 두렵다는 인식을 갖습니다. 그러나 욥 자신이 하나님의 말씀을 귀히 여기고 그의 걸음을 따랐기에 하나님의 뜻을 반드시 이루실 것이라는 확신이 있습니다. 결국 하나님 앞에 서게 되리라는 기대도 있습니다. 어떤 어려운 상황이라도 하나님의 주권을 믿고 하나님께 돌이키는 것이 희망입니다.

누가복음 9장

　예수님께서 12제자를 불러 하나님의 나라를 전파하며 앓는 자를 고치라고 권세와 능력을 주셔서 내보내셨습니다. 예수님께서 베드로를 통해 예수께서 하나님의 그리스도라(20하)는 고백을 들으시고 십자가에 죽으심과 사흘 만에 부활하실 것을 예고하시고 제자의 길을 말씀하셨습니다(23). 8일 후에 예수님께서 세 제자를 데리시고 산에 올라가 기도하실 때 용모가 변화되고 모세와 엘리야와 말씀하셨습니다. 두 사람이 영광중에 나타나 장차 예수님께서 예루살렘에서 별세하실 것을 말씀하셨습니다. 두 사람이 떠난 뒤에 구름 속에서 '이는 나의 아들 곧 택함을 받은 자니 너희는 그의 말을 들으라' 하셨습니다. 예수님께서 십자가를 지시기 위해 예루살렘으로 올라가시는데 세 명의 구도자가 예수님을 따르고자 합니다. 예수께서 제자의 길에 고난이 있음을 알고, 우선 먼저 앞을 바라보고 예수님을 따르라고 하셨습니다(57-62).

고린도전서 10장

　홍해를 건너 광야에 나온 이스라엘을 하나님이 먹이시고 마시게 하셨습니다. 이는 세례와 신령한 반석, 곧 그리스도의 예표입니다. 그들은 대다수가 광야에서 멸망당했습니다. 그들처럼 우상숭배하거나 음행하지 말고, 시험하거나 원망하지 말아야 합니다. 이런 일은 본보기로서 그리스도인을 깨우칩니다. 그리스도인이 함께 떼는 떡과 잔은 그리스도의 몸에 참여하는 것입니다. 주님의 잔과 귀신의 잔, 주의 식탁과 귀신의 식탁에 겸하여 참여하지 못할 것입니다. 시장에서 파는 것은 양심을 위하여 묻지 말고 먹고, 불신자가 청할 때 차려놓은 것도 무엇이든지 양심을 위하여 묻지 말고 먹으라고 했습니다. 누가 제물이라고 하면 알게 한 자와 양심을 위하여 먹지 말아야 합니다. 먹든지 마시든지 무엇을 하든지 하나님의 영광을 위해 해야 합니다. 또한 자기의 유익을 구하지 말고 많은 사람의 유익을 구하여 그들로 구원을 받게 해야 합니다(31,33).

2월 24

출애굽기 7장

하나님께서 실의에 빠진 모세를 다시 찾아오셔서 바로에게 신 같이 되게 하시고 아론은 대언자의 역할을 할 것이라고 바로에게로 보내십니다. 하나님께서 바로를 완악하게 하여 하나님의 표징과 이적과 큰 심판을 내려 이스라엘 자손을 그 땅에서 나오게 하실 것이라고 하셨습니다. 모세가 바로에게 가서 바로와 신하 앞에서 아론의 지팡이를 던지니 뱀이 되었는데 바로가 애굽 요술사를 불러 지팡이를 뱀이 되게 합니다. 또 모세가 이스라엘 백성 보내기를 거절하는 바로에게 나일을 향해 지팡이를 쳐서 피로 변하게 합니다. 이 표적은 풍요와 다산 등 모든 축복의 근원으로 숭배의 대상으로 신격화된 나일에 대한 하나님의 심판입니다. 이는 애굽의 우상종교에 대한 죽음의 심판이요 피조물을 숭배하는 인간의 어리석음에 대한 엄중한 경고입니다. 그러나 애굽 요술사들도 자기들의 요술로 그와 같이 행하였습니다. 그래서 바로의 마음이 완악하여 모세의 말을 듣지 않습니다.

욥기 24장

욥은 인간 세상에 있는 불가해한 사실 두 가지를 생각합니다. 부자의 횡포와(1-12), 악인의 악행이(13-25) 자행되는 것인데 하나님은 이를 방치하신다는 것입니다. 욥은 비인도적이고 잔혹하고 부조리한 현실을 내버려두시는 하나님께 불평스러운 심정을 토로합니다. 한편 하나님의 공의로운 심판에 대한 강력한 기대가 역설적으로 내포되어 있습니다. 살인자와 강도와 간음자 등이 어둠에 행하나(13-17), 그들은 잠시 후에 없어집니다. 즉 하나님께서 악인들의 일시적인 번성이나 형통을 방조하시는 듯하나, 또한 악인이나 의인에게 고난이 있을 수 있으나 결국 공의로운 하나님이 판단하신다는 것입니다. 모든 것의 주권자는 하나님이십니다.

누가복음10장

예수님께서 70인 세우사 둘씩 앞서 파송하셨습니다. 어느 집에 들어가든 평안을 빌고, 병자를 고치고 하나님의 나라가 임박했음을 전파하게 하셨습니다. 70인 전도자들이 돌아와 보고할 때 귀신이 항복하는 것을 기뻐하지 말고 이름이 하늘에 기록된 것으로 인하여 기뻐하라고 하셨습니다. 예수님께서 진리의 말씀을 바리새인 율법사 같은 이 대신 어린아이같이 순진하고 단순한 이들에게 계시하신다고 하셨습니다. 하나님의 아들을 알아보는 믿음의 눈이 복이 있습니다. 선한 사마리아인이 강도 만난 자에게 사랑을 베풀었습니다. 율법의 정신과 그 완성은 하나님을 사랑하고 이웃을 사랑하는 것입니다(27). 레위인도 제사장도 하지 못한 진정한 사랑의 실천자는 사마리아인입니다. 마르다는 일에 분주했으나 마리아는 예수님의 발치에 앉아 말씀을 들었습니다. 마리아가 선을 택했습니다.

고린도전서 11장

여자가 머리에 수건을 쓰는 당시 관습을 현대교회에 문자적으로 적용할 것은 아닙니다. 본 장에서 남여가 본질적으로 동등하나 존재와 직분상의 순서를 알고 교회 내의 질서를 지켜야 함을 가르칩니다. 초대교회 당시에 애찬 문제로 의견이 분분하여 분쟁이 일어나게 되었습니다. 함께 모여 애찬을 나눌 때 먼저 온 부자는 많이 먹고 가난한 이에게는 먹을 것이 돌아가지 않아 굶게 되는 문제가 생겼습니다. 그래서 가난한 자가 먹지 못하는 일이 생기지 않도록 배려하라고 했습니다. 사도행전에 애찬과 성찬이 나눔이 함께 있었으나 차츰 애찬은 사라지게 되었습니다. 성찬은 주님이 시작하시고 행하라고 분부하신 예수님의 살과 피를 기리고 오실 때가 기념하고 전하는 것입니다. 이 거룩한 성찬의 뜻을 바로 알고 자신을 살피며 합당하게 먹고 마시라고 권면합니다. 교회 내에 사랑과 질서, 질서와 사랑이 함께 필요합니다.

2월 25

출애굽기 8장

이스라엘 백성을 내어주기를 거절하는 바로에게 하나님께서 개구리, 이, 파리 재앙을 내리게 하십니다. 개구리, 이, 파리는 당시 애굽이 섬기던 우상과 관계가 있습니다. 신성시하던 우상이 일순간에 저주와 고민의 대상이 되었습니다. 그러나 바로는 완악하여 모세의 말을 듣지 아니하여 이스라엘 백성을 내보내지 않았습니다. 애굽의 우상이 하나님 앞에 헛된 것이 될 수밖에 없었습니다. 오직 하나님만이 참 신이심을 보여주신 것입니다. 바로는 더 완강해져서 쉽게 이스라엘 백성을 보내주려 하지 않습니다. 하나님을 대적하는 세력은 끈질기게 하나님의 구원역사를 방해합니다. 오직 하나님이 끝내 승리하십니다.

욥기 25, 26장

25장. 빌닷은 욥을 향해 무모한 비난이나 협박을 하는 대신 하나님의 거룩하신 위엄과 인간의 미천함을 비교하며, 은근히 욥을 구더기와 벌레 같은 자라고 비방합니다. 26장. 욥은 빌닷의 지혜의 허구성과 피상적인 변론에 대해 반어법적으로 반박합니다. 친구들은 하나님의 공의와 주권, 거룩하심, 권능을 욥을 비난하는 재료로 삼았으나 욥에게는 이해하지 못할 신비이면서도 유일한 소망의 근거가 되기도 했습니다. 이런 고난 속에서 하나님의 주권과(11) 지혜와 능력을 고백하고 있습니다(12-13). 고난 가운데 하나님을 만남이 은혜입니다.

누가복음 11장

예수님께서 기도를 가르쳐주셨습니다. 벗으로 인하여서는 일어나서 주지 아니할지라도 간청함으로 인하여 요구대로 주리라(8)는 말씀에 근거하여 계속해서 구하고, 두드리고, 찾으라고 하십니다. 주님께서 구하는 자에게 주시기 원하는 가장 귀한 것은 성령입니다. 예수님께서 말 못하게 하는 귀신을 내쫓아주셨습니다. 이를 두고 더러는 귀신의 왕 바알세불을 힘입어 귀신을 쫓아낸다고 하고 어떤 이는 예수를 시험하여 표적을 구합니다. 예수님은 하나님의 손을 힘입어 귀신을 쫓아내십니다. 귀신이 떠난 자리를 비워 두면 형편이 이전보다 더 악화됩니다. 성령님의 다스림을 받아야 온전해집니다. 예수님께서 악한 세대에 보여주기를 원하시는 표적은 요나의 표적입니다. 십자가에서 죽으시고 사흘 만에 부활하시는 표적입니다. 영혼의 눈이 성해야 영의 세계를 바로 볼 수 있습니다. 내적 빛이 밝아야 그리스도의 계시의 빛이 밝아 온 몸이 밝음을 얻습니다(35).

고린도전서 12장

성도는 하나님의 영을 받아 성령으로 인해 예수를 주님(하나님)이라 부릅니다. 성도가 받은 은사는 여럿이나 성령은 같고, 직분은 여럿이나 주는 같으며, 사역은 여러 가지나 모든 것을 이루시는 하나님은 같습니다. 은사에는 여럿이(9가지) 있는데 성령께서 그의 뜻대로 각 사람에게 나누어 주시는 것입니다. 몸에 지체가 많으나 한 몸임과 같이 그리스도도 그러합니다. 그리스도인은 누구나 한 성령으로 세례를 받아 한 몸이 되었고 다 한 성령을 마시게 하셨습니다. 성도는 그리스도의 몸의 지체로서 한 몸에 여러 지체가 있는데 모두가 몸에 붙어 있고 각기 위치와 역할이 있어 쓸데없는 지체가 없습니다. 지체는 유기적으로 연결된 공동체이므로 고통과 영광을 함께 공유합니다. 교회 중에 몇을 세워 은사로서의 여러 직분을 맡겼습니다(28). 모두 다 동일하지 않고 아니고 다르지만 모든 직분이 소중합니다.

2월 26

출애굽기 9장

바로가 이스라엘 백성 보내기를 거절하므로 애굽 온 가축에 돌림병이 퍼지게 합니다. 그리하여 이스라엘 자손에게 속한 것은 제외하고 애굽의 모든 가축이 다 죽었습니다. 또 모세가 재 두 움큼을 하늘을 향해 날리니 애굽의 모든 사람과 짐승에게 악성 종기가 퍼집니다. 그래도 바로가 마음이 완악한지라 하나님께서 무거운 우박을 내려 들에 있는 사람과 가축에 내리게 하셨습니다. 하나님께서 또한 모세에게 하늘을 향하여 손을 들어 애굽 전국에 우박을 내리되 애굽 땅의 사람과 짐승과 밭의 모든 채소에 내리게 하라고 하셨습니다. 이에 모세가 지팡이를 드니 우렛소리와 우박을 보내시고 불덩이가 우박에 섞여 애굽 온 땅에 내렸습니다. 바로가 모세를 불러 이스라엘 백성을 보내주려 하여 우박 재앙을 그치게 하였으나 바로는 마음이 완악하여 이스라엘 자손을 내보내지 않았습니다.

욥기서 27장

욥이 친구들의 의견에 풍자를 통해 항변합니다. 자신이 친구들로부터 죄인으로 낙인이 찍히고, 그의 육신과 영이 괴롬에 빠져 있는 것을 하나님께 호소합니다. 그는 친구들의 정죄에 항거하며 책망받지 않는 의를 고수하였다고 그의 무죄를 선언합니다. 욥 자신은 진실과 의와 온전함을 지킨 것을 자부하며 자기의 입장을 변호합니다. 그는 이 세상이 공의가 짓밟히고 악인이 번성하고 불의가 횡행하는 것에 회의를 가졌으나 종종 하나님의 공의와 섭리에 대한 믿음을 표현해 왔습니다. 욥은 이 세상은 부조리하고 의인이라도 억울한 고난에 처할 수 있지만, 결국 공의로운 하나님께서 판단하시어 악인의 분깃은 징벌이요 그 재물이 의인의 손에 들어가고 말 것이라고 반박합니다. 누구든지 고난과 환란 시험 중에 하나님의 섭리와 공의를 바라보는 것이 진정한 지혜입니다.

누가복음 12장

예수님께서 사람의 생명이 그 소유의 넉넉한 데 있지 않음을 말씀하셨습니다. 그러므로 자신을 위해 모으지 말고 하나님께 대하여 부요한 자가 되어야 합니다. 하나님은 머리털까지 세시는 분이요 모든 만물의 주권자이십니다. 또한 물질과 목숨과 영혼과 내세의 주인이십니다. 무엇을 먹을까, 무엇을 마실까를 염려하지 말고 하나님을 구하고 하나님의 나라를 추구할 때 우리의 삶을 풍성하게 하실 것이라 하셨습니다. 그리스도인은 깨어 등불을 켜고 주님을 기다려야 합니다. 지혜롭고 진실한 청지기는 때를 따라 주인의 뜻을 좇아 맡은 업무를 잘 수행합니다. 예수님 때문에 믿는 자가 불신자에게 곤욕을 당하고 분쟁이 일어날 수 있습니다. 예수님께서 시대의 징조를 말씀하시고 최후의 심판에 대비하여 회개할 것을 촉구합니다. 회개하면 하나님의 사랑으로 용서받으나 그렇지 않으면 엄격한 심판을 받습니다.

고린도전서 13장

가장 큰 은사는 사랑입니다. 아무리 방언과 천사의 말을 해도 사랑이 없으면 소리만 내는 악기에 불과하고, 예언하는 능력을 발휘하고 모든 비밀과 지식을 알고 산을 옮기는 믿음이 있어도 사랑이 없으면 아무것도 아니요, 있는 것을 다 구제하고 몸을 희생하여 내어 준다 해도 사랑이 없으면 아무 유익이 없습니다. 사랑은 특성들이 있습니다(4-7). 사랑은 진리와 함께 기뻐하고 모든 것을 참으며 믿으며 바라며 견딥니다. 중요하게 여기는 은사들도 다 폐하여지나(8) 사랑은 언제까지나 떨어지지 않습니다. 우리가 지금은 부분적으로 알고 온전하지 못하고 어린이와 같고 거울로 보는 것같이 희미하지만 종말의 완성 때에는 하나님을 바라보게 될 것입니다. 이러한 확실성은 하나님께서 이미 지금 우리를 온전히 알고 계신다는 사실에 근거합니다. 믿음, 소망, 사랑 셋은 어떤 경우에도 존속하고 유효한 것이지만 그중에 사랑이 제일입니다.

2월 27

출애굽기 10장

이스라엘 백성을 내보내기를 거절하는 바로에게 메뚜기재앙을 내려 큰 피해를 당할 것을 경고했습니다. 바로의 신하들도 이스라엘 사람들을 내보내기를 요청했습니다. 바로는 할 수 없이 장정만 가서 여호와를 섬기라고 허락하여 하나님께서 메뚜기 재앙을 온 애굽 사방에 내렸습니다. 결국 바로가 자기의 잘못을 회개하는듯하여 재앙을 그치게 했으나 마음이 완악하여 이스라엘을 내보내지 않았습니다. 이후 애굽 땅에 3일 동안 캄캄한 흑암이 온 땅에 내렸습니다. 바로가 모세를 불러 양과 소는 머물러 두고 어린 것들을 데리고 가라고 계략을 말합니다. 거절하는 모세를 향해 다시는 자기의 얼굴을 보지 말라고 쫓아냅니다. 그래서 다시는 바로의 얼굴을 보지 않을 것이라고 대답합니다. 바로는 완악함으로 인해 회개의 기회마저도 저버리고 말았습니다.

욥기 28장

욥은 그의 대답의 결론으로 지혜를 찬미합니다. 욥은 은과 구리 같은 광물은 광석에서 갱도를 통해 채굴하고 제련작업을 통해 얻을 수 있으나 지혜를 세상에서 발견하기란 어렵고 얻지 못하는 것이라고 고백합니다. 욥은 지혜는 고귀하고 이 세상 어떤 보배로도 지혜를 살 수 없다고 지혜를 노래합니다. 지혜의 근원이 하나님을 경외하는 것이요 악을 떠남이 명철임을 깨닫습니다. 즉 지혜는 사람도 생물도 멸망과 사망, 즉 음부도 알지 못하나 하나님만이 아신다는 것입니다. 지혜의 근본이 하나님께 있습니다. 이 세상에서 부딪히는 모든 문제는 인간 이성이나 철학적 경험적인 현실 인식으로 해결될 수 없고 오직 하나님께서 계시하시고 가르치는 뜻에 순종하는 것, 즉 하나님의 지혜가 필요합니다. 하나님의 지혜와 섭리의 오묘함을 찬양합니다.

누가복음 13장

예수님께서 당시에 빌라도가 갈릴리 사람들 몇 명을 살해한 사실과, 실로암 망대가 무너져 열여덟 사람이 치어 죽은 것을 두고 회개할 기회가 주어졌을 때 회개하라고 하십니다. 또한 열매를 맺을 기회가 있을 때 열매를 맺어야 한다고 하셨습니다. 예수님께서 안식일에 회당에서 귀신 들려 고부라진 한 여자를 만나서 안수하여 고쳐주셨습니다. 회당장이 그것을 보고 분 내어 안식일에 병 고치는 일을 하지 말라고 했습니다. 예수님께서 안식일에 선한 일, 생명을 살리고 구원하는 일을 행함이 옳다고 하셨습니다. 좁은 문으로 들어가는 것이 신앙의 길인데 그 길을 갈 수 있을 때가 있고 가고자 해도 가지 못할 때가 있습니다. 구원의 열린 문이 닫힐 때가 있습니다. 주님을 잘 따르고 싶어도 따를 수 없는 때가옵니다. 예수님의 구원의 기회가 정해져 있습니다. 때가 지나가기 전에 기회를 선용해야 합니다.

고린도전서 14장

본 장에서 예언과 방언의 은사를 가르칩니다. 방언은 자기의 덕을 세우고 예언은 교회의 덕을 세웁니다. 방언도 할 수 있으나 특별히 예언하라고 했습니다. 방언이 덕을 세우지 못하면 유익하지 못하므로 교회에 덕을 세우기에 풍성하도록 예언하도록 힘쓰라고 합니다. 예언은 하나님의 계시에 입각하여 하나님의 말씀과 뜻을 분명히 깨달아 전하는 것입니다. 방언과 예언의 은사를 행함에 있어 지혜와 분별이 필요합니다. 그럴 때 교회가 질서를 지키고 화평을 이룰 수 있습니다. 하나님은 무질서의 하나님이 아니시고 오직 화평의 하나님이십니다. 교회의 질서를 논함에 있어 여자는 교회 안에서 잠잠하라고 하는 것은 고린도 교회가 다른 교회들의 좋은 풍속을 따라 여자들은 부덕을 지켜 잠잠하라는 뜻입니다. 이는 한편 여자의 열등을 뜻하는 것이 아니라 창조의 원리를 따라 직책의 차이를 가리킬 뿐이다. 교회에서 성도로서의 품위와 교회 질서를 앞세워야 합니다.

2월 28

출애굽기 11:, 12:1-28

출 11. 하나님께서 흑암의 재앙을 내리신 후에, 모세에게 장자 죽음의 재앙을 내리시겠다고 바로에게 통보하게 하십니다. 모세가 바로에게 이를 알리고 이스라엘 자손은 애굽과 구별하여 재앙이 면제될 것이라 했습니다. 12. 하나님께서 달의 시작 곧 해의 첫 달 열흘에 어린양을 잡아 그 피를 집 좌우 문설주와 인방에 발라 애굽 사람에게 내리는 장자 죽음의 재앙이 지나가게 하도록 하라고 하십니다. 하나님께서 이 일을 규례로 삼아 이스라엘 백성과 자손이 영원히 지킬 것이라고 하셨습니다. 곧 첫 번째 유월절입니다. 이 유월절 제사를 통해 하나님께서 애굽 사람에게 재앙을 내리실 때 애굽에 있는 이스라엘 자손의 집을 넘으사 이스라엘을 구원하셨다는 의미를 자손들에게 전하라고 하셨습니다. 그리고 이레 동안 누룩을 제한 무교병을 먹어 무교절을 지키라 하십니다.

욥기서 29장

욥이 지난날 하나님의 보호와 도우심 가운데 경건하여 존경받고 복된 삶을 살았음을 회상하며 그리워합니다. 그때는 자녀들이 둘러 있었으며, 양식이 풍부했고 이웃을 대할 때 의롭고 인자하게 대하고 이웃을 구제하고 선한 삶을 살아 이웃에게 희망을 주었습니다. 그래서 이웃이 비를 기다리듯이 자신을 기다리고 흠모했음을 기억합니다. 이는 모두가 하나님을 경외하고 하나님께서 자신과 함께 해주셨기 때문입니다. 위와 같이 행복하고, 의롭던 과거 생활에서 욥은 그 행복한 날이 그대로 계속하여 행복한 죽음을 죽을 것을 기대했습니다. 이제 극심한 고난에 처한 욥은 그때와 지금을 비교하며 오직 하나님만이 자신을 구원할 수 있음을 깨닫습니다. 하나님의 도우심만이 그에게 유일한 희망입니다.

누가복음 14장

예수님께서 잔치석 끝자리로 가서 앉으라고 하시며, 자기를 높이는 자는 낮아지고 자기를 낮추는 자는 높아진다고 교훈하셨습니다. 남을 대접할 때 갚을 힘이 없는 자를 대접하는 것이 복이 되고 부활 시에 갚음을 받을 것입니다. 한 주인이 큰 잔치를 베풀고 사람을 청했는데 시간이 임박하여 다시 알리니 모두가 이유를 내세워 못 가겠다고 거절합니다. 이에 주인이 노하여 시내의 거리와 골목으로 나가서 약자들을 데려오라고 하여 데려왔으나 자리가 차지 않습니다. 그래서 사람을 강권하여 데려와 집을 채우라(23)고 재촉합니다. 누구든지 그 자리에 와야 하나님이 준비한 구원의 잔치를 누릴 수 있지만 참석하지 않으면 맛보지 못합니다. 예수님께서 제자 될 자의 조건을 말씀하십니다. 주를 위한 철저한 희생의 각오(26), 십자가를 지는 것이 그 조건입니다. 마음의 준비나, 계획없이 제자가 되려고 해서 안 됩니다. 또한 자기 소유를 버리는 것이 제자의 조건입니다.

고린도전서 15장

본 장은 부활 장입니다. 바울이 전한 복음은 십자가와 부활입니다. 예수님께서 사흘 만에 부활하시어 게바 등 여러 제자에게 보이시고 바울에게도 보이셨습니다. 예수님의 부활은 역사적인, 몸의 부활입니다. 부활이 없다면 기독교 믿음도 진리도 전하는 것도 다 허사입니다. 예수님이 부활하셨기에 부활을 믿는 성도, 예수님과 하나 된 성도도 예수님과 같은 모습으로 부활할 것입니다. 그 부활은 썩지 않는, 영광스럽고 신령한 몸으로의 부활입니다. 예수님은 하늘에 속한 분으로 이 땅에 오시고 부활하셔서 하늘에 속한 형상을 입으셨습니다. 그처럼 예수님의 부활을 믿는 성도들도 동일한 형상을 입을 것입니다. 이 땅의 성도는 예수님이 재림하시면 썩지 아니할 몸으로 순식간에 변화될 것입니다. 예수님의 부활이 죄와 죽음을 삼켰습니다. 부활 신앙은 승리입니다. 성도는 부활 신앙으로 주의 일에 힘쓰는 자들입니다.

3월

March

3월 01

출애굽기 12: 29-51

유월절 밤중에 하나님께서 애굽 온 땅에 장자 죽음의 재앙을 내리셨습니다. 바로의 장자로부터 옥에 갇힌 사람의 장자, 가축의 처음 난 것을 다 쳤으니 그 나라에 죽임을 당하지 아니한 집이 하나도 없었습니다. 바로가 드디어 항복하고 이스라엘 자손들을 내보냅니다. 백성들이 라암셋을 떠나 숙곳에 이르러보니 장정이 60만 가량이었습니다. 수많은 가축도 함께 했습니다. 이스라엘 자손이 애굽에 거주한 지 430년 만입니다. 하나님께서 이스라엘 백성들이 무교병을 먹으며 유월절을 대대로 지키도록 명하셨습니다. 하나님께서 모세와 아론에게 유월절 규례를 말씀하셨습니다. 그 법은 본토인에게나 이스라엘 중에 거류하는 이방인에게도 동일한 것입니다. 하나님께서 이스라엘 민족들을 바로에서 건져주신 것처럼 하나님께서 우리를 예수님을 통해서 죄와 죽음과 마귀에게서 건져주십니다.

욥기서 30장

화려한 과거를 회상하던 욥은 현실을 비통한 어조로 탄식하고 있습니다. 존경받던 욥이었건만 이제 젊은이들까지 자신을 비웃습니다. 비열하고 천박한 이들이 욥을 향해 조롱하여 놀림거리가 되었습니다. 그래서 욥은 심적으로 비참합니다. 과거에 대한 회상이 현실의 고난과 아픔을 더 무겁게 합니다. 욥의 육체적 사정이 참담한데, 하나님이 자신을 진흙 가운데 던지시고 티끌과 재같이 여기시니(19) 하나님이 원망스럽습니다. 하나님의 공의를 기대했으나 오히려 환란으로 나타난 현실입니다. 하나님의 선하심에 대한 확신이 흔들립니다. 욥은 재앙 중에서 하나님께 호소하였으나 그에게 온 것은 화와 환란이었습니다. 그의 호소는 응답되지 않았습니다. 이토록 욥은 비통하고 고독한 심경을 토로합니다. 고난의 현실을 하나님께 아뢰고 토설하는 것이 그나마 희망입니다.

누가복음 15장

예수님께서 세 가지 비유를 말씀하셨습니다. 양 1백 마리 중에서 잃어버린 한 마리 양을 찾는 목자는 예수님의 마음입니다. 잃은 양을 찾아 기뻐하는 목자와, 잃은 드라크마를 찾아 기뻐서 벗과 이웃을 불러 모아 함께 즐기자고 하는 여인의 마음은 죄인 하나가 회개하고 돌아오면 하늘에서 기뻐하는 하나님의 마음입니다. 아버지 품을 떠났던 둘째 아들이 집으로 돌아왔을 때 아버지는 달려가 목을 안고 입을 맞추었습니다. 아버지는 아들이 지은 죄를 다 용서하고 제일 좋은 옷을 입히고 손에 가락지를 끼우고 발에 신을 신겼습니다. 살진 송아지를 잡아 잔치를 벌이라고 했습니다. 아버지의 아들의 지위를 회복시켜 준 것입니다. 누구든지 예수님을 통해 아버지께로 돌아오면 죄 사함 얻고 구원받습니다. 잃었던 생명을 얻습니다(24). 하나님 아버지의 사랑 때문입니다. 예수님은 잃어버린 자를 찾아 구원하러 오셨습니다.

고린도전서 16장

바울이 예루살렘 교회를 위한 연보를 요청합니다. 연보를 미리 매주 첫날 수입에 따라 모아두라고 했습니다. 바울이 고린도 교회가 인정하는 디도(고후8:18,19)에게 그것을 맡겨, 그에게 예루살렘 교회에 가지고 가게 하겠다고 했습니다. 그는 마게도냐를 지나 고린도에 가서 머물며(행 20:1-2) 겨울을 지낼 예정이므로 자신이 갈 곳으로 보내주기를 희망하고 있습니다. 바울은 디모데를 마게도냐를 통해 고린도에 보내었으니(행 19:22, 고전 4:7) 잘 대우해 달라고 부탁하고 아볼로는 기회가 되면 고린도에 가겠다고 전합니다. 바울은 각필을 앞두고 믿음에 굳게 서서 강건하고 모든 일을 사랑으로 행하라고 권면합니다. 또 아가야 지방의 첫 신자 스데바나를(1:16) 추천하며 협력을 부탁합니다. 바울은 고린도 교회가 파송한 성도들이 온 것에 기뻐하고 자신의 필요를 보충해준 것에 감사합니다. 끝으로 문안을 전하고, 성도 간의 사랑의 교제를 부탁합니다.

3월 02

출애굽기 13장

하나님께서 모세에게 이스라엘 자손 중에서 사람이나 짐승을 막론하고 태에서 처음 난 모든 것은 다 구별하여 여호와께 돌리라 하셨습니다. 또 애굽 땅에서 나온 날을 기념하여 무교절 절기를 지키라고 명하셨습니다. 이는 하나님이 이스라엘 자손을 택하시고 애굽에서 인도해주신 분이라는 것을 늘 기억하라는 의미가 있습니다. 그리고 하나님께서 가나안 땅에 인도하시고 그 땅을 주시면 태에서 처음 난 모든 것과 가축의 태에서 처음 난 것을 구별하여 여호와께 돌리라 하셨습니다. 이는 애굽의 모든 장자를 다 죽이실 때 멸망에서 구원받았기에, 이스라엘의 모든 장자, 및 가축의 처음 난 것은 하나님께 바쳐 하나님이 대속하게 하라고 했습니다. 하나님께서 광야 길을 낮에는 구름기둥으로 인도하시고 밤에는 불기둥으로 진행하게 하셨습니다. 이스라엘 백성들이 숙곳에서 광야 끝 에담까지 이르렀습니다.

욥기 31장

욥은 그의 발언의 마지막 독백의 결구로서 그의 무죄를 재선언합니다. 자신은 지난날 뜻을 허탄한 곳에 두지 아니하고 간음하지도 않고 정결한 삶을 살았을 뿐 아니라 재물을 탐내지도 아니하고 남을 해코지하지도 않았음을 회상합니다. 그는 종들이나 과부와 고아, 빈궁한 자들을 박대하거나 착취하지도 않았고 나그네를 쫓아내지도 않았음을 내세우며 스스로 변호합니다. 욥은 종교적인 죄에 대해서도 무죄하다고 선언합니다. 그래서 전능하신 하나님께서 자신의 의를 알아주기를 희망하고 있습니다. 그러나 어떤 누구도 완전한 의인은 없으니, 하나도 없습니다. 자신의 공로나 의로 의롭다 함을 얻을 수 없습니다. 오직 그리스도 예수 안에 있는 속량으로 말미암아 하나님의 은혜로 의롭다 함을 얻습니다(롬 3:24).

누가복음 16장

이 세대의 불의한 청지기가 자신의 앞날을 위해 거짓 지혜를 동원합니다. 이 비유는 난해합니다. 비유의 주인 격인 청지기가 누구를 가리키느냐에 따라 해석이 갈립니다. 모든 해석은 8절의 조명에 따라 취해져야 합니다. 즉 이 세상의 재물을 바르게 사용하라는 것입니다. 영원한 천국을 소유한 신자는 자기의 재물을 섬기지 말고 하나님을 섬기며 선용해야 할 것을 교훈합니다(13). 돈을 좋아하는 바리새인들은 예수님의 가르침을 비웃습니다. 예수님께서 그들의 그릇된 점을 경계하십니다. 율법을 자랑하여도 하나님 나라의 복음을 거절하여 천국에 들어가지 못합니다. 부자가 들어간 음부는 불이 꺼지지 않은 고통의 장소입니다. 천대받던 거지 나사로가 낙원에 간 것은 하나님의 긍휼로 구원받았음을 상징적으로 보여 줍니다. 죽고 나면 믿을 기회도 전도할 기회도 없습니다. 이 땅에 살 때 하나님을 믿고 구원받고 살아야 하고, 불신 영혼을 구원얻게 해야 합니다.

고린도후서 1장

바울은 고린도후서를 시작하면서 자비의 하나님, 모든 위로의 하나님을 찬양합니다. 특히 모든 환란에서 위로해주사 그가 받은 위로로써 환란 중에 있는 자들을 능히 위로하게 하신다고 했습니다. 바울 일행이 고난 중에 받은 위로가 고린도 성도 속에 역사하여 고난을 견디고, 고난만큼 위로에도 참여할 것이라는 소망이 견고합니다. 그는 아시아(에베소)에서 힘에 겹도록 심한 고난을 당해 살 소망까지 끊어지고 마음에 사형선고까지 받았으나 죽은 자를 다시 살리시는 하나님만 의지하여 하나님께서 큰 사망에서 건져주셨고 이후로도 건져주실 것이라는 소망을 갖습니다. 바울은 고린도를 지나 마게도냐에 갔다가 다시 고린도에 가서 유다로 가려 했으나 고린도 교회 방문 계획을 변경한 것을 변명하며 이는 경솔한 까닭이 아니라 고린도교회를 위한 처사였음을 밝힙니다. 그것은 고린도 교회를 아끼고 돕는 자가 되려 함이라고(23-24) 했습니다.

3월 03

출애굽기 14장

이스라엘 백성이 애굽을 떠난 후 바알스본을 지나 홍해 앞에 이르렀을 때 바로의 군대가 추적합니다. 이에 이스라엘 백성이 두려워하며 모세를 원망할 때 모세가 그들을 진정시키고 하나님께 기도했습니다. 하나님께서는 이스라엘 백성이 홍해를 건너게 하실 것을 약속하셨습니다. 모세가 하나님의 지시를 따라 지팡이를 들고 바다 위로 내미니 홍해 물이 갈라져 마른 땅이 되었습니다. 이스라엘 백성들은 바다 가운데를 육지로 건너고 물은 좌우에 벽이 되었습니다. 추격하던 군사들이 바닷길로 들어섰을 때 멈췄던 물이 다시 흘러 군대와 병거를 다 덮고 말았습니다. 과연 하나님께서 바로의 손에서 완전히 구원하셨습니다. 홍해 도하는 영적인 의미로 세례를 의미합니다. 바로 즉 죄와 죽음에서 건짐 받은 것의 증표입니다. 백성들이 하나님께서 행하신 큰 능력을 보고 하나님을 경외하였습니다(31).

욥기서 32장

친구들 중에 연소자 엘리후가 이야기를 듣고 있다가 스스로 의롭다 하는 욥과 욥의 변론에 능히 대답하지 못하고 정죄하는 친구들에게 노를 발합니다. 엘리후는 다른 친구들처럼 섣불리 욥을 판단하지 않고 전능자의 숨결이 자신의 영에 깨달음을 주셔서 하나님이 자신에게 주신 말씀에 부합되게 말하겠다고 운을 뗍니다. 엘리후가 그들이 대화하는 동안에 그 말을 주의 깊게 듣고 있었으나 그들의 말은 인과응보설에 의한 통속적인 것뿐이었고, 욥의 말을 바로 이해하고 답한 것은 아니라고 했습니다. 엘리후가 그들에게 말하기를 그들이 진상을 파악했으나 욥을 추궁할 자는 하나님이시요 사람이 아니라고 하지 말라고 하며, 세 친구가 주장한 이론으로 욥에게 대응하지 않겠다고 했습니다. 과연 생명의 근원이 하나님께 있듯이 지혜의 근본이 하나님이시기에 하나님을 경외할 때 하나님을 통해 참 지혜를 얻을 수 있습니다.

누가복음 17장

실족하게 하는 자에게 화가 있습니다. 작은 자 하나라도 실족하지 않게 하고, 하루에 일곱 번씩이라도 죄지은 자를 용서하라는 가르침은 참 어렵습니다. 제자들이 믿음을 더해주시면 이를 행할 수 있으리라 생각하고 믿음을 더해달라고 요청합니다. 예수님께서 겨자씨 한 알같이 작아도 생명력 있는 믿음을 가지라고 말씀하시고, 자기의 일에 성실하게 묵묵히 수고하는 종의 비유를 들어 겸손히 사명 감당할 때 믿음이 더해진다고 하셨습니다. 열 명의 나병환자들이 불쌍히 여겨달라고 예수님께 소리칩니다. 예수님께서 열 명 중에 한 사람, 예수님께 와서 발아래 엎드려 감사드린 사마리아인의 믿음을 귀하게 보시고 구원을 선언하셨습니다. 하나님의 나라는 장소가 아니라 하나님의 다스림 받는 영역입니다. 현재의 하나님 나라는 믿는 자 안에 있습니다. 진정한 믿음은 현재 내 안에 임한 하나님의 나라를 믿고 예수 재림을 믿고 사모하며 기다리는 것입니다.

고린도후서 2장

바울은 고린도 교회에 다시는 근심 중에 가지 아니하기로 결심했습니다. 바울이 고린도 교회 내에 있는 여러 가지 문제로 바울의 마음에 큰 눌림과 걱정이 있어 많은 눈물로 편지를 보냈는데, 그것은 고린도 교회로 하여금 근심하게 하려 하는 것이 아니라 그들을 향하여 넘치는 사랑이 있음을 알도록 하기 위한 것이었습니다. 바울에게 근심을 준 자는 고린도 교회 성도들에게도 근심을 가져다준 자이기에 그는 벌 받는 것이 마땅하나 차라리 그를 용서하고 위로할 것이라고 하며 그들에게 사랑을 보여주라고 권합니다. 바울은 그리스도 안에서 이기게 하시고 각처에서 그리스도를 아는 냄새를 나타내도록 하시는 하나님께 감사드린다고 고백합니다. 전도자는 하나님 앞에서 그리스도의 향기인데, 어떤 이에게는 사망으로부터 사망에 이르게 하는 냄새요 또한 어떤 이에게는 생명으로부터 생명에 이르는 냄새라고 했습니다.

출애굽기 15장

홍해를 건넌 후 모세의 감사와 찬양의 노래입니다. 하나님께서 홍해를 육지같이 갈라지게 해주시고 이스라엘 백성들이 무사히 건넌 것과, 애굽 군대를 수장시켜 주신 사건을 체험하고 하나님께 찬양과 영광을 돌립니다. 하나님은 영원 자존자요 원수를 큰 권능으로 부수시며 오른손의 권능으로 위엄을 나타내시는 분이십니다. 하나님께서 그의 백성들을 인도하사 주의 기업의 산에 심으실 것을 찬양합니다. 미리암이 소고를 들고 춤추며 노래합니다. 이후 이스라엘 백성들이 사흘 길을 진행하다 마라에서 쓴 물을 만났습니다. 하나님께서 한 나무를 물에 던지게 하셔서 물을 달게 하셨습니다. 하나님은 치료하시는 하나님이십니다. 문제는 하나님의 권세와 능력을 믿고 순종하는가, 아니하는가에 달려 있습니다.

욥기서 33장

엘리후가 자신을 지으신 전능하신 하나님의 영의 깨달음을 따라 욥에게 충고합니다. 그는 욥이 스스로 불의가 없고 깨끗하여 의롭다고 하는 것과 하나님이 답하시지 않는다고 원망하며 하나님과 논쟁하고 하나님 앞에 교만한 것을 책망합니다. 엘리후는 하나님은 한번 말씀하시고 다시 말씀하시는 분이심을(14) 깨우쳐줍니다. 단지 인간은 고난과 현실에 묻혀 듣지 못할 뿐이라는 것입니다. 고난 중에 있는 자에게도 말씀하시되 고통 가운데서 끌어내어 주시는 분이라고 충고합니다. 누구든지 고난 중에 처해 있을 때 하나님의 사자를 통해 하나님의 말씀을 듣는 것이 진정한 지혜입니다.

누가복음 18장

하나님은 낙심 가운데 오직 하나님만 의지하고 하나님의 도우심을 구하는 믿음의 기도에 응답하십니다. 바리새인은 자기 의를 자랑하고 내세운 교만한 사람입니다. 그러나 세리는 자신이 죄인임을 깨닫고 불쌍히 여겨달라고 겸손히 머리 조아릴 때 하나님께서 그를 의롭다고 인정해주셨습니다. 어린아이와 같은 믿음은 자기를 도와줄 분을 전적으로 의지하는 순전한 믿음입니다. 부자 관리는 자신이 가진 많은 재물을 내려놓고 오직 주님을 믿고 의지하는 믿음이 없어 주님을 따르지 못했습니다. 여리고 동네에 한 맹인이 예수님 소식을 듣고 나를 불쌍히 여겨달라고(38하-39) 소리칠 때 예수님이 그의 눈을 뜨게 해주셨습니다. 예수님께서 가난하고 절박한 심령으로 주님만 의지하는 자의 믿음을 귀하게 보셨습니다.

고린도후서 3장

바울이 자신의 사도직에 대해 변호합니다. 자신의 직분은 누군가의 추천이 필요 없는 하나님의 소명이며 언약으로 인한 직분이기에 영광스러운 직분이라는 것입니다. 옛 계약 율법으로 말미암은 모세를 통한 직분도 영광스럽지만 그리스도로 말미암은 새 언약시대의 영의 직분은 더욱 영광스럽다고 했습니다. 모세가 시내산에서 받은 돌판에 새긴 십계명 율법과 대조하며, 바울 자신은 성령으로 말미암아 성도들의 심령 속에 새겨진 그리스도 복음을 증거하는 영의 일꾼이요 새 언약의 일꾼이라고 변호합니다. 율법은 정죄와 죽음을 가져오지만, 그리스도의 복음은 의와 생명을 가져다줍니다. 하나님께서 은혜의 복음을 믿고 증거하는 영광스러운 직분을 그리스도인들에게 주셨습니다.

3월 05

출애굽기 16장

이스라엘 자손들이 엘림에서 시내산까지의 여정에서 모세와 아론을 향해 떡과 고기를 마음껏 먹지 못한다고 원망합니다. 그 원망은 하나님께 하는 것입니다. 하나님께서 그 원망을 들으시고 해질 때 메추라기를 내리시고 아침에는 만나를 내리셔서 배부르게 하시겠다고 약속하셨습니다. 약속대로 메추라기와 만나가 내렸습니다. 하나님께서 인 수대로 한 명에 한 오멜씩만 취하라고 하셨습니다. 그것을 아침까지 남겨두지 말며 여섯째 날에는 두 배로 거두게 하시고 일곱째 날에 안식하게 하셨습니다. 하나님께서 아론에게 항아리를 가져다가 그 속에 만나 한 오멜을 담아 여호와 앞에 두어 대대로 간수하라고 하셨습니다. 하나님께서 가나안에 이르기까지 40년간 만나를 내리셨습니다. 하늘에서 내려온 만나는 하늘에서 내려온 생명의 떡이신 예수그리스도를(요 6:31-33) 예표합니다. 만나는 먹고 죽지만 생명의 떡이신 예수님은 영생을 주십니다.

욥기서 34장

엘리후는 욥의 그릇된 발언을 두고 지혜자들과 토론하듯 자신의 변론을 전개합니다. 결국 엘리후도 욥에 대한 이해가 결여되고 이론으로 흐르는 변을 늘어놓습니다. 하나님의 공의를 변호하는 엘리후의 변론도 결국 욥을 정죄하고 회개를 종용하기에 이르렀습니다. 욥은 자신의 고통 현실과 하나님의 공의 간에 심각한 회의를 느끼고 의구심을 드러낸 것은 사실입니다. 그러나 공의의 실현을 갈망하는 일말의 심정은 갖고 있습니다(24:18-25). 본 장에서 욥은 하나님의 심판에 불의가 있는 것 같이 말하지만, 하나님의 심판에는 결코 불의가 없으시고 공의로 심판하십니다(16-20). 하나님의 심판은 정당하셔서 악인을 심판하시고, 악한 세도가를 꺾으시며 가난한 자에게 평강을 주십니다. 고난 중 고난을 대하는 올바른 생각은 하나님의 주권을 인정하고 인내하는 것이요, 고난 중인 자를 대해서는 그의 아픔과 고난의 현실을 이해하고 공감하는 자세를 갖는 것입니다.

누가복음 19장

예수님께서 세리장 삭개오 집을 방문하셔서 그를 만나주시고 그와 그의 가정을 구원해주셨습니다. 삭개오는 예수님을 영접하고 변하여 새사람이 되어 새로운 삶을 약속하셨습니다(8). 예수님은 잃어버린 자를 찾아 구원하러 오셨습니다. 은 열 므나의 비유는 하나님의 나라가 당장 임한다는 그릇된 생각을 시정하고 인내로써 주의 재림을 기다릴 것을 가르친 것입니다. 예수님은 이 땅에 구주로 오셨을 뿐 아니라 장차 만왕의 왕으로서 이 세상에 영광스럽게 재림하실 것입니다(12, 15). 만왕의 왕이신 주님을 거부하는 자는 결국 다 뺏기고 형벌받아 죽고 말 것입니다(14하, 27). 므나를 남긴 두 종은 칭찬받고 고을들을 차지했으나 한 므나를 받은 종은 악한 종으로 심판받았습니다. 예수님은 십자가를 지시기 위해 나귀를 타시고 예루살렘에 입성하셨습니다. 온 무리가 기뻐하며 큰 소리로 하나님을 찬양합니다. 예수님께서 예루살렘의 멸망을 미리 알고 애통하십니다.

고린도후서 4장

바울은 하나님의 긍휼로 영광스러운 새언약의 직분을 받은 자로서 하나님 앞에서 스스로 추천한다고(2) 했습니다. 이 세상의 신, 사탄이 믿지 않는 자들의 마음을 혼미하게 하여 그리스도의 영광의 복음의 광채가 비춰지 못하나 빛이신 예수그리스도의 얼굴에 있는 하나님의 영광을 아는 빛을 우리 마음에 비추셨습니다. 그리스도인은 보배를 질그릇에 가졌으므로 하나님의 능력으로 싸이지 않고, 낙심치 않고, 버린바 되지 않고, 망하지 않습니다(8-9). 그리스도인은 예수님과 연합되었기에 모든 환란은 예수의 죽음에 연합하는 것이요, 승리는 예수의 생명에의 연합입니다. 죽어 흙으로 돌아갈 겉사람, 제한된 육체는 낡아지나 그리스도를 믿음으로 말미암아 중생한 영적 실존, 속사람은 날로 새로워집니다. 그리스도인이 잠시 받는 환란이 경하나 지극히 크고 영원한 영광의 중한 것을 우리에게 이루실 것이므로, 보이는 것은 잠깐이지만 보이지 않는 것은 영원합니다.

3월 06

출애굽기 17장

이스라엘 백성들이 르비딤에 이르러 장막을 쳤는데, 마실 물이 없습니다. 백성이 모세와 다투고 원망하며 애굽에서 인도하여 목말라 죽게 한다고 아우성칩니다. 모세가 하나님께 부르짖습니다. 모세가 하나님의 지시를 따라 지팡이로 반석을 칠 때 반석에서 물이 나왔습니다. 르비딤에서 이스라엘이 아말렉과 싸울 때 모세가 여호수아에게 사람들을 택하여 나가서 아말렉과 싸우라고 합니다. 이튿날 모세가 하나님께서 주신 권능의 지팡이를 산꼭대기에서 높이 들 때 여호수아의 군대가 승리하고 모세의 팔이 피곤하여 손을 내리면 아말렉이 이깁니다. 그래서 모세를 돌 위에 앉게 하고 아론과 훌이 모세의 팔을 붙들어 승리를 거두었습니다. 여호와께서 모세에게 그 승리를 기록하여 기념하게 하고 여호수아에게 귀에 들려주라고 하셨습니다. 모세가 제단을 쌓고 그 이름을 '여호와 닛시'라고 하였습니다. 여호와의 보좌를 향해 손을 들었으니 하나님이 승리하게 하신 것입니다.

욥기 35장

욥의 주장에 대해 엘리후가 논박합니다. 의로운 행실의 유익이 무엇인가에 대한 대답으로 인간의 선악 간의 행위가 하나님께 아무런 영향도 미치지 못한다고 주장합니다. 즉 의를 지키는 것은 무익하다고 하는 욥의 발언을(34:9) 경계합니다. 또한 인간이 하나님이 어디 계시냐고 간절한 갈망으로 부르짖어도 하나님이 결코 듣지도 돌보지도 아니하시는데, 욥이 하나님께 불평하며 정의를 호소해도 소용없다는 것입니다. 즉 하나님은 교만한 자에게 응답이 없는 법인데, 욥이 하나님을 뵐 수 없다는 것은 그의 죄 때문이라는 것입니다. 엘리후는 인간의 선악 간 행위의 무용성을 내세우고 고통 중의 욥의 심정도 헤아리지 못합니다. 엘리후는 추상적이고 공허한 이론으로 은근히 욥을 비난합니다. 무엇보다도 고난 당하는 이의 심정을 이해하고 공감하는 마음이 필요합니다.

144 맥체인성경읽기 가이드 상

누가복음 20장

성전에서 가르치시는 예수님은 하나님의 권위를 가지셨기에 그 권세와 능력은 누구도 이길 수도 없었습니다. 예수님께서 포도원 농부 비유를 통해 주인이 보낸 아들을 농부들이 죽인 것을 통해 하나님의 아들 예수께서 유대인들에게 죽을 것을 말씀하셨습니다. 예수님은 건축자들이 버린 모퉁이의 머릿돌이십니다. 예수님께서 부활이 없다고 주장하는 사두개인들이 예수님을 곤란하게 하려고 한 질문에 대해서 부활이 있음을 가르쳐주셨습니다. 아브라함, 이삭, 야곱의 하나님은 살아있는(현재형) 하나님이십니다. 먼저 죽었으나 현재 영혼이 살아있는 조상들의 하나님, 산 자의 하나님이십니다(37-38). 그리스도인 역시 몸은 죽어도 그 영혼(진정한 자아)은 살아있어 장차 그리스도의 재림 때 영광스러운 부활을 맞이하게 될 것이라고 말씀하셨습니다. 예수님은 육으로는 다윗의 자손이지만, 구약의 다윗은 그리스도를 미리 주(하나님)라고 고백했습니다.

고린도후서 5장

우리에게 땅에 있는 장막, 즉 육이 죽고 나면 하나님께서 지으신 영원한 집이 있습니다. 그리스도인은 이 땅의 고난 속에서 탄식하며 하늘로부터의 처소로 덧입기를 간절히 사모합니다. 장막에 있는 우리가 탄식하는 것은 벗고자 하는 것이 아니라 오히려 덧입고자 함인데, 죽을 것이 생명에 삼킨바 되는 것입니다. 내세 소망을 가진 그리스도인은 몸으로 있든지 떠나든지 주님을 기쁘시게 하는 자가 되기를 힘씁니다. 바울이 고린도 교회 성도들을 권면하는 것은 하나님의 사랑에 이끌려 하는 것입니다. 그 근거는 예수님으로서, 나를 대신하여 죽었다가 다시 살아나신 이를 위하여 살게 하려 함입니다. 누구든지 그리스도 안에 있으면 새로운 피조물입니다. 하나님께로부터 난 그리스도인은 그리스도로 말미암아 하나님과 화목하게 하시고 화목하게 하는 직분을 주셨습니다. 바울은 고린도 성도들에게 하나님과 화목하라고 간청합니다.

3월 07

출애굽기 18장

　모세의 장인 미디안 제사장 이드로가 모세를 찾아와서 하나님께서 이스라엘 백성에게 베푸신 은혜를 듣고 모세의 아내 십보라와 두 아들, 게르솜과 엘리에셀을 데리고 왔습니다. 모세가 이드로를 맞이하고 여호와께서 행하신 일을 다 고하니 그는 여호와는 모든 신보다 크시다고(11) 하며 하나님을 찬양합니다. 다음날 모세가 백성들의 송사에 관여하여 하루 종일 재판에 매달려 시달리는 모세에게 이드로가 충고합니다. 백성 중 능력 있는 사람들 곧 하나님을 두려워하고 진실하고 불의한 이익을 미워하는 자들 중에 천부장, 백부장, 오십부장, 십부장을 삼아(21) 재판하는 일을 분담하게 했습니다. 그리하여 우두머리들이 백성을 재판하게 하여 모세의 과중한 일을 덜게 하라고 합니다. 그래서 큰일, 어려운 일은 모세에게 가져와 모세가 재판하고 모든 작은 일은 그들이 재판하게 하였습니다.

욥기서 36장

　욥에게 공격의 화살을 쏜(35장) 엘리후는 이제 적극적인 자세로 최후의 교훈과 권면을 주려고 합니다. 엘리후는 하나님은 능하시고 지혜가 무궁하신 분이셔서 악인을 멸하시고 고난받는 자에게 공의를 베푸시는 분이라고 서두를 시작합니다. 하나님은 인간의 행위에 따라 의인, 악인을 공정하게 대하시는 하나님이시라는 것입니다. 엘리후는 고난의 목적이 교육이란 것을 논하며 고난의 교육 원칙을 배우고, 헛된 반항 행동을 삼갈 것을 권고합니다. 그에 따라 악인은 벌하시고 정의로 심판하시며 고난당하는 자에 대해서는 긍휼을 통한 회복을 부각시키고 있습니다. 엘리후는 하나님의 주권을 강조하며 가을의 자연을 통해서도 하나님의 섭리를 드러내신다고 강조합니다. 그는 욥에게 하나님의 공의를 알고 악으로 치우치지 말 것을 권고합니다. 체험 없는 추상적인 지식과 사랑이 전제되지 않은 공의는 공허하다는 것을 보여줍니다.

누가복음 21장

예수님께서 성전에서 가르치시는 중에 사람들이 헌금함에 헌금 넣는 것을 보셨습니다. 가난한 중에서 자신의 생활비 전부를 넣은 한 과부를 칭찬하셨습니다. 예수님께서 종말에 대하여 가르치실 때 두 가지 시점을 동시에, 즉 원근 통시적으로 말씀하셨습니다. 가까이는 예루살렘의 멸망으로 인한 성전의 파괴, 예루살렘이 군대에 에워싸이고 멸망당하여(A.D 70) 이방인들에게 밟히고 사로잡혀 갈 것이라고 예고하셨습니다. 또한 종말에 일어날 징조를 말씀하셨습니다(10-12). 이런 징조는 예수님이 영광중에 재림하시기 전에 일어날 일입니다(25-26). 그 시점은 무화과나무와 모든 나무가 싹이 나는 때입니다. 무화과를 유대 나라로 볼 때 유대인들이 구원으로 회복 회복되기 시작하는 때로 볼 수 있습니다. 그리스도인은 종말을 알고 조심하여 항상 기도하고 깨어있어야 합니다(36).

고린도후서 6장

바울은 고린도 성도들에게 지금 하나님의 은혜 즉 화해의 은혜를 받으라고 권면합니다. 바울은 그 직분이 비방을 받지 않기 위해 하나님의 일꾼답게 처신하고 복음을 위한 고난을 기꺼이 감수했습니다(4-7). 진리의 말씀과 하나님의 능력으로 이 일을 수행하되, 좌우에 의의 무기를 들고서 영광과 욕됨, 비난과 칭찬으로 상반된 평가를 받기도 했으나 바울은 그 평가에 의연했습니다. 자신이 설사 좋지 않게 보이고 부정적인 평가가 있어도 역설적으로 실상은 귀하고 자랑할 만한 것임을 스스로 깨달았습니다(9-10). 바울이 마음을 넓혔으니 보답하는 셈으로 화해를 위해 마음을 넓히라고 했습니다. 바울은 고린도 성도들에게 믿지 않는 자와 멍에를 메지 말라고 했습니다. 의와 불법, 빛과 어둠, 그리스도와 벨리알이 서로 맞지 않듯이 믿는 자와 믿지 않는 자가 상관하지 못합니다. 하나님의 성전과 우상이 어찌 일치되겠습니까? 우리는 살아계신 하나님의 성전입니다.

3월 08

출애굽기 19장

이스라엘 백성이 출애굽 3개월 만에 시내산 아래에 이릅니다. 하나님께서 모세를 산으로 부르시어 하나님 주권으로 이스라엘을 지금까지 독수리 날개로 업어 인도하셨음을 말씀하셨습니다. 이스라엘이 하나님의 말씀을 잘 듣고 언약을 지키면 제사장 나라 거룩한 백성이 되게 하시겠다고 약속하십니다. 하나님께서 온 백성이 보는 데서 시내 산에 임하실 것이라 약속하셨습니다. 하나님께서 이스라엘 백성은 산 위에 오르거나 경계를 정하고 침범하지 못하게 하시고 백성을 성결하게 하여 하나님 만나기를 준비하게 하셨습니다. 그 후 셋째 날 아침, 과연 하나님께서 시내 산에서 불 가운데 강림하시는데 시내 산에 자욱한 연기가 떠오르고 온 산이 크게 진동하며 하나님이 음성으로 모세에게 대답하셨습니다. 하나님께서 시내 산 꼭대기에 강림하시어 모세에게 말씀하시기를 내려가서 백성을 경고하라고 하시고 아론과 함께 올라오라고 하셨습니다.

욥기 37장

엘리후가 36장에 이어서 천지 만물에서 하나님의 음성을 들을 수 있고, 하나님의 주권으로 만물을 다스리심을 강조합니다. 그 소리를 들을 때 부패한 인간은 두려움에 떨 수밖에 없다고 했습니다. 엘리후는 겨울에 이어 여름의 자연계에 나타난 하나님의 영광을 언급하며 권면하기를 하나님을 두려워하라고 합니다. 특히 엘리후는 욥에게 설의적인 질문(~아느냐? 등)을 통해서 하나님의 기묘하신 역사를 인식하게 하고 전능하신 하나님의 능력 앞에 인간은 순종하는 것이 마땅하다는 것을 강조합니다. 인간은 전능하신 하나님을 볼 수 없고 다 알 수 없지만 정의와 무한한 공의(23)를 굽히지 아니하시기에 하나님을 경외해야 함을 권고하고 있습니다.

누가복음 22장

예수님께서 마지막 유월절 만찬을 잡수신 후, 성만찬을 제정하시고 이를 지키도록 분부하셨습니다. 예수님께서 한 제자가 자신을 팔 것이라고 말씀하시는데 제자들은 여전히 예수님의 죽음을 깨닫지 못하고 서열 다툼에 빠졌습니다. 예수님은 섬기러 오셨습니다(27하). 죽음도 불사하고 주님을 따르겠다고 장담하는 베드로에게 세 번 예수님을 부인할 것을 예고하셨습니다. 예수님께서 감람산에 오르시어 간절하게 기도하셨습니다. 제자들에게 유혹에 빠지지 않게 기도하라 당부하시고(40, 46) 기도를 마치신 후에 체포당하시고 대제사장의 공관으로 압송되어 가셨습니다. 제자들이 모두 뿔뿔이 흩어진 가운데서 베드로는 예수님이 심문 받으시는 대제사장의 공관까지 따라갔습니다. 결국 멀찍이 예수님을 지켜보다가 예수님을 세 번 모른다고 부인합니다. 예수님은 그곳에서 조롱당하시고 매질과 욕을 당하셨습니다. 날이 새자 공회가 모여 예수님을 심문합니다.

고린도후서 7장

바울은 고린도 교회와의 관계 속에서 근심이 되었으나 마게도냐에 와서 기쁨이 넘친다고 합니다. 바울이 고린도의 복잡하고 어려운 사정을 해결하기 위해 에베소에서 디도를 보내어 문제의 해결을 희망했습니다. 바울이 드로아에서 그를 만날 예정이었으나 사정이 여의치 못해 바다 건너 마게도냐로 왔습니다. 마게도냐에 이르렀을 때 처음에는 육체가 편지 못하고 다툼과 두려움이 있었습니다. 그러나 바울은 디도를 만나 그를 통해 고린도의 문제가 해결되었다는 소식을 듣고 위로를 얻고 고린도 성도들의 사모함과 애통함과 바울을 위한 열심의 이야기를 듣고 기뻐합니다. 디도의 보고를 통해 고린도 교회와의 화해의 여건이 조성됨으로 위로와 기쁨과 안심을 얻었다는 것입니다. 하나님의 뜻대로 한 근심이 회개에 이르게 되었기에 그것이 바울에게 기쁨이 된 것입니다.

3월 09

출애굽기 20

하나님께서 시내산에서 율법을 부여하셨습니다. 율법은 크게 십계명(1-21)과 언약서(20:22-23:33)로 나누어집니다. 율법을 명하신 하나님은 이스라엘을 애굽 땅종 되었던 곳에서 구원하신 구속자이십니다. 십계명은 첫째 너는 나 외에 다른 신들을 네게 두지 말라 둘째 너를 위하여 새긴 우상을 만들지 말고 섬기지 말라 셋째 네 하나님 여호와의 이름을 망령되이 일컫지 말라 넷째 안식일을 기억하여 거룩하게 지키라 다섯째 네 부모를 공경하라 여섯째 살인하지 말라 일곱째 간음하지 말라 여덟째 도둑질하지 말라 아홉째 거짓 증거하지 말라 열째 탐내지 말라 등입니다. 십계명을 받을 때의 하나님의 임재 앞에서 백성들이 두려워 떨 때 모세는 두려워하지 말라고 하며, 하나님의 강림은 하나님을 경외하도록 하려 하심이라고 했습니다. 하나님께서 모세에게 하나님을 비겨서 신상을 만들지 말고 하나님께 제사드릴 돌 제단을 만들라고 하셨습니다.

욥기 38장

하나님께서 폭풍우 가운데에서 욥에게 말씀하시고 대답을 촉구하십니다. 하나님은 창조자이시고 우주 만물과 모든 인간 세상과 자연을 운행하시고 섭리하시는 주권자이심을 말씀하십니다. 하나님께서 땅의 기초를 놓으시고 바다를 조성하셨습니다. 하나님은 낮과 밤을 만드시고 바다의 근원과 사망의 문(음부)을 창조하셨습니다. 하나님께서 광명과 흑암, 눈, 우박, 광명과 동풍을 주관하십니다. 하나님께서 홍수를 위해 물길을 터주시고 우레와 번개 길을 내주셨습니다. 또한 비, 우레와 얼음, 성좌, 번개 등 하늘의 운행은 하나님만이 하시는 일입니다. 하나님은 인간이 도무지 상상할 수 없는 지혜로 세상을 통치하십니다. 사자와 까마귀 새끼를 하나님이 먹이십니다. 누가 이런 경이로운 일을 했느냐는 하나님의 물음 앞에 스스로 지혜롭다고 여기는 욥은 하나님 앞에 유구무언일 뿐입니다.

누가복음 23장

무리가 예수님을 빌라도에게 끌고 가서 고발합니다. 빌라도가 예수님을 심문한 결과 죄가 없음을 알았으나 헤롯왕에게로 보냅니다. 헤롯이 예수님을 업신여기며 조롱하고 빛난 옷을 입혀 빌라도에게 도로 보냅니다. 빌라도가 무죄를 주장하여 놓아주려 했으나 무리가 바라바를 놓아주고 십자가에 못 박게 하라고 큰소리로 재촉하기에 결국 사형에 넘겨줍니다. 예수님께서 십자가를 지고 골고다에 올라 십자가에 달리십니다. 예수님께서 저들을 사해달라고 기도하십니다(34). 그리고 자신을 기억해 달라는 한편 강도에게 낙원을 약속하셨습니다(43). 마지막으로 영혼을 아버지 손에 부탁하시고(46) 숨지셨습니다. 백부장이 그 된 일을 보고 예수님을 의인의 죽음이라 증언합니다. 공회 의원인 의로운, 아리마대 사람 요셉이 빌라도에게 가서 예수의 시체를 달라고 하여 허락받아 시신을 바위에 판 무덤에 넣어 두었습니다.

고린도후서 8장

바울 사도는 마게도냐 교회가 환란의 시련과 극한 가난 가운데서도 예루살렘 교회를 위해 풍성한 연보를 드린 것을 고린도 교회에 알리며 연보를 부탁합니다. 그들은 힘에 지나도록 자원하여 은혜와 성도 섬기는 일에 참여했습니다. 연보는 명령이 아니라 형제를 향한 사랑의 진실성을 증명하는 것입니다. 또 바울은 그리스도의 구속의 원리를 들어 연보의 근본 원리를 밝힙니다(9). 아무 소유도 없으나 십자가에 죽으심으로 만민의 구주가 되시고 만인의 영을 부요하게 하신 그리스도의 은혜를 체득하는 것이 연보의 원리입니다. 바울은 마게도냐 교회의 좋은 본을 따라 고린도 교회도 열심히 이를 성취하도록 권면합니다. 바울은 거액의 연보를 다루는 일을 신중히 하기 위해 동역자 디도와 두 형제를 추천해 보냈습니다. 디도는 바울의 동료요 동역자요 함께 하는 형제들은 교회의 사자들이요 그리스도의 영광이라고 했습니다.

3월 10

출애굽기 21장

하나님께서 백성들이 지켜야 할 법규를 주셨습니다. 십계명과 달리 시비나 진위를 가릴 때의 일종의 결의법으로 '이런 일이 생기면 이렇게' 또는 '이런 일을 한 자에게는 이렇게 하라'는 식의 법입니다. 종에 관한 법(1-11)으로서 제 7년에 석방할 것을 강조하고 이방인은 영구노예가 됩니다. 본문은 히브리인 노예의 경우로서 남녀 각 5조 식의 조례가 나타납니다. 사형에 처할 범죄들(12-17)로서 남에게 해를 준 자가 받을 벌칙들로 보복의 원칙이 기본개념입니다. 또 신체상해에 관한 규정(18-25)으로서 복수법이 나타납니다. 또한 종, 소나 나귀 같은 짐승을 통해 입은 상해와 짐승의 손실에 관한 배상법 규정이 이어집니다(26-36). 성경에 나오는 법규의 근본정신은 공의와 자비입니다. 모든 법 적용에는 정의가 필요할 뿐 아니라 용서와 사랑의 정신이 함께 겸전되어야 합니다.

욥기 39장

하나님의 대답이 이어집니다. 하나님께서 피조 세계 특히 짐승과 동물의 생장, 생존을 주관하심을 말씀합니다. 하나님께서 욥에게 설의 의문의 방식으로 질문하십니다. 산 염소, 암사슴, 들 나귀, 들소, 타조, 말, 매와 독수리 등의 예를 들어 모든 피조물은 하나님의 주권적인 관할에서 생동하고 변천하고 있다는 점을 말씀하십니다. 인간은 짐승들의 신비로운 생태에 대한 하나님의 질문 앞에 한 마디도 답할 수 없는 무지하고 한계가 있는 존재임을 내비칩니다. 그런고로 인간은 하나님의 지혜와 주권과 섭리 앞에 입을 다물 수밖에 없고, 만물 주인이신 하나님을 찬양할 따름입니다.

누가복음 24장

　안식 후 첫날 새벽에 예수님의 무덤에 갔던 여인들이 무덤이 비어 있고 시체가 보이지 않는 것을 알았습니다. 천사들이 그들에게 예수님의 부활을 알려 주었습니다(6상). 이를 들은 베드로가 무덤에 달려가 확인했습니다. 그날 오후에 두 제자가 엠마오로 가는 도중에 부활하신 예수님께서 그들과 동행하셨습니다. 두 사람은 예수님의 부활에 대해서 의심하고 있었고 예수님을 알아보지도 못했습니다. 예수께서 성경 말씀을 풀어서 설명해주셨습니다. 그때 그들의 마음이 뜨거워졌고 예수님과 함께 음식 먹는 중에 비로소 예수님을 알아보았습니다. 그들은 예루살렘으로 돌아가 예수님을 만난 이야기를 들려주었습니다. 그날 저녁 열한 제자들에게 부활하신 예수님이 찾아오셔서 손과 발을 보여주시고 구운 생선을 잡수셨습니다. 예수님께서 제자들에게 예수님의 십자가 죽음과 부활, 회개를 증거하라고 분부하시고, 성령을 보내주시겠다고 약속하셨습니다.

고린도후서 9장

　바울은 전장에 계속하여 연보에 대한 구체적인 지침을 줍니다. 가난한 성도를 섬기는 연보에 대해 독려하는 내용입니다. 고린도 교회가 연보를 수납하는 일이 진척이 없음을 알고 전에 약속한 연보를 세 사람의 파송자들이 도착하기 전에 미리 준비하도록 권면합니다. 본 장에서 연보를 미리 준비할 것과 후하게 준비할 것의 두 가지 내용이 나옵니다. 진정한 연보는 인색함이나 억지로 할 것이 아니라, 마음에 작정한 대로 즐겨 후히 심는 것이 중요합니다. 풍성한 연보에 하나님의 보상이 뒤따릅니다. 하나님은 즐겨 내는 자를 사랑하십니다. 심는 자에게 거두게 하시는 하나님께서 심을 것을 풍성하게 하시고 의의 열매를 더해주십니다(10). 하나님께서 연보하는 자에게 풍성하게 하셔서 너그럽게 바치는 것을 보고 사람들은 하나님께 감사하고 영광을 돌릴 것입니다.

출애굽기 22장

배상에 관한 실질적 경우에 따른 법규입니다. 절도로 인한 배상 규정과 돈, 물품, 가축 등 남의 소유에 손해를 끼치거나 침해한 경우의 배상 관련 규정, 강간자 처벌법이 나옵니다. 사형 형벌에 처할 세 가지 죄는 무당, 짐승과 행음하는 수간의 죄, 다른 신에게 제사 드리는 죄 등이 있습니다. 특별히 고아, 과부, 이방 나그네, 가난한 자 등 약자 보호법을 주셨습니다. 종교적 의무에 관한 규율도 주셨습니다. 모든 법규는 하나님과 이웃을 사랑하는 것이 근본정신입니다. 판결을 하는 이는 재판장이지만, 히브리어 원문에는 '하나님'으로 나와 있습니다. 즉 하나님이 진정한 증인(21:6)이요, 판단이 어려울 때 하나님 앞에 나아가야 할 것을 (22:9) 말씀합니다. 법규의 주인이신 하나님이 판단과 결정의 기준이십니다.

욥기서 40장

하나님의 창조 권능과 지혜 앞에서 한마디 대답도 하지 못하고 잠잠한 욥에게 하나님께서 대답을 촉구하십니다. 욥은 입을 가릴 뿐 대답할 말이 없다고 고백합니다(3). 욥은 창조자의 경이롭고 무한하신 지혜와 능력을 들으면서 자신의 너무나 가볍고 무가치한 것을 깨달은 것입니다. 하나님은 욥을 책망하시며 질문을 통해서 자기의 잘못을 깨닫고 회개하기를 촉구하십니다. 욥과 그의 친구들은 하나님의 행하심에 대해 인간적인 기대의 틀에 비추어 판단하는 어리석음을 범했습니다. 전능자 하나님이 인간의 손아귀에 잡힐 리가 만무합니다. 욥의 잘못은 자신의 의를 앞세워 하나님의 공의를 부인하고 자신의 의를 세우려고 하나님을 악하다고 여긴 것입니다(8). 하나님은 당신의 권능과 지혜 앞에 넘치는 노를 비우고, 겸손히 자신을 낮추기를 원하셨습니다. 그것이 회복의 길임을 암시합니다.

요한복음 1장

예수님은 창조 이전 말씀으로 계셨는데 이 말씀을 통해 만물이 창조되었습니다. 말씀 안에는 빛과 생명이 있었습니다. 예수님은 말씀이 육신을 입고 성육신하셔서, 생명의 빛으로 이 땅에 오셨습니다. 빛이 이 세상에 오셨으나 사람들은 자기 행위가 악하여 빛을 거부했습니다. 그러나 영접하는 자는 하나님의 자녀가 되는 권세를 받습니다. 예수님은 하나님의 독생자로서 은혜와 진리가 충만했습니다. 예수님의 길을 닦는 자 세례요한은 예수님을 세상 죄를 지고 가는 하나님의 어린양으로, 또 자기보다 먼저 계신 분으로(선재), 자신은 물로 세례를 베풀지만 예수님은 성령으로 세례를 베푸시는 하나님의 아들로 증언합니다. 세례요한이 두 제자를 예수님께 인도했습니다. 그들 가운데 안드레가 시몬을 예수님께 인도하였고, 빌립은 나다나엘에게 예수님을 메시야라고 소개했습니다. 나다나엘은 예수님을 하나님의 아들이라고 고백합니다(49).

고린도후서 10장

바울은 자신을 폄훼하는 이들에 대해 대면하면 유순하고 떠나있으면 담대하지만, 고린도 성도들에게 온유와 관용으로 권하기를 원한다고 했습니다. 바울을 폄훼하려고 하는 이들이 바울의 편지는 무게가 있으나 몸도 약하고 말도 시원하지 않다고 했습니다(10). 바울은 외모만 보고 판단하고 자신을 자랑하는 반대자들의 자랑과 비교하여 동일선에서 짝하며 비교할 수 없다고 합니다. 그것은 그가 주께서 주신 분량의 한계 내에서 자랑하기 때문입니다. 바울은 고린도 교인의 믿음이 더욱 자라고 풍성해질 때, 그 믿음의 성장을 따라 복음의 한계도 넓어진다고 했습니다. 자랑하는 자는 주안에서 자랑해야 하며 스스로 자랑하는 것은 소용이 없다고 변호합니다. 주께서 칭찬하시는 자가 옳다 인정을 받을 것이고, 그 자랑이 참입니다.

3월 12

출애굽기 23장

송사에 관한 법규는 사회정의에 관한 율례들로서 대체로 법정에서의 사회정의를 말하고, 사법적이기 보다 종교적이며 도덕적 입장에서 공정과 공평을 지키라는 의미입니다. 이어서 안식년과 안식일 규례가 나옵니다. 무교절, 맥추절과 수장절은 매년 지켜야 절기입니다. 절기를 끝으로 율례와 법규를 명하신 하나님께서 보내신 사자의 인도를 따르고 그 말을 청종하고 행할 것을 명하셨습니다. 가나안의 신들을 경배하거나 섬기지 말며 우상들을 다 깨뜨려버리고 하나님만 섬기라는 것입니다. 하나님께서 이를 잘 지킬 때 받을 복으로 하나님 사자의 인도를 받을 것과 원수를 멸할 것과 영토를 주실 것 등을 약속하셨습니다. 이런 법규와 율례 안에는 택한 백성들이 정체성을 지키고 거룩하고 성별된 삶을 살아 복받기를 원하시는 하나님의 뜻이 있습니다.

욥기서 41장

하나님께서 40장 마지막 부분에 나오는 하마의 일종인 베헤못에 이어 리워야단 즉 악어의 예증를 들어 조물주의 능력을 말씀하십니다. 어느 누구도 욥도 하나님의 피조물인 악어를 조금도 제어하지 못합니다. 오직 모든 피조물의 주권이 하나님께 있음을 강조하십니다. 하나님은 악어를 세밀하고 정교하게 지으신 분이십니다. 온 천하에 있는 것이 다 하나님의 것입니다(11하). 어떤 누구도 제어할 수 없는 짐승이요, 가장 교만하고 강력한 악어를 하나님께서 지배하시고 순종하게 하십니다. 하나님께서 욥으로 깨닫고 회개의 결단을 내리도록, 악어의 예를 들기까지 욥을 향한 열정을 보여주셨습니다. 모든 것의 주권자이신 하나님께 돌이키는 것이 회복의 첨경입니다.

요한복음 2장

예수님께서 가나 혼인 잔치에 초대받아 가서서 물이 포도주로 변화되게 하셨습니다. 이 표적으로 예수님의 영광을 나타내시고 제자들이 그를 믿었습니다. 이 사건은 예수님은 앞으로 미래에 있을 구원을 통한 궁극적인 행복, 종말론적인 기쁨과 풍요를 미리 맛보게 해주시는 의미입니다. 이 사건은 옛언약을 새언약으로, 율법의 질서를 은혜의 질서로 해체하신 의미가 있습니다. 예수님께서 유월절에 성전에 올라가서서 성전을 청결케 하셨습니다. 예수님은 성전을 헐라 사흘 동안에 일으키리라 하셨습니다. 유대인들은 그 의미를 알지 못했습니다. 이는 성전 된 자기 육체를 가리켜 말씀하신 것입니다. 예수님은 눈에 보이는 성전을 헐고(예수님의 육신) 즉 부활하심으로 성령의 능력 안에서 예수님을 모신 새 성전을 이루시고 새로운 성전 시대를 열 것을 의미합니다. 즉 예수님이 하나님을 만나는 진정한 성전이심을 보여준 것입니다.

고린도후서 11장

바울 사도는 전장에서 계속하여 유대인 거짓교사와 자신을 비교하면서 자기 우월함을 공세적으로 격렬하게 방어합니다. 바울은 고린도 교회가 잘못된 복음을 전하는 거짓 사도의 가르침을 받아들인 것에 대해 책망합니다. 바울 자신이 예수님과 고린도 성도 사이의 중개자로서, 다른 사도들보다 못한 것이 없음에도 자신의 사도직을 폄훼하는 것이 못마땅합니다. 바울은 교회를 위하여 응당 받을 권리를 포기한 것을 내세우고 거짓 사도에 대한 맹렬한 공격을 가합니다. 바울 자신이 고린도 교회에 비용 부담을 지우지 않고 일한 충심을 알아주기를 기대하며, 거짓 사도, 천사로 가장하여 속이는 일꾼들을 경계하라고 권고합니다. 바울은 복음을 위해, 교회를 사랑하여 넘치도록 수고하고 주를 위해 받은 수난(23하-27)을 거명합니다. 그 외에도 오히려 자신 안에 무겁게 여기는 것은 모든 교회를 위해 염려하는 것이라고 하며 자신의 사도직을 변호합니다.

3월 13

출애굽기 24장

하나님과 이스라엘 간의 언약을 공포하는 언약체결식을 엽니다. 이때 모세는 하나님을 대신하고, 아론 3부자와 70장로는 이스라엘을 대신하여 참여하셨습니다. 하나님께서 모세가 언약서를 기록하고 단을 쌓은 뒤에 지파 별로 열두 기둥을 세우고 제사를 드리라 하시고, 언약서를 백성에게 낭독하여서 하나님과 백성 사이에 언약을 세우셨습니다. 이어서 하나님께서 임재하시고 그들이 먹고 마시며 언약의 연회를 열었습니다. 신약의 백성은 예수 피로 사함 받고 하나님의 밥상에 손님이 되어 성만찬에 참여합니다. 하나님께서 다시 모세에게 하나님이 친히 기록하신 율법과 계명의 돌판을 주시겠고 약속하시고 여호수아와 함께 하나님의 산에 오르게 하셨습니다. 모세는 40 주야를 하나님과 영광스러운 교제를 하며, 언약의 돌판을 받습니다. 모세는 하나님과 이스라엘 사이에 율법의 중보자요, 예수님은 하나님과 인간 사이에 은혜의 중보자입니다.

욥기 42장

욥이 전지전능하신 하나님, 모든 일을 계획대로 성취하시는 하나님 앞에 무지하고 깨닫지도 못하는 자로서 헛되고 무의미한 말을 내뱉은 자신을 회개합니다. 욥은 자신을 만나주신 하나님 앞에 자신을 드러낸 것을 거두고 철저히 회개합니다. 그의 회개가 그의 회복의 근본이요, 신약의 성도가 회개하고 구원받는 도리의 그림자입니다. 욥의 회복이 욥기서의 대단원입니다. 친구들이 욥을 위하여 슬퍼하고 위로하며 중보기도를 드립니다. 하나님께서 욥의 세 친구를 책망하시며, 욥을 통해 중보기도를 받을 것을 지시하시고, 친구들은 그 지시대로 실행합니다. 하나님께서 욥의 곤경을 돌이키시고 회복시키십니다. 욥은 신체적으로, 가정적으로 그리고 재산적으로 완전히 회복되고 140년을 더 살면서 복락을 누립니다. 모든 선한 결말은 하나님의 손에 있습니다. 하나님은 모든 것의 주권자이십니다. 성도는 하나님의 놀라운 섭리 앞에 겸손히 머리 조아릴 뿐입니다.

요한복음 3장

　예수님께서 하나님 나라의 진리를 가르쳐주셨습니다. 물과 성령으로, 즉 회개하여 세례받고 성령을 통해서 거듭나야만 하나님의 나라에 들어갈 수 있습니다. 모세가 광야에서 뱀을 든 것같이 예수님도 들려야 할 것이라고 하셨습니다. 하나님이 세상을 사랑하사 보내신 독생자를 믿는 자는 영생을 얻습니다. 예수님은 인간을 구원하러 오셨습니다. 믿으면 구원이지만 믿지 않으면 하나님의 심판이요 정죄입니다. 예수 진리를 따르는 자는 빛으로 옵니다. 세례자 요한이 투옥되기 전에 예수님을 증거하기를 자신은 그리스도가 아니고 그의 앞에 보내심을 받은 자이며, 예수님은 흥하여야 하겠고 자신은 쇠하여야 하리라고 했습니다. 예수님은 위로부터 오신 분으로 만물 위에 계십니다. 아버지께서 아들을 사랑하사 만물을 다 그의 손에 주셨습니다. 아들을 믿는 자에게 영생이 있으나 아들을 순종치 않는 자는 하나님의 진노가 그 위에 머물러 있습니다.

고린도후서 12장

　바울은 셋째 하늘, 낙원으로 이끌려가서 말로 표현할 수 없는 신비한 것을 체험했습니다. 하나님께서 영적 체험과 더불어 육신에 가시를 주셔서 자만하지 않게 하고, 자신의 약함을 자랑하게 하셨습니다. 그래서 능력이 약한 데서 온전해짐 깨닫고 크게 기뻐했습니다. 바울은 세 번째 고린도 교회를 방문하기를 밝히며 부모의 마음으로 그들의 영혼을 위하여 재물을 사용하고 자신까지도 내주겠다고 했습니다. 바울의 대적자 중에 바울이 성도들에게 짐을 지우지 않았음에도 속임수로 금품을 취한다고 중상하는 자를 향하여 변명합니다(17-18). 바울이 앞으로 그들을 방문할 때 바울이 원치 않는 모습을 그들에게 보일까, 여러 불미스러운 일이(20) 드러날까 두려워합니다. 또한 고린도 성도들이 지은 더러움과 음란과 호색함을 회개하지 않은 것을 보고 슬퍼할까 두려워한다고 했습니다.

3월 14

출애굽기 25장

하나님께서 성막 건축을 명하셨습니다(25-31장). 율법은 이스라엘의 신앙과 생활의 기준이었고, 성소는 그 율법을 따라 하나님께 예배하는 장소입니다. 하나님께서 성막 건축을 위해 예물을 가져오게 하시되 그 목록을 말씀하십니다. 그리고 성막의 제도에 대해 말씀하십니다. 먼저 증거판을 보관할 증거궤를 만들라 하시는데, 천사 날개 모양의 그룹 둘을 위쪽에 마주 보게 하고 속죄소로 삼게 하셨습니다. 증거궤는 하나님의 임재의 상징입니다. 그리고 진설병을 두는 떡상을 조각목으로 만들고 금고리 넷을 만들어 네 개의 채를 꿰라고 하셨습니다. 순금으로 된 등잔대는 세 개의 가지가 두 방향에서 각각 나오고 중앙에 한 개의 줄기가 있는 형상입니다. 성막은 임재하시는 하나님을 만나는 곳입니다. 성막은 장차 오실 예수그리스도의 그림자요, 그 실체는 그리스도십니다(히 8:1-13). 오직 예수님을 통해 하나님을 만난다는 의미가 있습니다.

잠언 1장

솔로몬의 잠언은 지혜의 책입니다. 잠언의 목적을 자세하게 언급합니다(2-4). 지혜는 선하고 바른 마음에서 나오는 판단력입니다. 세상의 지혜와 달리 솔로몬의 지혜의 근원은 하나님이십니다. 하나님을 경외하는 것이 지식의 근본입니다(7). 하나님을 가까이하고, 사람에게 봉사하는 자는 참된 지혜를 얻어 평안하게 됩니다. 젊은이에 대한 권고로서 아비의 훈계, 어미의 법을 떠나지 말고 악한 자의 유혹과 올무를 경계할 것을 권고합니다. 특히 지혜를 의인화하고 지혜의 근본이신 하나님과 동일시하여, 지혜가 젊은이들을 손짓하며 부르며 자신을 만나라고 소리 지릅니다. 지혜가 부를 때에 듣지 않는 자를 책망합니다. 어리석은 자들은 제 고집대로 하다가 죽을 것이며 미련한 자들은 자만하다가 망할 것이지만, 오직 하나님의 말씀을 듣는 자가 평안히 살고 안전합니다(33).

요한복음 4장

예수님께서 사마리아 수가성의 한 우물가에서 한 여인을 만나주셨습니다. 예수님은 여인에게 자신이 영원히 목마르지 않는 생명수라고 하시고 또한 메시야이심을 알려 주셨습니다. 예수님께서 예배의 의미를 말씀하시기를 장소보다도 하나님과 예배에 대한 올바른 지식으로 참되게 예배하라고 하셨습니다. 하나님께 예배하되 영과 진리로 예배하라고 하셨습니다. 여인은 물동이를 버려두고 동네에 뛰어 내려가 메시야 그리스도를 증언했습니다. 예수님의 양식은 아버지의 뜻을 행하는 것입니다. 아버지의 뜻은 믿는 자에게 영생을 주는 것이요 구원얻게 하는 것입니다. 과연 예수님은 세상의 구주이십니다. 예수께서 갈릴리에 가셨는데 가버나움에 왕의 신하의 아들이 병이 들어 예수님께 자기 집에 내려오셔서 아들의 병을 고쳐 달라고 요청했습니다. 예수께서 아들이 살아있다고 하셔서 말씀을 믿고 내려가는 중에 아들이 살았다는 소식을 들었습니다.

고린도후서 13장

바울사도가 앞선 부분에서 자신의 사도직을 변호하는 가운데 고린도 교회 성도들이 회개하기를 권면했습니다. 만일 회개하지 않는 경우 이번에는 증인들의 말을 들어보고 징계할 것이라 경고합니다. 바울은 사도적 권위를 행사할 것입니다. 그가 편지로 강하게 책망했으나 이제 대면하여 부활하신 주님의 능력을 힘입어 징계하겠다는 것입니다. 그러나 그의 징벌의 목적은 처벌 자체가 아니라 회개하고 돌이키는 데 있음을 밝힙니다. 오직 넘어뜨리려 하지 않고 세우려 함이 목적입니다(10). 격한 어조로 변명과 반격으로 일관한 바울사도는 어조를 부드럽게 하여 마지막으로 간결한 결론과 아울러 위로와 평안을 전합니다. 나아가서 하나님이 함께하시기를 빌었습니다. 이로써 바울의 충심이 그들에게 전해졌을 것입니다.

3월 15

출애굽기 26장

하나님께서 모세에게 성막 제작을 말씀하셨습니다. 먼저 성막 안쪽에서 덮는 그룹을 수놓은 각각 다섯 폭씩 10폭의 휘장입니다. 이는 성소와 지성소 위에 덮어졌습니다. 다음으로 제2 휘장으로 안쪽 휘장을 덮는 염소털 휘장을, 그리고 붉은 물을 들인 숫양의 가죽으로 덮는 휘장, 해달의 가죽으로 덮은 덮개 등입니다. 다음으로 성막의 골조 부분으로서, 본체를 이루는 널판은 남북에 각각 스무 개, 서쪽에 여섯 개, 모두 마흔 개를 두 촉으로 연결했습니다. 성막 내의 두 개의 휘장으로는 성소와 지성소를 구분하는 휘장과 성막 입구, 성의 문을 가리는 휘장을 말합니다. 지성소 입구의 기둥은 네 개요, 성막 입구의 기둥은 다섯 개입니다. 예수께서 십자가에 죽으시고 부활하셔서 진정한 성전이 되셨습니다. 예수님의 이름으로 하나님께 나아갈 수 있고 또한 하나님을 만날 수 있습니다.

잠언 2장

지혜를 얻으려고 소리 높이고 은을 찾는 것 같이 지혜를 구하고 감추어진 보물 찾는 것처럼 찾아야 합니다. 그러면 하나님을 경외하기를 깨달으며 하나님을 아는 지식을 얻게 됩니다(5). 지혜가 주는 유익은 큽니다. 지혜의 하나님께서 정의의 길을 보호하시며 성도들의 길을 보전하십니다. 공의와 정의와 정직 곧 모든 선한 길을 깨닫게 하십니다. 지혜를 마음 깊이 소유한 결과 영혼이 즐겁게 되고, 근신과 명철이 사람을 지켜주고 보호하고, 악한 자의 길과 패역을 말하는 자에게서 건져냅니다. 지혜는 음녀와 말로 호리는 이방 계집에게서 구원합니다. 지혜는 인생으로 선한 자의 길로 행하게 하고 의인의 길을 지키게 해줍니다. 지혜로 인해 정직한 자는 땅에 거하며, 완전한 자는 땅에 남을 것입니다. 지혜의 주인은 하나님이십니다.

요한복음 5장

예수님께서 안식일에 베데스다 못에서 서른여덟 해 된 병자를 고쳐주셨습니다. 유대인들이 안식일에 이런 일을 한다고 하여 예수님을 박해하게 되었습니다. 예수께서 안식일을 범할뿐더러 하나님을 자기의 친아버지라고 하여 스스로 하나님과 동등으로 여긴다고 예수님을 죽이려 합니다. 예수님께서 자신은 하나님 아버지께로 와서 아버지께서 하신 일을 하시되, 죽은 자를 살리고 심판하는 권세를 아들에게 주셨다고 했습니다. 예수님의 말씀을 듣고, 아버지를 믿는 자는 영생을 얻었고 사망에서 생명으로 옮겨졌습니다(24). 아버지께서 아들에게 심판하는 권한을 주셨습니다. 장차 무덤 속에 있는 자가 다 그의 음성을 들을 때가 옵니다. 예수님을 증언하는 이는 세례자 요한이요, 또한 하나님이십니다. 예수님을 증언하는 성경을 통해 예수님을 만나고 영생 얻습니다. 유대인들은 영생 얻기 위해 예수님께 오기를 원하지 않고 예수님을 믿지도 않았습니다.

갈라디아서 1장

바울은 갈라디아 교회에 문안 인사를 한 직후, 갈라디아 성도들 가운데 하나님을 외면하고 바울이 전하지 않은 다른 복음을 따르는 것에 놀라지 않을 수 없다고 하며 편지글을 시작합니다. 바울은 다른 복음이 없음을 강조하며 바울이 전하지 않은 다른 복음을 받아들이는 이들을 비난하며 누구든지 다른 복음을 전하는 자는 저주를 받으라고 강하게 비판합니다. 바울이 전한 복음은 사람에게 받거나 배운 것이 아니라 오직 예수그리스도의 계시로 말미암은 것임을 역설합니다. 그는 조상의 전통을 지키는 일에 열심을 다하고 교회를 박해하던 자였습니다. 그러나 자신이 이방인들에게 복음을 전하는 사도가 된 것은 하나님의 예정 가운데, 주님으로부터 부르심을 받고 아라비아에서 수련을 거친 후 다메섹으로 갔다가, 그 후 3년 후에 예루살렘을 방문하여 베드로와 야고보로부터 승인받은 바임을 역설합니다.

3월 16

출애굽기 27장

본 장은 제단과 뜰에 대한 제도입니다. 네 모퉁이에 뿔이 있는 번제단의 규격과 그 부속물인 재를 담는 통, 부삽, 대야, 갈고리, 불 옮기는 그릇, 그물, 놋고리, 채 등에 대해 지시합니다. 번제단과 그 부속물은 모두 놋으로 만들어 놋제단이라 불립니다. 이 제단에 바쳐진 제물은 온 인류를 위해 향기로운 제물이 되신 예수 그리스도를 예표합니다. 다음으로 성막 주위의 뜰의 규례로서 자세한 규격과 남 북 20개씩, 동서 10개씩 60개의 기둥에 세마포를 둘렀고 동편 중앙에 출입문이 있습니다. 그리고 성막 안의 등대에 불을 켤 것을 지시합니다. 감람유로 등불을 켜서 증거궤 앞 휘장 밖에서 저녁부터 아침까지 등불을 관리하게 하라고 지시하 셨습니다. 등불은 빛이신 예수님을 통해 빛을 받아 이 땅에서 빛으로 살아가야 하는 성도들의 빛 된 삶을 예표합니다.

잠언 3장

여호와께 대한 태도는 여호와를 경외하고, 악에서 떠나며, 여호와의 징계를 달 게 받는 것입니다. 하나님을 경외함과 지혜의 삶에 복이 있습니다. 인자와 진리 는 은혜와 진리라고도 할 수 있습니다. 그러면 하나님과 사람 앞에서 은총과 귀 중히 여김을 받습니다(4). 지혜는 존귀하여 세상의 은이나 보화보다 낫고, 지혜 를 지킨 자는 위기를 모면하고, 평안히 거할 수 있습니다. 지혜는 하나님을 신뢰 하고 모든 일에 그분을 인정하는 것입니다. 또한 재물로 하나님을 공경하면 복 을 받습니다. 지혜는 하나님의 꾸지람을 기꺼이 받아들이는 것입니다. 지혜가 충고하는 대로 살면 장수와 행복의 삶을 확보한 것입니다. 지혜로운 자는 선을 베풀고 이웃을 해하려 하지 않고 화평을 추구합니다. 의인의 길을 따르는 지혜 자에게 하나님께서 복을 내리십니다.

요한복음 6장

예수님께서 보리떡 다섯 개와 물고기 두 마리를 가지고 배부르게 하신 의미를 말씀하셨습니다. 예수님은 영생하도록 하는 양식이시며, 하늘에서 내려온 생명의 떡입니다. 예수님이 하늘에서 내려오신 것은 보내신 아버지의 뜻을 행하려 하심인데 즉 아들을 보고 믿는 자마다 영생을 얻는 것입니다. 믿는 자는 영생을 가졌습니다(47-48). 예수님은 하늘에서 내려온 살아있는 떡으로서, 예수님이 주는 떡은 곧 세상의 생명을 위한 예수님의 살입니다. 사람이 이 떡을 먹으면 영생합니다. 예수님의 살은 참된 양식이요 예수님의 피는 참된 음료입니다. 예수님의 살을 먹고 피를 마시는 것은 예수님을 먹는 것이요, 즉 영접하는 것입니다. 예수님의 말씀은 영이요 생명입니다. 예수님에게 영생의 말씀이 있습니다(68). 예수님은 하나님의 거룩하신 자(69), 즉 하나님이십니다. 이를 믿기에 예수님을 떠날 수 없습니다.

갈라디아서 2장

바울이 회심 후 14년 후에 바나바의 인도로 디도를 데리고 예루살렘에 올라갔습니다. 바울은 유력자(사도들)들에게 이방인들에게 전하는 복음을 제시하고 교제하며 승인을 얻었습니다. 베드로는 할례자들에게, 바울은 무할례자들에게 복음을 전하는 이방인의 사도로 삼으신 것이 동등한 위상이라고 했습니다. 그래서 바울과 바나바 두 사람은 이방인에게 가도록 양해하였습니다. 게바가 안디옥에 왔을 때 바울이 게바를 대면하여 책망하였습니다. 게바가 이방인과 함께 식사하다가 할례자들이 그들에게 오니 두려워 자리를 떠났고, 유대인들도 바나바도 그의 외식에 유혹되었기 때문입니다(14-15). 바울이 전하고자 하는 복음은 사람이 의롭게 되는 것은 율법의 행위로서가 아니요 오직 예수그리스도를 믿음으로 말미암는 것입니다(16). 그리스도인은 그리스도와 함께 십자가에 죽고 그의 안에 그리스도께서 사시는데 곧 우리를 사랑하신 그리스도를 믿는 믿음 안에서 삽니다(20).

3월 17

출애굽기 28장

본 장은 성막에서 복무할 제사장의 예복에 대하여 지시합니다. 주로 대제사장의 예복에 관하여(1-39), 그 후에 일반 제사장의 예복에 관한 것입니다. 아론은 대제사장이 되고 그 아들들은 제사장이 되었습니다. 하나님께서 대제사장 아론을 위하여 거룩한 옷을 지어 영화롭고 아름답게 하고, 지시하신 대로 옷을 입히고 기름부어 위임하여 그들이 대제사장 직분을 행하게 하라고 하셨습니다. 에봇은 (6-12) 조끼와 같은 것으로 호마노 2개에 이스라엘 12 아들의 이름을 새겨 에봇의 두 견대에 붙였습니다. 에봇 전면에 흉패가 있어 금테로 되었고 그 안에 우림과 둠밈이 들어 있고 그 위에 이스라엘 12 지파명을 새긴 12 보석이 달려 있습니다. 에봇 속에 입는 겉옷으로 에봇 받침이 있어 그 길이가 무릎까지 내려오고 그 아래에는 속옷이 보이는 구성입니다. 끝으로 일반 제사장의 예복으로 속옷과 띠와 관에 대해서만 언급합니다(40-43).

잠언 4장

지혜자는 아들들에게 아비의 훈계를 듣고 명철을 얻도록 마음을 모으라고 가르치면서, 자신도 그의 아버지에게서 듣고 배운 것이라고 합니다. 지혜와 명철을 얻으면 많은 유익이 있습니다. 그를 사랑하면 그가 높여줄 것이고 그를 품으면 영화롭게 될 것이요 아름다운 관을 쓰게 될 것이라고 합니다. 이어서 악인과 의인의 길을 대조하면서 악인의 길에 다니지 말 것을 가르칩니다. 지혜는 지혜롭고 정직한 길로 인도합니다. 의인의 길은 돋는 햇살 같아서 크게 빛나 광명에 이릅니다. 지혜에 귀를 기울이고 눈에서 멀리하지 않고 마음속에 지키면 그것을 얻는 자에게 생명이 되며 그의 온 육체의 건강이 됩니다. 지킬 것 중에 마음을 지키는 것이 우선이어야 합니다(23). 마음이 모든 행동을 주관하며, 생명의 근원이 되기 때문입니다. 하나님을 진정으로 경외할 때 입의 말과 보는 눈과 행하는 발에 있어서 지혜로운 삶을 구체적으로 실천하게 됩니다(24-26).

요한복음 7장

예수님께서 명절을 지키러 올라가셨는데 예수님의 가르치심과 행하심에 대해 유대인들의 의견이 나뉘어졌습니다. 어떤 이는 좋은 사람이라 하고, 어떤 이는 무리를 미혹한다고 하여 예수님을 향해 귀신 들렸다 하고 심지어 죽이려고 합니다. 예수님 자신이 아버지에게서 났고 아버지가 자신을 보내셨다고 했습니다. 유대 당국자들은 예수님을 해하고자 하고, 대제사장들과 바리새인들은 아랫사람을 보내 예수님을 잡아오도록 사주했습니다. 그러나 예수님의 때가 아직 되지 않아 손댈 수 없었습니다. 그때는 영광을 드러내실 때로, 십자가 위에서 나타내실 것입니다. 예수님을 믿는 자는 그 배에서 생수의 강이 흘러나올 것입니다 (38). 곧 성령을 가르쳐 하신 말씀입니다. 이에 예수님을 향해 어떤 이는 선지자라 하고 어떤 이는 그리스도라고 하며 쟁론이 벌어졌습니다. 유대 고위 관리들이 예수님을 배척했는데 니고데모는 예수님을 두둔했습니다.

갈라디아서 3장

바울은 갈라디아 성도들을 향해 성령받은 것이 율법의 행위냐, 듣고 믿음으로냐? 라고 질문하며 믿음을 강조합니다. 아브라함이 하나님을 믿으매 그에게 의로 정하셨습니다. 하나님이 이방인에게도 믿음으로 말미암아 의로 정하셨습니다. 그리스도께서 율법의 저주에서 죽으심으로 우리를 속량하셨습니다. 하나님께서 주신 약속들은 아브라함과 그 자손에게 말씀하신 것인데 오직 한 사람, 곧 그리스도이십니다. 하나님께서 아브라함을 통해 미리 정하신 언약을 430년 이후에 생긴 율법이 폐기하지도, 헛되게 하지도 못합니다. 하나님의 약속은 율법과 무관합니다. 율법은 약속하신 자손이 오시기까지 있을 것입니다. 예수그리스도를 믿음으로 말미암는 약속을 믿는 자들에게 주려 함입니다. 우리는 믿음으로 말미암아 그리스도 예수 안에서 하나님의 아들이 되었습니다. 우리가 그리스도의 것이면 곧 아브라함의 자손이요 약속대로 유업을 이을 자입니다.

3월 18

출애굽기 29장

본 장에서 제사장 위임식에 대해 명령하십니다. 아론과 그 아들들로 먼저 거룩하게 하라고 하십니다. 제물을 가져오게 하고 깨끗하게 씻겨 의복을 갖춰 입게 하십니다. 그리고 직분을 맡겨 위임하고 기름을 부어 거룩하게 하라고 지시하셨습니다. 제사장 위임식 때 속죄제, 번제, 위임의 화목제를 드렸습니다. 그들에게 수송아지, 숫양, 또 다른 숫양을 가져오게 하여 각각 안수하여 잡고 피를 뿌리게 합니다. 제사장의 위임식에서 아론의 예복과 제사장의 식사를 언급하고 위임식은 이레 동안 거행하게 했습니다. 그리고 하나님께서 매일 회막 앞 번제단에 제물을 드리라고 하셨습니다. 매일 드리는 제사는 소제와 전제를 겸한 번제로 매일 어린 양 두 마리씩 드렸습니다. 성막이 건설되고 거기서 제사를 드림으로 언약이 성취됩니다. 그리하여 여호와는 이스라엘의 하나님이 되시고, 이스라엘은 여호와의 백성이 됩니다.

잠언 5장

하나님을 경외함으로써 얻는 지혜와 명철에 귀를 기울이라고 합니다. 본 장은 성의 정결을 지킬 것을 권하는 내용으로 먼저 음녀의 유혹을 경계합니다(1-14). 음녀로 인해 사지와 스올로 나아가지 않도록 조심하라고 합니다. 그의 집 가까이도 가지 말라고 했습니다. 음녀의 유혹을 이기지 못하면 존영도 잃고 수한을 잔인한 자에게 빼앗길 수도 있습니다. 또한 순결한 혼인 관계와 건전한 성생활로 가정의 정결을 지킬 것을 우물의 물, 샘물들의 비유를 들어 강조합니다(15-19). 가정의 성결과 성의 정결은 상통합니다. 당시나 지금이나 사람마다 성적인 문제에 노출되어 있습니다. 성적인 죄는 거룩함을 잃게 만듭니다. 성의 정결은 거룩함과 직결됩니다.

요한복음 8장

간음죄를 지으면 율법에 돌로 쳐 죽이게 되어 있습니다. 그러나 예수님은 간음하다 잡혀 온 여인을 용서하셨습니다. 율법은 죄를 고발하고 정죄합니다. 그러나 은혜는 용서요 구원입니다. 모세는 정죄하지만 예수님은 죄를 용서하시고 죄에서 자유케 하시고, '다시는 죄짓지 말라' 하시며 새 출발하게 하십니다. 구원의 복음입니다. 예수님은 어둠을 버리고 빛의 삶을 살게 하시는 세상의 빛이십니다. 예수님을 믿는 자는 구원과 영생이지만 예수를 모르면 죄 가운데 죽을 수밖에 없습니다. 예수 없으면 죄의 종입니다. 진리가 우리를 자유케 하십니다(32). 진리(예수)를 알면(경험적으로 알면) 즉 진리를 경험하면 자유합니다. 사람이 예수 말씀을 지키면 영원히 죽음을 보지 아니합니다. 아브라함은 예수님의 때를 볼 것을 즐거워하다가 보고 기뻐했습니다. 예수님은 아브라함이 나기 전부터 계십니다(58).

갈라디아서 4장

그리스도인은 아브라함의 자손이요 약속의 유업을 이을 자입니다. 예수그리스도께서 오시기 전에는 사람들은 미성년 자녀처럼 살았습니다. 외견상 종의 신분과 구별할 수 없어 후견인의 보호 아래 있었습니다. 즉 세상의 초등학문(율법, 이방종교 규정들) 아래 종노릇 했으나 하나님께서 그 아들을 보내사 죄의 종에서 속량하시고 믿는 자들에게 하나님의 자녀가 되게 하시고 성령으로 하나님을 아빠 아버지라 부르게 하셨습니다. 옛언약의 율법은 죄와 죽음의 종으로 살게 하지만 새언약의 복음은 구원과 영생을 얻어 진정한 자유인으로 살게 합니다. 율법과 약속의 차이를 아브라함의 두 아내와 두 아들의 비유로 설명합니다. 이 둘을 각각 비교합니다(24-26). 육체를 따라 난 자, 이스마엘이 성령을 따라 난 자를 박해한 것 같이(창 21:9) 이제도 그러합니다. 여종의 아들은 자유하는 여자의 아들과 더불어 유업을 얻지 못합니다.

3월 19

출애굽기 30장

하나님께서 조각목으로 분향 제단을 만들게 하셨습니다. 향단은 지성소 입구의 휘장 앞, 즉 떡상과 등대 중간 전면에 위치하였습니다. 하나님께서 아론에게 등불을 손질할 때 또 저녁 등불을 켤 때 향기로운 향을 사르게 하셨습니다. 향은 기도의 상징입니다(계8:3-4). 하나님께서 이스라엘 백성을 구원해 주신 대가로 생명의 속전을 여호와께 드려 회막 봉사에 쓰게 하셨습니다. 속전은 모든 이스라엘 남자가 바친 반 세겔의 세금이요 또 헌금이었습니다. 성소 입구에 놋으로 물두멍을 만들어 두어 아론과 그 아들들이 제사장 직분을 수행할 때 수족을 씻도록 하셨습니다. 또한 거룩한 관유, 향기름을 만들어 회막과 성막 비품에 바르게 하셨습니다. 특별히 거룩한 향을 제조하여 증거궤 앞에 두게 하셨습니다. 성막의 도구는 거룩한 성물입니다. 성도도 직분도 거룩합니다. 하나님께서 구별해주셨기 때문입니다.

잠언 6장

일상생활에서의 실천적인 교훈으로 세 가지를 경계합니다. 담보와 보증을 경계합니다. 담보와 보증은 여러 불상사를 불러올 수 있습니다. 만일 보증인이 되어 책임을 져야 할 때 겸손하게 그리고 정성껏 해결하라고 교훈합니다. 게으르지 말 것을 가르치면서 개미의 예를 들어 게으름을 경계합니다. 불량하고 행악하는 자를 경계하라고 경고합니다. 구체적으로 사람에 대한 7가지 죄(12-15)와 여호와의 미워하시는 7가지 죄(16-19)를 같이 경계합니다. 이어서 악한 여인, 이방 여인들의 예를 들어 음란과 불륜과 간음을 단호하게 경계합니다. 특히 유부녀와의 간음죄를 주로 경계합니다. 성결과 거룩을 지켜야 하기 때문입니다. 누구든지 경계의 말씀을 새기고 염두에 둘 때 잘못되지 않습니다. 선악과 옳고 그름에 대한 바른 분별력, 지혜가 필요합니다. 하나님을 경외함이 지혜의 근본입니다.

요한복음 9장

예수님께서 날 때부터 맹인된 사람을 눈 뜨게 해주셨습니다. 이는 예수님이 세상의 빛이시라는 예증입니다. 바리새인들은 예수님이 안식일을 범한 것만을 생각하고 예수님을 비난하고 눈뜬 자를 불러 심문하니 예수님이 자기 눈을 뜨게 했다고 증언합니다. 나아가 그 사람은 예수님이 하나님께로 오신 분임을 고백함으로써 바리새인들을 화나게 했습니다. 그들이 부모를 불러 심문하니 대답을 꺼리고 아들에게 미룹니다. 결국 그 사람을 다시 불러 심문하니 그가 예수님을 담대히 증언하여 결국 출교를 당하였습니다. 그들은 육의 눈은 떴으나 영적인 맹인입니다. 율법의 종이요, 모세의 제자입니다. 예수님이 그가 출교했다는 것을 듣고 만나서 자신이 하나님의 아들이심을 드러내시니 예수님을 믿는다고 고백하고 절했습니다. 영의 눈을 뜬 이는 예수님을 그리스도로 고백합니다. 예수 제자는 예수님으로 말미암아 영의 눈이 밝은 자입니다.

갈라디아서 5장

바울은 율법 아래서 의롭다 함을 얻으려 하는 자는 그리스도에게서 끊어지고 은혜에서 떨어진 자라고 했습니다. 우리는 단지 성령으로 믿음을 따라 의의 소망을 기다립니다. 그리스도 예수 안에서는 할례나 무할례는 효력이 없으되 사랑으로 역사하는 믿음뿐이라고 했습니다. 할례를 강조하여 율법으로 의롭게 됨을 전하여 갈라디아 교회를 요동하게 하는 거짓 전도자들을 심판받으라고 하고 또한 스스로 베어버리라고 비판합니다. 또한 주 안에서 자유 얻은 자로서 그 자유로 육신을 위해 살지 말고 서로 종노릇하며 이웃사랑을 실천하라고 권면합니다. 성령을 따라 행함으로 육체의 욕심을 이루지 않습니다. 그리스도인은 육의 소욕을 따라 육의 열매를 맺을 것이 아니라, 성령의 인도로 육을 이겨 성령의 열매를 맺어야 합니다(22-23). 그리스도인은 성령으로 살고 성령으로 행하여야 합니다.

3월 20

출애굽기 31장

하나님께서 성막에 대한 지시 후에 건축자를 선발하십니다. 브살렐이 총책임자이고, 오홀리압이 그의 조수가 됩니다. 브살렐은 금과 은과 놋으로 성막 비품을 조각하게 하고, 오홀리압은 회막의 모든 기구와 아론의 성의와 아들들의 옷들을 명하신 대로 만들게 하셨습니다. 하나님께서 하나님의 영을 충만케 하시고 지혜를 주셔서 사명을 맡기시고 감당하게 하십니다. 하나님의 일은 귀하고 소중합니다. 그 일 중에 가장 귀하고 우선적인 일은 하나님의 날, 안식일을 거룩하게 지키는 것입니다. 안식일은 이스라엘에게 하나님의 언약 백성의 대대의 표징입니다. 하나님께서 구별하신 날을 거룩히 지키지 않고 일하는 자는 반드시 죽이라고까지 말씀하셨습니다. 안식일 성수는 하나님과 하나님의 백성들 사이의 영원한 언약이요 표징입니다. 하나님께서 모세에게 이르기를 마치고 돌판 둘을 모세에게 주셨으니 하나님이 친히 쓰신 것입니다.

잠언 7장

지혜와 명철을 늘 간직하고 마음에 새기고 가까이할 이유는 젊은이에게 성적인 유혹이 많기 때문입니다. 앞선 부분(6:20-35)에 계속하여 음녀에 대한 경계입니다. 여기서는 음녀의 유혹이 더 사실적이고, 그 유혹에 끌려간 자의 결과도 더 단정적입니다. 고운 말로 유혹하며 호리는 말로 또한 갖은 방법을 다 동원하여 꾀는 음녀에게 넘어가 모든 것을 낭비하고 생명마저 잃어버릴 수 있음을 경고합니다(23). 결론적 교훈으로 아들들이라는 표현을 써서 간곡하게 음녀의 길로 치우치지 말며 그 길에 미혹되지 말라(25)고 경계합니다. 음녀의 길은 무덤으로 들어가는 길이요 사망의 방으로 내려가게 하기 때문입니다. 오직 하나님을 경외함으로 바른 판단력을 얻어 미혹을 이길 수 있습니다.

요한복음 10장

예수님은 양의 문이요 양의 목자입니다. 양은 목자에게 있어야 꼴을 얻고 보호받고 구원얻습니다. 예수님은 양으로 생명을 얻게 하고 풍성히 얻게 하시는 선한 목자입니다. 양은 우리에 한 무리로 함께 있어야 합니다. 예수님께서 수전절에 예루살렘 솔로몬 행각에 거니실 때 유대인들이 그리스도라면 분명히 밝히라고 요구합니다. 그들은 예수님의 양이 아니므로 믿지 않습니다. 양은 목자의 음성을 듣고 목자는 그들을 알며 목자를 따릅니다. 예수님이 영생을 주시므로 영원히 멸망치 않고 예수님의 손에서 빼앗을 자가 없고 아버지는 만물보다 크시므로 아무도 아버지의 손에서 빼앗을 자 없습니다. 유대인들을 예수님이 자칭 하나님이라 한다고 하여 신성모독이라고 돌로 치려고 했습니다. 예수님은 아버지께서 세상에 보내신 자를 신성모독이라 할 수 없다고 했습니다. 또한 아버지가 자신 안에 자신이 아버지 안에 계신다고 했습니다.

갈라디아서 6장

성도의 공동생활 중에 형제에게 범죄한 일이 드러나면, 온유한 마음으로 그러한 자를 바로잡고, 자신을 살펴보아 시험받지 않도록 해야 합니다. 그리스도인의 신앙생활은 성령으로 사는 생활입니다(5:25). 신앙생활은 심고 거두는 생활입니다. 육을 심는 자는 썩어질 것을 거두지만, 성령을 위하여 심는 자는 영생을 거둡니다. 선을 심고 모든 이에게 착한 일을 심되 믿음의 가정을 위해서도 그리해야 합니다. 육체의 모양을 자랑하고자 억지로 할례를 받게 하는 것은 십자가로 인한 박해를 피하려 함뿐입니다. 율법을 위한 할례나 무할례가 중요한 것이 아니라 십자가에 달리신 예수님이 우리의 신앙의 중심입니다. 바울은 예수그리스도의 십자가 외에 결코 자랑할 것이 없다고 했습니다. 그리스도인에게는 주를 위해 고난과 박해를 당한, 예수의 흔적이 있어야 합니다. 하나님은 중심을 보십니다. 그리스도인의 중심은 오직 예수 믿음과 예수 진리입니다.

3월 21

출애굽기 32장

　모세가 40일 주야간 동안 하나님께서 쓰신 증거의 돌판 두 개를 받아 산에서 내려왔을 때 경악한 일이 벌어지고 있었습니다. 산하의 백성들은 불안해지고 초조해져 아론에게 시켜 백성의 금고리를 모아 송아지 형상을 만들어 이스라엘 백성들을 인도할 신이라며 경배하고 섬기고 있었습니다. 하나님께서 진노하셔서 온 백성을 진멸하리라 하고서 모세로 제2의 아브라함이 되게 하여 그 자손으로 큰 민족을 이룩하겠다고 하십니다(10). 이에 모세가 하나님께 하나님의 뜻을 돌이켜 달라고 간절히 중보기도를 합니다. 중보기도를 마친 모세가 하산하여 금송아지 앞에서 춤추는 백성을 보고 대노하여 두 돌판을 깨뜨리고 우상을 파괴합니다. 그리고 아론을 책망하고, 레위인이 범죄한 백성을 도륙하였으니 징벌을 받아 죽은 이가 3천 명이었습니다. 모세가 이튿날 하나님께 백성의 죄를 사해달라고 간곡히 하나님께 호소합니다. 하나님께서 처벌을 미루시겠다고 하셨습니다.

잠언 8장

　지혜가 사람들을 부르고 명철은 소리를 높입니다. 지혜와 명철이 가장 선한 것을 내고 정직과 진리를 낼 것을 약속합니다. 그 어떤 진주나 보화보다 지식과 지혜가 더 귀함을 자랑합니다. 지혜가 인격체로 등장하여 1인칭으로 자신의 신분을 소개하며 자신의 속성은 다스리고 판단하는 능력을 갖추었다고 자찬합니다. 지혜의 탁월함을 논하고, 세상의 은금이나 진주보다 지혜를 받을 것을 권합니다. 지혜는 하나님이 세상을 창조하실 때부터 이미 있었고, 세상은 지혜로 인해 존재합니다. 지혜가 의인화로 나타나는데, 그 이상의 의미로 성삼위의 제2위인 성자를 가리킨다고 볼 수 있습니다(요 1:1-5, 골 1:16). 자신을 스스로 높이는 지혜는 지혜의 도를 지키고 지혜를 얻으라고 요청합니다. 지혜가 생명을 얻고 여호와께 은총을 얻게 합니다. 하나님을 경외하는 것이 지혜의 근본입니다.

요한복음 11장

예수님께서 나사로가 병들었다 함을 들으시고 이틀을 머문 후에 나사로 집에 가셨는데 무덤에 들어간 지 이미 나흘이 지났습니다. 예수님은 오라비의 죽음을 안타까워하는 마르다에게 오라비가 다시 살아날 것을 약속하시고, "나는 부활이요 생명이니 나를 믿는 자는 죽어도 살겠고..."(25)라고 말씀하셨습니다. 예수님께서 돌로 막아놓은 나사로의 무덤에 가셔서 죽은 나사로를 무덤에서 불러내십니다(43). 과연 죽은 자가 수족을 동인 채, 얼굴은 수건에 쌓인 채로 나오는데 예수님께서 풀어놓아 다니게 하라 하셨습니다. 과연 예수님은 생명이요 부활이심을 증명하셨습니다. 이후 대제사장들과 바리새인들이 공회를 모으고 예수님을 어떻게 처리할 것인지 의논했습니다. 그때 대제사장 가야바가 한 사람이 많은 사람을 유익하게 한다고 하여 예수님의 죽음을 미리 말한 것이 되었습니다.

에베소서 1장

하나님께서 주신 하늘에 속한 신령한 복은 성부 하나님께서 창세전에 택하시고 예정하사 예수그리스도로 말미암아 하나님의 자녀(아들)가 되게 하신 복이요, 성자 예수님의 피로 속량 곧 죄 사함을 받은 복이요 약속의 성령으로 인침받은 것, 즉 우리 기업의 보증으로, 궁극적 구원에 대한 선금으로 주신 것입니다. 이런 복은 하나님께서 베푸신 능력이요, 그것은 그리스도를 죽음에서 부활케 하신 능력입니다. 부활 승천하사 하나님 우편에 앉으신 예수님은 교회의 머리이시고 그리스도의 몸은 이 땅에 세워진 교회입니다. 그의 몸으로서의 교회는 그리스도의 통치의 권능과 생명의 권능으로 가득 채워져 있으니 교회는 그의 충만입니다(23). 그러므로 그리스도의 몸 된 교회는 존귀합니다.

3월 22

출애굽기 33장

하나님께서 모세에게 이스라엘 백성들과 함께 호렙산 아래에서 떠나라 하시고 하나님께서는 목이 곧은 백성들을 진멸할까 염려하여 동행하지 않겠다고 하셨습니다. 이스라엘 백성은 호렙산 이후 몸의 단장품을 제거하였습니다. 금송아지 우상숭배로 인해 하나님의 진노가 아직 회복되지 않았습니다. 하나님께서 회막에 임하시고 모세와 대면하여 친구와 이야기함같이 말씀하셨습니다. 모세가 세번째 하나님께서 동행 거부의 뜻을 돌이키실 것을 중보기도 했습니다. 하나님께서 모세의 간절한 호소를 들으시고 은총을 베푸시어 친히 함께 가리라고 약속하셨습니다. 그 증거로 모세로 하여금 반석 위에 서게 하시고 하나님께서 임하셔서 등을 보여주심으로 하나님의 영광을 보여주셨습니다. 모세는 하나님과 이스라엘 사이의 중보자입니다.

잠언 9장

잠언의 제1부(1-9장)의 결론의 장으로 지혜로운 자와 어리석은 자를 비유적으로 강하게 대조시켜 그의 제자들의 바른 선택을 촉구합니다. 즉 지혜로운 자(지혜, 1-6)와 어리석은 자(음부, 13-18)의 초청을 소개하고, 그 중간에 양자를 예리하게 대조합니다(7-12). 지혜가 어리석은 자를 자신 집으로 초대합니다. 지혜와 사귀어 지혜로 인해 생명을 얻고 명철의 길을 행하라고 합니다. 지혜있는 자는 책망을 듣고 교훈을 받습니다. 지혜는 유익을 주나 거만은 해를 당하게 합니다. 미련한 여인, 음녀는 행인들을 금지된 불륜과 음행의 길로 유혹합니다. 그 말에 미혹되면 죽음이 기다리고 있을 뿐입니다. 여호와를 경외하는 것이 지혜의 근본이요 거룩하신 자를 아는 것이 명철입니다(10). 오직 지혜의 부름에 응답하는 것이 생명의 길입니다.

요한복음 12장

마리아가 지극히 비싼 향유, 순전한 나드를 예수님의 발에 붓고 머리털로 그의 발을 닦았습니다. 가룟유다가 마리아를 비난했지만 예수님은 이를 칭찬하셨습니다. 예수님이 항상 그들과 함께 계시지 않기에 섬김의 때가 항상 있는 것이 아니라는 것입니다. 예수님께서 나귀를 타고 예루살렘으로 들어오셨습니다. 명절을 지키러 온 헬라인 몇 사람이 예수님 뵙기를 요청할 때 안드레와 빌립이 이를 예수님께 여쭈었습니다. 예수님께서 한 알의 밀알이라고 하셨습니다. 예수님께서 십자가 죽음으로 많은 열매를 맺으실 것을 말씀하시고 땅에서 들리어 많은 사람을 예수님께로 이끌겠다고 하셨습니다. 당시에 많은 이들이 예수를 믿지 않았습니다. 이는 이사야의 예언과 부합됩니다(38,40). 예수님을 믿는 자는 아버지를 믿는 것이요 예수님을 보는 자는 보내주신 아버지를 믿는 것입니다. 예수님은 세상을 구원하러 오셨습니다(47하).

에베소서 2장

우리가 예수 믿기 전에는 허물과 죄로 죽었고, 그 가운데서 행하며 이 세상 풍조를 따르고, 공중권세 잡은 자 사탄의 영을 따라 살고 육체의 욕심을 따라서 본질상 진노의 자녀로 살았습니다. 그러나 이제 긍휼이 풍성하신 하나님께서 큰 사랑으로 인해 허물로 죽은 우리를 그리스도와 함께 살리시고 함께 일으켜 예수 안에서 하늘에 앉혀 주셨습니다(5). 우리는 은혜를 인하여 믿음으로 구원받았습니다(8-9). 구원은 선물입니다. 예수님은 우리의 화평이십니다. 하나님께서 예수 안에서 예수님의 육체로 하나님과 사람 사이의 중간에 막힌 담을 허시고 법조문으로 된 계명의 율법을 폐하셨습니다. 이제 그리스도의 십자가로 하나님과 원수 관계가 소멸되고 화평이 이루어졌습니다. 유대인, 이방인 할 것 없이 한 가족, 동일한 천국 시민이 되었습니다. 또한 성령 안에서 하나님 거하실 처소가 되기 위하여 그리스도 예수 안에서 함께 지어져 갑니다.

3월 23

출애굽기 34장

하나님께서 두 번째 돌판을 주시려고 모세를 시내산으로 다시 부르셨습니다. 첫째 돌판은 하나님이 만드시고 쓰신 것이나, 두 번째 돌판은 모세가 만들어 오게 하시어, 하나님이 쓰십니다. 하나님께서 구름 가운데 임재하셔서 모세 앞을 지나가시면서 하나님은 자비롭고 은혜로우시며 질투하시는 분이라고 공포하셨습니다. 모세가 다시 한번 이스라엘 백성의 악과 죄를 사하시고 동행해주시기를 호소합니다. 하나님께서 모세의 기도를 들으시고 언약을 세우시며 가나안에 들어가서 이방 우상을 만들거나 섬기지 말라 하시고 매년 세 절기를 지키라고 명하셨습니다. 모세가 40일 주야를 시내산에서 금식하면서 십계명의 두 판을 받아들고 산에서 내려왔습니다. 모세가 하산할 때 그의 얼굴에 광채가 광열하여 백성이 그 광채로 인해 모세를 가까이하지 못함으로 모세는 수건으로 얼굴을 가렸습니다.

잠언 10장

지혜와 경건에 관한 솔로몬의 잠언이 이어집니다. 의인과 악인, 지혜로운 자와 미련한 자, 둘의 특성과 처세와 행동거지에 대하여, 둘 간을 대조하는 9가지 잠언입니다(1-10). 지혜자는 두 쪽의 운명을 선명하게 그려내고 있습니다. 의인은 하나님의 계명을 진지하게 받아들이기 때문에 복을 받지만, 하나님의 뜻을 무시하는 악인은 망한다는 것입니다. 의인의 입은 생명의 샘이지만 악인의 입은 독을 머금었고, 악인은 입으로 이웃을 망하게 하지만 의인은 그의 지식으로 말미암아 구원을 얻습니다(11-12). 의인의 소망은 즐거움을 이루어도 악인의 소망은 끊어집니다. 지상적 가치에 관한 7가지 잠언이 나옵니다(15-21). 그리고 경건한 자와 불경건한 자에 관한 4가지 잠언이 이어집니다. 여호와를 경외하는 것이 지혜의 근본이므로, 하나님 경외와 지혜는 상통합니다.

요한복음 13장

예수님께서 십자가를 지시기 전날 저녁 만찬석에서 제자들의 발을 씻는 섬김의 본을 보여주셨습니다. 예수님은 선생이요, 주님이실지라도 발을 씻었으니 제자들도 서로 섬기라고 가르치셨습니다. 예수님께서 본을 보이신 대로 제자들도 알고 행하면 복이 있다고 하셨습니다. 예수님께서 그 자리에서 제자 중 하나가 예수님을 팔리라고 말씀하셨습니다. 이미 마귀가 가룟유다의 마음속에 들어가 예수님을 팔 생각을 가졌습니다. 예수님이 보낸 자를 영접하는 자는 예수님을 영접하는 것이요 예수님을 영접하는 자는 보내신 자를 영접하는 것입니다(20). 예수님께서 영광을 받으실 시간이 닥쳤음을 말씀하시고 새계명, 즉 서로 사랑하라는 계명을 주셨습니다. 제자들이 서로 사랑하면 모든 사람이 그들이 예수의 제자인 줄 알 것입니다. 예수님은 주를 위하여 목숨을 버리겠다고 장담하는 베드로가 닭 울기 전에 세 번 예수님을 부인할 것이라고 예고하셨습니다.

에베소서 3장

이방인을 위해 갇힌 바울은 계시를 통해 그리스도의 비밀을 깨달았으니 이방인들이 복음으로 말미암아 그리스도 예수 안에서 함께 상속자가 되고, 지체가 되고, 약속에 참여하는 자가 됨입니다. 바울은 이 복음을 위하여 그의 능력이 역사하는 대로 자신에게 주신 하나님의 은혜의 선물을 따라 복음의 일꾼이 되었습니다. 이는 측량할 수 없는 그리스도의 풍성함을 이방인에게 전하게 하시고 영원부터 만물을 창조하신 하나님 속에 감추어졌던 비밀의 긍휼이 어떤 것인지 드러나게 하려 하심입니다. 성도는 그 안에서 그를 믿음으로 말미암아 담대함과 확신으로 하나님께 나아감을 얻습니다. 바울은 하늘과 땅의 주재이신 하나님께 무릎을 꿇고 빕니다. 곧 속사람이 강건한 것과, 그리스도가 마음에 계시고, 사랑 가운데 뿌리가 박히고 터가 굳어져 그리스도의 사랑을 알고 하나님의 모든 충만하신 것으로 충만하게 하시고 구하거나 생각하는 것에 넘치게 하실 확신으로 기도합니다.

3월 24

출애굽기 35장

성막 건설에 앞서 안식일 준수 명령이 나타납니다. 이는 앞선 명령의 반복이요 그 외에도 이런 명령이 반복됩니다. 그것이 선민의 표식이기 때문입니다. 하나님께서 회중들이 드린 것으로 여호와께서 명령하신 성막과 부수적인 모든 비품을 만들게 하셨습니다. 즉 금속, 실, 털, 가죽, 목재, 기름, 향품 및 보석류 등 예물을 가져와 하나님께 드리라고 했습니다. 그리고 하나님께서 성막을 지을 숙련공을 부르십니다. 브살렐과 오홀리압의 지휘 아래서 일한 숙련공으로 마음이 지혜로운 자로서, 그 지혜는 하나님이 주신 것입니다. 모세는 일단 백성들을 흩었으나 그들은 곧 헌납품을 가지고 돌아왔습니다. 남녀가 같이 마음이 감동되어 성막에 필요한 재료를 자원하는 마음으로 바쳤습니다. 또 물품만이 아니라 몸을 바쳐 흔연히 봉사하였습니다. 성막 건설에 필요한 헌납품을 받고 드디어 성막 건설이 시작됩니다.

잠언 11장

다양한 잠언의 모음집으로 먼저 대인 관계에 관한 11가지 잠언이 나옵니다(1-11). 이어서 말과 보증 등에 관한 네 잠언(12-15), 의인과 악인의 상벌에 관한 여덟 잠언(16-23), 탐욕과 인색 등, 악덕을 경계하는 세 잠언(24-26), 의인과 악인의 보응에 관한 다섯 잠언(27-31)이 엮어져 있습니다. 특히 의와 그 반대되는 것에 대해 많은 사실을 서로 대비하여 보여줍니다. 의는 의로우신 하나님과의 바른 관계를 의미합니다. 또한 의는 매일의 실제 생활에서 행동하는 것과 관련이 있습니다. 의인은 이웃과의 관계 속에서 의를 보입니다. 경제행위에서나 사회생활에서 의를 나타냅니다. 의를 나타내는 자는 정직합니다. 현실에서 굳게 지킨 의가 틀림없이 생명으로 이어지는 영원한 차원을 가리킵니다. 의인에게는 영생의 상급이 예비되어 있으나 악인의 소망은 죽음으로 끝나게 됩니다.

요한복음 14장

　요한복음 14-16장은 예수님의 마지막 다락방 강화입니다. 예수님께서 제자들을 떠나실 것이라 하시며 믿음을 갖고 근심하지 말라고 하셨습니다. 예수님께서 거처를 예비하러 가신다고 하셨습니다. 예수님은 하나님께 가는 오직 유일한 길입니다(6). 예수님을 믿는 자는 예수님이 하신 일을 할 것이요 그보다 큰일도 합니다(12하). 믿는 자는 예수님께서 아버지께 청하여 보내실 보혜사 성령, 진리의 성령을 받고 그를 압니다. 성령님은 믿는 자와 함께 하시고 믿는 자 속에 거하셔서 믿는 자를 고아와 같이 내버려 두지 않습니다. 예수님의 계명을 지키는 자가 하나님을 사랑합니다. 예수님을 사랑하는 자는 아버지께 사랑을 받습니다. 보혜사 곧 아버지께서 예수님의 이름으로 보내실 성령 그가 모든 것을 가르치고 진리를 생각나게 하십니다. 예수님이 평안을 주겠다고 하시는데, 그 평안은 세상이 주는 평안과 같지 않습니다. 이 평안을 가진 자는 근심과 두려움을 이깁니다.

에베소서 4장

　성도는 부름을 받은 자로서 겸손, 온유, 오래 참음, 사랑으로 서로 용납하며 평안을 위해 성령이 하나 되게 하신 것을 힘써 지켜야 합니다. 교회의 직분은 성도를 온전하게 하여 봉사의 일을 하게하며 그리스도의 몸을 세우라고 주셨습니다. 그리스도인은 하나님의 아들을 믿고 아는 일에 하나같이 범사에 그분에게까지 자라나야 합니다. 성도의 삶을 구체적으로 교훈합니다. 성도는 옛사람을 벗어버리고 심령이 새롭게 되어 하나님을 따라 의와 진리의 거룩함으로 지으심을 받은 새 사람을 입어야 합니다. 그 생활은 참된 것을 말하며 분을 내어도 죄를 짓지 말며 해가 지도록 분을 품지 않는 것입니다. 가난한 자에게 구제할 수 있도록 손으로 선한 일을 하고 더러운 말 대신 선한 말을 하여 은혜를 끼치게 하는 생활입니다. 성령을 근심하게 하지 말며 모든 악독, 노함, 분 냄, 떠드는 것, 비방, 악의를 버리고 서로 친절하게 하여 불쌍히 여기며 서로 용서해야 합니다.

출애굽기 36장

하나님께서 성막을 건축에 필요한 예물을 가져오게 하셨는데 너무 많이 가져오므로 하나님께서 명령하신 성막 건축 일에 넉넉하여 가져오기를 그쳤습니다. 모세가 하나님의 명을 받들어 총감독 브살렐과 부감독 오홀리압 및 몇몇 숙련공들로 성막을 짓게 하셨습니다. 그 예물로 성막을 짓고 성막을 덮을 휘장, 성막에 세울 널판들도 만들었습니다. 널판과 아울러 조각목으로 띠를 만들고 금으로 쌌습니다. 또한 꼰 베실로 휘장을 짜고 그룹들을 정교하게 수놓았습니다. 조각목으로 기둥을 만들고 휘장문을 위하여 휘장을 만들었습니다. 모든 것을 사람의 뜻이 아닌 하나님의 뜻을 따라 만들었습니다.

잠언 12장

선인과 악인의 일반적 세 가지 대조가 나옵니다(1-3). 가정생활에 관한 잠언, 일반 사회생활에 있어서 잠언이 각각 이어서 나옵니다. 그리고 지혜로운 자와 어리석은 자, 또 근면한 자와 나태한 자를 몇 가지로 대조합니다. 지혜로운 사람의 자세는 어떠합니까? 지혜로운 사람은 훈계와 권면을 받을 자세가 되어 있습니다. 필요하고 도움이 될 만한 곳이면 언제든지 베푸는 자세가 되어 있습니다. 지혜로운 사람은 진실합니다. 부정직한 행위가 하나님 앞에서 가증하듯, 거짓말하는 것도 그렇습니다. 거짓이 습관으로 굳어지면 함정에 빠져 멸망을 자초합니다. 하나님께서 의인들을 안전하게 보호하시겠다고 하십니다. 그렇다고 해서 열심히 일하고 살아야 할 의무가 면제되는 것은 아닙니다. 지혜로운 의인은 공의를 행합니다. 그 길에는 생명이 있습니다. 예수님의 길은 의의 길이요 생명의 길입니다.

요한복음 15장

예수님과 제자와의 관계는 포도나무와 가지입니다. 가지가 나무에 붙어 있듯이 제자가 예수님 안에 거할 때 열매를 맺습니다. 제자가 열매를 많이 맺으면 아버지께서 영광을 받으실 것이요 비로소 예수님의 제자입니다. 거한다는 말씀이 열 차례 나오는데 그것은 우리의 생각과 행동을 예수님과 함께하고 그 분께 순종하는 것입니다. 그럴 때 우리의 기도는 전혀 막힘이 없을 것입니다. 제자가 예수님 안에 거하므로 아버지의 사랑 안에 거합니다. 그 사랑 안에서 사랑의 계명을 지킬 수 있습니다. 사람이 친구를 위하여 자기 목숨을 버리면 이보다 더 큰 사랑이 없습니다. 세상이 예수님의 제자를 미워하는 것은 예수님을 먼저 미워하는 것이요, 사람들이 예수님을 박해함으로 제자들도 박해합니다. 예수님은 아버지와 하나이고 아버지의 일을 하십니다. 예수님이 아버지께 받아서 보내실 보혜사는 진리의 성령으로 예수님을 증언하십니다. 성령을 받은 예수님의 제자들도 예수님을 증언합니다.

에베소서 5장

그리스도인은 하나님의 사랑을 입은 자로서 성도 간에 사랑으로 행하여야 합니다. 그 사랑은 그리스도의 희생적 사랑에 근거합니다. 음행과 온갖 더러운 것과 탐욕은 입에 담아서도 안 될 것입니다. 합당치 않은 말을 버리고 감사하는 말을 해야 합니다. 그리스도인은 어둠에서 빛으로 옮겨진 주 안에서 빛의 자녀입니다. 빛의 자녀가 맺을 열매는 모든 착함과 의로움과 진실함으로 주를 기쁘시게 하는 것입니다. 종말의 때를 사는 그리스도인은 악한 세상에서 시간을 구제하여 지혜로운 자가 되어 주님의 뜻을 분별하고 성령충만한 삶을 살아야 합니다. 하나님을 찬양하고 감사하며 그리스도를 경외함으로 피차 복종하는 삶을 삽니다. 아내와 남편 간의 윤리는 교회와 그리스도와의 관계 속에서 교회가 머리이신 그리스도께, 그리스도께서 교회를 위해 자기의 몸을 주신 것같이 행하되, 아내는 남편에게 복종하고 존경하며 남편은 아내를 자기를 희생함으로 사랑하는 것입니다.

3월 26

출애굽기 37장

브살렐이 조각목으로 언약궤를 만들었습니다. 순금으로 안팎을 싸고 채도 조각목으로 만들고 금으로 쌌습니다. 순금으로 속죄소를 만들었습니다. 또한 조각목으로 상을 만들고 순금으로 싸고 금테로 둘렀습니다. 순금으로 등잔대를 만들었습니다. 조각목으로 분향할 제단을 만들되 뿔을 순금으로 싸고 주위에 금테를 둘렀습니다. 성막에 가장 귀하게 쓰인 나무는 조각목으로 아카시아나무 또는 싯딤나무로 불립니다. 건조한 사막기후의 척박한 환경에서 자라는 나무이기 때문에 그 환경에 적응하여 더욱 단단해지고 튼튼해졌습니다. 특별한 것이 없고 쓸모없이 보이는 나무가 값지게 쓰임 받았습니다. 하나님께서는 인간은 부족하지만 구별하여 하나님의 일에 쓰십니다. 쓰임 받음에 감사함으로 묵묵히 순종할 뿐입니다.

잠언 13장

선한 사람은 자신의 입에 열매로 복록을 누립니다. '누린다'는 말은 '먹다'는 뜻이 있습니다. 입을 지키는 자는 자기의 생명을 보존합니다. 부에 대한 잠언이 아홉 가지가 나옵니다(4-12). 재물은 사람의 생활을 영위하게 하는 것이지만 과신할 것이 아닙니다(8). 지혜로운 자, 의인의 빛은 환하게 빛나고 악인의 등불은 꺼집니다(9). 지혜자는 하나님의 말씀에 대해 아홉 가지 잠언으로 교훈합니다(13-17). 지혜있는 자의 교훈은 생명의 샘입니다. 선한 지혜는 은혜를 베풉니다. 의인과 악인에게 각각 보응이 따릅니다(8가지). 지혜로운 자는 지혜의 스승이 주는 경험에서 배워 경계를 받음으로 존영을 얻습니다(18). 자식에 대한 훈육과 징계는 사랑의 참된 표현입니다. 스승의 가르침으로부터 지혜를 배우듯이 하나님의 말씀에 대한 지식은 최선의 삶의 길로 안내하는 표지판입니다.

요한복음 16장

예수님께서 떠나시기 직전에 제자들을 격려하십니다. 예수님은 비록 떠나시지만 보혜사 성령, 진리의 영을 보내서서 죄와 의와 심판에 대하여 세상을 책망할 것입니다. 보혜사, 진리의 성령이 오셔서 제자들을 진리 가운데로 인도하시고 장래 일을 알리시고 예수님의 영광을 나타내실 것을 약속하셨습니다. 조금 있으면 예수님을 보지 못할 것이지만 조금 있으면 예수님을 보리라 약속하셨습니다. 십자가에 죽으시지만 부활하셔서 제자들을 만나주실 것이라는 약속입니다. 예수님은 아버지에게서 나와 세상에 왔다가 다시 세상을 떠나 아버지께로 가십니다. 앞날에는 예수님의 이름으로 무엇이든지 아버지께 구하라고 하시고, 그리하면 주시리라고 하셨습니다. 예수님의 제자는 보혜사 성령의 역사, 부활 소망, 기도 응답의 확신으로 평안을 누립니다. 성도가 세상에서 환란을 당하나 담대한 것은 예수님이 세상을 이겼기 때문입니다.

에베소서 6장

그리스도인에게 있어 부모와 자녀 간의 윤리는 순종과 공경, 주의 교양과 훈계로 양육함입니다. 당시의 종들은 육체의 상전에게 두려움과 떨림으로 성실한 마음으로 순종하기를 주께 하듯 하라고 했습니다. 그리스도의 종들처럼 마음으로 하나님의 뜻을 행하고 기쁜 마음으로 섬기라고 했습니다. 마지막으로 권면하기를 주님 안에서 그 힘의 능력으로 강건하여지고, 마귀의 간계, 하늘의 악한 영을 대적하기 위하여 하나님의 전신갑주를 입으라고 했습니다. 곧 진리의 허리띠, 의의 호심경, 평안의 복음의 신, 믿음의 방패, 구원의 투구, 성령의 검인 하나님의 말씀으로 무장하고 기도로 싸웁니다. 기도하되 깨어 구하기를 항상 힘쓰며 성도를 위하여 사역자를 위해 기도하는 것입니다. 전도자가 복음의 비밀을 담대하게 전하도록 기도합니다. 그리스도인은 오직 하나님으로 인해 하나님의 약속을 의지하여 영적 싸움에서 승리합니다.

출애굽기 38장

성막과 성구들이 완성된 후에 브살렐과 그의 공인들은 성막의 뜰 건설에 착수했습니다. 먼저 성막의 뜰 중앙에 조각목으로 번제단을 만들었습니다. 거기에 네 뿔을 만들고 제단을 놋으로 쌌습니다. 제단의 기구는 놋으로 만들고 놋 그물도 만들었습니다. 대제사장과 제사장들이 회막에 들어갈 때 그 수족을 씻는 물두멍은 놋으로 만들고 놋 받침대를 만들었습니다. 그리고 세마포 포장으로 성막 울타리를 만들어 둘렀습니다. 성막을 위하여 레위 사람이 쓴 재료의 물목을 계산했습니다. 성소 건축비용으로 들인 물자들의 목록으로 금, 은, 놋 등의 자제의 비용을 자세하게 결산했습니다. 성막 건축에 대한 하나님의 뜻을 따라 성막을 완성해갔습니다. 하나님이 임재하시는 처소인 교회는 성도들 모두의 헌신과 수고와 협력을 통해 지어가는 것입니다(엡 2:21-22).

잠언 14장

본 장은 일반적인 지혜와 어리석음에 대한 잠언을 언급하고, 지혜로운 자와 어리석은 자의 생활을 대조하는 내용을 제시합니다. 그리고 지혜로운 자와 어리석은 자의 대인 관계를 각각 가르치고 있습니다. 그 중간에는 부자와 가난한 자에 관한 잠언 여덟 가지가 나옵니다. 사람들의 행동이 습관을 만들고 습관은 인격을 만듭니다. 어리석음과 슬기로움은 인격의 문제입니다. 긴장과 신경과민은 육체의 질병의 원인이지만 마음의 화평은 치유력을 갖고 있습니다. 시기와 분노에 휩싸이는 것은 육의 건강에 해를 끼칩니다. 이웃을 업신여기거나 부당하게 대우하거나 심지어 조롱하고 욕하는 것은 창조주에 대한 죄요, 가난한 사람들에 대한 자선은 자선의 차원이 아니라 창조주 하나님에 대한 책임의 문제입니다. 그들에 대한 행동은 하나님께 대한 행동입니다. 이는 단순한 박애의 문제를 넘어 공의의 문제입니다. 지혜로운 자의 사회생활은 하나님의 뜻을 실현하는 것입니다.

요한복음 17장

예수님의 고별 기도장입니다. 먼저 "아들을 영화롭게 하사 아버지를 영화롭게 하옵소서" 라며 기도하십니다. 아버지께서 아들에게 주신 모든 사람에게 영생을 주기 위해 아들에게 만민을 다스리는 권세를 주셨습니다. 영생은 유일하신 하나님과 그가 보내신 자 예수그리스도를 아는 것입니다. 이제 십자가와 부활의 때가 닥쳐 성부 하나님과 함께 성자를 영화롭게 하실 것을 기도합니다. 예수님은 세상에 남겨두신 제자공동체를 위해 기도드리십니다. 그들을 아버지의 이름으로 보호하시어 하나가 되기를 기도하셨습니다. 제자들을 세상에서 데려가는 것을 위함이 아니라 악에 빠지지 않고 보존해주시기를 기도하시고 진리로 거룩을 지키도록 기도하셨습니다. 예수님은 모든 믿는 자들이 하나가 되어 하나님의 사랑을 알고 사랑에 거하기를 기도하셨습니다. 나아가 모두가 예수님처럼 미래 영광에 참여하기를 간구하셨습니다.

빌립보서 1장

바울은 빌립보 교회 성도들이 처음부터 복음을 위한 일에 참여 참여하고 있는 것에 감사했습니다. 바울은 비록 감옥에 구금되어 있었으나 복음전파에 진보를 가져왔습니다. 바울은 생사의 주권은 하나님께 있음을 깨닫고 세상을 떠나건, 육신으로 살아 있건 간에 살든지 죽든지 자기의 몸에서 그리스도가 존귀하게 되기를 소망했습니다(20). 그가 죽음을 통하여 온전히 그리스도와 연합하는 것을 염원하지만 교회들이 바울을 아직 필요로 하기 때문에 지상의 삶에(육신으로) 머물러 있고자 했습니다. 이 땅에서의 사명을 따라 살지만 죽음 이후 주님 곁으로 가는 것에 대한 분명한 신앙고백이 그에게 있습니다. 누구든지 주님 중심의 생사관을 가지고 이 땅에서 살 때 복음증거 사명자로서 교회의 유익을 위해 사는 것이 가장 복된 삶입니다.

출애굽기 39장

여호와께서 모세에게 명령하신 대로 성소에서 아론이 입을 거룩한 옷을 만들었습니다. 에봇과 에봇 받침 긴 옷을 청색으로 짜서 만들었습니다. 그 옷 가장가장자리에 돌아가며 방울을 달았습니다. 겉옷과 속옷 세마포 두건과 관과 속바지 및 띠 등을 만들고 수를 놓았습니다. 순금으로 된 패를 만들어 그 위에 '여호와께 성결'이라 새겼습니다. 성막의 모든 역사를 마쳤습니다. 중요한 것은 브살렐과 그의 숙련공들은 이 모든 것을 여호와께서 모세에게 명하신대로 행하였다는 것입니다(5,7, 21하,31,32,43). 그 완공한 건조물의 목록이 나옵니다. 하나님께서 주신 명령이 모세를 통해 전해진 대로 성막 건축과 성의 제작이 완수되었기에 모세가 그들을 축복했습니다. 하나님의 일은 인간의 뜻과 생각과 구상대로 하는 것이 아니라 하나님의 명령과 뜻과 구상대로 해야 온전한 것입니다. 이를 하나님이 기뻐하십니다.

잠언 15장

말에 대한 잠언 일곱 가지를 가르칩니다. 사람의 말이 그 사람의 인격입니니다. 말이 온전하면 인격도 그러합니다. 유순한 대답, 지혜로운 자의 혀와 온순한 혀, 때에 맞는 말, 선한 말이 정결합니다. 깊은 생각을 가지고 한 말이 선합니다. 지혜로운 자와 어리석은 자의 마음을 대조합니다(8-15). 하나님은 모든 것을 보고 계십니다(5, 10, 12, 20). 지혜로운 자는 하나님을 경외하는 마음으로 행동하고 처세합니다. 그는 공의를 따르고 견책을 잘 듣습니다. 마음의 즐거움은 표정도 밝게 합니다. 가산이 적어도 여호와를 경외하는 것이 크게 부하고 번뇌하는 것보다 낫습니다(16). 분을 쉽게 내는 자는 다툼을 일으키지만 노하기를 더디 하면 시비를 그치게 합니다(18). 하나님께서 의인의 기도를 들으십니다. 여호와를 경외하는 것은 지혜의 훈계요 겸손은 존귀의 길잡이입니다 (33)

요한복음 18장

예수님께서 잡으러 온 이들에게 당당하게 "나다"라고 순순히 체포당하시고 대제사장 안나스에게로 끌려갔습니다. 예수님은 마음의 평정심을 유지했지만 베드로는 멀찍이 예수님을 따라갔다가 불안하고 두려운 나머지 예수님을 모른다고 부인했습니다. 다 버려도 자신만은 예수님을 버리지 않겠다고 장담했던 베드로였습니다. 빌라도는 법정에 예수님께 죄가 없음을 알고 판결을 피하고 싶었으나 유대인들의 뜻에 못 이겨 다시 예수님을 심문합니다. 예수님은 만왕의 왕이시고 예수님의 나라는 이 땅의 나라가 아니고 하나님의 나라요 진리 그 자체이심을 언명하십니다. 과연 예수님은 하나님의 나라의 왕, 만백성의 왕이시며 진리이십니다. 예수님을 바르게 알고 믿는 자가 복이 있습니다.

빌립보서 2장

교회 공동체 안에서 한 마음, 같은 사랑을 갖는 것이 귀합니다. 어떤 일이든지 남을 낮게 여기는 겸손한 마음이 필요합니다. 겸손의 모델은 하나님과 동등함을 비우시고 인간의 몸을 입고 이 땅에 오셔서 죽기까지 복종하신 예수님이십니다. 결국 예수님께서 지고의 자리까지 높아지신 것처럼 겸손하면 하나님의 때에 하나님께서 높여주십니다. 이 땅에서 구원의 완성은 없습니다. 두렵고 떨림으로 구원을 이루어가야 합니다(12하). 하나님의 흠 없는 자녀로 빛들로 나타나기를 힘써야 합니다. 그럴 때 복음을 증거한 사역자들에게 그리스도 앞에서 자랑이 됩니다. 바울에게 디모데와 에바브로디도와 같은 신실한 복음의 동역자가 있었습니다. 바울이 신뢰하는 신실한 일꾼이었습니다. 그런 일꾼이 하나님 나라 건설의 역군입니다.

3월 29

출애굽기 40장

성막의 각 부분이 완성된 후 하나님의 건립 명령이 떨어지자 성막의 각 부분을 각기 위치에 놓아 조립하고, 성막의 각 기구의 부분마다 관유를 발라 성별했습니다. 아론과 그 아들들을 데려다가 기름을 붓고 성별하여 제사장의 직분을 감당하게 했습니다. 그리고 출애굽 둘째 해 첫째 달 초하루에 성막의 설비를 마쳤습니다. 드디어 처음으로 제사를 드려 성막을 봉헌식을 열었습니다. 이에 구름이 회막에 덮이고 하나님의 영광이 성막에 충만했습니다(34). 이후 성막 위에 구름기둥이 있어 하나님께서 성막에 임재하심을 상징적으로 보여주셨습니다. 이스라엘 백성들은 성막을 통해 하나님을 섬기고 제사하며 하나님을 만났습니다. 성막이 광야 기간 중에 광야 행진과 거주의 중심이 되었습니다. 하나님의 백성의 삶의 중심은 성전입니다. 하나님께서 회중이 예배하는 교회 가운데 하나님의 영광이 임합니다.

잠언 16장

순수한 신앙적 잠언을 먼저 언급하는데, 사람의 마음과 하나님의 역사를 대조합니다. 사람이 마음으로 경영하고 자기 길을 계획한다 해도 인도하시고 성취하시는 분은 하나님이십니다. 사람들은 계획을 세울 때 응답이 하나님께 있어서 하나님이 인도(1, 9)하시고 하나님이 간섭(2)하십니다. 그런고로 하나님의 주권을 인정하고 모든 일을 계획하기에 앞서 하나님의 뜻을 구하고 하나님께 맡기는(3) 것이 필요합니다. 하나님이 그 걸음을 인도하시기 때문입니다. 지혜와 명철이 금이나 은을 얻는 것보다 낫습니다(16). 재물 보다 의를 추구하여야 합니다(8, 11). 재물 때문에 사람이 거만해지는 것보다 차라리 가난하여 하나님의 진노를 피하는 것이 더 낫습니다(18). 교만보다 겸손을 늘 구해야 합니다(18, 19). 말씀에 주의하면 좋은 것을 얻고 여호와를 의지하면 복이 있습니다(20하). 노하기를 더디 하고 자기 마음을 다스리는 자가 승리자입니다(32).

요한복음 19장

빌라도는 예수님께 어떤 죄도 찾지 못하여 놓아주려고 힘썼으나 유대인들이 십자가에 못 박게 하도록 하라는 소리를 치므로 어쩔 수 없이 십자가에 넘겨줍니다. 예수님이 십자가를 지고 골고다 언덕에 오르시어 십자가에 못 박히셨습니다. 예수님은 십자가 고통 중에 어머니 마리아를 요한에게 부탁하시고 영혼이 떠나가셨습니다. 다 이루었다는 말씀은 죄 값을 다 치루었다 또는 구원의 계획을 완수하셨다는 의미입니다. 예수님께서 십자가에 죽으심으로 아리마대 사람 요셉이 빌라도에게 요청하여 예수님의 시체를 가져다가 새 무덤에 장사지냈습니다. 예수님은 유월절 양이 도살되는 시간에 다리가 꺾이지 않으시고 세상 죄를 지고 가는 하나님의 어린양(1:29, 36)으로 죽으시고 무덤에 들어가셨습니다.

빌립보서 3장

이방인 그리스도인들에게 할례를 요구하는 거짓 선생들에 대해서 바울은 자신도 철저하게 율법주의자요 할례파요 육체적으로 자랑할 만한 것들이 많았으나 더 이상 신뢰하지 않는다고 선언합니다. 그는 자신에게 유익하다고 여겼던 모든 것들을 배설물처럼 내버린 것은 예수님을 아는 지식이 가장 고상했기 때문입니다. 그는 예수그리스도를 믿음으로 하나님께로부터 난 의를 얻었음을 강조합니다. 그는 구원을 온전히 이루었다거나 목표를 잡은 줄로도 생각지 않고 부르심의 목표, 푯대를 향해 달려가고 있다고 했습니다. 또한 율법과 할례를 주장함으로써 그리스도의 십자가를 무효화하는 이들을 향해 멸망의 길을 가고 있음을 경고합니다. 진정한 그리스도인은 주님의 재림을 대망하며 구원의 완성을 사모하는 자들입니다.

3월 30

레위기 1장

하나님께서 회막에서 모세에게 번제에 대해 말씀하셨습니다. 소의 번제는 수컷으로 제물의 머리에 안수하여 속죄물이 되도록 수송아지를 잡았고, 양이나 염소의 번제의 경우에 흠 없는 수컷으로 잡고 피를 제단 뿌리고 제단위에서 불살라 번제로 드렸습니다. 새의 번제를 드릴 경우에는 산비둘기 새끼나 집비둘기를 그 피를 제단 곁에 흘리고 모이주머니나 더러운 것은 제하여 버리고 제단 위에서 불살라 드렸습니다. 번제는 화제로 하나님께 향기로운 냄새가 되었습니다. 번제는 희생제물의 모든 부분을 불태워 드리는 제사로 온전히 하나님께 바치는 온전한 헌신을 상징하며 이는 예수님이 십자가에서 자신을 희생하여 온전한 대속의 제물이 되심을 예표합니다. 또한 성도가 하나님께 온전한 산제물로 드려야 할 것을 상징합니다.

잠언 17장

자족하는 마음과 화목이 식물을 많이 두고 불화하는 것보다 낫습니다. 불로 금과 은을 연단하듯 하나님은 우리의 마음을 연단하십니다. 하나님이 귀하게 쓰실만한 존재가 되기 위해 정련이 필요합니다. 마음이 굽은 것은 옳지 못합니다 (20). 의와 공의는 하나님의 두드러진 성품인 까닭에 하나님께서는 뇌물을 주거나(8) 받음으로써(23) 정의를 굽게 하거나 부당한 판결과 선고로 정의를 짓밟는 행위(15, 26)를 가증하게 여기십니다. 본 장에는(10-20) 평화를 권면하는 잠언 모음이 있습니다. 오늘날 그리스도인들에게 하나님께서 요구하시는 바도 공의와 정의입니다. 진정한 진리와 의는 하나님을 두려워하고 진리이신 예수님을 따를 때 가능한 것입니다. 지혜로운 자와 어리석은 자 간에는 실생활에 있어 차이가 납니다(21-28). 지혜는 자신과 하나님과의 관계가 바릅니다.

요한복음 20장

안식 후 첫날 새벽 베드로가 예수님의 무덤에 달려가 빈 무덤을 확인하고 들어가 예수님의 시신을 쌌던 세마포와 수건을 발견했습니다. 부활하신 예수님께서 무덤 밖에서 울고 있는 막달라 마리아를 만나주셨습니다. 안식 후 첫날 저녁에 문들을 닫고 모여 있던 10 제자들에게 부활하신 주님께서 나타나셨습니다. 예수님께서 평강의 인사를 하시고 아버지께서 자신을 이 땅에 보내신 것처럼 제자들을 전도자로 보내실 것을 말씀하셨습니다. 그리고 성령을 받으라고 말씀하신 후에 누구의 죄든지 사하면 사하여질 것이나 그대로 두면 그대로 있으리라(23)고 하시며 속죄와 구원의 메세지를 전하라고 당부하셨습니다. 여드레 후에 도마가 있는 자리에 다시 나타나셨을 때 도마는 위대한 신앙고백을 남겼습니다(28). 예수님이 하나님의 아들 그리스도이심을 믿는 자는 생명을 얻습니다(31).

빌립보서 4장

바울이 애틋한 사랑으로 빌립보 성도들에게 권면하기를 두 명의 여성도들이 화해하고 한마음을 품기를 당부했습니다. 성도들에게는 항상 기뻐하라고 권면합니다. 바울의 투옥과 자신들이 당하는 고난과 박해로 인해 침울해 있었습니다. 염려하지 말고 감사하며 기도하기를 권면합니다. 그러면 하나님의 평강이 마음과 생각을 지켜주실 것이라고 했습니다(6-7). 그들이 덕 있고 책임 있는 성도가 되어 타인에게 칭찬받도록 하라고 했습니다. 바울은 빌립보 교회 성도들의 재정지원에 대해 감사의 마음을 표합니다. 그 사랑의 선물은 하나님께서 받으실 만한 향기로운 제물이요 하나님을 기쁘시게 하는 것입니다(18). 빌립보 교회와 바울 사이의 관계는 사랑과 우정이 넘쳤습니다. 선교사역에 쓰임받고 인정받는 성도와 교회가 참으로 귀합니다.

3월 31

레위기 2, 3장

2장은 소제의 규례입니다. 소제는 고운 가루와 기름과 유향으로 제단에서 불살라 드리거나, 화덕에 구워 예물을 드리는 경우, 무교 전병이나 철판에 부치거나 냄비의 것으로, 또한 첫 이삭을 볶아 찧은 것으로 각각 제단에서 불살라 소제 즉 향기로운 냄새로 각각 드렸습니다. 소제로 드리는 부서진 하얀 가루는 순수한 봉사 및 충성을 의미하는 제사입니다. 3장은 화목제의 제물 규례입니다. 소를 드릴 경우 수컷이나 암컷으로, 양으로는 암컷이나 수컷을 드리되 흠 없는 것으로, 또한 염소를 드릴 경우가 있어 각각 머리에 안수하고 피를 제단 사방에 뿌리고 내장, 간, 콩팥을 떼어버리고 불태워 향기로운 냄새, 화제로 드렸습니다. 화목제는 예수님의 희생의 피로 하나님과 인간 사이를 화목케 하신 것을 상징합니다. 이는 제물을 드리는 자가 하나님의 은혜에 감사하여 자원하는 심령으로 드리는 제사의 의미가 있습니다.

잠언 18장

말에 대한 잠언이 나옵니다. 자기 의사만 드러내는 미련한 자의 말, 남의 말 하기를 좋아하는 비뚤어진 말, 사연을 듣기 전에 성급하게 대답하여 욕을 당하는 말 등이 있습니다. 지혜와 명철이 있는 이는 깊은 물이나 솟구쳐 흐르는 내와 같습니다. 사람은 입에서 나오는 것으로 말미암아 배부르고 만족하며, 죽고 사는 것이 혀에 힘에 달렸습니다. 그러니 혀를 잘 써야 합니다(20-21). 또한 미련한 자는 어떤 사람입니까? 무리에게서 스스로 갈라지는 자, 의인을 억울하게 하는 자, 자기 일을 게을리 하는 자, 교만한 자 등입니다. 이름은 존재요 인격입니다. 하나님의 이름을 안다는 것은 하나님을 안다는 것입니다. 하나님의 이름을 부르면 안전을 향해 달려가는 것이므로 하나님의 보호하심과 능력을 경험하게 됩니다. 부부간, 이웃 간, 친구 간에 올바른 관계에 대한 잠언이 함께 나옵니다(22-24).

요한복음 21장

 부활하신 예수님께서 디베랴 호수에 고기 잡으러 간 베드로를 위시한 일곱 명의 제자들을 찾아오셨습니다. 그들은 밤새도록 한 마리 고기도 잡지 못했습니다. 예수님께서 그물을 배 오른편에 던지라고 하실 때에 그대로 순종하여 많은 고기를 잡아 올렸습니다. 예수님께서 준비해 오신 떡과 잡은 고기를 숯불에 구워 함께 조반을 먹었습니다. 실패한 제자들에게 찾아오셔서 문제를 해결해주신 주님께서 조반 후에 베드로를 따로 만나주십니다. 베드로에게 "시몬아 네가 나를 사랑하느냐"고 세 번 물으셨습니다. 세 번 예수님을 부인한 베드로가 연약한 자신을 돌아보고 예수님께 사랑의 고백을 하게 하셔서 양을 먹이라고 하시며 베드로를 회복시키시고 사명을 주셨습니다. 그런 후에 예수님께서 베드로가 어떠한 죽음으로 죽을지 말씀하셨습니다. 제자를 향한 예수님의 용서와 관심, 그리고 크신 사랑을 만납니다.

골로새서 1장

 바울은 에바브라가 세운 골로새 교회가 믿음과 성도에 대한 사랑과 하늘에 쌓아 둔 소망을 간직하고 신앙생활하고 있음을 듣고 하나님께 감사했습니다. 바울은 당시 골로새 교회가 이단사상에 직면해 있다는 소식을 듣고 골로새 교회가 신령한 지혜와 총명으로 하나님의 뜻을 알아 선한 열매 맺고 하나님을 잘 아는 것에 자라기를 기도했습니다. 특히 예수님에 대한 올바른 신앙을 갖도록 위하여, 예수님은 인간의 죄를 속량하신, 보이지 않는 하나님이요 모든 만물의 창조자요 만물의 으뜸이요 하나님과 인간 사이의 화목을 이루시고 교회의 머리이심을 명백하게 밝히고 있습니다. 바울은 교회를 위해 그리스도의 남은 고난을 자신에게 채우며 힘을 다하여 수고하는 복음의 일꾼이요 교회의 일꾼임을 간증합니다.

4월

April

4월 01

레위기 4장

본 장은 속죄제 규례입니다. 먼저 제사장의 속죄제로서, 그는 백성의 속죄제를 집례하는 자이므로 먼저 자신이 정결함을 받아야 했습니다. 제사장이 계명 중 하나라도 범하였을 경우 흠 없는 수송아지를 바쳤습니다. 이스라엘 온 회중의 경우에는 수송아지를 드리고 족장의 경우에는 흠없는 숫염소를 드렸습니다. 평민의 한 사람의 경우에는 흠 없는 암염소나 어린 양의 경우 흠 없는 암컷을 각각 드렸습니다. 제사장은 그 제물들을 제단에서 불살라 드렸습니다. 신분의 차이에 따라 죄의 무거움과 가벼움이 다르기에 제물이 제각각이었습니다. 이런 제사를 통해 제사장은 그들의 죄를 속하였습니다. 수없이 많은 짐승의 제물이 거듭 희생되었습니다. 그러나 예수님은 단번에 영원한 속죄 제물이(히 7:27, 9:12) 되셔서 십자가에서 죽으심으로 우리 죄를 속량하심으로 사하셨습니다.

잠언 19장

재물을 어떻게 사용하느냐에 따라 좋은 것일 수도 있고 나쁜 것일 수도 있습니다. 재물은 사람을 끌어들이는 역할을 합니다. 선물주기를 좋아하는 자에게는 사람마다 친구가 됩니다(6). 그러나 재물보다 인격의 정직성, 인자함이 남에게 사모함을 받습니다(22). 노하기를 더디 하는 것이 사람의 슬기입니다. 인내와 쉽게 화를 내지 않는 능력에는 사람의 마음을 끄는 아름다움이 있습니다. 게으름이 사람으로 깊이 잠들게 하나, 태만한 사람은 주릴 것입니다(15). 가난한 자를 불쌍히 여기는 것은 하나님께 꾸어드리는 것입니다(17). 하나님은 스스로 가난한 자들과 동일시합니다. 하나님께서 베푸는 자에게 보상하시겠다는 말씀은 경제적인 동기라기보다는 영적인 사실을 가르치는 말씀입니다. 교육에 대한 잠언으로 징계의 필요성, 감정의 억제와 권고 훈계를 받아들임을 가르치고 있습니다 (18-21).

시편 1, 2편

1편. 복 있는 사람은 하나님이 계신 사람으로 하나님이 정하신 길을 갑니다. 여호와의 율법을 주야로 명상하는 사람입니다. 그 사람은 시냇가에 심겨진 나무와 같아서 철을 따라 열매를 맺고 언제나 잎이 무성하고 마르지 않습니다. 모든 일이 다 형통합니다. 하나님을 무시하고 법도를 따르지 않는 악인의 길은 망할 것입니다. 2편. 여호와와 기름부음 받은 자를 대적하는 무리들이 있었습니다. 역사의 주권자이신 하나님께서 배후에서 메시야를 보내서 "너는 내 아들이다"(7)라고 선언하십니다. 메시야는 모든 악한 세력을 무찌르고 하나님 앞에 굴복시키는 사명을 갖고 있습니다. 이스라엘 백성들은 하나님의 존재와 능력을 믿지 않고 메시야를 대항했습니다. 마땅히 하나님을 경외하고 섬겨야 합니다. 하나님이 보내신 메시야, 하나님의 아들 예수그리스도를 영접하는 자가 복이 있습니다.

골로새서 2장

바울은 골로새 교회뿐만 아니라 라오디게아와 생면부지의 성도들에게도 하나님의 비밀인 예수그리스도를 깨닫기를 갈망했습니다. 당시에 그리스도를 따르지 않고 철학이나 헛된 속임수와 같은 사람의 전통과 세상의 초등학문을 따르도록 하는 이들이 준동하고 있었기 때문입니다. 골로새 교회 성도들은 비록 육체의 할례를 행하지 않았으나 마음의 할례, 즉 세례를 받고 그리스도와 함께 장사되고 주 안에서 함께 일으키심을 받았으므로 오직 예수 예수그리스도 안에 굳게 설 필요가 있었습니다. 먹고 마시는 문제, 절기, 초하루나 안식일 등은 그림자에 불과하며 실체는 오직 그리스도임을 기억하라고 했습니다. 또한 꾸며 낸 겸손과 천사숭배를 주장하는 이들로부터 정죄당할 것이 아니라고 가르치고 있습니다. 또한 세상 초등학문 같은 율법도 그리스도와 함께 십자가에 못 박았으므로 이를 주장하는 이들의 규례에 순종하지 말 것을 당부합니다.

4월 02

레위기 5장

자신이 고의로 죄를 범하지 않았어도 허물을 깨달았을 경우 자신의 잘못을 자복하고 양 떼의 암컷 어린양이나 염소로, 또는 어린양을 바칠 능력이 안 되는 경우는 산비둘기 두 마리나 집비둘기 두 마리로, 비둘기를 드릴 수 없을 시에는 고운 가루 십분의 일 에바로 속죄제를 드려 죄사함 받게 했습니다. 만약 여호와의 성물에 대하여 부지중에 범죄했을 경우 흠 없는 숫양으로 속건제를 드리고 오분의 일을 더하여 성물에 대해 보상하도록 명하셨습니다. 여호와의 계명을 부지중에 범하여도 속건제를 드려 죄사함 받게 했습니다. 하나님께서 제물의 차등을 두신 것은 가난한 자들에 대한 배려 때문입니다. 하나님의 백성은 부지중에 범한 죄라도 속죄를 통해 정결해야 합니다. 은혜의 시대에는 오직 예수그리스도의 대속의 피가 죄를 사하고 깨끗하게 하십니다.

시편 3, 4편

시3. 다윗이 압살롬을 피할 때 지은 시라고 나와 있습니다. 다윗이 노년에 압살롬의 반역으로 왕궁을 도망쳐 나왔습니다. 하나님이 자신의 방패요 영광이요 머리를 드시는 분이라고 고백합니다. 하나님께서 환란 중에 응답하시고 붙들어 주시니 두려워할 것 없으며 구원이 오직 하나님께만 있다는 승리의 확신입니다. 시4. 시인은 곤란 중에서 하나님을 부르고 기도하는 확고한 신앙의 사람입니다. 시인은 과거에도 하나님의 은혜를 체험했습니다. 경건한 시인은 자신의 적수들을 향해서 헛된 일과 거짓을 그만두고 하나님만 신뢰하고 의지하라고 요구합니다. 시인은 하나님의 얼굴을 들어 비추어주심으로 자신 안에 생겨난 기쁨은 어떤 풍요로운 수확에 비길 수 없는 것이라고 고백합니다.

잠언 20장

먼저 포도주의 유혹, 권위자에 대한 순종, 다툼, 게으름, 모략을 깨달음에 대한 잠언이 나옵니다(1-5). 절제, 정직은 사회생활에 있어 중요한 덕목입니다. 온전하게 행하는 자가 의인입니다. 그것은 후손에게도 복이 됩니다. 품행이 정직한지, 청결한지 등의 여부는 아이들에게도 드러나게 되어 있습니다. 하나님께서 그들에게 판단하고 평가하도록 하십니다(12). 게으른 자가 대책 없이 일하지 않다가 다른 이가 땀 흘려 일한 것을 구걸하려는 것은 옳지 못하고(4) 결국 빈궁하게 될 것을 경고합니다(13). 하나님께서는 부정직한 상거래, 한결같지 않고 또한 속이는 저울추와 되는 다 미워하십니다(10, 23). 강력한 힘을 가진 왕이 법을 집행하고 판결할 때 요구되는 덕목은 공의입니다(2, 8, 26). 사람이 악한 일을 당할 때 복수하려 하지 말고 하나님의 구원을 기다리는 것이 지혜입니다(22).

골로새서 3장

그리스도인은 옛사람은 죽고 생명이 그리스도와 함께 하나님 안에 감추어져 있기에 위의 것을 찾는 삶을 살아야 합니다. 즉 위의 있는 것을 생각하고 땅의 것을 생각하지 말아야 합니다. 그리스도인은 땅에 있는 지체를 죽여야 합니다. 곧 음란, 부정, 사욕, 악한 정욕, 탐심입니다. 이전의 분함, 노여움, 악의, 비방, 부끄러운 말을 버려야 합니다. 그리스도인들은 땅에 있는 지체와 하나님의 형상을 따라 지식에까지 새롭게 하심을 입은 자가 되었습니다. 그러므로 하나님이 택하사 거룩하고 사랑받는 자처럼 긍휼과 자비와 겸손과 온유와 오래 참음을 옷 입고 피차 용서하며 사랑을 더해야 합니다. 그리스도의 평강에 이끌리는 삶을 살고 감사하는 자가 되어야 합니다. 무엇을 하든지 주 예수그리스도의 이름으로 하며 그를 힘입어 하나님 아버지께 감사하라고 권면합니다. 남편과 아내, 부모와 자녀, 상전과 종, 이런 관계에서 윤리를 각각 말씀합니다.

4월 03

레위기 6장

이웃의 물건에 손해를 끼쳤을 경우, 돌려보내되 5분의 1을 더하여 돌려보내고 속건 제물을 드려 속죄하게 하셨습니다. 아론과 그의 자손들이 준수해야 할 번제와 제물의 처리 규례를 말씀하셨습니다. 또한 소제를 드리는 규례로 제물의 남은 것을 먹게 하고, 화제물 중에서도 소득이 되게 하라고 하셨습니다. 아론과 그의 자손이 기름 부음을 받는 날에 하나님께 드릴 소제물을 말씀하시고 온전히 불사르고 먹지는 말라고 하셨습니다. 또한 그들이 드릴 속죄제에 대해 명하셨습니다. 제물은 회막 뜰에서 먹게 하셨는데, 그 고기에 접촉하는 자는 거룩을 지켜야 할 것을 말씀하셨습니다. 하나님께 제사드릴 때 인간적인 요소는 배제되었습니다. 제사의 준비와 절차 및 방법이 하나님의 뜻대로 되어야 한다는 것을 일깨워 주셨습니다.

시편 5, 6편

5편. 시인을 괴롭히는 자는 악하고 오만하고 거짓말하고 피 흘리기를 즐기고 속임수를 좋아합니다. 하나님이 미워하시는 일을 반복합니다. 그들에게는 신실함이 없고, 열린 무덤 같은 마음으로 아첨하는 사람입니다. 그러나 시인은 하나님을 향한 철저한 신앙의 마음으로 하나님만 의지하는 경건한 사람입니다. 그는 주님의 풍성한 사랑을 힘입어 역경 가운데서도 하나님의 집에서 기도하고 하나님의 보호하심과 은총을 갈구합니다. 6편. 우환과 질고 중에 있는 시인이 하나님 앞에 회개하며 자신을 고쳐 달라고 호소합니다. 그리고 영혼을 건져주시고 주님의 사랑으로 구원해달라고 간구합니다. 시인은 자신이 당한 처지로 인해 탄식함으로 밤잠을 이루지 못하고 통곡합니다. 하나님께서 울음을 들으시고 간구의 기도를 받으시리라는 확신으로 하나님께 기도합니다.

잠언 21장

하나님의 주권적인 섭리가 있음을 아는 것이 지혜입니다(1). 하나님께서는 사람의 마음을 감찰하시고 행위를 판단하시므로 그 앞에 드러나게 되어 있습니다(2). 눈이 높은 것, 교만한 것, 악인이 형통한 것은 죄며, 무례하고 교만한 자는 망령된 자로 취급받습니다(4, 24). 어떤 지혜와 명철과 모략도 하나님 앞에 당할 수 없으며, 승리는 하나님에게 있음을 알아야 합니다(30, 31). 그런고로 의와 공평하게 행하는 것이 중요합니다(3, 21). 의는 약자와 가난한 자에게 관대합니다(13, 26). 정의는 결국 사람을 즐겁게 합니다(15). 게으른 자는 욕망만 가질 뿐 일하지 않으며 종일 탐하기만 합니다(25, 26). 결국 게으름 때문에 좌절을 겪습니다. 꿈도 크고 결심도 굳으나 게으르면 그 욕망이 자기를 죽이는 결과를 가져옵니다.

골로새서 4장

바울은 골로새 교회를 향해 기도를 계속하고, 감사함으로 깨어 기도하되 복음 전도자를 위해 기도하고 전도의 문을 열어주셔서 구원의 비밀을 말하게 해달라고 기도하라고 권면했습니다. 외방 이웃에 대해 지혜로 행하고 세월을 허비하지 말고 선용하며, 말을 하되 은혜를 끼치는 말을 하라고 했습니다. 끝인사로 두기고를 파송하여 위로하기를 바라며 오네시모도 동행하게 한다고 했습니다. 아리스다고와 마가와 유스도 등이 하나님 나라를 위해 일하는 일꾼임을 소개합니다. 또 골로새 교회와 라오디게아와 히에라볼리 교회를 위해 수고한 에바브라를 언급하고 누가와 데마의 문안도 전합니다. 아킵보 성도를 부탁하며 골로새서를 끝맺습니다. 바울에게 귀한 동역자들이 있어서 이방인 복음 전도 사명을 잘 수행할 수 있었던 것입니다.

4월 04

레위기 7장

속건제는 속죄제와 동일하게 번제물을 잡아 피를 제단 사방에 뿌리고 불살라 화제로 하나님께 드리는데 제사장 남자가 제물을 먹고, 제물과 가죽과 소제물은 제사하는 제사장에게 균등하게 돌립니다. 감사함으로 드리는 화목제물은 그날에 먹고 서원이나 자원하는 제물의 경우에는 이튿날까지만 먹게 했습니다. 소나 양이나 염소의 기름 등 짐승의 피나 기름을 먹지 말게 하셨습니다. 화목제물을 가져온 것 중에서 제사장의 소득도 지정해 주셨습니다. 거제는 높이 드는 방식이고 요제는(31) 사방으로 제물을 흔드는 방식입니다. 부정한 물건에 접촉되면 접촉된 물건도 부정해졌습니다(19). 거룩한 것을 거룩하게 다루어야 하고, 제물을 바칠 때는 하나님을 기쁘시게 하고 즐겨 드리는 예물이 되어야 합니다.

잠언 22장

부귀에 대한 가르침을 줍니다(1-5). 재물보다 보화보다 귀한 것은 명예요 은총입니다. 사리 분별은 용기를 갖게 하고 생명의 필수적인 요소이기도 합니다. 실제의 위험을 보고도 피하지 않거나(3, 14) 가상의 위험을 내세워 게으름의 구실로 삼는 것은 어리석은 것입니다. 음녀에게 유혹되는 자는 함정에 빠집니다. 주의 깊은 판단을 하지 않고 낙관론만 펴며 재난의 길로 나가거나 패역한 자는 가시와 올무를 만나 앞길이 막힐 수 있습니다(3, 5). 자녀 교육에 있어 마땅히 행할 길을 아이에게 가르쳐야 합니다(6). 아이의 마음속에는 도덕적 요인들이 얽혀 있으므로 바른 체계를 갖추도록 해주어야 하고 체벌을 남용하면 해를 초래하지만 정당하고 목적을 갖고 훈계를 위한 적절한 체벌이 필요합니다(15). 정의를 세우기 위해 지혜의 말씀에 귀를 기울여 듣고 지식에 마음을 두어야 합니다(17).

시편 7, 8편

시7. 고난 중에 하나님을 피난처로 삼아 하나님께 구원을 요청합니다. 시인은 의로우신 하나님께서 자신의 의와 성실하심을 판단하시고, 사람의 마음과 양심을 감찰하시는 분이시기에 악인은 심판하실 것을 확신합니다. 그래서 하나님의 구원을 소망하며 하나님께 감사하고 지존하신 하나님을 찬양합니다. 시8. 시인은 창조주 하나님의 이름과 영광이 온 우주에 충만한 것을 묵상하며 찬양합니다. 주님의 손가락으로 만드시고 베푸신 달과 별들을 볼 때 하나님의 위엄을 찬양하고, 더불어 피조물인 인생을 영화와 존귀로 관을 씌우셔서 특별하고 귀한 존재로 창조하신 것을 감격합니다. 나아가 인간에게 피조물을 다스리게 하시고 온 만물을 발 아래 두도록 높여주신, 온 땅에 충만한 하나님의 이름을 찬양합니다.

데살로니가 전서 1장

바울은 데살로니가 성도들이 믿음의 역사와 사랑의 수고와 소망의 인내가 넘친다는 소문을 기억하고 감사하고 있습니다. 그것은 복음이 능력이 되고 성령과 큰 확신으로 역사했기 때문이라고 했습니다. 데살로니가 교회는 당시 그들이 당한 많은 환란 가운데서도 성령의 기쁨으로 말씀을 받아 바울 일행과 주님을 본받아 마게도냐, 아가야 지역 성도들에게 본이 된 것이 바울에게 자랑이었습니다. 그들이 데살로니가 교회가 바울의 복음을 듣고 우상을 내버리고 하나님께 돌아와 하나님을 섬길 뿐 아니라 하늘로부터 강림하실 예수님을 간절히 기다린다는 소문을 들었던 것입니다. 전도자 바울이 환란 가운데 세운 데살로니가 교회가 든든히 세워졌다는 소문은 바울에게 큰 기쁨이었던 것입니다.

4월 05

레위기 8장

모세가 하나님께서 지시하신 대로 아론과 그 아들들을 회막으로 불러다가 씻긴 후에 아론에게 제사장 옷을 입히고 관을 씌우고 나서 관유를 부었습니다. 제단 위의 피를 가져다가 아론과 그의 아들들의 옷에 뿌려 거룩하게 했습니다. 신체 부분에 피를 바르는 상징적인 행위는 온몸의 정결과 성별을 의미합니다(23). 그리고 속죄제와 번제, 위임제사를 드렸습니다. 제사 장의 위임식에 기름을 머리에 붓는 것은 하나님께 헌신함과 하나님을 섬기도록 위임시키는 의미입니다. 기름은 하나님의 종들이 자기 사역을 감당할 수 있도록 준비시키기 위해 부어지는 성령을 표시합니다. 하나님께서 제사장을 하나님을 섬기는 일에 성별하셨습니다. 하나님께서 예수그리스도를 통해 성도를 거룩하게 하고 성별하여 직분을 맡기십니다.

잠언 23장

감언하고 아첨하는 사람은 평정을 누릴 수 없으며(2-5), 간신히 얻은 작은 호의마저 누릴 수 없습니다(6-8). 부모가 아이에게 훈계한 결과 자녀 속에 정직한 성격이 형성되고 성숙하고 지혜가 자라갑니다(15, 19, 22-25). 때로 엄한 징계가 필요합니다(13, 14). 악인의 형통을 부러워하지 말고 항상 여호와를 경외하라고 했습니다(17). 그러면 장래가 있을 것이고 소망이 끊어지지 않을 것입니다(18). 사람들이 흔히 추구하는 탐식(20,21), 정욕(26,27), 술 취함(29-35) 등을 열거한 뒤 경고합니다(24:1). 술의 유혹과(31) 그 결과가 비참하게 될 것을 경고합니다(32). 그로 인해 신체와 정신의 무감각과 혼란 현상이 나타납니다. 결국 술 취함으로 인해 재앙, 근심, 분쟁, 원망, 까닭 없는 상처, 붉은 눈이 뒤따라옵니다(29).

시편 9편

시인은 공의로운 하나님께 감사하며 찬양합니다. 하나님께서 공의로 열방을 심판하시고 책망하시며 악인을 멸하시는 분임을 깨달았습니다. 하나님은 압제 당하는 자의 요새요, 환란 때의 요새이십니다(9). 하나님은 주님의 이름을 아는 자는 주님을 의지하고 주님을 찾는 자들을 버리지 아니하시는 분이기에 주님을 바라봅니다. 시인은 가난한 자의 부르짖음을 잊지 아니하실 줄 알고 은혜를 간구합니다. 자신이 당하는 고통을 살펴봐 주시라고 기도합니다. 그렇게 해주실 줄 믿고 주님의 찬송을 다 전할 것이고 주님의 구원을 기뻐할 것이라고 결단합니다. 주님의 이름을 아는 자는 하나님을 사랑하고 예배하며 그 명령에 복종하는 자입니다. 주를 찾는 자라고 하는 것은 하나님께 자기의 중심을 내어놓는 자를 뜻합니다.

데살로니가전서 2장

바울은 데살로니가에 싸움 중에 하나님의 복음을 전하였음을 추억합니다. 그의 복음 전도는 위탁하신 것임을 알아 하나님을 기쁘시게 하고 영광 돌리는 것을 위한 사역이었음을 간증합니다. 바울은 데살로니가 성도들에게 유모가 자녀를 기름 같이 복음 뿐 아니라 목숨까지도 주기를 기뻐할 정도로 그들을 사랑하며 수고를 아끼지 않았으며 거룩하고 옳고 흠없이 사역한 것을 데살로니가 성도들과 하나님도 증언하시는 것이라 했습니다. 그는 그들을 아버지가 자녀에게 하듯 권면하고 위로하고 경계한 것을 기억합니다. 무엇보다도 데살로니가 성도들이 하나님의 말씀을 받을 때 사람의 말로서가 아니라 하나님의 말씀으로 받아서, 고난 중에도 믿음을 지킨 교회를 본받은 것에 감사를 표하고 있습니다. 바울에게 있어 그들은 소망이요 자랑의 면류관이요 주님 재림하실 때 주님 앞에서 영광이요 기쁨이라고 자랑스럽게 여기고 있습니다.

4월 06

레위기 9장

모세가 아론으로 하여금 제물을 준비하여 속죄제와 번제를 드려 아론과 백성을 속죄하고, 백성의 예물을 드려 그들을 위하여 속죄하라고 했습니다. 이에 아론이 제단에 나아가 자기를 위하여 송아지 제물을 잡아 속죄제와 번제물을 잡아 드리고, 백성의 예물을 속죄제와 번제와 화목제로 하나님 앞에 요제로 흔들어 드렸으니 각각 모세가 명한 대로 행하였습니다. 그 후 에 아론이 손을 들어 백성을 축복했습니다. 하나님의 영광이 온 백성에게 나타나고 불이 하나님 앞에서 나와 제단 위의 번제물과 기름을 살랐습니다. 온 백성이 이를 보고 소리 지르며 엎드렸습니다. 하나님께서 제사 가운데 임하시어 불로 제물을 받으셨습니다. 과연 하나님이 기뻐하시는 예배에 하나님이 임재 하시어 복을 내리십니다.

시편 10편

시인은 악인이 교만하여 자신의 욕심대로 행하고 하나님을 배반하고 멸시하는 것을 고발합니다. 악인은 하나님은 감찰하지 않으신다고 생각할 뿐 아니라 그의 모든 사상에는 무신론이 있습니다. 그 입에는 저주, 거짓, 포악이 충만하고 잔해와 죄악을 쏟아냅니다. 은밀한 곳에서 무죄한 자를 죽이며 가련한 자를 해하려고 엿보고 있습니다. 그의 마음에는 하나님의 얼굴이 가리어져서 영원히 보지 못한다고 생각합니다. 시인은 하나님을 멸시하는 악인의 팔을 꺾으시고 악한 자의 악을 더 이상 찾아낼 수 없을 때까지 찾아달라고 간구합니다. 시인은 영원히 왕 되신 하나님께 겸손한 자의 소원을 들으시고 고아와 압박당하는 자를 위하여 판단하셔서 세상에 속한 자가 다시는 위협하지 못하게 하실 것을 확신하며 간구합니다.

잠언 24장

지혜가 끝내 승리합니다. 강하고 힘 있는 인생의 집은 지혜로 건축하고 명철로 견고하게 만들며 방을 지식의 보화로 채울 때 가능합니다. 승리는 지략이 많음에 있습니다. 누구든지 사망으로 끌려가는 자를 건져주며 살육을 당하게 된 자를 구원하지 않거나 외면하지 말라고 했습니다. 하나님께서 그 마음을 꿰뚫어 보시기 때문입니다. 원수가 넘어질 때 즐거워하지 말고 엎드러질 때에도 기뻐하지 말아야 하고 남이 잘못된 것을 즐거워하지 않아야 합니다(17, 19, 29). 지혜가 영혼에게 '지혜를 얻으면 정녕 네 장래가 있고 네 소망이 끊어지지 아니하리라'고(14) 하는 말을 들어야 합니다. 의인은 일곱 번 넘어져도 다시 일어납니다(16). 율법의 집행(23-25)과 증언(28, 29) 모두에 요구되는 것은 정직입니다.

데살로니가전서 3장

바울이 데살로니가 교회에 믿음 생활을 위로하고 여러 환란에도 흔들리지 않도록 디모데를 파견하여 격려했습니다. 디모데가 돌아와서 데살로니가 성도들의 믿음과 사랑의 기쁜 소식을 전해 듣고 바울 일행이 궁핍과 환란 가운데 있었으나 그들을 통해 위로받았고 참으로 기쁘고 감사했습니다. 바울이 환란 가운데서 전도하여 세운 교회로부터 좋은 소문을 듣고 직접 방문하여 만나기를 고대하는 마음을 가질 뿐 아니라 그들이 예수님 재림하실 때 하나님 앞에 거룩함에 흠이 없기를 소망하고 있습니다. 전도자 바울이 고난 가운데서 뿌린 복음의 씨가 건강하게 자라 결실하여 귀한 열매를 맺어 타 지역교회에 좋은 소문이 넘쳐서 바울에게 큰 기쁨을 주었던 것입니다.

레위기 10장

아론의 두 아들 나답과 아비후가 각기 향로에다 다른 불을 담아 분향하였다가 불이 여호와 앞에서 나와 그들을 삼켜 죽는 일이 발생했습니다. 모세는 아론의 다른 두 아들 엘르아살과 이다말에게 머리를 풀거나 옷을 찢지 말라고 하고 또한 회막문에서 나가지 말도록 하여 죽음을 면하라고 했습니다. 하나님께서 아론에게 아론과 자손들이 회막에 들어갈 때 포도주나 독주를 마시지 말아야 죽음을 면하라 하시며 그렇게 하여 거룩하고 속된 것, 부정한 것, 정한 것을 분별하도록 하라고 명하셨습니다. 모세가 아론과 두 아들에게 제사장이 거룩한 곳에서 먹을 제물을 지시했습니다. 한편 모세가 아론과 두 아들이 속죄제를 드린 염소를 불살라 버리고 거룩한 곳에서 먹지 않은 것 때문에 진노했습니다. 하나님 앞에 서 있는 자는 반드시 하나님의 뜻과 거룩함을 훼손해서는 안 되며 하나님의 영광을 드러내어야 한다는 것입니다.

시편 11, 12편

시11. 시인은 악인이 활을 당기고 화살을 시위에 고정하고 쏘려고 할 때 어떤 이가 충고하기를 차라리 산으로 도망하라고 하지만 그 영혼이 하나님께 피하였다고 합니다. 경건한 사람은 터가 무너질 때라도 하나님께 소망을 두고 하나님만 의지합니다. 하나님은 성전에 계시고 하늘 보좌에서 인생을 통촉하시고 의인을 살피시기 때문입니다. 시12. 시인은 경건한 자가 끊기고 충실한 자들이 인생 중에 없어지는 모습을 보고 하나님께 간구합니다. 시인은 거짓말하고 아첨하고 두 마음으로 말하는 악인들이 우리의 혀가 이기리라 호언장담하나 하나님께서 그들을 끊어버리실 것을 확신하고 있습니다. 오직 하나님의 말씀과 약속만 의지할 뿐입니다. 왜냐하면 하나님의 말씀은 흙 도가니에 일곱 번 구운 은과 같이 순결한 것을 믿기 때문입니다.

잠언 25장

왕의 권위 자체는 부패하기 쉽고(5), 권력 지향으로 흐를 소지가 있기에 도덕적인 정련을 받아야 할 필요가(4) 있습니다. 겉으로 드러난 현상만 보고 조급히 행동하면 몹시 후회하게 될 수 있습니다. 판단을 보류하고 동기를 물어 입장을 듣고 나서 행동하면 사회적 분쟁을 줄일 수 있습니다. 경우에 합당한 말의 아름다움, 슬기로운 자의 책망(11, 12), 인내와 부드러움이 발휘하는 말의 효과(15) 등 합당한 말에 대한 교훈과, 상황을 모르고 드러내는 몰지각함 (20), 거짓의 폭력(18), 실행되지 않은 약속의 공허함(14) 등 그릇된 말에 대한 교훈이 나옵니다. 성실함은 마음을 흡족하게 하지만(13), 거짓된 자를 의뢰하는 것은 고통과 손실을 가져다줍니다(19). 원수를 먹이고 마시게 하는 선행은 상대방에게 양심의 부끄러움을 주고, 하나님의 보상이 따릅니다(21, 22).

데살로니가전서 4장

하나님의 뜻은 거룩함입니다. 거룩함과 존귀로 건전한 혼인 관계를 유지하고 음란과 이방인의 색욕을 따르지 말고, 분수를 넘어 형제를 해하지 말라고 했습니다. 하나님께서 성도를 부르신 것은 거룩하게 하심이므로 이를 저버림은 성령을 주신 하나님을 저버림입니다. 조용히 자기 일을 하고 손으로 일하기를 힘쓰며, 외인을 대하여 단정히 행하고 아무 궁핍함이 없도록 하라고 했습니다. 특히 먼저 죽은 자, 주 안에서 자는 자들을 예수 재림 시에 주님이 그와 함께 데리고 오실 것을(14) 믿고 소망 가운데 서라고 했습니다. 주님이 강림하실 때 그리스도 안에서 죽은 자들이 먼저 일어나고 그 후에 살아남아 있는 자들이 함께 구름 속으로 끌어올려 주님을 영접하고 주와 함께 있을 것입니다. 이 소망 갖고 서로 위로하라고 했습니다. 성도는 예수 재림, 내세 소망을 가진 자로서 합당하게 살아야 합니다.

4월 08

레위기 11, 12장

레 11. 육지의 짐승 중에 먹을 만한 생물이 있는가 하면 먹어서는 안 되는 것도 있습니다. 짐승 가운데 물에 있는 것 중에서, 새 중에서, 곤충 가운데서, 먹어서는 안 될 부정한 것들이 있습니다. 땅에 기는 길짐승 중에도 부정한 것이 있습니다. 주검도 만지면 부정하게 됩니다. 하나님께서 거룩하시니 선민들의 몸을 구별하여 거룩하게 해야 합니다. "내가 거룩하니 너희도 거룩하라"(45하)고 말씀하셨습니다. 레 12. 아이를 낳은 여인에 대한 규례로서 남자를 낳으면 이레 동안 부정하고 여덟째 날에는 할례를 행합니다. 그때 산모는 33일을 지내야 산혈이 깨끗해집니다. 여자를 낳으면 두 이레 동안 부정하고 산모는 66일을 지내야 산혈이 깨끗해집니다. 이후 각각 번제물과 속죄 제물을 드려 속죄합니다. 예수님 오심으로 이러한 정, 부정 문제가 폐지되었습니다. 오늘날의 정, 부정의 문제는 예수그리스도가 계시는지, 안 계시는지 하는 것에 달려 있습니다.

시편 13, 14편

시 13. 시인은 영혼의 번민과 심적 근심 중에서 하나님께 "어느 때까지입니까?"라며 호소와 간구를 아룁니다. 시인은 자신을 생각하시어 응답해주시라고 확신합니다. 그는 자기의 영혼의 눈이 어두워 영적인 잠 즉 하나님과 교제가 단절된 영적 죽음의 상태가 될까 우려합니다. 시인은 호소 후에 주님이 사랑을 의지하였으므로 주님의 구원을 기뻐하겠다고 고백합니다. 시 14. 하나님을 부인하는 자는 어리석은 사람으로 도덕적으로 부패하고 행실이 가증하고 선을 행하지도 않습니다. 즉 세상의 어리석음과 악의 근원은 무신론적 인생관에 있습니다. 그들은 비록 여호와를 아는 백성이지만(2) 무신론자와 다름없이 하나님을 찾지 않고 선을 행하지도, 하나님을 부르지도 않습니다. 비록 인간의 죄악이 관영하나 하나님께서는 의인과 함께 계셔서 그에게 피난처가 되어주십니다. 그래서 포로민을 귀환시키시듯이 하나님이 시온에 친히 임하셔서 구원을 베풀어주실 것을 소망합니다.

잠언 26장

지혜가 여호와를 경외함의 드러남이듯이, 미련함도 일종의 영적상태입니다. 그것은 의도적으로 거만과 불순종을 고집하는, 하나님께 대한 배척입니다. 그들이 타락한 사회에서 영예로운 지위를 많이 차지하고 있지만, 그들에게 어울리지 않는 것입니다(1, 8). 그들에게 기별하는 일을 맡기거나 고용하는 것은 위험한 일입니다(6, 10). 게으름에는(15) 그럴듯한 자기 합리화가 따르기 마련이고 (16), 게으른 자는 결국 그것을 확신하게 된다는 것입니다. 자기와 상관없는 다툼을 간섭함으로 위험에 빠집니다(17). 자기 이웃을 속이고 농담이라고 변명하는 자도(19) 위험합니다. 남의 말하기 좋아하는 것은 별미일 수 있으나 쓴 결과가 올 수도 있습니다. 마음은 악한데 겉으로 꾸민 온유한 말과 입술로는 꾸미나 속으로는 속임을 품은 이를 믿어서는 안 되는 이유는 그 속에 가중한 것이 많이 있기 때문입니다(23-25).

데살로니가전서 5장

어둠에 있는 자들에게는 주님 재림의 날이 도둑같이 이를 것이나 어둠에 있지 않은 이들에게는 도둑같이 임하지 못합니다. 그러므로 오직 깨어 정신을 차리고 믿음과 사랑의 호심경을 붙이고 구원의 투구를 써야 합니다. 우리는 예수님으로 말미암아 구원을 얻었기에 피차 권면하고 덕을 세우는 삶을 살아야 합니다. 또한 주님의 일에 수고하고 다스리고 권하는 이들을 귀히 여기고 성도끼리 화목하며, 게으른 자, 마음 약한 자를 격려하고 힘이 없는 자를 붙들어주고 오래 참는 삶을 권면합니다. 악으로 악을 갚지 말고 항상 선을 따라야 합니다. 항상 기뻐하고, 쉬지 말고 기도하고, 범사에 감사함으로 하나님의 뜻을 이루어 드리는 삶을 살라고 했습니다. 성령을 소멸치 말며 예언을 멸시치 말고 범사에 좋은 것을 취하고 악은 모양이라도 버려야 합니다. 예수님의 재림을 기다리는 거룩한 백성은 그에 합당한 삶이 뒤따라야 하는 것입니다.

4월 09

레위기 13장

피부에 생기는 이상증세에 대한 규례입니다. 피부에 나병 같은 것이 생긴 경우에, 피부에 종기가 생겼거나, 피부가 불에 덴 경우에도 제사장이 진찰하여 병의 여부를 판단합니다. 또한 남자나 여자의 머리나 수염에 환부가 있으면 제사장이 진찰하여 옴의 여부를 판단합니다. 피부에 색점(곰팡이)이 생긴 경우 제사장이 어루러기 여부를 판단합니다. 대머리를 두고도 나병의 여부를 판단합니다. 나병 환자는 부정하다고 외쳐 사람에게서 멀어져 진영 밖에서 살게 됩니다. 의복이나 가죽에 생긴 색점에 대해서도 제사장이 나병의 여부를 판단합니다. 나병은 전염성, 치명성, 고립성 등의 특징이 있습니다. 이는 곧 죄의 무서운 속성을 보여주는 것입니다. 죄의 심판은 죽음이므로 치료와 구원이 필요합니다. 영적 나병은 하나님의 은혜로 영적인 치유와 구원을 얻습니다.

시편 15, 16편

시15. 장막과 성산은 하늘의 성전과 위에 있는 예루살렘을 상징한다고 볼 수 있습니다. 하나님은 무소부재하시기에 어느 때나 예배하고 만날 수 있습니다. 그렇다고 해서 이런 자격을 스스로 갖춘 뒤에 하나님 앞에 서는 것이 아닙니다. 오직 하나님의 은혜와 긍휼로 죄 사함 받아 하나님 앞에 설 수 있게 됩니다. 문제는 이 엄정한 질문 앞에서 스스로 삶을 돌아보고 하나님의 백성답게 살려는 진지한 자세가 필요합니다. 시16. 시인은 유일한 참 신 하나님이 자신을 안위하시고 복이 되시므로 오직 하나님께만 예배하고 하나님만 찬양하겠다고 고백합니다. 시인은 하나님을 그 앞에 모셨기에 흔들리지 않고 마음이 기쁘고 즐겁다고 기뻐합니다. 다윗은 자신에게는 더 이상 스올에서 오래 머물지 않고 육체도 썩지 않을 것을 선언합니다. 즉 부활 생명을 뜻합니다. 이 말씀은 다윗의 후손으로 오실 메시야에 적용합니다. 메시야는 영생의 주인공이십니다.

잠언 27장

내일은 내 것이 아닙니다. 오늘, 지금이 내 것입니다. 칭찬은 어려운 것입니다. 칭찬을 주고받는 일에 조심해야 합니다. 칭찬이 권면과 감사의 말이 될 수도 있으나, 근거 없는 칭찬은 잘못된 방향, 영웅주의를 부추길 수도 있습니다. 칭찬은 권장하는 것이지만 칭찬이 시련(시험)으로 바뀔 수 있습니다(21). 칭찬의 반대인 면책도 사랑의 힘이 될 때 긍정적입니다(5, 6). 기꺼이 책망할 수 있는 사랑이 중요합니다. 숨은 사랑은(5) 진리를 말함으로써 겉으로 표현하지 못하는 사랑을 뜻합니다. 친구의 바람직한 면책은 정직과 충심으로 말미암았기에 잘못을 바로잡아주는 역할을 합니다. 지나친 부는 염증을 느끼게 하고 모진 가난은, 그것이 가증할지라도, 모든 것이 좋게 보이도록 구차하게 만들 수 있습니다(7). 우리가 참으로 어떤 사람인가를 비춰주는 것은, 타인의 견해보다도, 우리 마음과 생각 속에 담겨 있는 실상입니다(19). 우리는 외모보다 내면을 더 살펴야 합니다.

데살로니가후서 1장

바울은 데살로니가 성도들의 믿음의 성숙, 사랑의 풍성함, 박해와 환란 중에도 인내하며 믿음을 잘 지키는 것으로 인해 여러 교회에서 자랑한다고 했습니다. 그 성도들이 고난받는 것은 하나님의 나라와 관련된 것이라고 했습니다. 즉 그 고난은 장차 임할 심판의 징표로서, 박해자에게는 멸망의 표시요 성도들에게는 구원의 증거가 됩니다. 하나님은 공의로우시기에 환란 받게 하는 자들에게는 환란으로 갚으시고 환란 받는 자들에게 안식으로 갚으시는 것입니다. 주님께서 재림하실 때 하나님을 모르는 자들과 복음에 복종치 않는 자들에게 하나님의 형벌이 있으나, 성도들에게 영광을 받으시고 모든 믿는 자들에게 놀랍게 여김을 받으실 것입니다. 바울은 데살로니가 성도들이 부르심에 합당한 자로 여김 받고 선을 기뻐하고 믿음의 역사를 이루어 하나님께 영광이 되고 데살로니가의 성도들도 영광을 받도록 기도합니다.

레위기 14장

나환자의 정결 예식 규례입니다. 나병환자가 정결하게 되면 제사장이 진찰하여 깨끗하다고 판단하면 새 두 마리를 가져와 한 마리는 잡아 피를 뿌리고 하나는 놓아줍니다. 여덟째 날에도 어린 숫양, 어린 암양 등과 구운 가루 10분의 3에 바에 기름 섞은 소제물과 기름 한 록을 준비하여 속건제와 속죄제를 드립니다. 가난하여 힘이 미치지 못하면 비둘기를 드릴 수도 있습니다. 이후 여덟째 날에는 결례를 행합니다. 이때 비둘기 한 마리는 속죄제로, 한 마리는 번제로 드립니다. 이후 공동체 안으로 다시 돌아오게 됩니다. 죄로 인해 하나님과 단절된 인간이 오직 예수님의 보혈로 하나님과 화목하고 교제를 회복할 수 있습니다. 건물에 생긴 색점(곰팡이)은 제사장이 나병의 여부를 판단하여 정결 예식을 시행했습니다.

시편 17편

시인은 자신의 호소와 울부짖음과 기도에 응답해주시라고 하나님께 간구합니다. 그리고 자신을 판단하시고 시험하시고 마음을 살피시면 자신에게 흠이 없을 것이라고 감히 아룁니다. 시인은 입술로 범죄하지 않았고 자신의 걸음이 포악한 길을 가거나 실족하지 않도록 애쓴 사람입니다. 시인은 하나님이 구원의 하나님이요 눈동자같이 지키시고 날개 아래 감추어 주시는 분임을 믿고 악인들과 원수에게서 벗어나게 해달라고 호소합니다. 하나님께서 일어나 그들을 대항해 주시고 자신이 의로운 중에 주님의 얼굴을 사모하니 구원해 달라는 간구의 시입니다.

잠언 28장

악인은 쫓기는 양심이지만 의인은 담대합니다. 자기의 죄를 숨기는 자는 형통하지 못하지만, 죄를 자복하고 버리는 자는 불쌍히 여김을 받습니다(13). 항상 경외하는 자는 복되나 마음을 완악하게 하는 자는 재앙에 빠집니다(14). 성실하게 행하는 자는 구원을 받을 것이지만, 굽은 길로 행하는 자는 곧 넘어집니다(18). 사회문제에 있어서 가난한 자를 학대하는 가난한 자는 배신적이고, 가난한 자를 압제하는 악한 관원은 포악한 짐승 같습니다(15). 가난한 자를 불쌍히 여기면 재산을 저축하게 됩니다(8). 가난하여도 성실하게 행하는 것이 부유하면서 굽게 행하는 자보다 낫고(5), 가난해도 명철한 자는 자기를 살핍니다(11). 율법을 가까이 하고 준수해야 할 것을 강조합니다(4, 7, 9). 충성된 자는 복이 많아도 속히 부하고자 하는 자는 형벌을 면치 못합니다(20).

데살로니가후서 2장

당시에 예수님의 재림이 임박했다는 이들로 인해 미혹되는 이들이 있었습니다. 그래서 바울은 그들로 인해 마음이 동요하고 두려워하지 말라고 교훈합니다. 배교와 불법의 사람 곧 멸망의 아들이 나타나기 전에는 그날이 이르지 않을 것이라고 권면합니다. 임박한 재림을 주장하며 가기를 높이고 하나님의 성전에 앉아 자기를 하나님이라고 내세우는 이들이 있었습니다. 결국 불법한 자는 주님께서 강림하실 때 심판받을 것입니다. 그들의 활동은 사탄의 역사로 거짓 기적과 불의의 속임으로 결국 구원받지 못하고 멸망할 것이라 했습니다. 성령의 거룩하게 하심과 진리를 믿음으로 구원 얻었으니 굳게 서서 가르침을 받은 전통을 지키라고 권면합니다. 오직 하나님만이 사랑과 위로와 좋은 소망이 주인이십니다.

레위기 15장

남성의 몸(생식기)에 난 유출병에 대한 규례로서 성병 등으로 정액 유출병이 생긴 경우, 사용하는 침상, 자리, 탔던 안장도 부정하고 그의 침상에 접촉한 자나 자리에 앉은 자도 옷과 몸을 씻어야 합니다. 병자가 정한 자에게 침을 뱉으면 옷과 몸을 씻어야 합니다. 이 병자가 물로 그의 손을 씻지 않고 만진 그릇이나 목기도 물로 씻어야 합니다. 유출이 멈추고 이레를 경과한 후 여덟째 날에 비둘기 두 마리로 각각 속죄제와 번제로 드려 속죄합니다. 남성이 정수를 설정했거나, 남여가 동침하여 설정을 해도 물로 씻고, 정수가 묻은 옷과 가죽도 빨아야 합니다. 여인이 생리 피로 유출하면 이레 동안 부정합니다. 생리기가 아닌데 유출하는 경우 유출병이므로 병에서 회복되어도 이레가 경과한 후 비둘기 두 마리로 남성 유출병자와 같이 제물을 바칩니다. 하나님께서 이런 규례를 주신 것은 겉으로 드러난 것뿐 아니라 은밀한 부분까지도 정결해야 함을 가르치는 의미입니다.

시편 18편

시인은 하나님을 나의 하나님으로 고백합니다. 곧 "나의 반석, 요새, 건지시는 분, 피할 바위, 방패, 구원의 뿔, 산성"이라고 찬양합니다. 시인이 환란 중에 하나님께 부르짖었더니 성전에서 들어주셨습니다. 하나님께서 여러 강력한 자연현상으로 직접 임재 하셔서 시인의 원수들을 흩어버리시고 위험에서 건져주셨습니다. 다윗은 사울의 추적과 복수의 손에서 건짐 받고 왕이 된 후에 이방 나라와의 전쟁에서 승리했습니다. 하나님께서 대적들을 물리쳐 주셨습니다. 시인은 하나님을 의뢰하는 자신을 능하게 하셔서 능히 원수 대적을 쓰러뜨리고 굴복하게 하여 바람 앞에 티끌같이 부서뜨리고 거리의 진흙같이 쏟아버렸다고(42) 노래합니다. 시인의 철저한 승리를 시적으로 표현합니다. 자기에게 필요한 힘과 능력을 주신 분은 하나님입니다. 시인은 큰 구원의 주님, 인자를 베푸신 하나님을 찬양합니다.

잠언 29장

본 장은 하나님의 말씀으로 책망을 거역하는 자에게 대한 경고로(1) 시작하나 집권자들의 책임에 대한 잠언이 자주 나옵니다. 의롭던 의롭지 않던 간에 집권자들은 정의와(4) 정직(12)과 가난한 자를 살피는 경제적 정의(14)를 세워야 왕위가 견고합니다. 또 뇌물과 부패는 나라를 어렵게 만듭니다(4하). 하나님의 말씀(묵시)이 희귀하면 나라가 혼란스럽습니다(18). 오직 하나님만이 은혜의 근원이시고 일을 성취하게 하시는 주인이십니다(26). 사람을 그릇되게 하는 함정에는 아첨(5), 범죄(6), 교만(23)과 사람을 두려워함(25)이 있습니다. 특히 잘못된 결과를 가져다주는 교만과 분노(조급한 기질)에 대한 잠언이(8, 9, 11, 20, 22) 나옵니다. 교만하면 낮아지고 마음이 겸손하면 영예를 얻습니다(23). 어느 시대에나 의로운 자에게 박해가 있습니다(10, 27). 꾸지람과 징계가 필요함을 가르치는 격언이 여러 차례 나옵니다(15, 17, 19, 21).

데살로니가후서 3장

바울이 데살로니가 성도들에게 그가 전하는 하나님의 말씀이 확장되어 영광스럽게 되고, 자신과 동역자들이 반대자들과 악한 자에게서 안전하도록 기도를 요청합니다. 또한 데살로니가 성도들을 하나님의 말씀으로 믿음이 굳건하도록 하나님께서 지켜주시고 인도하여 주셔서 하나님의 사랑과 그리스도의 인내 속에 머물기를 기도합니다. 바울은 끝으로 고질적인 게으름으로 일하지 않는 이들을 책망합니다. 바울과 일행이 무질서를 버리고 수고하여 주야로 일하며 폐를 끼치지 않는 본을 보였습니다. 바울은 일하기 싫어하거든 먹지도 말게 하라고까지 권면했으나 일하지 아니하고 일손을 놓고 일만 만드는 게으름에 빠진 이들에게 주 안에서 권하기를 조용히 일하며 자기 양식을 먹으라고 합니다(12). 성도는 선을 행하다가 낙심치 말아야 합니다(13). 예수 재림을 대망하는 성도에게는 믿음을 지키고 신실하고 근면하게 일해야 하는 거룩한 책임이 있습니다.

4월 12

레위기 16장

아론이 속죄일에 성소에 들어오려면 몸을 씻은 후에 예복으로 갈아입어야 합니다. 그리고 속죄제와 번제를 준비하고, 대속죄제의 제물로 수송아지와 두 염소를 준비합니다(6-10). 대제사장은 자신과 그의 집안을 위해 먼저 수송아지로 속죄제를 드립니다. 그런 후에 백성을 위해 염소의 속죄제를 드립니다. 그 절차가 대제사장의 속죄제의 그것과 동일하고, 다만 제물이 염가인 염소였습니다. 속죄의 의식을 완료한 대제사장은 아사셀의 염소를 상징적인 행사로 광야로 보냅니다(20-22). 이로써 이스라엘의 모든 죄가 완전히 제거되고 속죄를 받는 것입니다. 대속죄가 끝난 후 후속적인 규례로써, 대제사장은 옷을 갈아입고, 번제를 드리며, 아사셀에게 보낸 자도 결례를 행하고, 속죄제물의 가죽과 고기를 불사르는 등입니다. 7월 10일은 대속죄일로 영원히 지킬 규례입니다. 대속죄 규례는 영원한 대제사장이신 예수그리스도께서 단번에(히9:12) 드린 영원한 속죄제로 완결되었습니다.

시편 19편

시인은 하늘과 궁창을 우러러보며 자연 만상에 나타난 하나님의 영광을 보고 하나님의 창조의 장엄함과 광활한 자연 속에 드러나 있는 하나님의 위대한 솜씨를 노래합니다. 낮과 밤의 조화 속에서 온 땅에 나타난 하나님의 소리를 듣고 말씀이 충만해 있음을 깨닫습니다. 해를 위해 하나님께서 장막을 베푸셨는데 해는 그의 신방에서 나오는 신랑과 같다고 읊고 있습니다. 또한 하나님께서 주신 율법의 아름다움과 그것이 주는 즐거움을 노래합니다. 율법은 완전하여 영혼을 소성시키고 우둔한 자를 지혜롭게 해준다고 고백합니다. 하나님의 교훈과 계명은 마음을 기쁘게 하고 눈을 밝게 하십니다. 그래서 순금보다 더 사모할 것이며 송이꿀보다 더 달다고 했습니다. 이 말씀으로 경고를 받고 허물과 죄에서 씻음 받기를 소원하고(12,13) 자신의 말과 마음의 묵상이 주님 앞에 열납되기를 갈망합니다(14).

잠언 30장

지혜자는 하나님의 말씀은 다 순전하며 하나님은 그를 의지하는 자의 방패라고 여깁니다(1). 그에게 소원이 있습니다. 헛된 것과 거짓을 멀리하기를 소망하고, 만족을 소중히 여기는 균형 잡힌 인생관을 갖고 살기를 간구합니다(7-9). 그래서 하나님을 알고 하나님을 높이며 살고 싶어 합니다. 거만함에 대해 네 가지로 묘사합니다. 즉, 부모 저주(11, 17), 자칭 의인(12), 자기 자랑(13), 착취(14) 등으로 모두 무익한 것들입니다. 거머리는 다오 다오 하기만 하고 족한 줄 모르는 사람을 비유합니다. 사람이 채울 수 없는 탐욕은(15, 16), 우상숭배와 같습니다(9, 골 3:5). 사람의 죄는 양심마저도 잠재울 정도로 자연스럽게 나타나게 되어 있습니다(20). 스스로 높은 체하는 것과 악한 일을 꾸미는 것(32), 노를 격발하여 싸움을 만드는 것은 미련한 것입니다(33). 누구든지 자신을 알면 지혜롭게 처신합니다. 지혜자에게는 항상 하나님의 말씀이 있습니다.

디모데전서 1장

바울 사도가 에베소에서 사역 중인 디모데의 목회를 격려하는 편지를 보냅니다. 바울은 당시 거짓 율법 교사들과 신화와 족보에 몰두하는 유대주의적인 영지주의자들을 경계하라고 했습니다. 그의 교훈의 목적은 청결한 마음과 선한 양심과 거짓이 없는 믿음에서 나오는 사랑이었습니다. 사람들 중에 자기가 말하는 것이나 증거하려는 것도 깨닫지 못하고 바른 교훈을 거스르는 잘못된 이들이 있었습니다. 바른 교훈은 그의 복되신 하나님의 영광의 복음을 따라야 함을 강조합니다. 바울이 복음의 일꾼이 된 것은 전적인 하나님의 은혜에 의한 것임을 간증합니다. 복음 전도자로 부름받기 전에는 비방자, 박해자, 폭행자요 죄인 중에 괴수였지만 하나님의 긍휼로 자신을 용서하시고 사명을 맡겨주신 하나님께 감사 찬양합니다. 바울은 디모데에게 이전 바울로부터 받은 교훈과 말씀으로 선한 싸움을 싸우되 믿음과 착한 양심을 간직하라고 권면합니다.

4월 13

레위기 17장

하나님께서 이스라엘 집의 모든 사람이 짐승을 잡을 때 먼저 회막문에 끌고 가서 성막 앞에서 여호와께 예물을 드리라고 하셨습니다. 이스라엘 중에 거류하는 거류민이 번제나 제물을 드리되 회막문으로 가져다가 여호와께 드리라고 했습니다. 이토록 선민의 신앙과 삶의 중심은 회막입니다. 또한, 이스라엘 백성이나 거류민이라도 무슨 피를 먹든지 하면 그들을 백성 중에서 끊으시겠다고 하셨습니다. 육체의 생명이 피에 있기 때문입니다. 하나님께서 이 피를 주어 생명을 속하게 하셨으므로 피가 죄를 속합니다. 정결과 사죄가 피에 있습니다(히 9:22). 그래서 피를 먹지 말라고 하신 것입니다. 모든 짐승이나 새를 잡고 그 피를 흘리고 흙으로 피를 덮으라고 하셨습니다. 모든 생물은 그 피가 생명과 일체이기 때문입니다. 또한 스스로 죽은 것이나 들짐승에게 찢겨 죽은 것을 먹은 자는 부정하므로 옷을 빨고 몸을 씻으라고 하셨습니다.

시편 20, 21편

20편은 원정길에 나서는 왕을 드높이고, 21편은 그의 개선을 드높입니다. 20편. 백성들은 전쟁에 출정하는 왕을 하나님께 의뢰하며, 환란 날에 여호와께서 응답하시고 왕을 높이 드시며 도와주시고 붙드실 것을 확신합니다. 마음의 소원대로 허락하시고 모든 계획을 이루어주시길 간구하며 승리의 개가를 부를 것을 확신합니다. 왕은 하나님께 대한 확실한 믿음을 표함으로 하나님의 이름을 의지하며 자랑할 것을 약속합니다. 21편. 하나님께서 하나님만 의지하는 왕의 마음의 소원과 입술의 요구를 들어주셨습니다. 하나님께서 왕의 모든 원수를 찾아내어 소멸시키시고 그들의 후손들까지도 멸하셨습니다. 하나님은 승리의 하나님이십니다. 이 시는 순금관을 쓴(3) 왕의 대관식의 시라고도 합니다. 결국 왕에게 권위와 영화를 주신 분은 하나님이심을 높이고 있습니다. 생명과 구원의 하나님께서 존귀와 위엄을 입히시고 영원토록 복을 받게 하셨습니다.

잠언 31장

르무엘 왕의 어머니가 훈계한 잠언입니다. 그 교훈은 경고와 권면으로 이루어집니다. 경고로서, 왕으로서 필요하게 될 정력과 맑은 정신을 무절제한 성행위와(3), 왕에게 있을 수 있는 유혹과 술을 경계하라(4)고 했습니다. 술은 입법과 재판을 시행하는 왕에게 이롭지 못합니다(5). 권면으로서, 외롭고 가난하고 궁핍한 사람들의 권리를 보호하라(8, 9)고 하고, 왕권의 영광이 허장성세와는 무관하며, 오직 도덕적 정직성과 사회적 정의와 관련되어 있다고 했습니다(9). 좋은 아내, 본 장에 나오는 여인은 상당한 재산을 가졌고(15, 16, 18, 24) 최고의 것을(홍색 옷) 베풀 수 있는 사람입니다. 현숙한 아내는 부지런히 일하고(13, 17, 27), 남편을 신뢰하고 남편으로부터 신뢰받습니다(11, 12, 28, 29). 또한 가족을 대하는 관심과 준비(21, 27), 관대함(20)과 인애(26)의 성품을 가졌습니다. 그녀의 성품 중에 핵심적인 것은 여호와를 경외하는 것입니다.

디모데전서 2장

바울은 먼저 기도하되 모든 사람을 위하여 간구와 기도와 도고, 즉 중보기도와 감사를 하라고 했습니다. 모든 사람을 위하여 특히 임금들(당시 로마 황제들)과 그 관리들을 위해 중보기도를 하라고 했습니다. 하나님의 소원은 모든 사람이 구원받는 것입니다. 하나님께서 중보자 하나님의 아들 예수그리스도를 모든 사람을 위해 대속물로 보내주셨습니다. 바울은 각 교회에서 남자들이 순전한 마음으로 거룩한 손을 들어 기도하기를 소망하고 있습니다. 교회 안에서의 여자들의 영적 처신에 있어 여성들이 화려하게 단장하여 시선을 끌기보다 하나님을 경외하는 자들로서 선행을 실천하는 것이 마땅하다고 했습니다. 또한 교회에서 가르치기보다는 순종과 절제의 미덕을 보이라고 했습니다. 이는 차별이 아니라 하나님의 창조 질서에 부합한 것입니다. 여성은 신앙적 해산의 고통 속에서도 믿음, 사랑, 거룩함에 거함으로 하나님의 뜻을 깨달아 구원에 이르게 됩니다.

4월 14

레위기 18장

하나님께서 이스라엘 백성들이 애굽 땅의 풍속이나 가나안 땅의 풍속과 규례를 따르지 말고 하나님의 법도와 규례를 지켜 행하라고 하셨습니다. 하나님께서 근친상간을 엄금하십니다. 여러 형태의 살붙이, 즉 가족이나 가까운 친척을 구체적으로 들어 그들과 성관계를 엄금하셨습니다(6-18). 여인의 월경 중에, 이웃의 아내와의 사이에 성행위를 엄금하고 남성 간 간음 행위를 금지하고, 변태적이고 성도착적인 행태인 짐승과의 교접행위 등을 금지하셨습니다. 이런 문란한 행위로 더럽히지 말라고 하셨습니다. 가나안의 족속들이 성적으로 문란하여 그 땅에 더러워졌기에 그들을 벌하고 그 주민을 토하여 내셨다고 하십니다(25). 이스라엘이 그러한 가증한 풍속을 따라 죄를 지어 하나님의 심판을 받지 않도록 하라고 경고하십니다(26,30). 성윤리는 모든 윤리의 기본입니다. 거룩하신 하나님의 백성은 거룩해야 하므로 성적 윤리에서도 성결해야 합니다.

시편 22편

시인은 큰 고통 중에 있는 자신을 하나님이 버리신 것 같고 멀리하여 돕지도 않으시고 신음 소리를 듣지 않으시느냐고 호소합니다. 또 다수의 힘센 자들이 시인을 에워싸고 위협하고 있어 자신은 큰 비애와 좌절을 경험하고 있으나 주님께서 자신을 죽음의 진토 속에 내버려 두셨다고 토로합니다. 자신을 대적하는 자들이 개처럼 둘러싸고 모욕하는 것을 두고 하나님께서 자신을 멀리하지 마시고 도와주시고 건져달라고 호소합니다. 시인은 탄원에 이어 감사와 찬양의 고백을 올립니다. 시인은 감사와 아울러 전에 곤경 가운데 서원한 것을 이행하느라 감사제를 드립니다. 기도자는 자기의 구원을 감사함으로써 자기에게 구원을 베푸신 하나님의 위대한 행위와 이름을 찬양하며 예배할 것을 형제들 앞에서 선포합니다. 심지어 죽은 자들은 음부에서 하나님께 영광을 돌려야 한다는 것을 선포합니다. 앞으로 날 후손들도 하나님을 섬길 것이고 대대로 그를 전할 것이라고 확신합니다.

전도서 1장

　전도자는 헛됨을 외칩니다. 전도자는 해 아래 있는 세상 모든 것이 무의미한 반복을 계속할 뿐이라고 합니다. 모든 자연 현상, 해와 바람, 강물도 모두가 돌아가고, 있던 것이 다시 반복 존재할 뿐 해 아래에는 새것이 없음을 알았습니다. 현세대에 있는 것들도 이미 있었던 것이고 세대가 바뀌어도 그 세대에도 땅에 있던 것이 다시 있을 뿐이라는 것을 알았습니다. 전도자는 지혜를 동원하여 하늘 아래에서 행하는 모든 일들을 연구하며 살펴본 결과 모든 것이 다 수고로운 것이고, 모든 일들도 다 헛되어 바람을 잡으려는 것임을 깨달았습니다. 전도자는 남다른 지혜와 지식으로 더 나은 지혜를 추구하고 미련한 것들을 파악하고자 마음을 기울였으나 모두가 바람을 잡는 일이었음을 깨달았습니다. 지혜와 지식이 더한수록 번뇌와 근심도 더했다고 토로합니다. 하나님이 빠져 있으면 모두가 헛될 뿐입니다. 진정한 지혜는 하나님을 알고 하나님을 경외하는 데 있습니다.

디모데전서 3장

　바울은 디모데에게 자격 있는 직분자를 세우라고 했습니다. 감독(장로)의 직분을 맡을 자는 선한 일을 사모하는 사람입니다. 책망할 것이 없고 한 아내의 남편으로서 혼인 관계가 깨끗하고 절제와 신중함과 단정히 행하고 나그네를 대접하며 가르치기를 잘하고 술을 즐기지 아니하고 구타하지 아니하고 관용하며 다투지 않으며 돈을 사랑하지 않고 가정을 잘 다스리고 자녀들을 복종하게 하는 자여야 합니다. 나아가 외인에게도 선한 증거를 얻은 자라야 합니다. 집사는 일구이언하지 않고 술에 인 박이지 아니하고 더러운 이익을 탐하지 아니하고 깨끗한 양심에 믿음의 비밀을 가진 자로서의 자격을 갖추어야 합니다. 이에 사람들을 먼저 시험하여 보고 후에 직분을 맡게 하라고 했습니다. 여자를 집사로 세울 경우에도 정숙하고 모함하지 아니하며 절제하며 모든 일에 충성된 자여야 합니다. 집사도 건전한 혼인 관계와 자녀들을 복종케 하는지를 보아야 합니다.

4월 15

레위기 19장

거룩하신 하나님께서 거룩한 백성으로서 지켜야 할 여러 규례를 주셨습니다. 땅에서 곡식을 거둘 때 수확 일부, 포도나무 열매의 일부를 가난한 사람과 거류민을 위하여 버려두라고 하셨습니다. 도둑질, 속임수, 거짓말과 거짓 맹세를 금하셨습니다. 이웃을 압제하거나 착취하지 말고, 귀먹은 자를 저주하거나 맹인 앞에 장애물을 놓지 말라고 하셨습니다. 가축, 종자, 직조의 규례, 여종과의 동침 후의 조치 규례, 과목과 과실 규례가 나옵니다. 피 째 먹는 것, 점치는 것, 술법을 금하고 머리와 수염 깎는 문제, 살에다 문신이나 무늬 놓는 것을 금하는 규례가 나옵니다. 딸을 창녀가 되지 않게 하고, 신접한 자, 박수를 추종하지 말라고 하셨습니다. 재판할 때나 무게나 양을 잴 때 공의롭게 하고, 공평한 저울, 추, 에바와 힌을 사용하라고 하셨습니다. "나는 너희의 여호와니라"라는 말씀이 열네 차례 반복하여 나옵니다. 구원하신 하나님과 언약 백성 이스라엘과의 관계를 말해줍니다.

시편 23, 24편

시 23. 다윗은 "여호와는 나의 목자시니"라고 신앙고백합니다. 하나님은 생존에 필요한 것을 공급해주시고, 영혼을 소생시키시고 의의 길로 인도하는 인도자이십니다. 늘 함께하시는 길잡이, 하나님을 믿기에 고통과 죽음의 어두운 골짜기를 지날 때도 해를 두려워하지 않습니다. 원수 앞에서도 자신을 언약의 백성으로 예우해주시고 귀한 손님으로 대해주시기에 하나님과 늘 함께하고 싶은 소망을 고백합니다. 시 24. 땅과 거기 충만한 것과 세계 가운데 사는 자들이 다 하나님의 것이요, 바다 위에 솟아 있는 견고한 땅을 세우신 창조주로 찬양합니다. 하나님은 예배를 통해 손이 깨끗하고 청결한 자에게 당신을 알리시는 거룩하신 분입니다. 예루살렘을 하나님의 계시 중심지로 삼으시고 언약궤를 당신의 임재 상징으로 삼으셨습니다. 영광의 왕이신 하나님, 강하고 능하시며 전쟁의 승리자이신 하나님이 들어오시니 기꺼이 문을 열어 맞으라고 외칩니다.

전도서 2장

전도자는 사람이 갖는 즐거움과 낙, 웃음과 희락도 다 헛되고 소용없는 것이라고 합니다. 그는 지혜를 추구하면서도 술을 즐겨보기도 하고 사업을 크게 하고 집들을 짓고 포도원을 일구며 동산을 만들어 과목을 심고 물을 대기 위해 못을 파고 남녀 노비를 사서 종들을 낳게 하였습니다. 다른 부자들보다 은, 금, 보배를 갖추고 노래하는 남여와, 처첩을 많이 두고 다른 이들보다 더 창성한 경험을 했습니다. 자신의 원하고 즐기고 싶은 대로 막힘없이 수고하여 많은 몫을 얻었습니다. 그런데 생각해보니 자신이 행한 수고와 모든 일이 다 헛되어 바람을 잡는 것이고 무익한 것임을 깨달았습니다. 하나님은 그가 기뻐하시는 자에게는 지혜, 지식, 희락을 주시지만 죄인에게는 노고를 주시고 그가 모아 쌓은 것, 하나님을 기뻐하는 자에게 주게 하시는 것도 헛되어 바람을 잡는 것이라 했습니다. 전도자는 인생을 경험한 후 염세주의, 허무주의적 사고 빠졌습니다. 그것은 그의 인생의 목적이 이 땅에만 있었기 때문입니다.

디모데전서 4장

바울은 이단의 거짓 가르침을 경계하고 있습니다. 그들은 양심이 화인을 맞아 외식과 거짓말하는 자들입니다. 그들은 영지주의자들로서 혼인을 금하고 특정 음식물을 멀리하는 자들입니다. 하나님이 지으신 것은 다 선하므로 음식을 멀리하는 것은 옳지 않다고 했습니다. 그리스도의 좋은 일꾼이 되도록 가르치는 일에 전력하고(6,11), 경건에 이르도록 훈련하라고 권면합니다. 경건은 금생과 내생에 약속이 있기 때문입니다. 전도자들이 수고하고 힘쓰는 것은 소망을 살아계신 하나님께 두기 때문입니다. 좋은 일꾼은 참과 거짓을 분별할 줄 알고, 성경을 항상 배워야 합니다. 또한 말과 행실과 사랑과 믿음과 정절에 본이 되어야 하고, 읽고 권하고 가르치는 것에 전념을 기울여야 합니다. 이 모든 일에 전심전력하여 성숙함을 모든 사람에게 보여주도록 하라고 교훈합니다.

4월 16

레위기 20장

하나님께서 반드시 죽여야 할 범죄에 대해 명하셨습니다. 자식을 몰록 우상에게 주는 자는 반드시 죽이라고 명하셨습니다. 이는 하나님의 성소를 더럽히고 거룩한 이름을 욕되게 했기 때문입니다. 신접한 자와 박수무당을 음란하게 따르는 자에게는 백성 중에서 끊고, 신접하거나 박수무당이 된 남여를 돌로 쳐 죽이라고 하셨습니다(27). 아버지나 어머니를 저주하는 자도 반드시 죽이라 하셨습니다. 하나님이 허락하지 않는 이 대상으로 간음하거나 동침하면 반드시 죽이라고 하셨습니다. 근친상간, 가까운 친척과의 동침, 짐승과 교접하는 경우에도 반드시 죽이라고 하셨습니다. 또한, 하나님께서 유업으로 주시는 가나안 족속의 풍속을 따르지 말라고 하셨습니다. 하나님께서 선민들에게 하나님께 거룩하라고 하십니다. 하나님이 거룩하시고 또 하나님께서 당신의 소유로 삼으려고 선민을 만민 중에 구별하셨기 때문입니다.

시편 25편

시인은 원수들이 자신을 해하려고 하는 상황에서 하나님을 의지하고 우러러보며 하나님의 도우심을 갈구합니다. 나아가 그는 주님의 길과 진리로의 한 걸음씩 인도하심을 받기 원하며(4,5), 자기를 하나님 앞에서 성찰하며 아무리 오래전의 죄일지라도 젊은 날의 죄와 허물을 기억하지 마시고 사해달라고 간구합니다. 하나님은 선하고 정직하셔서 주님의 도로 죄인들을 교훈하시고, 하나님의 모든 길은 언약과 증거를 지키는 자에게 인자와 진리가 되십니다(10). 시인은 하나님을 경외하는 자에게 친밀하게 하시고 택할 길을 보이시며, 그의 영혼이 평안하고 자손도 땅을 상속할 것이라는 확신이 있습니다. 시인은 재차 갈급한 심정으로 하나님께서 돌이키사 은혜를 베푸시고 자신의 곤고와 환란을 보시고 죄를 사하시며 고난에서 끌어내어 달라고 호소합니다. 하나님께로 피하는 자신을 보호해달라고 간구합니다.

전도서 3장

범사에 기한이 있고 때가 있는데 스물여덟 가지의 때를 일별합니다. 그때는 냉엄한 인생의 시점을 묘사하지만 결국 허무를 선포합니다. 여러 때는 양쪽으로 대비되는 도전과 기회를 함께 담고 있습니다. 전도자는 시간 너머에 계신 하나님께서 사람에게 노고를 주사 애쓰게 하심을 깨달았습니다. 하나님께서 인생들에게 영원을 사모하는 직관을 주셨으나 하나님이 하시는 일의 시종을 사람으로 측량할 수 없게 하셨습니다. 이런 한계를 가진 인생의 행복의 길은 사람이 사는 동안에 먹고 마시고 수고함으로 낙을 누리는 것이 하나님 주신 선물인 줄 알고, 자신의 인생을 기뻐하며 선을 행하는 것이라고 했습니다. 또한, 영원하신 하나님을 경외하는 것이라고 했습니다. 인생의 육은 흙으로 돌아가고 영혼은 왔던 곳, 하나님께로 돌아갑니다. 하나님은 삶과 죽음뿐 아니라 심판의 주인이신 줄 알고 자기에게 주신 시간을 따라 자기 일에 즐거워하는 것이 가장 바람직한 인생입니다.

디모데전서 5장

디모데에게 성도를 대하는 태도에 대해 자세하게 교훈합니다. 교회 안에 늙은이와 젊은이를 어떻게 대할지 말씀합니다. 특히 교회 안의 과부를 어떻게 예우할지, 과부의 자격과 과부가 어떻게 처세해야 할지에 대해 다소 긴 말씀으로 교훈합니다. 젊은 과부는 과부의 명부에 올리지 말라고 했습니다. 젊은 과부로 인한 폐해를 사전에 방지하도록 한 것입니다. 과부 친척이 있는 경우에는 친척이 도와주어 교회에 짐을 지우지 않도록 했습니다. 잘 다스리는 장로를 배나 존경하고, 장로에 대한 고발 사건은 신중하게 다루되 범죄한 경우 공개적으로 꾸짖어 다른 이들이 경고 받도록 하라고 했습니다. 교회 치리에 편견 없이, 불공평하게 하지 말라고 합니다. 바울은 아무에게나 경솔히 안수하지 말고 다른 사람의 죄에 대하여 간섭하지 말고 자신을 지켜 정결하게 하라고 권면합니다. 죄도 선행도 백일하에 드러날 줄 알고 행하라고 했습니다.

4월 17

레위기 21장

하나님께서 제사장이 지켜야 할 엄한 규례를 말씀하셨습니다. 제사장이 죽은 시체를 만져 스스로 더럽히지 말라고 명하셨습니다. 제사장은 그의 백성의 어른이므로 자신을 더럽혀 욕되게 하지 말라고 하셨습니다. 용모에 있어서 거룩하고 하나님의 이름을 욕되게 하지 말라고 하셨습니다. 부정한 창녀나 이혼당한 여인을 아내로 취하지 말라고 하셨습니다. 관유로 부음을 받고 위임된 대제사장은 머리를 풀지 말고 옷을 찢지 말며 어떤 시체든지 가까이하지 말라고 했습니다. 제사장은 과부, 이혼당한 여자, 창녀 같은 더러운 여인을 취하지 말고 백성 중에 처녀를 취하여 아내를 삼게 했습니다. 아론은 육체의 흠이 있는 경우에 하나님께 음식을 드리려고 가까이하지 못할 것이라 했습니다. 지성물은 먹을 수 있어도 휘장 안에 들어가거나 제단에 가까이하는 것을 금하셨습니다. 하나님은 선민들을 거룩하게 하신, 거룩하신 하나님이시기 때문입니다.

시편 26, 27편

시 26. 시인은 무고히 고발당하여 무거운 죄를 지었다는 혐의로 목숨이 위태로운 상황에서 결백을 주장하는 탄원의 기도를 드립니다. 또 하나님께서 자신을 살피시고 시험하사 자신의 양심을 단련해달라고 호소합니다. 그는 악한 자들과 달리 하나님이 계신 집, 하나님의 영광이 머무는 곳을 사랑하였으며 그 성소에서 피난처를 찾습니다. 시인은 사악과 뇌물이 가득 찬 범죄자들과 달리 완전함에 행하니 자신을 속량하시고 은혜를 베풀어달라고 기도합니다. 시 27. 시인은 하나님이 자신의 빛, 구원이시기에 누구도 두렵지 않고 또 생명의 능력이시므로 누구도 무서워하지 않겠다고 선포합니다. 비록 대적들과 원수들이 자신을 해하려고 진을 치지만 오직 그의 소원은 평생 하나님의 집에 살면서 하나님의 아름다움을 보며 하나님을 사모하는 것입니다. 시인은 하나님께 부르짖을 때 긍휼히 여기사 응답해 주시기를 구하고, 하나님의 도를 가르쳐 주시고 평탄한 길로 인도해 달라고 간구합니다.

전도서 4장

학대받는 자에게 눈물이 있으나 위로자가 없고, 학대하는 자는 권세가 있으나 위로자가 없습니다. 이런 압제와 고통이 성행하는 세상을 보고 슬픔과 고통을 느끼며 산 자 보다 먼저 죽은 자가 복되다 하고, 차라리 태어나지 않은 사람이 더 복되다는 회의를 갖습니다. 사람이 하는 모든 수고와 재주가 이웃에게 시기를 받으니 헛된 것이고, 되는대로 살자 식의 게으름은 자기를 파멸시키는 것입니다. 어떤 이는 끝없이 수고를 하나 부에 대한 족함이 없고, 어떤 이가 수고한 것은 다른 이를 위한 것일 뿐이므로 불행한 수고라고 여깁니다. 전도자는 이런 수고로운 인생을 홀로 고투하는 것보다 함께 연합하고 우정을 나누며 협력하는 동무가 있는 것이 더 좋다는 것을 깨달았습니다. 한편 둔하고 다른 이의 충고를 듣지 않는 늙은 왕보다 가난하여도 지혜로운 젊은이로서 나중 왕이 되는 자가 더 영예롭지만, 이후의 사람들이 그를 기뻐하지 않을 수가 있으니 헛된 일임을 깨닫습니다.

디모데전서 6장

교회 안에 주인과 종이 함께 있었는데, 상전을 형제라고 부른다고 그를 가볍게 여기지 말고 범사에 공경하고 섬겨야 하나님의 이름과 교훈이 비방받지 않을 것이라고 교훈합니다. 당시 그리스도의 말씀과 경건에 관한 교훈을 따르지 않고 마음이 부패하고 진리에서 멀어져 경건을 이익의 재료로 삼는 이들은 교회에 부정적인 결과를 가져오게 함으로 철저하게 배격하라고 합니다. 자족하는 마음을 가질 때 경건은 큰 유익이 된다고 했습니다. 부 하려 하면 시험과 올무와 욕심에 떨어지고, 돈을 사랑함이 일만 악의 뿌리라고 경고합니다. 바울은 하나님의 사람으로서의, 경건, 믿음, 사랑, 인내와 온유를 따르며, 믿음의 선한 싸움을 싸우고 영생을 취하라고 했습니다. 이 세대에 부한 자들을 명하여 마음을 높이지 말고, 정함이 없는 재물에 소망을 두지 말고 오직 하나님께 두고 선을 행하고 선한 사업을 많이 하고 나누어 주기를 좋아하고 너그러운 자가 되라고 교훈합니다.

4월 18

레위기 22장

하나님께 드린 성물을 먹는 규례입니다. 부정한 가운데서 여호와께 구별하여 드린 성물에 가까이하는 자는 하나님 앞에서 끊어질 것이라고 경고하셨습니다. 또, 부정의 대상을 구체적으로 말씀하셨습니다. 성물을 속되게 하면 죄를 짓고 그 가운데 죽을 수 있기 때문입니다. 일반인은 성물을 먹지 못합니다. 만일 일반인이 부지중에 먹으면 5분의 1을 더하여 제사장에게 주어야 합니다. 만일 서원 제물이나, 자원 제물로 번제와 더불어 하나님께 드리려면 기쁘게 받으심이 되도록 드리되 흠 있는 것은 무엇이나 드리지 못하게 하셨습니다. 한편 수소나 양이나 염소가 나면 이레 동안 그것의 어미와 함께 있게 하고 여덟째 날 이후로는 여호와께 예물을 드리라고 하고, 암소나 암양을 막론하고 어미와 새끼를 같은 날에 잡지 말고 감사제물은 그날에 먹고 이튿날까지 두지 말라고 하셨습니다. 하나님께서 성물을 거룩하게 하셨으므로 하나님을 기쁘시게 받으시도록 드린 후 먹어야 합니다.

시편 28, 29편

시28. 시인은 하나님께 자신의 하소연을 들어 달라고 부르짖습니다. 그는 죽음을 눈앞에 둔 상황입니다. 중병으로 인함인지 억울한 일 때문인지 모릅니다. 그는 성전 앞뜰에서 지성소를 향해 반석이신 하나님께 손을 들고 간구하고 힘과 방패이신 하나님을 의지하므로 도움을 얻었으므로 기뻐 찬송합니다. 또, 주의 백성의 구원과 산업의 복을 주시고 목자로서 영원히 인도해달라고 간구합니다. 시29. 시인은 권능 있는 자들을 향해 영광과 능력을 여호와께 돌리고 거룩한 옷을 입고 하나님께 예배하라고 외칩니다. 우렛소리는 하나님의 영광과 위엄을 드러내는 소리입니다. 권능 있는 자는 하나님을 모시고 둘러선 '하나님의 아들들'(천사)을 지칭합니다. 하나님의 위엄에 찬 소리는 자연계에 맹위를 떨치시고, 광야도 진동시키시고 짐승도 주관하십니다. 성소에서는 하나님의 영광을 드러내십니다. 시인은 왕이신 하나님께서 백성에게 힘을 주시고 평강의 복을 주십니다.

전도서 5장

하나님을 경외하는 것은 하나님께 예배드리는 것으로 나타납니다. 제물을 잘못 드리는 것보다 하나님의 말씀을 잘 듣고, 함부로 급한 마음으로 하지 말고 하나님 앞에 신중하고 정확하게 기도해야 합니다. 서원은 신중하게 해야 하고 서원한 것은 반드시 갚아야 합니다. 재물은 덧없는 것이요 욕심을 일으키긴 해도 채우는 법은 없습니다. 돈이 많아진다고 하여 소유자가 더 먹는 것은 아니고, 먹는 자들이 더 많은 것입니다. 소유주가 많이 가졌다 해도 뜻하지 않는 재난으로 다 잃어 손에 아무것도 없기도 합니다. 얻을 때의 기쁨, 잃을 때의 슬픔이 폐단입니다. 아무리 많이 취해도 돌아갈 때 빈손으로 돌아갑니다. 재물에 대한 과욕을 버리고 수고하여 얻은 것으로, 많으나 적으나 하나님 주신 분복대로 낙을 누리며, 하나님이 재물과 부를 주서서 능히 누리게 하시며 제 몫에 따라 수고하고 즐거워하게 하신 것이 하나님의 선물입니다.

디모데후서 1장

바울은 그의 생애 말기, 순교 당하기 직전에 디모데를 만나기를 애타게 기다리며 격려의 편지를 보냅니다. 바울은 디모데에게 있는 거짓이 없는 믿음을 기억하고 하나님께서 주신 은사를 다시 불붙여 복음 사역을 수행하기를 소원합니다. 나아가 두려움을 떨쳐버리고 능력과 사랑과 절제하는 마음으로, 바울이 감옥에 있는 것에 부끄러워하지 말고 하나님의 능력을 따라 복음과 함께 고난을 받으라고 권면합니다. 하나님이 우리를 구원하시고 거룩한 소명으로 불러주신 것은 하나님의 뜻과 그리스도 안에서 우리에게 주신 은혜대로 하신 것입니다. 바울은 그리스도의 복음 선포자, 사도, 교사로 세우심을 받아 고난을 받되 부끄러워하지 아니하고, 그가 믿고 의지하며 사명을 주신 하나님께서 주님의 날까지 안보해주실 것을 확신합니다. 디모데도 바울로부터 받은 건전한 교훈을 믿음과 사랑으로 본받아 지키고, 성령으로 말미암아 디모데에게 준 아름다운 것을 지키라고 권면합니다.

4월 19

레위기 23장

하나님께서 성회로 공포한 절기에 대한 명령입니다. 안식일은 아무 일도 하지 않고 지켜야 할 성회의 날입니다. 첫째 달 열 나흗날 저녁은 유월절이요 열 닷샛 날은 무교절입니다. 안식일 이튿날부터 일곱 안식일부터 50일을 계수하여 새 소제를 드리고 제사를 함께 드립니다. 이는 두 번째 거둔 곡물을 바치는 절기입니다. 일곱째 달 첫날은 쉬는 날로서 나팔을 불어 기념하는 성회로 화제를 드립니다. 일곱째 달 열흘날은 속죄일로 성회를 열고 스스로 괴롭게 하여 여호와께 화제로 드립니다. 아흐렛날 저녁부터 이튿날 저녁까지 안식을 지킵니다. 일곱째 달 열닷새 날은 초막절로서 이레 동안 지킵니다. 이레 동안 화제로 드리며 여덟째 날에도 성회로 모여서 화제를 드립니다. 토지소산 거두기를 마치고 일곱째 달 열 닷샛날부터 이레 동안 여호와의 절기를 지키고 여덟째 날도 안식합니다. 이때 광야에서 거주한 것을 기억하여 이레 동안 초막에서 거주합니다.

시편 30편

시인은 하나님께서 베풀어주신 은혜를 기억하며 찬양합니다. 원수를 좌절하게 하시고 병중에 부르짖을 때 고쳐주시고 영혼을 죽음에서 끌어내어 무덤에 내려가지 않게 하셨습니다. 이런 은혜를 체험한 시인이 거룩한 백성들을 향해 하나님의 거룩하심을 기억하며 감사하라고 권합니다. 하나님의 노염은 잠깐이지만, 그의 은총은 평생인지라 저녁에 울음이 깃들여도 아침에는 기쁨이 올 것이라 확신합니다. 형통할 때 영원히 흔들리지 않으리라 생각하고 주님의 은혜로 자신을 굳건하게 세웠으나 주님께서 얼굴을 숨기시고 진노하실 때 근심하여 부르짖고 간구했습니다. 자신이 곤경 중에 무덤으로 내려가 버리면 유익도 없고 티끌같이 되면 찬송할 수도 없고 진리를 선포할 수도 없으니 하나님께서 돕는 자가 되어주시기를 기도합니다. 시인은 하나님께서 응답하시고 슬픔을 바꾸어 춤이 되게 하시고 베옷을 벗기고 기쁨으로 띠 띄워 주신 은혜를 깨닫고 하나님을 찬송합니다.

전도서 6장

전도자는 이 땅에서 일어나는 불행한 일 중 하나는 사람이 모든 소원을 다 이루어 재물과 부와 존귀를 받았으나 하나님께서 그것을 다른 사람이 누리도록 한 것을 보니 헛되어 악한 병이라고 표현합니다. 비록 많은 자녀를 낳고 장수하여 오래 살아도 그 영혼은 그러한 행복으로 만족하지 못하고 또 병까지 들면 차라리 낙태된 자가 더 행복할 것이라 여깁니다. 전도자는 낙태한 자는 헛되이 왔다가 헛되이 죽어 불행할 것을 보지 않으니 더 평안하고, 또 천 년의 갑절을 살아도 행복을 보지 못하면 마침내 마찬가지라고 탄식합니다. 사람의 수고는 결국 자기의 입을 위함이지만 그 식욕은 채울 수 없습니다. 마음으로 공상하는 것보다 눈으로 보는 것이 나을 수 있으나 보는 것도 만족이 없으니 헛되어 바람을 잡는 것입니다. 헛된 생명의 날을 보내는 한 평생에 무엇이 낙인지 모르니, 그 후에 해 아래에서의 일을 누구도 고하지 못합니다. 그러니 땅에서 일어나는 일들이 모두가 헛것입니다.

디모데후서 2장

복음의 일꾼은 먼저 은혜 속에서 강하여, 들은 말씀을 충성된 사람들에게 부탁하므로 그들이 다른 사람을 가르치게 됩니다. 또한, 복음의 일꾼은 예수의 좋은 병사로, 법대로 경기하는 경기자처럼 경주하고, 수고하는 농부처럼 사역하고, 복음 때문에 고난을 받으며 사역해야 합니다. 복음의 일꾼은 진리의 말씀을 옳게 분별하여 부끄러운 것이 없는 일꾼으로 인정된 자로 자신을 하나님께 드리기를 힘써야 합니다. 교회를 집으로 비유하자면 집에서 쓰는 여러 그릇이 있습니다. 그리스도인은 스스로 깨끗하게 하고, 쓰임 받기에 합당한 상태를 유지하여 그리스도께서 언제든지 쓰실만하게 예비해야 합니다. 바울은 청년의 정욕을 피하고 의와 믿음과 사랑과 화평을 따르고, 어리석고 무식한 변론을 버리라고 권면합니다. 주의 종은 마땅히 다투지 아니하고 모든 사람에 대하여 온유하며 가르치기를 잘하며 참으며 거역하는 자를 온유함으로 훈계해야 합니다.

4월 20

레위기 24장

하나님께서 지성소 휘장 밖 순결한(순금) 등잔대 위의 등잔들을 감람기름으로 저녁부터 아침까지 항상 불을 켜두라고 하셨습니다. 여호와 앞 순결한 상 위에 열두 개의 떡 덩이를 두 줄로 여섯 개씩 진설하되, 안식일마다 이 떡을 진설하라고 명하셨습니다. 하나님께서 어머니가 이스라엘 사람이요 아버지가 애굽 사람인 한 남자가 이스라엘 사람과 싸우다가 여호와의 이름을 저주했습니다. 하나님께 모세에게 그를 진영 밖으로 끌어내어 돌로 쳐 죽이라고 하셨습니다. 하나님께서 모세에게 이스라엘 자손이 누구든지 하나님을 저주하면 죄를 담당할 것이고, 하나님의 이름을 저주하면 그를 반드시 돌로 쳐 죽이라고 하셨습니다. 한편, 사람을 쳐 죽인 자는 반드시 죽이고 짐승을 쳐 죽이면 짐승으로 갚으라고 하셨습니다. 이웃에게 상해를 입히면 동일하게 갚아주라고 하셨습니다. 율법의 규례는 정의를 세우는 법입니다. 예수님께서는 사랑의 법으로 율법을 완전케 하셨습니다.

시편 31편

시인은 원수로부터의 추격과 위협을 받는 가운데서 반석과 산성이신 하나님께 구원과 보호를 호소하고 자신의 영을 하나님의 손에 부탁합니다. 자신이 그토록 주님의 인자하심을 기뻐하고 즐거워할 것은 고난 중에 있는 시인을 보시고 원수의 수중에 가두지 아니하셨다고 믿기 때문입니다. 시인은 현재 원수로부터 당하는 고통, 근심, 슬픔, 탄식이 큽니다. 그래서 고통 중에 있는 자신에게 은혜를 베풀어달라고 호소합니다. 또, 앞날이 주의 손에 있기에 원수들과 자신을 핍박하는 자들의 손에서 건져달라고 간구합니다. 시인은 하나님께서 베푸신 은혜를 기억하며 감격합니다. 나아가 온 회중들에게 놀라운 사랑을 보여주신 하나님을 찬양하고 간구에 응답하신 주님께 기도하며 감사드립니다. 다른 모든 성도들에게 하나님을 사랑하라고 권합니다. 하나님께서 진실한 자를 보호하시고 교만하게 행하는 자에게는 엄중히 갚으시는 분임을 알고 찬양합니다.

전도서 7장

초상집에 가는 것이 더 낫다고 하는 것은 잔치집에 가는 것이나 다른 즐거운 시간을 갖는 것보다(1, 2, 4) 인생을 더 진지하게 생각하도록 자극을 주기 때문입니다. 슬픔은 피상적인 즐거움(3,6)보다 내적 즐거움을 줄 수 있습니다. 옛 추억에 붙들려 오늘보다 어제가 더 낫다 하는 것은 현실에서 감정적으로 도피하게 하기에 지혜롭지 못합니다. 만사의 결국은 하나님의 결정에 달려 있습니다. 세상사가 형통과 곤고가 병존하는 것인데, 그마저도 사람으로 장래 일을 헤아려 알 수 없게 하셨습니다. 그것은 인생으로 하나님께 전적으로 의지하게 하려는 것입니다. 지혜자는 세상에 모순된 일, 가치가 전도되는 일도 많음을 깨닫고 이에 대한 처방으로 절제와 중용의 도를 제시합니다(16). 이 세상에 죄를 범치 않는 절대적인 의인이란 없다는 것을 깨닫고 남의 말이나 평가에 과도하게 신경 쓸 것 못 됩니다. 그러므로 완전치 못한 인간은 하나님을 경외하고 얻은 지혜로 살아야 합니다.

디모데후서 3장

말세에 사람들 속에 만연해 있던 19가지 악에 대해서 지적하며 디모데에게 그런 자들에게서 멀리하라고 권면합니다. 그가 열거해 놓은 악들은 교회 생활에 심각한 악영향을 끼치는 죄성의 목록입니다. 그들이 모세를 대적한 사람들처럼 진리를 대적하고 마음이 부패하여 믿음에서 벗어난 자들입니다. 바울이 가르친 교훈과 삶, 믿음과 오래 참음과 사랑과 인내뿐 아니라 복음 전도 현장에서 겪은 박해, 고난 가운데 하나님께서 건져주신 것을 디모데에게 상기시키고 그리스도 예수 안에서 경건하게 살고자 하는 자는 박해를 받는다는 것을 알고 디모데에게 배우고 확신한 일에 거하도록 권면합니다(14). 성경은 구원에 이르게 하는 지혜를 갖게 하고, 교훈과 책망과 바르게 함과 의로 교육하기에 유익하여 하나님의 사람으로 온전하게 하고 모든 선한 일을 행할 능력을 갖추게 해주는 하나님의 말씀입니다. 하나님의 일꾼은 하나님 말씀의 권능을 확신하고 그 안에서 행합니다.

4월 21

레위기 25장

하나님께서 6년 동안 땅을 일구고 7년째 땅을 쉬어 안식하게 하여 가꾸지 말라고 하셨으니 곧 안식년입니다. 일곱 안식년을 계수하여 7년이 일곱 번인즉 49년, 일곱째 달 열흘날은 속죄일로 지키라고 명하시고 50년째 해를 거룩하게 하여 그 땅에 있는 모든 주민을 위하여 자유를 공포하게 하셨으니 곧 희년입니다. 이 희년에는 각기 자기의 소유지로 돌아가라고 하셨습니다. 일곱째 해에 땅을 쉬게 하여 양식 걱정이 없도록 여섯째 해에 하나님께서 그 소출이 3년 동안 쓰기에 족하게 하시겠다고 약속하셨습니다. 토지는 하나님의 것이기에 영구히 팔지 말게 하셨습니다. 또한 가난한 자의 경제를 배려하고 엄히 부리지 말고 보호해주도록 하라는 규례를 말씀하셨습니다. 좋은 이방인 중에서 취하고 후손에게 물려줄 수 있게 하시고, 형제가 거류민에게 팔린 경우 속량하는 규례를 말씀하셨습니다. 하나님께서 모든 사람의 주인이실 뿐더러 모든 땅의 주권자이심을 선언하신 것입니다.

시편 32편

시인은 허물의 사함을 받고 죄가 가리어진 자, 하나님 앞에 정죄당하지 않는 자가 복이 있음을 고백합니다. 시인은 자신의 죄를 용서하시고 죄책을 깨끗이 씻어주시기에 마음을 당신 앞에 남김없이 다 드러내놓고 살게 하시는 하나님을 만났습니다. 시인이 고백하지 않는 죄가 자신의 영혼과 육체를 마르게 합니다. 그래서 정직하게 죄를 아뢰고 털어 내놓으니 하나님께서 죄를 사하셨습니다. 사죄받은 자는 육의 복도 있습니다. 이런 복을 받기 위해 먼저 주를 만날 기회에 주를 찾고 주께 기도하고 주를 만날 기회를 잃지 않아야 합니다. 사죄의 은혜를 입은 시인은 자기의 경험으로 백성에게 말이나 노새같이 욕망대로 살고, 재갈과 굴레로 통제받는 것 같이 스스로 깨닫지 못하거나 회개하지 않는 자가 되지 말라고 훈계합니다. 하나님을 신뢰할 때 인자를 베푸십니다. 사죄의 은혜를 입은 의인은 하나님을 기뻐하며 즐거워하며 찬양합니다.

전도서 8장

왕의 말과 권세를 인정하고 왕의 명령을 지키는 것이 지혜로운 처세입니다. 사람의 장래 일을 알지 못하기에 장래 일을 가르칠 수도 없습니다. 바람을 주장하거나 죽는 날을 주장할 수도 없습니다. 이 땅에는 순리 대신 역리가 존재합니다. 악한 일이 징벌되지 않아 사람들이 악을 행하는데 담대합니다. 죄인이 악을 백 번이나 행하여도 장수하기도 합니다. 악행을 행하고도 의인의 상을 받고, 의를 행하고도 악인의 대접을 받습니다. 악인이 흥하고 의인이 고난받는 일이 많습니다. 이토록 세상에는 순리도 있지만 역리와 모순도 많습니다(10, 14). 전도자는 사람의 진정한 행복은 이 세상 살 동안 자신의 분복을 따라 수고하며 먹고 마시고 즐겁게 사는 것입니다. 전도자는 역리를 직시하며 허무감을 느끼면서도 하나님이 하시는 일은 하나님의 손아래 있음을 알 수 없다는 결론에 도달합니다. 우리는 하나님의 섭리를 인정하지만 깨닫지는 못합니다.

디모데후서 4장

바울사도는 임종을 직감하여 디모데에게 엄히 명합니다. 말씀을 전파하되 항상 힘쓰고, 범사에 오래 참는 교사가 되고 꾸짖고 바로 잡는 일을 하라고 명령합니다. 바울은 말세에 사람들이 자기 사욕을 따를 스승을 많이 두고 진리에서 돌이켜 허탄한 이야기를 따르는 현상들이 많은 것을 알고 신중하라 하고, 고난을 받으며 전도자의 직무를 다하라고 당부합니다. 바울은 죽음을 앞두고서 지나온 신앙과 전도자로서의 여정을 회고합니다. 그는 선한 싸움을 싸우고 달려갈 길을 마치고 믿음을 지키며 사명을 감당하였으니 하나님께서 자신을 위해 면류관 상급을 예비해놓으셨다고 고백합니다. 자신뿐만 아니라 주님의 재림을 사모하고 준 준비하는 성도들에게도 마찬가지라고 했습니다. 과거에 사자의 입에서 건져주신 하나님께서 현재도 모든 악에서 건지시고 장래 천국에 들어가게 하사 구원의 일을 완수하실 것을 확신합니다(17-18).

4월 22

레위기 26장

하나님께서 규례와 계명을 준행하면 상을 주시겠다고 구체적으로 약속하셨습니다. 땅의 소산의 복, 평화, 원수에 승리, 번성과 창대, 성막을 굳건하게 세워주시는 상급입니다. 그러나 하나님께 청종하지 않고 준행하지 않고 규례, 법도 멸시하고 계명과 언약을 준행하지 않고 배반하면 재앙, 질병, 파종을 대적이 먹고 대적에게 패배당하고 죄를 지을 때 일곱 배 더 징벌당 할 것이라고 하셨습니다. 그래도 청종하지 않으면 7배나 더 재앙을 당하리라 하셨습니다. 이렇게 벌을 받아도 돌이키지 않으면 또 7배를 더 칠 것이라 하셨습니다. 이같이 되어도 청종하지 않고 대항하면 하나님께서 진노하셔서 7배나 더 징벌하시겠다고 경고하셨습니다(29-39). 죄악의 결과가 그토록 엄청납니다. 그러나 이방 땅에서 죄를 자복할 때 하나님께서 족장들과 맺은 언약을 기억하실 것이라 약속하셨습니다. 하나님께서 시내 산에서 모세와 세우신 규례와 법도와 율법들입니다.

시편 33편

시인은 하나님을 찬양할 것을 권유합니다. 악기를 동원하여 새 노래로 즐거운 소리로 아름답게 연주하며 찬양합니다. 하나님께서 행하시는 일은 진실하고 공의와 정의를 사랑하시며 인자하심이 세상에 충만하시고 말씀으로 자연을 창조하시고 온 땅을 말씀으로 이루시고 명령으로 굳건하게 세우셨습니다. 하나님께서 나라들을 다스리십니다. 그러므로 여호와를 자기 하나님으로 삼은 나라, 하나님의 기업으로 선택된 백성은 복이 있습니다(12). 온 세상의 주권자이신 하나님께서 모든 인생을 살피시고 세상의 모든 거민을 굽어 살피십니다. 하나님께서는 당신을 경외하는 자, 그의 인자하심을 바라는 자를 살피시고, 그들의 영혼을 사망에서 건지시고, 그들이 굶주릴 때 그들을 살리십니다. 하나님은 당신 백성의 도움과 방패이기에 성도들의 영혼이 더욱 여호와를 바라보고 하나님을 즐거워합니다. 성도가 하나님을 사모하고 찬양함이 마땅합니다.

전도서 9장

사람들이 행위가 하나님의 주관 아래 있고 미래의 일도 알지 못합니다. 모든 사람 의인, 악인 등 대비되는 모두에게 일어나는 일이 다 일반이고, 모든 사람의 결국 즉, 죽음도 일반이라는 것입니다. 그런즉 살아있을 때가 귀합니다. 죽으면 소망도 없고 이름도 없습니다. 다시는 상 받을 일도 없습니다. 이름도 잊혀집니다. 사랑과 미움과 시기도, 돌아갈 몫도 영원히 없습니다. 이토록 죽음이 무의미하다면 현재의 생명과 삶을 소중히 여기며 즐겁게 살고, 자신의 삶을 몫으로 여기고 힘을 다하여 일하는 인생론을 추천하고 있습니다. 장차 들어갈 무덤에는 계획도 지식도 지혜도 없기 때문입니다. 인생에 시기와 기회(우연)가 함께 있습니다. 그것은 지혜로 판단할 수 있는 것이 아닙니다. 사람이 가진 지혜가 능력이지만 신뢰의 대상은 아닙니다. 내일을 모르기 때문에 자랑할 것 못됩니다. 진정한 지혜는 오늘 하루를 겸손하게 사는 것일 뿐입니다.

디도서 1장

바울 사도가 그레데에서 목회하고 있는 디도에게 편지할 때 자신을 하나님의 종으로 예수그리스도의 사도로 소개합니다. 자신의 사도됨의 목적은 믿음과 진리의 지식과 영생의 소망에 있음을 밝힙니다. 그 영생은 영원 전부터 약속된 것으로 하나님의 때에 하나님의 말씀을 전함으로 나타낸 것으로, 바울에게 전도의 사명을 맡겨주셨다고 증거합니다. 바울이 그를 그레 에 파견한 중요한 이유는 장로들을 세우는 것이었습니다. 그 장로(감독)의 자격을 가르치고(6,8,9) 또한 장로가 해서는 안 될 것에 대해 언급합니다(7). 바울은 당시 교회를 건강하게 세우도록 위하여 거짓 교사들을 경계합니다. 그들 가운데 할례파가 특히 그러하니 그들을 엄히 꾸짖고 활동하지 못하게 하라고 가르칩니다. 그렇게 함으로 그들의 믿음을 건전하게 하고 유대인들이 가진 허탄한 이야기와 진리를 배반하는 사람들의 가르침을 따르지 않도록 하라고 했습니다.

4월 23

레위기 27장

사람의 값을 하나님께 드리기로 서원하였을 경우 그 값에 대하여 나이별 규정을 말씀하셨습니다. 서원자가 가난하여 세겔로 값을 감당하지 못할 경우는 제사장이 형편대로 값을 정했습니다. 서원예물을 가축으로 또는 집을 성별하여 드릴 경우, 기업이 된 밭 얼마를 성별하여 드릴 경우 등 각각 규례를 명하셨습니다. 무른 경우에는 5분의 1을 더하여 무릅니다. 가축 중에 처음 난 것은 여호와께 드릴 첫 것으로 여호와께 드리라고 명하시고, 자기 소유 중에서 오직 여호와께 온전히 바친 모든 것은 무엇이든지 팔거나 무르지도 못하게 하셨습니다. 그 땅의 십분의 일은 여호와의 것입니다. 십일조를 무르려면 그것에 오분의 일을 더하라고 명하셨습니다. 소나 양의 십일조는 목자의 지팡이 아래로 통과하는 것의 열 번째의 것이 하나님의 성물이 되게 하셨습니다. 시내 산에서 이스라엘 자손을 위하여 모세에게 명령하신 계명입니다.

시편 34편

시인은 하나님을 항상 송축하고 찬양하고 자랑하리라 결단합니다. 그가 위기 가운데에서 광대하신 하나님께 간구할 때 응답하시고 모든 두려움에서 건지셨기 때문입니다. 성도들을 향해 여호와를 경외하라 권하고 그를 경외하는 자에게는 부족함이 없고, 젊은 사자는 궁핍하여 주릴지라도 하나님을 찾는 자는 모든 좋은 것에 부족함이 없으리라고(9-10) 권면합니다. 시인은 여호와를 경외하는 법을 가르칩니다. 혀를 악에서 금하여 입술을 거짓말에서 금하는 것입니다. 악을 버리고 선을 행하며 화평을 찾으라고 합니다. 하나님께서 임재하셔서 악을 행하는 자를 땅에서 끊으시고 의인이 부르짖을 때 하나님께서 들으시고 모든 환란에서 건지셨음을 간증합니다. 과연 하나님은 마음이 상한 자를 가까이 하시고 충심으로 통회하는 자를 구원하시고, 의인에게 고난이 많다고 해도 하나님께서 그의 모든 고난에서 건지십니다.

전도서 10장

죽은 파리가 향기름을 악취 나게 하듯, 죄인 하나가 많은 선을 무너지게 하고 (9:18) 작은 우매함도 지혜와 존귀를 난처하게 만듭니다. 전도자는 해 아래에서 우매한 자가 크게 높은 지위를 얻고 부자들이 낮은 자리에 앉는가 하면, 종들이 말을 타고 고관은 걸어 다니는 모순과 부조리가 있음을 보았습니다. 남을 해치려는 자는 결국 자기 꾀에 자기가 당합니다(8,9). 자신이 원하는 것을 이루기 전에 준비하고 위험을 사전에 차단하는 것이 지혜입니다(10,11). 지혜자와 우매자는 말에 있어서 차이가 납니다(12-14). 우매자가 수고해도 허사가 되고 삶의 목적도 찾지 못합니다. 지혜가 참으로 귀합니다. 이 세상에서 복 있는 나라는 성숙한 지도자가 있고 관리들이 절제하고 근검합니다. 화 있는 나라는 지도자가 미성숙하고, 관리들이 사치하고 낭비하며 게으르고 부정부패한 나라입니다. 이 세상에 비밀이 없으므로 신중하고 경거망동하지 않는 것이 지혜입니다.

디도서 2장

바울이 디도에게 각기 신분에 맞게 건전한 교훈에 합한 것을 가르치라고 권면합니다. 늙은 남자와 늙은 여자, 젊은 여자와 젊은 남자들에게 처한 생활환경에 따라 그에 해당하는 교훈을 권고하고 있습니다. 종들은 상전에게 범사에 순종하여 기쁘게 하고 신실성을 보이라고 가르치라고 합니다. 신자의 건전한 행위의 근거는 은혜입니다. 하나님의 은혜는 우리를 구원해주시고 양육하셔서 경건치 않은 것과 이 세상 정욕을 다 버리고 신중함과 의로움과 경건으로 살게 하시는 것입니다. 그뿐만 아니라 복스러운 소망과 구주 예수그리스도의 재림을 기다리게 하십니다. 예수님이 우리를 대신하여 자신을 십자가 죽음에 내어주신 것은 모든 불법에서 속량하시고 깨끗하게 하셔서 선한 일을 열심히 하는 자기의 백성이 되도록 하기 위함입니다. 성도는 하나님의 은혜와 사랑을 입은 자들입니다.

민수기 1장

이스라엘 출애굽 2년 2월 첫째 날에 하나님께서 시내 광야 회막에서 모세에게 이스라엘 자손의 각 남자의 수를 계수하라고 명하십니다. 이스라엘 중 진영별로 각 지파별 우두머리를 세워 지명된 사람들을 데리고 둘째 달 첫째 날에 온 회중을 모아 각 종족과 조상의 가문을 따라 20세 이상 남자의 이름을 신고하게 했습니다. 그 숫자를 계수하니 르우벤 지파 46,500명, 시므온 지파 59,300명, 갓 지파 45,600명, 유다 지파 74,600명, 잇사갈 지파 54,400명, 스불론 지파 57,400명, 에브라임 지파 40,500명, 므낫세 지파 32,200명, 베냐민 지파 35,400명, 단 지파 62,700명, 아셀 지파 41,500명, 납달리 지파 53,400명 등 총 603,550명입니다. 레위 지파는 이스라엘 자손 계수에 넣지 않았습니다. 그들에게 성막 기구와 부속품을 관리하고 성막과 기구를 운반하고 봉사하며 성막을 걷고 세우는 일을 하게 하였습니다. 레위인은 성막 사방에 진을 치게 하여 성막에 대한 책임을 지키게 했습니다.

시편 35편

시인은 하나님이 전사가 되셔서 자신의 생명을 찾는 원수들과 싸워 그들로 물러가 낭패당하게 하시고 바람 앞에 겨처럼 몰아내달라고 간청합니다. 그들은 시인을 잡으려고 그물을 숨기고 까닭 없이 생명을 해하려고 함정을 팠습니다. 시인은 자신을 괴롭히는 자가 선을 악으로 갚을 때도 그들이 병들었을 때도 그들을 위해 슬픔 가운데서 금식하며 기도했는데 그 기도가 자신의 품으로 돌아왔다고 합니다. 시인이 넘어졌을 때 원수들이 기뻐하고 함께 모여 자신을 치고 찢기를 마지아니하였다고 탄원합니다. 시인은 대회 중에 하나님께 감사하며 백성들 가운데서 주님을 찬양하리라고 서원합니다. 시인은 원수의 악한 행태를 아시니 잠잠하거나 멀리하지 마시고 자신의 하소연을 공의로 판단해 주시도록 간구하고 그들이 낭패당하고 수치와 욕을 얻게 해달라고 요청합니다. 시인은 끝까지 기꺼이 노래하고 주님의 의를 말하며 종일토록 주님을 찬송하리라고 고백합니다.

전도서 11장

 지혜는 현재 일에 충실한 것입니다. 떡을 물 위에 던진다고 하는 것은 상업적인 권면이면서도 자선적 구제와 농업을 말합니다. 던지면 언젠가는 찾을 때가 있습니다. 또한 대가를 바라지 않고 베풀되 관대하게 하라고 교훈합니다. 우리 인생은 우리 마음먹은 대로 되는 것만이 아니고 불확실한 방향으로 일이 일어날 수 있습니다. 그러한 요인들에 좌우되기만 할 것이 아니라 그럴수록 만사를 성취하시는 하나님의 섭리를 믿고 과감하게 도전하라고 교훈합니다. 내일은 하나님께 맡기고 때와 시를 가리지 말고 밝은 해가 있는 오늘을 부지런히 일하라는 것이 지혜로운 삶입니다. 인생사 캄캄한 날도 많으며, 다가올 날은 내 것이 아니라 헛되니 오늘 하루 주어진 날을 즐거워하라는 인생론을 가르칩니다. 특별히 청년 시절에 근심과 악을 물리치고 즐거움과 적극적인 자세로 행하되, 하나님의 품속에서 자유와 책임 의식을 갖고 행복을 추구하며 살라고 교훈합니다.

디도서 3장

 바울이 그리스도인으로서 사회생활에 대해 먼저 위에 있는 통치자와 권세 잡은 자에게 복종하고, 사회봉사로 선한 일 행하기를 예비하기를 권고합니다. 인간관계에 있어 서로 비방하지 말고 다투지 말며, 관용과 범사에 온유함을 드러내는 삶을 강조합니다. 바울 사도는 그리스도인으로서 마땅히 사회생활에서 선행해야 할 근거를 성삼위일체 하나님께서 우리를 구원해주신 것에 대한 신앙고백에 두고 있습니다. 우리가 구원을 얻은 것은 의로운 행위로 말미암지 않고 오직 하나님의 긍휼하심을 따라 그리스도의 중생의 씻음과 성령이 새롭게 해주심에 있습니다. 하나님께서 우리 주 예수그리스도로 말미암아 우리에게 성령을 풍성히 부어주셔서 우리로 그의 은혜로 의롭다함을 얻어 영생의 소망을 따라 상속자가 되게 하셨습니다. 바울은 디도에게 이것을 굳세게 말하여 믿는 자들로 조심하여 선한 일을 힘쓰도록 하게 하라고 했습니다.

4월 25

민수기 2장

하나님께서 이스라엘 자손이 각각 자기 진영별로 진을 치되 회막을 향하여 사방으로 치라고 명하셨습니다. 동쪽에 진 칠 지파는 유다, 잇사갈, 스불론 지파로 군인의 총계는 18만 6,400명입니다. 남쪽으로는 르우벤, 시므온, 갓 지파로 군인의 총계는 15만 1,450명입니다. 회막은 레위인의 진영과 함께 모든 진영의 중앙에서 행진하게 했습니다. 회막이 이스라엘의 신앙과 삶의 터전과 진행의 중심이 되었습니다. 서쪽에는 에브라임 진영, 므낫세 지파, 베냐민 지파로 총계는 10만 8,500명으로 제3대로 진행하라고 했습니다. 북쪽에는 단 군대의 진영, 아셀 지파, 납달리 지파로 군인 총계는 15만 7,600명이었습니다. 모든 진영의 군인 총계는 60만 3,550명이고 레위인은 계수되지 않았습니다. 이스라엘이 하나님의 명령을 따라 준행하여 각각 자기들의 기를 따라 진을 치기도 하고 행진하기도 했습니다. 오직 하나님의 지시와 말씀에 입각한 것입니다.

시편 36편

이 땅의 악인은 사악합니다. 죄가 그의 마음속으로 그의 눈에는 하나님을 두려워하는 빛이 없다고(1) 합니다. 그들은 자기의 죄가 탄로되지 않고 미워함을 받지도 않는다고 자랑합니다. 입으로 죄악과 속임이 나오고 지혜와 선행이 그쳤고 죄악을 꾀하고 악한 길에서 악을 거절하지 않습니다. 그러나 시인은 하늘의 하나님은 인자하심과 진실하심이 하늘에 충만하고, 하나님의 의가 산들 같고 그분의 심판이 큰 바다 같다고 고백합니다. 그래서 사람과 짐승을 사하시고 인자하심이 커서 사람들이 주님의 날개 아래 피하여 주님께서 풍족하게 먹여주시고 마시게 하십니다. 생명의 근원이 하나님이시고 주님의 빛을 보여주십니다. 시인은 하나님께 인자하심과 공의를 베풀어주시도록 기도하며 교만한 자의 발과 악인들의 손이 자신에게 발붙이지 못하게 해주시라고 간구합니다. 시인은 하나님의 인자로 승리하나 악인은 다시 일어날 수 없다고 고백합니다.

전도서 12장

　전도자는 청년의 때, 젊다고 여길 때 창조주 하나님을 기억하라고 권합니다. 곤고한 날, 절망의 때 특히 빛을 볼 수 없는 때가 다가오기 전에 그리하라고 했습니다. 사람이 늙어지면 손과 다리 힘도 빠지고, 치아도 빠지고, 시력도 약해집니다. 그때가 되면 청력도 약해지고 입맛도 떨어지며 잠도 줄고, 목청도 약해집니다(3-4). 또한 숨쉬기도 어려워지고 머리가 희끗희끗해지고 기력이 떨어집니다. 결국 기력이 기진하여 호흡도 심장도 멈추어 흙에서 온 육신은 땅으로 돌아가고 영은 하나님께로 돌아갈 것이니 모든 것이 헛됩니다. 그 전에 창조주 하나님을 기억해야 합니다. 전도자는 진리를 연구하고 말씀을 정직하게 기록했으니 이를 잘 수용하고 경계를 받으라고 했습니다. 전도자의 마지막 권고는 사람의 본분인 하나님을 경외하고 명령을 지키는 것입니다. 하나님이 모든 일을 선악 간에 심판하실 것입니다.

빌레몬서 1장

　빌레몬은 골로새 교회의 유력자입니다. 바울은 빌레몬이 성도들에 대한 사랑과 주 예수 믿음이 귀하다는 소문을 듣고 감사를 표합니다. 빌레몬으로 인해 성도들이 평안을 얻었고, 바울도 빌레몬의 사랑으로 많은 기쁨과 위로를 얻었다고 찬사를 전하며 그의 노예 오네시모 문제로 서신을 보냅니다. 오네시모가 모종의 죄를 저지르고 주인집에서 도망쳐 나와 로마 감옥에 있는 바울을 만나게 되었습니다. 바울은 그가 회개하여 변화되기 전에는 무익한 자이었으나(18) 이제 유익한 동역자요 심복이 된 그를 빌레몬에게 돌려보내려고 하니 그를 기꺼이 용납해 달라고 부탁합니다. 만일 오네시모가 재정적으로 빌레몬에게 잘못한 것이 있으면 자신 앞으로 계산해달라고 부탁합니다. 바울은 빌레몬이 그를 기꺼이 받아주어 바울의 마음이 평안을 얻도록 해달라고 당부하며, 그가 바울의 부탁을 들어줄 만하고 그 이상으로 행할 것을 확신하며 편지를 보냅니다.

4월 26

민수기 3장

하나님께서 제사장 가문, 레위 지파 등에 사명을 맡기셨습니다. 아론과 아들들이 기름부음 받고 거룩하게 구별되어 제사장 직무를 수행했습니다. 레위 지파는 아론 앞에서 그에게 시종하고 성막에서 시무하는 역할을 하게 했습니다. 레위의 아들들은 게르손, 고핫, 므라리 세 아들별로 그 종족들을 조사하게 하시고 그 맡은 업무를 자세하게 지시하셨습니다. 그들은 성막 동쪽 곧 회막 앞 해 돋는 쪽에 모세와 아론과 아론의 아들들이 진 진을 치고 성소 직무를 수행하게 하셨으니 일 개월 이상 된 레위인 남자의 각 종족 총수를 계수하니 2만 2천명이었습니다. 이스라엘 중 1개월 이상 계수된 남자가 2만 2273명이었습니다. 하나님께서 이스라엘의 처음 태어난 자와 또 가축 대신에 레위인과 그들의 가축을 하나님께 돌리라고 하셨습니다. 초과된 273명은 한 사람이 다섯 세겔 속전을 내게 하여 아론과 그 아들들에게 주라고 하셨으니 받은 돈이 천삼백육십오 세겔이었습니다.

시편 37편

시편 37편은 일종의 교훈시입니다. 시인은 악의 세력이 득세하는 현실을 세상을 사는 이들에게 말씀합니다. 악인의 횡포와 성공 때문에 불평하거나 시기하지 말고 하나님을 의뢰하고 길을 하나님께 맡기고 선을 행하며 잠잠히 참고 기다리라고 교훈하고 있습니다. 여호와를 소망하는 자는 땅을 차지할 것이고, 온유한 자들은 땅을 차지하고 풍부한 화평으로 즐거워하리라고 했습니다. 의인의 적은 소유가 악인의 풍부함보다 낫고 악인의 팔은 부러져도 의인은 여호와께서 붙들어주십니다(16-17). 의인이 비록 넘어진다 해도 아주 엎드러지지 않는 것은 하나님께서 그의 손으로 붙드시기 때문입니다. 의인은 종일토록 은혜를 베풀고 꾸어주니 그의 자손이 복을 받습니다. 하나님께서 정의를 사랑하시고 그의 성도를 버리지 아니하십니다. 그러므로 성도는 선을 행합니다. 의인의 입은 지혜로우며 그의 혀는 정의를 말하고 그의 마음에는 하나님의 법이 있습니다(30-31).

아가서 1장

본서는 남녀 간 사랑의 이야기이면서도 하나님과 선민, 그리스도와 교회 간의 관계를 나타내는 노래 중의 노래입니다. 솔로몬과 술람미 여인은 서로 간의 사랑을 갈망하고 솔로몬이 그녀를 그의 방으로 인도하여 포도주 이상의 즐거움을 나눕니다. 술람미 여인은 예루살렘 여인들에게 자신이 검은 피부색을 가진 것은 오빠들이 포도원에서 일을 시켰기 때문이라고 변명합니다. 여인은 왕을 목자로 자신을 양치는 소녀로 분장하여 한낮의 더위를 피하여 숲 사이 시냇가에서 만나자고 합니다. 이에 예루살렘 여인들이 왕이 목자로서 양을 치다가 정오에 쉬는 곳에 가고 싶다는 술람미 여인에게 왕을 찾아가라고 합니다. 대화 형식으로 솔로몬이 여인의 아름다움을 칭찬하고(9-11), 여인이 솔로몬에게 향기로운 향으로 사랑을 표현합니다(12-14). 이에 솔로몬이 그녀에게 어여쁘다고 칭찬하니 술람미 여인이 왕과 만나는 침상과 집을 언급합니다(16-17).

히브리서 1장

히브리서는 하나님의 아들 예수그리스도 변증서입니다. 하나님께서 이 모든 날 마지막에 아들을 통하여 말씀하셨습니다. 아들을 만유의 상속자로 세우시고 그분으로 말미암아 모든 세계를 지으셨습니다. 아들은 하나님의 영광의 광채, 본체의 형상이십니다. 능력의 말씀으로 만물을 붙드시며 죄를 정결하게 하는 일을 하시고 지극히 높으신 이의 우편에 앉으셨습니다. 아들이 천사보다 훨씬 뛰어나심은 그들보다 더욱 아름다운 이름을 기업으로 얻으셨기 때문입니다. 천사들로 아들에게 경배하게 하셨습니다. 아들에 관하여 하나님이여 주의 보좌가 영영하고 나라의 규는 공평한 규라고 찬양합니다. 또, 태초에 하나님께서 땅의 기초를 두셨고 하늘도 주의 손으로 지어졌습니다. 땅은 낡아지고 의복처럼 갈아입고 옷과 같이 변할 것이나, 주님은 여전하여 연대가 다함이 없을 것입니다. 천사들은 아들을 섬기는 영으로 구원받을 상속자들을 위하여 섬기라고 보냄을 받았습니다(14).

4월 27

민수기 4장

하나님께서 레위 자손 중에서 각 자손 별로 30세 이상 50세 이하까지 수를 파악하여 회막 봉사 임무를 맡겼습니다. 고핫 자손에게 회막 일을 시키되 진영을 떠날 때 성소 안의 성물과 기구 일체를 덮는 일을 마친 후에 메는 일을 맡았습니다. 게르손 자손의 임무는 주로 휘장과 관련된 것을 메고 처리하는 업무를 지시하셨습니다. 므라리 자손의 업무는 주로 성막 외부의 기둥들과 받침들과 그 말뚝들과 그 줄들과 그것에 쓰는 모든 기구의 품목을 지정하여 메는 일을 수행하게 했습니다. 레위 자손의 인구를 조사한 결과 고핫 자손의 종족 2,750명, 게르손 자손 2,630명, 므라리 자손 3,200명으로 총 8,580명이 계수되었습니다. 아론의 아들 엘르아살은 지성소 물건을 맡았고(16) 이다말은 므라리, 게르손 자손의 업무를 감독하는 책임을 맡았습니다(28,33).

시편 38편

이 시는 자신의 죄를 회개하는 몇몇 참회시 중 하나입니다. 시인이 어떤 질병이나(5,7) 그렇지 않으면 배신을 당했거나(11), 자신을 괴롭히는 대적으로 인해(12) 곤경에 빠졌습니다. 시인은 견디기 어려운 상황을 만나 자신이 피곤하고 심히 상하여 마음이 불안하여 신음하고 있고(8) 심장도 뛰고 기력이 쇠하였다고(10) 합니다. 그는 넘어지게 되었고 근심이 항상 자신 앞에 있다고 고백합니다(17). 시인은 이런 문제의 원인을 자신의 죄에서 찾았습니다(3,18). 그의 죄를 고백하며 주님의 노하심으로 자신을 책망하지 마시도록, 주님의 분노하심으로 자신을 징계하지 마시라고 호소합니다. 시인은 자신에게 닥친 문제의 원인을 자신에게 찾고 죄를 고백하며 하나님께서 버리지 마시고 도와주시기를 호소합니다.

아가 2장

사랑의 대화가 계속됩니다. 여인은 자신을 수선화, 백합화라고 표현하니 솔로몬이 가시나무 가운데 백합화라고 합니다. 그 말을 받은 여인이 남자를 수풀 가운데 사과나무라고 하며 사랑의 잔치를 회상합니다(3-7). 여인은 사랑함으로 병이 생겼다고 하며 사랑을 연모합니다. 이어서 낮의 사랑의 노래가 나옵니다. 전반부에는 전원의 화사한 낮을 묘사합니다. 사랑하는 자가 와서(8,9) 뿌리칠 수 없는 초대를 합니다(10). 사랑하는 자가 일어나서 함께 가자고 합니다. 때는 겨울이 지나고 그 땅에 찾아온 봄입니다. 꽃과 새, 비둘기 무화과 푸른 열매, 포도나무꽃이 향을 뿜어냅니다. 남자는 여인을 비둘기로 묘사하며 노래를 청합니다. 여인은 어떤 것도 둘의 사랑을 헤치지 않을 것이라 희망합니다(15). 사랑하는 자가 서로에게 속했으니, 작별하지만 다시 만나게 될 것입니다(17).

히브리서 2장

구약의 구원은 율법을 통한 작은 구원입니다. 하나님의 아들 예수께서 큰 구원을 얻게 하셨습니다. 큰 구원을 얻고 나서 구원을 등한히 여기지 말고 흘러 떠내려 않도록 하라고 경계합니다. 예수님은 죽음에서 부활 승천하심으로 영광과 존귀로 관을 쓰시고 만물을 그 발아래 복종하게 하시는 자리, 하나님 우편에 앉으시어 믿는 자들을 영광에 들어가게 하셨습니다. 예수님은 고난의 죽음으로 믿는 자들을 거룩함을 입게 하시고 그들을 형제라 부르시고 주님의 이름을 형제들에게 선포하셨습니다(11-12). 하나님의 아들은 사람의 모양으로 혈과 육을 입어 죽임을 당하시고 죽음의 세력 마귀를 멸하시고 죽음에 종노릇 하는 이들을 해방하여 주셨습니다. 예수님은 하나님의 일에 자비하고 신실한 대제사장이 되어 백성의 죄를 속량하시고 시험받고 고난을 받으셨으므로 고난당한 자를 능히 도우실 수 있습니다.

4월 28

민수기 5장

하나님께서 나병환자나 유출병자, 주검으로 부정하게 된 자를 진영 밖으로 보내어 진영을 더럽히지 않게 하라고 하셨습니다. 또한, 사람들이 범하는 죄를 지어 여호와를 거역함으로 죄를 지으면 그 죄를 자복하고 죄 값을 온전히 값돼 오분의 일을 더하여 그가 죄를 지었던 그 사람에게 돌려주든지, 만일 죄 값을 받을 만한 친척이 없으면 여호와께 드리되 제사장에게 돌리라고 명하셨습니다. 남편이 아내의 간통을 의심하는 경우, 아내를 제사장에게 데리고 가서 보리 가루 십분의 일 에바를 소제 예물로 죄악을 기억나게 하는 기억의 소제로 드리고, 제사장이 여인을 하나님 앞에 세워 맹세케 하고 심문합니다. 그리고 저주가 되게 하는 쓴물을 마시게 합니다. 쓴 물의 결과에 따라 여인의 범죄 여부가 판가름 납니다. 이는 의심의 법으로 제사장이 이 법을 따라 판단하게 하셨습니다.

시편 39편

시인은 심한 괴로움 속에서 어떻게 하나님께 아뢸지 신중합니다. 그는 악인들 앞에서 자신의 문제를 꺼내려 하지 않습니다. 기도자는 죽음에 이를 정도로 중병에 시달리고 있습니다. 혀로서 하나님께 항변하거나 고통 중에 있는 자신을 비웃는 악인을 저주하는 것을 참고 있습니다. 시인은 하나님께 자신의 종말과 년 수를 알게 하셔서 자신이 얼마나 덧없는 존재인지 알게 해달라고 호소합니다. 그리고 하나님께 인생이 짧음을 상기시켜(5-6) 이로써 병마에서 놓아달라는 탄원을 아룁니다. 시인은 목숨을 잃게 될 지경에서 오직 하나님께 대한 소망으로 앞날을 바라봅니다. 하나님만이 자신의 괴로움을 끝장내시고 적들을 잠잠하게 만들 수 있는 분이기 때문입니다. 그래서 죄에서 건져달라고(8, 11) 탄원합니다. 왜냐하면 죄용서가 치유와 회복의 길이기 때문입니다(13). 시인은 자신을 살려주실 분은 오직 하나님이심을 믿고 하나님께 부르짖어 기도합니다.

아가서 3장

밤이 되어 술람미 여인은 그리움으로 가득 찹니다. 그래서 사랑하는 이를 찾아 나섭니다. 그것은 그날 밤(또는 매일 밤) 다시 찾아오겠다는 사랑하는 이의 약속이 있기 때문입니다. 여인은 사랑하는 이를 찾지 못해 실망하여 지나가는 순찰자를 만나 물어보아도 모른다고 합니다. 순찰자가 떠나자마자 갈망하던 연인을 만났습니다. 너무나 반가워 그를 잡고 놓지 않고 그녀의 집, 즉 그녀의 어미 집으로 왕을 모시고 갑니다. 그리고 마음껏 사랑을 나누고 싶어 합니다. 왕과 술람미 여인 간의 사랑이 성숙하여 왕이 신부를 데려오기 위해 위용을 갖추고서 향기로운 향품의 향이 진동하는 가운데 무장한 군인의 호위를 받으며 화려하게 장식한 가마를 타고 신부를 데려오려고 행차합니다. 신랑을 기다리는 들러리들 곧 시온의 딸들에게 신랑을 보고 칭송하라고 요구합니다.

히브리서 3장

우리가 믿는 도리의 사도시며 대제사장, 하나님의 보내심을 받은 하나님의 대리자이신 예수님은 구약의 모세보다 월등 우월하신 분임을 변증합니다. 모세는 이스라엘 즉 하나님의 집안에서 종으로서 신실하였습니다. 그리스도께서는 하나님의 집을 맡은 그 집 위에서 아들로서 다스리는데 충실하셨습니다. 그 집은 교회로서 구원받은 백성들이 소망의 확신과 기쁨을 지키고 있으면 곧 하나님의 집입니다. 구약의 모세 아래 있던 이들은 가나안에 들어갔으나 마음이 미혹되어 안식의 약속은 성취되지 못하였습니다. 아무리 믿는 자라고 해도 믿지 아니하는 악한 마음을 품고 살아계신 하나님에게서 떨어질까 조심해야 할 것입니다. 구원이 아직 완성되지 않은 오늘에 매일 피차 권면하여 누구든지 죄의 유혹으로 완고하게 되지 말고 믿음을 시작할 때의 확신한 것을 끝까지 견고히 잡고 있으면 그리스도와 함께 유업에 참여하는 자가 됩니다(14-15).

민수기 6장

하나님께서 특별한 서원, 나실 인의 서원의 법에 대해 명하셨습니다. 몸을 구별하는 날 동안에는 포도주나 독주, 초나 독주로 된 초를 금해야 하며 생포도나 건포도 등 포도나무 소산은 씨나 껍질이라도 먹지 말라고 하시고 삭도를 머리에 대지 못하게 하셨습니다. 시체를 가까이해도 안 됩니다. 누가 갑자기 죽어 스스로 구별한 자의 머리를 더럽히면 그의 몸을 정결하게 한 날 즉 일곱째 날에 머리를 밀어야합니다. 지나간 날은 무효로 하고 이후 제사를 드리고 다시 여호와께 드릴 날을 다시 정합니다. 나실 인이 자기 몸을 구별한 날이 차면 여호와께 헌물을 드리고 머리를 밀도록 하는 등 자세한 법을 주셨습니다. 나실 인은 하나님께 바친 거룩한 자이므로 구별되어야 합니다. 하나님께서 아론과 아들들에게 백성들을 축복하라고 하시고, 복을 빌 때 하나님이 강복하실 것을 약속하셨습니다.

시편 40, 41편

시40. 시인은 하나님을 사모하며 부르짖었더니 자신을 웅덩이와 수렁에서 끌어올리시고 자기의 발을 반석 위에 두시며 걸음을 견고하게 하셨다고 하나님을 찬양합니다. 앞으로도 긍휼을 거두지 마시고 주의 인자와 진리로 자신을 항상 보호해주시라고 기도합니다. 많은 재앙과 죄악이 자신을 덮칠 때 은총을 베풀어 구원해주시라고 간구합니다. 주님만이 자신의 도움이기 때문입니다. 41. 시인은 약한 자를 보살피는 자에게 하나님께서 살게 해주시고 이 세상에서 복을 받을 것이라고 선포합니다. 시인은 원수가 자신에게 악담하고 거짓을 말하고 자신을 미워하는 자가 시인을 향해 수군거리고 해하려 합니다. 시인이 신뢰하며 가깝게 지내던 친구가 자신을 걷어차며 모욕한 것에 대해 하나님께 은혜를 베풀어달라고 호소합니다. 주님이 자신을 온전한 중에 붙드시고 영원히 주님 앞에 세워주시기 때문입니다.

아가 4장

　신랑이 신부의 절세의 미를 노래합니다. 신부의 얼굴을 위시한 신체의 각 부분별로 다양한 비유를 동원하여 미를 찬양합니다(1-6). 신부의 아름다움에 자신의 마음을 빼앗긴 신랑이 최고의 찬사를 표하며 그 사랑에 흠뻑 젖고 싶어 합니다. 그 사랑이 어찌 그리 아름다운지 포도주보다 진하고 각양 향품 보다 향기롭다고(10) 감탄합니다. 그리고 다시 한번 신부의 아름다움을 칭송합니다. 신부를 잠근 동산, 덮은 우물, 봉한 샘으로 비유합니다(12). 신랑은 신부의 자태에서 풍기는 온갖 사랑스럽고 아름답고 행복한 향내가 풍깁니다. 신부는 동산의 샘, 생수의 우물, 레바논에서부터 흐르는 샘입니다. 신랑의 찬사에 대한 신부의 응답으로 바람이 불어 향목들에게 향기를 날리게 하고, 이제 신랑이 그 동산, 신부에게로 와서 아름다운 열매를 먹으라고 합니다. 우화적으로 해석하면 그리스도와 교회 간의 사랑의 밀어입니다.

히브리서 4장

　안식은 이 모든 날 마지막에(1:2) 하나님이 이루시는 것입니다. 이 안식은 창조주 하나님이 스스로 일곱 번째 창조의 날에 그의 모든 일을 쉬심으로(3-4, 10). 이 안식은 여호수아가 이스라엘 사람들을 가나안에 인도함으로 완수된 것이 아닙니다(8). 안식의 약속은 아직 유효하고 지금 우리에게 해당합니다(2상). 그러므로 우리는 믿음 안에서 그 약속을 진지하게 받아들여야 합니다(2하,11). 거기에 들어갈 자들이 남아 있지만, 복음 전함을 먼저 받은 자들은 순종하지 아니함으로 들어가지 못한 것을 알아야 합니다(6). 오늘이라는 유예기간에 우리는 저 안식에 들어가기를 힘써야 합니다. 누구든지 불순종의 본을 따라서는 안 됩니다. 살아 있는 하나님의 말씀을(12) 잘 새기고 큰 대제사장이신 하나님의 아들, 예수 믿음의 도리를 굳게 잡아야 하고 긍휼하심과 때를 따라 돕는 은혜를 얻기 위해 하나님의 보좌 앞에 담대하게 나아가야 합니다.

4월 30

민수기 7장

성막 세우기를 끝낸 후에, 이스라엘 지휘관들 곧 그들의 조상의 가문의 우두머리들이 헌물을 드려 고핫 자손을 제외하고, 게르손 자손과 므라리 두 자손에게 주어 직임대로 회막 봉사에 쓰게 하셨습니다. 하나님께서 지휘관들은 하루 한 사람씩 제단의 봉헌물을 드리라고 지시하셨습니다. 첫째 날에는 유다 지파 나손, 둘째 날에는 잇사갈 자손 느다넬, 셋째 날에는 스불론 자손 엘리압, 넷째 날에는 르우벤 자손 엘리술, 다섯째 날에는 시므온 자손 슬루미엘, 여섯째 날에는 갓 자손 엘리아십, 일곱째 날에는 에브라임 자손 엘리사마, 여덟째 날에는 므낫세 자손 가말리엘, 아홉째 날에는 베냐민 지파 아비단, 열째 날에는 단 자손 히에셀, 열한째 날에는 아셀 자손 바기엘이, 열두째 날에는 납달리 자손 아히라가 봉헌물을 각각 드렸습니다. 모세가 회막에 들어가서 여호와께 말하려 할 때 속죄소 위의 두 그룹 사이에서 자기에게 말씀하시는 목소리를 들었습니다.

시편 42, 43편

시 42. 하나님을 향한 갈망의 노래로서, 방랑자는 시냇물을 찾아 헤매는 사슴처럼 주님을 찾기에 갈급합니다. 사람들이 네가 섬기는 하나님이 어디 있느냐고 조롱하여 눈물이 음식이 되고, 성일을 지키는 무리와 하나님의 집을 찾은 것을 생각하면 마음이 상합니다. 시인은 영혼이 낙심한 가운데서도 시인은 자신의 영혼에게 "어찌 낙심하며 어찌 내 속에서 불안해하나 하나님께 소망을 두라"(5,11)고 하며 하나님의 인자하심을 간구합니다. 시 43. 방랑자는 자신의 억울한 사정을 변호해 주시고 간사하고 불의한 자에게서 건져달라고 호소합니다. 하나님은 시인의 힘이 되시고 피난처가 되시는데 자신을 잊으시고 버리셨다고 느낍니다. 그것은 원수의 추적을 받아 방랑하여 다니고 있기 때문입니다. 그래서 하나님께 빛과 진리를 보내시어 자신을 인도하시고 거룩한 산과 주께서 계시는 곳 장막에 이르게 해달라고 기도합니다. 자신의 영혼을 향해 하나님께 소망을 두라고 격려합니다(5).

아가서 5장

신랑이 신부의 초청을(4:16) 즉각적으로 수락합니다(1). 신랑은 신부라는 동산에 들어가 신부와 마음껏 즐거움을 누린 것입니다. 이어 사랑의 꿀이 흐르는 둘 사이의 신혼생활에 시련이 일어납니다. 신부가 잠들어 꿈을 꾸고 꿈에 환상을 봅니다. 왕이 이슬을 맞은 채 신부를 찾아와 방문을 두드렸으나 신부가 거절하여 인내하며 기다립니다. 결국 문을 열지 않아 신랑이 자리를 떠났습니다. 신부가 문을 여니 이미 떠나버렸습니다. 신부가 신랑을 찾아 나섭니다. 밤중에 순찰하는 이들에게 봉변당해 상처를 입었습니다. 술람미 여인과 예루살렘 여인들 간에 대화가 오고 갑니다. 여인은 예루살렘 여자들, 궁녀들에게 자신이 신랑을 사랑함으로 병이 났다고 알려달라고 부탁하니, 여자들이 술람미 여인이 신랑을 사랑하여 병이 났다 하여 도대체 신랑이 무엇이 그렇게 좋으냐고 합니다. 조소 같은 질문에 여인이 용기를 내어 신랑의 외모가 출중함과 사랑스러움을 드높입니다(10-16).

히브리서 5장

예수님이 큰 대제사장인 반면에 이스라엘 사람 가운데 택함 받아 예물과 제사를 드리는 대제사장은 백성을 위해서뿐 아니라, 자신을 위해서도 속죄제를 마땅히 드려야 합니다. 그가 하나님의 부르심을 받은 것처럼, 예수님은 하나의 아들이라 인정받으시고 하나님으로부터 나신 분입니다(5하). 큰 대제사장은 하나님으로부터 칭함을 받은 영원히 멜기세덱의 반차를 따르는 예수님입니다(6,10). 육체에 계실 때 죽음에서 살리실 하나님께 심한 통곡과 눈물로 간구와 소원을 올려 들으심을 받았습니다. 아들이면서도 받으신 고난으로 순종함을 배워 자기에게 순종하는 모든 자에게 영원한 구원이 근원이 되셨습니다. 멜기세덱에 대한 가르침은 미성숙한 신자에게는 어려운 내용입니다. 마치 단단한 식물을 먹지 못하고 젖을 먹는 초보와 같습니다. 그래서 단단한 음식을 먹을 수 있고 선악을 분별하는 영적 지각으로 연단을 받은 성숙한 신자가 되기를 독려합니다.

5월

May

민수기 8장

하나님께서 모세에게 일곱 등잔대에 등불을 켜서 등잔대 앞으로 비추도록 명하셨습니다. 또한 레위 인을 정결케 하되 속죄의 물을 그들에게 뿌리고 전신을 삭도로 밀고 의복을 빨게 하여 몸을 정결케 하라고 하셨습니다. 그들을 위해 제물을 드리게 하고 이스라엘 온 회중을 모은 후에 안수하여 흔들어 바치는 제물로 여호와께 드리라고 명하셨습니다. 이토록 레위 인을 구별하도록 한 것은 여호와께 속했기 때문입니다. 그래서 정결케 한 후에 회막에서 봉사하게 하셨습니다. 하나님께서 이스라엘의 처음 태어난 자 대신에 그들을 취하셨습니다. 이스라엘 중 처음 태어난 것은 사람이나 짐승이나 다 하나님께 속하였습니다. 하나님께서 그들을 취하여 아론과 그 아들들에게 주셔서 이스라엘 자손을 대신하여 회막에서 봉사하게 하셨습니다. 레위 인은 25세 이상으로 회막에서 복무하고 50세부터는 그 일을 쉬어 봉사하지 않게 하셨습니다.

시편 44편

국가적 패전을 당하여 시련 가운데 있는 시인은 이전 조상들에게 행하신 영광스러운 하나님의 역사를 회고합니다. 하나님께서 조상들의 원수를 몰아내시고 구원하시며 번성하게 하셨습니다. 그런데 현재의 당하고 있는 모습은 하나님께서 나라를 버려 욕을 당하고 있는 상황입니다. 하나님께서 돌보지 않으시니 대적에 패배당하여 도망을 다니고 흩어져 버렸습니다. 이웃 나라가 조롱하고 뭇 백성에게 이야깃거리가 되고 말았습니다. 이런 일이 닥쳤어도 자신들은 하나님을 잊지 아니하고 주신 언약을 어기지 않았다고 합니다. 그럼에도 하나님께서 나라를 원수의 손에 넣고 사망의 그늘로 덮으신 것 같은 상황입니다. 그들은 이방 우상을 섬기지도 않았고, 여호와 신앙을 견지하였지만 도살당할 양처럼 취급당하고 있습니다. 그래서 하나님께서 깨어나 일어나셔서 영원히 버리지 마시라고 간구합니다. 또 주님의 인자하심으로 도와달라고 간곡하게 호소합니다.

아가서 6장

예루살렘 궁녀들이 신부의 말대로 신랑이 다른 사람들보다 월등한 분이라면 그가 어디로 갔는지 도울 터이니 함께 찾으러 가자고 합니다(1). 이에 술람미 여인이 그의 신랑이 자기 동산으로 내려가 향기로운 꽃밭에 이르러서 동산 가운데에서 양 떼를 먹이며 백합화를 꺾는다고 대답합니다. 장면이 바뀌면 없어졌던 신랑이 돌아와 신부를 향해 어여쁘고, 곱고, 당당하다며 신부의 절세 미모를 찬미합니다. 또한 많은 왕비와 후궁과, 무수한 시녀가 있지만 술람미 여인이 으뜸이라며 그녀를 향해 나의 비둘기, 나의 완전한 자라고 부릅니다. 그리고 달 같이 아름답고 해 같이 맑고 당당한 여자라고 칭송합니다. 이에 대해 술람미 여인은 자신이 왕을 사모하여 왕의 호도 동산으로 내려갔을 때 자신도 모르게 왕궁의 수레에 접근했다가 돌아가려 합니다. 이에 궁녀들은 돌아오라고 하며 궁녀들이 술람미 여인이 춤추는 모습을 보고자 합니다.

히브리서 6장

히브리서 저자는 초보 신앙의 교리에 머물거나 뒤로 퇴보하지 말라고 합니다. 전진하지 못하고 후퇴하는 것은(4-6) 주님을 다시 십자가에 못 박고 욕되게 하는 것이라고 경고합니다. 하나님의 은혜로 성장하고 좋은 결실을 하면 하나님의 축복을 받아 영생에 이르지만, 믿음이 성장하지 못하고 초보에 머물거나 후퇴하면 불의 심판을 받아 멸망에 이릅니다. 저자는 수신자 각 사람이 모두 부지런하여 끝까지 소망의 풍성함에 이르라 하고, 믿음과 인내로 약속을 기업으로 받는 자들을 본받는 자가 되라고 격려합니다. 소망 중에 인내한 아브라함은 하나님께서 복 주시리라 맹세하신 대로 오래 참아 약속받은 자로 하나님께서 맹세로 보증하셨습니다. 이 보증은 앞에 있는 소망을 얻으려고 피난처를 찾는 그리스도인들에게 큰 위안이 됩니다. 진정한 소망의 표상은 부활 승천하시어 하나님 우편에 앉으신 예수님이십니다. 그리스도는 멜기세덱의 반차를 좇는 영원한 대제사장이십니다.

민수기 9장

이스라엘 백성들이 애굽에서 나온 다음 해 첫째 달 열 나흗날에 하나님께서 명하신 대로 두 번째 유월절을 지켰습니다. 혹 사람의 시체로 인해 부정하게 된 이들이나 멀리 여행하는 중이라도 마땅히 유월절을 지키라고 하셨습니다. 그날 해질 때 어린양에 무교병과 쓴 나물을 먹었습니다. 부정하거나 먼 길 여행 중이 아니면서 유월절을 지키지 아니하는 자는 죄를 담당하게 했습니다. 유월절은 거류민이나 본토인에게 동일하게 지키도록 했습니다. 성막을 세운 날에는 구름이 증거의 성막을 덮었고 저녁에는 성막 위에 불 모양 같은 것이 나타나 아침까지 이르렀습니다. 구름이 성막 위에 떠오르면 이스라엘 백성이 행진하고 구름이 머무르는 곳에 진을 쳤습니다. 곧 그들이 하나님의 명령을 따라 진을 치며 또한 행진하고 또 모세를 통하여 이르신 여호와의 명령을 따라 여호와의 직임을 지켰습니다(23).

시편 45편

이 시는 왕의 혼인식을 위한 찬송시입니다. 이는 솔로몬 왕의 결혼으로 봅니다. 왕에 대한 노래가 먼저 나옵니다. 왕의 덕망을 노래합니다. 왕의 말이 아름답고 은혜로워 하나님이 복 주신다고 했습니다. 왕의 영화와 위엄이 크고 진리와 온유와 공의를 세우고, 권세와 능력이 커서 원수를 쓰러뜨립니다. 하나님이 함께하시기 때문입니다. 왕의 의복과 왕궁의 장식의 화려함과 고귀함을 노래합니다. 왕의 옆에는 왕후가 있어 왕궁에서 왕을 섬기며 영화가 넘칩니다. 왕후도 왕 못지않게 의복과 치장과 장식이 화려하고 아름다움을 노래합니다. 왕궁에서의 왕후의 생활이 행복과 즐거움이 넘칩니다. 시인은 끝으로 왕에 대한 축사로 왕이 영영 온 세상의 왕으로 계승되어 나갈 것을 축원합니다. 왕 중의 왕은 하나님이요, 진정한 왕은 메시야 그리스도이십니다(6).

아가 7장

사랑의 시련을 극복한 신랑과 신부의 관계가 깊어지고 있습니다. 신랑이 신부에게 비유를 총동원하여 아내를 향한 열렬한 사랑을 노래합니다. 남편은 아내의 발, 넓적다리, 배꼽과 허리와 두 유방 또한 목과 코, 머리와 머리털에 이르기까지 '어찌 그리 아름다운지'라고 하는 감탄을 털어내 놓으며 신부의 아름다움과 사랑의 황홀함을 노래합니다. 이에 아내가 남편에게 간절한 사랑을 사모하며 함께 들로 나가서 동네에서 유숙하며 꽃이 무성하게 핀 봄의 즐거움과 함께 사랑에 잠기자고 얘기합니다. 그곳에는 짙고 향기로운 향을 토하며 사랑을 불러일으키는 합환채 꽃이 만발하고 있으니 사랑의 분위기 얼마든지 젖어 둘의 사랑을 한층 더 성숙하게 할 것입니다.

히브리서 7장

구약의 레위 지파 제사장은 법적으로 10분의 1을 취했습니다. 그런데 멜기세덱은 레위 족보에 들지 아니하였으나 아브라함에게서 10분의 1을 취하고 아브라함을 위해 복을 빌었습니다. 율법에 따른 제사장직과 제도는 온전하지 못하여 다시 제사장을 세웠으나, 그리스도께서는 육신에 속한 한 계명의 법을 따르지 아니하고 생명의 능력을 따라서 제사장직을 가졌기에 온전하고 영원히 멜기세덱의 반차를 따른 제사장이 되신 것입니다. 전에 있던 계명은 연약하고 무익하므로 폐하고 그리스도는 더 좋은 언약의 보증이 되셔서, 하나님의 맹세로 다시 갈리지 않는 영원한 제사장이 되셨습니다. 그리스도는 자기 죄를 위해 먼저 제사를 드리고 백성을 위해 제사를 드린 일반 제사장같이 제사드릴 필요 없이 단번에 자신을 드려 제사를 완성하셨습니다. 율법은 약점을 가진 사람들을 제사장으로 세웠지만, 율법 후에 하신 맹세의 말씀은 영원히 온전하게 되신 아들을 세우셨습니다.

5월 03

민수기 10장

하나님께서 모세에게 은 나팔 둘을 만들어 그것으로 회중을 소집하고 진영을 출발하게 하셨습니다. 나팔 두 개를 불 때에 온 회중이, 하나만 불 때는 이스라엘 천부장 된 지휘관이 모세에게 나왔습니다. 진행시에는 아론의 자손 제사장이 나팔을 크게 불었습니다. 대적을 치러갈 때도 희락의 날과 정한 절기에도 크게 불어 하나님이 기억하시도록 했습니다. 드디어 둘째 해 둘째 달 스무날에 구름이 증거의 성막에서 떠오르매 이스라엘 자손이 시내 광야에서 출발하여 바란 광야에 구름이 머물렀습니다. 선두에서 유다, 잇사갈, 스불론 자손 군대가 나섰습니다. 성막은 걷어 게르손, 므라리 자손이 메고 출발했습니다. 다음으로 르우벤, 시므온, 갓 자손이 따랐고, 고핫 인은 성물을 메었습니다. 다음으로 에브라임, 므낫세, 베냐민 자손이 따랐습니다. 이어서 단, 아셀, 납달리 자손이 뒤를 이었습니다. 하나님의 임재의 상징인 언약궤가 이스라엘의 행진에 앞장섰습니다.

시편 46, 47편

시46. 이스라엘이 큰 위기에 처하였을 때 하나님이 도우실 것을 노래합니다. 이방의 침공을 받아 땅이 변하고 산이 흔들려도 하나님이 피난처요 힘이요 큰 도움이시기에 두렵지 않습니다. 적군의 침략으로 시온의 도성이 흉흉하다 해도 하나님의 보호하시는 은혜가 흐릅니다. 이방 군대가 아무리 침략해도 하나님의 고함 소리에 몰락합니다. 만군의 하나님이 함께하시고 도우시기 때문입니다. 하나님은 세계의 통치자로 만민을 다스리시고 평화를 주십니다. 시47. 온 땅의 큰 왕이신 하나님을 찬양합니다. 만민들이 전쟁에서 개선하고 돌아온 왕을 향해 손바닥을 치며 환호합니다. 만방의 왕이신 하나님께서 이스라엘로 만민과 열방을 지배하게 하시고 선민을 사랑하사 영화로운 기업을 주셨습니다. 하나님이 내려오사 선민을 구원하시고 적을 심판하신 후에 하늘 보좌로 올라가십니다. 시인은 온 땅의 왕 되신 하나님께 승전과 구원의 영광을 돌려 찬양합니다.

아가서 8장

신부는 신랑을 자기의 집으로 인도하고 거기서 사랑을 나누겠다고 합니다. 신부는 궁녀들에게 신랑이 신부를 만나 즐겁게 시간을 가진 후 잠에 빠졌는데 그를 깨우지 말라고 부탁합니다. 두 사람 간에 사랑의 시련이 끝나고 신랑은 신부가 사과나무 아래서 잠자고 있는 것을 솔로몬이 깨웁니다. 이때 아내가 남편에게 자신의 가장 소중한 것을 받아줄 것을 청하며 그들 사이의 사랑이 얼마나 강하고 귀한 것임을 고백합니다(6-7). 신부의 오라비들이 이전에 했던 말을 언급하는데 어린 누이의 순결을 지켜주고 행복하게 해주고 싶은 심경입니다(8-9). 여인은 자신은 성숙한 여성이 된 후 솔로몬에게 사랑을 받고, 그 사랑 안에서 평안을 누린다고 합니다. 왕은 자신의 포도원을 신부에게 내어주어 포도원의 주인이 되었습니다. 신랑이 신부에게 노래를 청하니 신부는 향기로운 산들에서 노루와 젊은 사슴과도 같이 빨리 달려 자신에게 오라고 즐겁게 노래합니다(13).

히브리서 8장

예수님은 새언약의 대제사장으로서 (하늘)성소와 참 장막에서 섬기다 하나님의 우편에 앉으셨습니다. 율법을 따른 대제사장은 예물과 제사드림을 위해 세운 자요, 그들이 섬기는 것은 하늘에 있는 것의 모형과 그림자로 모세가 산에서 받은 것입니다. 그러나 이제 더 아름다운 직분을 얻으셨으니, 더 좋은 약속으로 세우신 더 좋은 언약의 중보자입니다. 첫 언약 즉 율법언약인 구약이 무흠하였으면 둘째 것, 새 언약을 요구할 일이 없었을 것이라고 구약을 인용하여 새 언약을 입증합니다. 시내 산에서 세우신 언약은 이스라엘의 불순종으로 그 목적을 달성하지 못했으니 이는 이스라엘 백성의 잘못인 동시에 언약 자체의 불완전성을 입증하는 것입니다. 구약은 돌비에 새긴 것이고 신약은 사람의 마음 비에 새긴 것입니다. 첫 것은 낡아지고 쇠하는 것이나 새 언약은 그리스도의 속죄로 인한 은총의 언약입니다. 그리스도께서는 새 언약의 완전한 대제사장임을 입증합니다.

5월 04

민수기 11장

광야 진행 수일 후 백성이 악한 말로 하나님을 원망하므로 하나님께서 들으시고 진노하시어 불을 내려 진영 끝을 사르게 하셨습니다. 모세가 하나님께 기도하니 불이 꺼졌으므로 그곳을 다베라라 불렀습니다. 또한 이스라엘 백성이 만나만 먹고 고기를 먹지 못한다고 하며 각기 장막 문에서 우는 것을 모세가 들었습니다. 모세가 하나님께 불평하고, 심지어 자신을 죽여 달라면서 백성들의 문제를 간곡히 아룁니다(11-15). 하나님께서 모세의 간청을 들으시되 원로가 될 만한 70명을 데려오게 하여 모세에게 임한 영을 그들에게도 임하게 하시어 모세와 함께 백성의 짐을 담당케 하셨습니다. 또한 백성들이 원하는 대로 고기를 먹게 하시되 한 달 동안 하시겠다고 약속하시고 메추라기를 몰아 지면을 덮게 하셨습니다. 이 일로 하나님께서 고기가 아직 이 사이에서 씹히기 전에 백성에게 큰 재앙을 내려 욕심을 낸 자를 장사함으로 그곳을 기브롯 핫다아와라 불렀습니다.

시편 48편

시인은 하나님의 성, 시온의 위엄과 영광을 찬양합니다. 하나님이 위대하시기 때문입니다. 크신 하나님은 시온에 좌정해 계시면서 큰 찬송을 받으십니다. 예루살렘을 하나님의 성이라 합니다. 시온 산에 하나님의 성막이 있고 그곳에 하나님이 임재하신다고 믿고 찬양합니다. 그 산은 모든 영적 권위에 뛰어나며 큰 왕의 성입니다. 과연 하나님은 큰 왕이십니다. 열왕이 공격해와도 해산하는 여인처럼 고통 중에 떠나고 강한 동풍을 만난 배처럼 부서질 것입니다. 시인은 하나님의 성에서 하나님의 인자하심을 생각하며 감사하며 하나님의 이름이 땅에 넘치고 정의가 충만함을 찬양하며 그 성을 살펴보고 하나님의 구원을 전하라고 노래합니다. 시인은 하나님의 보호 속에 하나님의 성이 영원히 견고할 것이며 하나님께서 영원히 인도자가 되실 것을 찬양합니다. 주님께서 세운 교회는 영원합니다.

이사야 1장

히스기야 왕 때에 앗수르 왕이 유다를 침략하여 멸망 직전에 있던 상태에 하나님께서 이사야를 통해 이스라엘을 고발하십니다(2-4). 하나님의 백성이 하나님을 알지 못하고 거역하고 불순종을 거듭하다가 침략당한 땅은 황폐하고 성은 불타버리고 겨우 남은 예루살렘(시온 딸)도 비참하게 되었습니다. 하나님께서 그 원인으로 제사가 올바르게 시행되지 않음이라고 강하게 책망하십니다. 하나님께서 주기적으로 반복되는 제물, 분향, 절기, 안식일, 대회 등을 기뻐하지 않으시고 기도해도 듣지 않으시겠다고 하셨습니다(11-15). 그런고로 스스로 깨끗하게 하여 악한 행실을 버리고 선행을 배우며 정의를 구하여 학대받는 자와 약자를 변호하라고 하셨습니다. 하나님이 하시려는 것이 단순한 징벌이 아니라 청결케 하고 회복하시기 위함이라고 하셨습니다(26-27). 그렇지만 패역한 자와 죄인은 함께 패망하고 우상숭배하고 교만하면 수치를 당하고 불에 타 망할 것이라고 경고하셨습니다.

히브리서 9장

첫 언약에 세운 장막이 있고 성소와 지성소가 있고, 제사 예법이 있고 여러 성구가 있습니다. 지성소에는 속죄소를 덮는 영광의 그룹이 있습니다. 제사장들이 예법을 따라 성소에서 행하고 1년에 한 번 대제사장이 홀로 지성소에 들어가 피로서 자기와 백성의 죄를 속합니다. 이 장막은 비유요 예물과 제사는 육체의 예법에 불과하고 개혁 때까지 임시적인 것입니다. 그리스도께서는 손으로 짓지 아니한, 더 크고 온전한 장막으로 짐승의 피가 아닌 자기의 피로 영원한 속죄를 이루시고 단번에 성소에 들어가셨습니다. 흠 없는 자신을 하나님께 드린 그리스도의 피가 우리의 모든 죽은 행실에서 온전히 깨끗하게 하십니다. 대제사장이 해마다 다른 것의 피로서 성소에 들어가는 것 같이 자주 자기를 드릴 필요 없이 그리스도께서 자기를 단번에 제물로 드려 많은 사람의 죄를 담당하시고 죄를 없이 하려고 세상 끝에 나타나시어 새 언약의 피로 영원한 속죄의 제사를 드렸습니다.

5월 05

민수기 12, 13장

민 12. 모세가 구스 여자를 취한 일로 아론과 미리암이 모세를 비방합니다. 하나님께서 들으시고 구름 기둥 가운데 강림하시어 회막 문에서 아론과 미리암을 부르십니다. 하나님께서 모세를 비방한 것을 책망하시고 그들을 향해 진노하시어 미리암이 나병에 걸립니다. 아론이 모세에게 용서를 구하며 죄를 자신들에게 돌리지 말도록 호소합니다. 이에 모세가 하나님께 미리암을 고쳐 달라고 간청합니다. 하나님께서 미리암을 진영 밖에 이레 동안 가두라고 지시하셨습니다. 민 13. 이스라엘 백성이 바란 광야에 이르렀을 때 모세가 12인을 뽑아 가나안을 정탐하러 보냈습니다. 그들이 돌아와 그 땅의 과일을 보이고 땅의 상태와 거주민들과 아모리인 등 족속들에 대해 보고합니다. 갈렙이 모세 앞에서 '곧 올라가서 그 땅을 취하자 능히 이기리라'고 하지만 10명의 정탐꾼은 정탐한 땅을 악평하여 '이스라엘은 아낙 자손에 비하면 메뚜기 같아서 그 백성을 이기지 못한다'고 보고합니다.

시편 49편

이 시편은 일종의 교훈시입니다. 시인은 자기 재물을 의지하거나 부유함을 자랑하지 말라고 합니다. 값을 내고서 즉 부로서 형제도 자신도 구원하지 못하고, 사람이 죽어 썩음을 막거나 영원히 살게 하지 못합니다. 모든 사람은 다 죽고 남긴 재물은 결국 다른 사람이 차지하고 맙니다. 어리석은 사람은 자신이 가진 집이나 거처나 토지가 영원히 있고 대대에 이를 것으로 생각합니다. 이를 모르고 착각하고 사는 부자의 행위는 어리석습니다. 양이 목자에게 이끌리듯 저희는 양 같이 죽음이라는 목자에게 이끌려 갑니다. 정직한 자는 어리석은 부자처럼 스올로 끌려가나 하나님이 그를 영접하셔서 영혼을 구속하여 스올에서 건져주십니다. 사람이 치부해도 죽어서 가져가는 일이 없고 그의 영광이 그를 따라 내려가지 못합니다. 생시에 자기를 축하하고 사람들에게 칭찬받을지라도 조상들에게로 돌아가 영원히 빛을 보지 못합니다. 그러므로 부를 의지할 것이 아닙니다.

이사야 2장

장차 임할 메시야 왕국 시대에는 예루살렘을(교회) 중심하여 세계가 여호와 신앙으로서 전쟁과 공포가 없어지는 종말적인 메시야 왕국이 이루어집니다. 그때는 만방이 예루살렘으로 모여들 것이며 거기서 그리스도의 복음을 듣게 될 것입니다. 다시는 전쟁을 연습하지 않고 무기는 농기구로 개조될 것입니다. 이어서 당시 유다의 죄가 구체적으로 지적됩니다. 여호와의 날에 심판이 임할 것인데 당시 동방 풍속이 가득하여 점을 치고, 이방인들과 손을 잡고 언약한 죄를 범했습니다. 당시 유다는 부국강병 시대로 백성들은 사치한 생활에 빠졌고, 이방 나라의 영향으로 가증한 우상을 숭배했습니다. 그러한 유다에 하나님의 날이 임하여 하나님께서 온 이스라엘에 심판을 행사하실 것입니다. 하나님의 심판으로 인해 우상숭배자, 자고하고 교만한 자는 굴복당하고 낮아질 것이나 하나님 홀로 높임을 받으실 것입니다. 인간은 연약하고 하나님을 떠난 인생은 무가치한 것입니다(22).

히브리서 10장

율법과 해마다 늘 드리는 (속죄)제사는 그림자일 뿐이요 참 형상이 아니므로 온전케 할 수 없습니다. 제사장마다 매일 서서 섬기며 매년 속죄 제사를 드리고, 자주 같은 제사를 드리지만 언제나 죄를 없게 하지 못합니다. 오직 그리스도는 죄를 위하여 영원한 제사를 드리신 큰 대제사장입니다. 그러므로 구속받은 우리는 예수의 피를 힘입어 그의 육체, 휘장 가운데로 열어놓으신 성소로 들어갈 담력을 얻었으니 참마음과 온전한 믿음으로 하나님께 나아갑니다. 그리스도의 단번의 속죄로 성취한 구원의 도리를 거부하고 다시 율법으로 돌아가는 죄를 범하는 자가 받을 형벌은 무서운 심판과 진노의 불입니다. 무서운 경고에 이어 격려의 메세지를 전하는 것은 더 낫고 영구한 소유인 하늘의 본향이 있기 때문입니다(32-34). 그러므로 큰 상을 얻도록 담대함을 버리지 말아야 합니다. 이를 위해 인내가 필요한 것은 성도가 하나님의 뜻을 행한 후에 약속하신 것을 받기 때문입니다.

5월 06

민수기 14장

열 명이 정탐꾼들의 보고를 들은 온 회중들이 소리 높여 밤새도록 통곡하며 모세와 아론을 원망하고 하나님을 불신하여 애굽으로 돌아가는 것이 낫겠다고 합니다. 그러나 두 정탐꾼은 하나님께서 허락하신 그 땅을 주실 것이니 "그들은 우리의 먹이"라며 설득합니다. 하나님께서 하나님을 멸시하는 백성들을 전염병으로 멸하시겠다고 하시니 모세가 백성의 죄와 허물을 사해주시라고 간구합니다. 하나님께서 그들을 사하시지만, "너희 말이 내 귀에 들린 대로 내가 너희에게 행하리니"라고 하시며 두 사람 이외에 20세 이상 계수된 자 전부가 약속하신 땅에 결단코 들어가지 못할 것이고, 자녀들은 그들의 반역한 죄를 지고 40년간 광야에서 방황하는 자가 되리라고 하셨습니다. 다음 날 아침 일부 백성들이 잘못을 깨닫고 하나님께서 허락하신 곳으로 올라가려 할 때 모세가 만류하나, 기어코 산꼭대기로 올라갔다가 아말렉 인과 산간 지대 가나안 인이 그들을 무찔렀습니다.

시편 50편

전능하신 하나님께서 온 세상을 심판하시기 위해 세상 이 끝에서 저 끝까지 만민을 불러 모으십니다. 하나님께서 백성을 판결하시려고 제사로 언약한 하나님의 백성을 불러 모으라고 하늘과 땅에 선포하십니다. 재판장이신 하나님께서는 제물 때문에 책망하지는 아니하시겠다고 하십니다. 그것은 제물이 항상 하나님 앞에 있고 모든 짐승과 가축이 하나님의 것이기 때문이요 세계에 충만한 것은 다 하나님의 것이기 때문입니다. 하나님께서 원하시는 제사는 감사로 하나님께 제사를 드리고 서원을 갚는 것이요, 환란 날에 하나님을 부르면 하나님을 영화롭게 할 것이라고 하셨습니다. 악인들은 율법에 대해 외식적인 자세를 취하고, 하나님의 교훈을 미워하고 뒤로 던지면서 경건한 척 남에게 함부로 율법을 말합니다. 하나님께서 하나님을 잊어버린 그들에게 회개치 않으면 찢으리라고 경고하십니다. 회개하고 중심에 감사로 제사를 드리는 자가 하나님을 영화롭게 하는 것입니다.

이사야 3, 4장

사3. 하나님께서 요담 왕 치세 당시 유다왕국이 하나님 의지하지 않고 지도자들이 타락하여 백성들이 의지하는 양식과 물 뿐 아니라 11종의 사람들을(3-4)을 제하시겠다고 하십니다. 백성들과 당시 지도자들, 시온의 딸들, 상류층 부인들의 죄를 지적하고 그들이 받을 형벌을 말씀합니다. 장정들은 칼에 또 용사들은 전란에 망하여 성문은 슬퍼하며 곡할 것이요 시온은 황폐하여 땅에 앉을 것이며. 사4. 그날에 여인들이 남자가 전쟁에서 죽을 때 남겨진 남자를 붙들고 자기의 남편이 되어 수치를 면하게 해달라고 애걸할 것입니다(1). 하나님께서 지금까지 유다의 죄를 지적하시고 심판을 선언하셨지만, 이제 그들에게 심판 후의 구원과 회복의 소망을 주십니다. 소멸의 불이 있은 후 하나님의 백성들에게 주님께서 더러움을 씻어 청결하게 하시고 거룩함과 아름다움과 영화로움으로 이 전의 상태를 훨씬 능가하는 새 삶을 살게 될 것입니다.

히브리서 11장

본 장은 소위 '믿음장'으로 신앙의 선진들의 믿음의 본을 실증하고 믿음을 저버리는 이들을 향해 믿음을 격려합니다. 믿음은 미래에 바라는 것들에 대한 소망이요 아직 얻지 못한 것을 이미 소유한 것처럼 확신하는 것이요, 보지 못한 것, 실천해 보지 못한 사실에 대한 증거입니다. 구약의 믿음의 조상들이 증명한 믿음의 실례를 듭니다. 아벨에서 시작하여 구약시대와 중간시대(구약, 신약 사이)의 순교자에 이르기까지 시대적 순서를 따라 소개됩니다. 매절을 시작할 때마다 "믿음으로"라고 시작합니다. 아벨, 에녹, 노아, 아브라함과 사라, 이삭, 야곱, 요셉, 모세, 라합, 그 외 인물들과 무명의 믿음의 실증을 보여준 이 들의 믿음의 삶을 열거합니다. 이들은 세상이 감당하지 못합니다. 그들은 다 믿음으로 말미암아 증거를 받았습니다. 믿음이 없이는 하나님을 기쁘시게 할 수 없고 하나님께서는 믿음의 사람에게 상급을 주십니다(6).

민수기 15장

하나님께서 약속한 땅에 들어가서 드려야 할 제사 규례를 말씀하셨습니다. 그 제사는 일시적이 아니라 대대로(14,21,23,38) 지켜야 할 영원한 규례입니다. 처음 익은 곡식 가루 떡을 거제로 타작마당에서 거제와 같이 드리라고 하셨습니다. 나아가 회중이 그릇 범죄하거나 부지중에 죄를 지으면 화제와 속죄제를 드리게 하셨습니다. 만일 한 사람이 부지중에 범죄하면 1년 된 암염소로 속죄제를 드려 죄 사함 받으라고 하셨습니다. 이스라엘 자손 중 하나가 안식일에 나무를 하다가 발견되어 회중 앞으로 끌어왔을 때 하나님께서 진영 밖에서 돌로 쳐 죽이라고 하셨습니다. 이스라엘 자손의 옷단 귀에 술을 만들고 끈을 그 귀의 술에 더하게 하시어 이스라엘 백성에게 그것을 보고 여호와의 모든 계명을 기억하여 준행하고, 마음과 눈의 욕심을 따라 방종하여 음행하지 않도록 하기 위함이었습니다.

시편 51편

본 장은 다윗의 참회 시입니다. 시인은 하나님의 인자하심과 긍휼을 따라 죄악을 말갛게 씻어주시고 제하여 달라고 간구합니다. 그는 자신의 지은 죄를 깨닫고, 항상 자신에게 죄가 있고 주님께 범죄하여 주님의 목전에 행한 악을 자백할 뿐 아니라 죄 중에 잉태되어 죄인으로 출생했음을 고백합니다. 그는 죄를 씻어주시고 주님의 얼굴을 죄에서 돌이키시고 모든 죄악을 지워달라고 사죄를 간구합니다. 그리고 자신에게 정한 마음을 주시고 자신 안에 정직한 영을 새롭게 해 달라고 간구합니다. 행여나 자신의 죄로 인해 자신을 주님 앞에서 쫓아내거나 주의 성령을 자신에게서 거두지 마시고 구원의 즐거움을 회복시켜 주시라고 호소합니다. 시인은 주께서 사죄해주실 때 범죄자에게 주의 도를 가르치고 주님의 의를 노래하며, 주님을 찬송하고 전파하리라고 약속합니다. 시인은 범죄자에게 구하는 제사는 상하고 애통하는 심령임을 깨달았습니다.

이사야 5장

하나님께서 사랑하는 자의 포도원을 노래합니다. 기름진 산에 있는 극상품 포도나무를 심고 좋은 설비를 갖추어 좋은 포도 맺기를 바랐으나 들 포도를 맺었습니다. 하나님께서 이에 대해 심문하시고 책임을 물어 포도원을 심판하시겠다고 하셨습니다. 포도원은 이스라엘이요 나무는 유다 사람입니다(7). 이는 바벨론에 멸망당할 것을 예언한 것으로 봅니다. 그들이 심판당할 죄악상을 6가지로 자세히 명시합니다. 구체적으로 부를 독점하려는 탐욕스런 부자들(8-10), 방탕하고 음주 연락하는 자들(11-17), 거만한 자들(18,19), 진리를 왜곡하는 자들(20), 스스로 높이는 지식인들(21), 부패한 관리들(22,23)에 대하여 화를 선포합니다. 그 원인은 거룩하신 이의 말씀을 어겼기 때문입니다(24). 하나님께서 이방을 들어 심판하시는데 앗수르가 침공하는 위세가 엄청나 이스라엘은 도무지 당헤낼 수가 없습니다.

히브리서 12장

앞선 믿음의 선진들의 격려 속에서 인내로서 믿음의 주요 온전하게 하시는 예수그리스도를 앙모하며 믿음 경주하기를 교훈합니다. 그분의 인내를 깊이 생각하고 고난 중에서 피곤하여 낙심하지 않기 위함입니다. 나아가 아버지의 사랑의 징계를 감수할 것을 권면합니다. 인내하는 신앙생활의 덕은 화평과 거룩에 있습니다. 나아가 서로를 살펴주되 쓴 뿌리를 조심하며, 음행하는자가 되지 말고, 에서처럼 망령된 자가 되어 버려진바 되지 않도록 하라고 경계하고 있습니다. 나아가 구약 모세의 시내산 율법을 받을 때 무섭고 떨리는 광경과 달리 시온 산에서의 천적인 밝고 영광스러움을 묘사하며 성도들은 신약의 하나님이 말씀하신 바를 거역하지 말 것을 권면합니다. 전자를 거역하여 엄중한 벌을 면치 못하였는데, 후자를 거역하고는 더욱 더 피할 길이 없는 것입니다. 그러므로 은혜를 입어 경건함과 두려움으로 하나님을 기쁘시게 경배하여야 할 것입니다.

5월 08

민수기 16장

레위의 자손 고라, 르우벤 자손 다단, 아비람과 온이 당을 지어 지휘관 250명과 함께 모세를 거스르며 제사장의 직분을 구합니다. 하나님께서 모세에게 택하신 자를 향로를 가지고 가까이 나아오게 하여 불을 담고 향을 두게 하셨습니다. 다단과 아비람이 소환을 거절하므로 모세가 심히 노하여 고라와 함께 한 무리를 제각기 향로를 들고 여호와 앞에 나오라고 합니다. 하나님께서 순식간에 땅이 갈라지게 하여 반역하는 무리들과 그들의 집과 고라에 속한 모든 사람과 재물을 삼키고 불이 나와서 분향하는 250명을 불살랐습니다. 하나님께서 향로를 쳐서 단을 싸는 철판을 만들게 하여 기념물로 삼게 하셨습니다. 이튿날 회중들이 백성들을 죽였다고 모 세와 아론을 원망할 때 여호와의 영광이 회막에 나타나 모세와 아론에게 제단의 불을 향로에 담아 그 위에 향을 피워 속죄하라고 하셨습니다. 이미 발하기 시작한 염병이 속죄 후에 그쳤으나 죽은 자가 14,700명입니다.

시편 52, 53, 54편

시 52. 다윗을 숨겨준 아히멜렉을 사울에게 밀고하여 제사장들이 참변을 당하게 한 도엑을 정죄합니다. 악을 사랑하고 남을 해치는 간사한 일을 행한 악인은 영원히 멸망할 것이지만, 시인은 하나님의 집에 있는 푸른 감람나무 같아 하나님의 인자하심을 영원히 의지하며 주께 감사하고 주의 이름을 사모하겠다고 결단합니다. 시 53. 14편과 달리 하나님을 모르는 이방인 무신론자들을 향해 어리석다고 선언합니다. 그들도 부패하여 가증하고 죄악 중에 살며, 하나님을 찾지 않고 선을 행하지도 않습니다. 하나님이 그들을 버리심으로 수치를 당하게 됩니다. 구원은 오직 시온의 하나님에게서 납니다. 시 54. 다윗이 쫓겨 다니는 고난 중에 하나님께 기도합니다. 낯선 자들이 자신을 치고 포악한 자들이 자신의 생명을 수색하는 상황에서 주님의 이름과 힘으로 자신을 구원하시고 보호해달라고 기도합니다. 시인은 하나님께서 자신의 생명을 붙들어주실 것을 확신하며 낙헌제를 드리며 감사하리라 약속합니다.

이사야 6장

이사야는 웃시야 왕이 죽던 해에, 성전에서 환상 중 보좌에 앉으신 하나님을 보았는데 옷자락이 성전에 가득했습니다. 여섯 날개를 가진 스랍들이 ' 만군의 하나님의 영광을 찬양합니다. 이사야는 하나님의 임재 앞에서 자신의 화를 고백하며, 말에 허물이 많음을 깨닫고 하나님을 뵈었기에 망하게 되었다고 고백합니다. 스랍 중 하나가 제단의 핀 숯으로 이사야의 입에 대며 악이 제하여졌고, 죄가 사하여졌다고 선언합니다. 하나님께서 "내가 누구를 보낼까"라고 하실 때 이사야가 "내가 여기 있나이다 나를 보내소서"라고 즉각 응답합니다. 하나님께서 이사야에게 백성이 이사야의 메세지를 듣고도 마음이 둔하여지고 귀가 막히고 눈이 감겨 깨닫지 못하게 될 것을 알게 하셨습니다. 이스라엘이 완전히 황폐할 때까지도 완고할 것이나, 황폐하여 밤나무 상수리나무가 베임을 당해도 그루터기는 남아 있는 것 같이 그 땅의 거룩한 씨, 그루터기, 남은 자의 구원을 말씀하셨습니다.

히브리서 13 장

히브리서의 결론으로 하나님이 기뻐하시는 제사, 사회생활과 교회 생활에서 구체적으로 실천할 것에 대해 교훈합니다. 사회생활에 있어 사랑과 형제애의 실천, 혼인관계 교훈, 금전에 관한 가르침이 나옵니다. 교회 생활에 있어서 교회 지도자를 잘 따를 것(7, 17), 나아가 그리스도에 대한 완전한 순종을 강조합니다. 예수님은 어제나 오늘이나 영원히 동일하십니다(8). 그리스도인은 그리스도의 치욕을 각자 지고 그를 따라야 합니다(13). 이 세상에는 영구한 도성이 없어 장차 올 것을 추구하고 있습니다. 그러므로 예수로 말미암아 찬송의 제사를 드리고, 오직 선을 행하고 나눠주기를 실천하는 것이 하나님이 기뻐하시는 제사입니다. 나아가 기도를 당부하며 하나님께서 선한 일에 온전하게 하시어 자기 뜻을 행하게 하시고 그 앞에 있는 즐거운 것을 예수 그리스도로 말미암아 이루기를 기원하며 송영으로 서신을 맺습니다.

5월 09

민수기 17, 18장

민17. 하나님께서 모세에게 각 조상의 가문대로 지팡이 열둘을 취하여 그 사람들의 이름을 지팡이에 쓰되 레위의 지팡이에는 아론의 이름을 쓰라 하시고 그것들을 증거궤 앞에 두라고 하셨습니다. 이튿날 가서 보니 아론의 지팡이에 살구 열매가 열렸습니다. 다른 지팡이는 각각 가져가고 아론의 지팡이는 증거궤 앞에 두어 반역에 대한 표징으로 삼고 하나님에 대한 원망을 그치고 죽지 않게 하라고 하셨습니다. 민18. 하나님께서 아론과 그 아들들로 성소의 직무와 제사장 직무를 담당하게 하시고 레위 지파를 데려다가 돕게 하셨습니다. 하나님께서 제사장에게 돌아갈 몫, 먹을 식물을 지시하셨습니다. 또한 십일조를 레위 자손에게 기업으로 다 주라고 하셨습니다. 하나님께서 이스라엘 자손에게 받아 기업으로 준 십일조의 십일조는 거제로 여호와께 드리라고 하셨으니 회막에서 일한 보수 규정입니다. 이스라엘 자손으로 성물을 더럽히지 말라고 명하셨습니다.

시편 55편

시인은 시를 시작하면서 고난 중에 하나님께 기도하고 간구하니 응답해달라고 호소합니다. 시인은 원수의 소리와 악인의 압제로 사망의 위험과 두려움과 떨림으로 근심 중에 자신에게 비둘기같이 날개가 있으면 날아가 광야를 피난처로 삼아 폭풍과 광풍을 피하여 편히 머물고 싶은 정도입니다. 시인이 피신 중에 뒤돌아보니 성중에는 죄악과 재난이 있고 악독이 그중에 있고 압박과 속임수가 거리를 떠나지 않습니다. 시인은 자신을 핍박하고 미워하는 이가 적이 아닌 동료요 절친한 친구여서 재미있게 의논하고 하나님의 집에도 다니며 교제했으나 이제는 배신자입니다. 그러나 시인에게는 근심하여 탄식하는 소리를 하나님께서 들으시고 구원하실 것이라고 확신합니다. 시인은 스스로 자신에게 짐을 여호와께 맡기리라고 다짐하고 하나님께서 의인이 동요하고 멸망하는 것은 영원히 허락하지 않으신다는 확신을 갖고 주를 의지하고자 하는 결단을 갖습니다.

이사야 7장

아하스왕 때에 아람과 이스라엘 두 연합군이 유다를 쳐들어왔습니다. 하나님께서 이사야에게 그 소식을 듣고 심히 두려워하는 아하스를 만나 두려워하지 말고 하나님께 징조를 구하라고 했으나 구하지 않겠다고 합니다. 이사야가 왕을 책망하며 하나님께서 친히 징조로 처녀가 잉태하여 아들을 낳을 것이요 그 이름을 임마누엘이라 할 것이라(14)고 했습니다. 그리고 아이가 선을 택할 줄 알기 전에 두 왕의 땅이 황폐하여질 것이라고 했습니다. 아하스가 앗수르왕 디글랏빌레셀 2세에게 은금을 보내 원조를 요청하여 위기를 모면했지만, 아람이 패하고 북이스라엘도 얼마 있지 않아 앗수르에게 멸망했습니다. 이사야는 하나님을 의뢰하지 않은 아하스에게 형벌을 내려 앗수르와 애굽이 교대로 유다 땅을 침공하여 국토를 짓밟을 것이라고 했습니다. 그날에 땅이 황폐하여 궁핍할 것이며 토지는 찔레와 가시가 무성하여 사냥터가 되고 우양을 방목하는 곳이 될 것이라고 했습니다.

야고보서 1장

주의 동생 야고보는 흩어진 유대인 그리스도인들에게 교훈합니다. 믿음의 시련, 시험을 당할 때 온전히 기쁘게 여기라고 했습니다. 이것은 인내의 미덕으로 원숙한 성품을 갖추게 하기 때문입니다. 온전히 되기 위해서는 지혜가 필요하므로 지혜를 하나님께 구하되 믿음으로 구해야 합니다. 낮은 형제, 부한 자 모두가 무상한 것이므로 신령한 지위를 귀하게 여겨야 합니다. 사람에게 찾아오는 시험을 참는 자가 복이 있는 것은 시련을 견디어 약속하신 생명의 면류관을 받을 것이기 때문입니다. 시험은 자기 욕심에 끌려 미혹되는데 욕심이 잉태하여 죄를 낳고 죄가 장성하여 사망을 낳습니다. 온갖 좋은 은사와 온전한 선물이 다 빛들의 아버지, 하나님으로부터 내려옵니다. 모든 더러운 것과 넘치는 악을 내버리고 구원의 말씀을 온유함으로 받으라고 교훈합니다. 경건한 자는 입의 말을 조심하며, 진정한 경건은 고아와 과부를 돌보고 자신을 지켜 세속에 물들지 않는 것입니다.

5월 10

민수기 19장

하나님께서 온전하여 흠이 없고 아직 멍에 메지 아니한 붉은 암송아지를 끌어오게 하여 진영 밖에서 불사르고 암송아지의 재를 거두어 진영 밖 정한 곳에 두라고 하셨습니다. 이를 이스라엘 자손 회중을 위하여 간직하였다가 부정을 위해 씻는 물로서 간직할 것으로 속죄제라 하셨습니다. 사람의 시체를 만진 자, 장막에서 사람이 죽을 때 누구든지 그 장막에 들어가는 자나, 장막에 있는 자가 이레 동안 부정할 것이요, 뚜껑을 열어 놓지 않고 덮지 아니한 그릇도 부정합니다. 누구든지 들에서 칼에 죽은 자나 시체나 사람의 뼈나 무덤을 만졌으면 이레 동안 부정합니다. 그 부정을 정결케 하기 위해 불사른 재를 그릇에 담아 부정한 사람이나 기구에 정결한 자가 뿌리되 셋째 날과 일곱째 날에 뿌려서 정결케 하라고 하셨습니다. 사람이 부정하고도 자신을 정결케 하지 아니하면 여호와의 성소를 더럽히는 행위이기에 회중 가운데서 끊어질 것이라고 하셨습니다.

시편 56, 57편

시 56. 다윗이 가드에서 블레셋인에게 잡힌 때에 자신을 삼키려 하는 자들이 많아 하나님께 은혜를 간구합니다. 시인은 두려움이 닥쳐왔을 때 하나님을 의지하여 두려워하지 않겠다고 고백합니다. 원수들이 자신의 생명을 노리고 있으나 고난 중에 하나님 의지하고 기도할 때 원수가 물러갈 것을 확신하고 찬송하며 감사제를 드릴 것이라고 결단합니다. 하나님께서 시인을 이미 구원하여 주셨고 실족치 않게 보호하실 것이기 때문입니다. 시 57. 다윗이 사울의 추적을 피하여 동굴에 숨었을 때 하나님께 은혜를 구합니다. 그는 동굴에 숨었으나 주의 날개 아래로 피하였습니다. 시인은 하나님께 부르짖음으로 자신을 삼키려는 자의 비방에서 구원하시고 은혜와 진리를 보내실 것이기 때문입니다. 시인은 적이 웅덩이를 파고 자신을 빠뜨리려 해도 하나님께서 승리하게 해주실 것을 확신합니다. 시인은 이제 승리를 확신하고 자신의 영혼에게 하나님을 찬송하라고 타이릅니다(7-8).

이사야 8:, 9:1-7

사8. 하나님께서 공중이 보게 하는 서판에 '마헬살랄하스바스라 쓰라고 하신 것은 예언자의 아내가 낳은 아들이 말을 채 하기 전 앗수르에 의해 아람과 북이스라엘이 침략당할 것을 예증한 것입니다. 여호와를 대적하며, 유다를 위협하는 모든 민족과 적들은 결국 패망할 것이므로 선민들은 그들을 두려워하지 말고 여호와만 의지할 것을 권면합니다. 이사야는 증거의 말씀을 봉함하여 오직 여호와만을 기다리고 자녀를 통해 주신 징조를 보며 하나님만 앙망하리라 결단합니다. 9:1-7. 장차 메시야 왕이 오심으로 고통받고 멸시받던 땅이 영화로운 땅이 될 것이고 흑암에 행하던 백성이 큰 빛을 보게 될 것입니다. 하나님께서 전쟁을 몰아내고 평화의 날이 올 것을 예언합니다. 선민들이 압제자를 벗어나 구원받는 보장은 한 아이가 났기 때문입니다. 이는 장차 오실 메시야에 대한 예언으로(8) 해석합니다. 메시야의 통치와 평강은 계속될 것이요 그 왕권은 영영할 것입니다.

야고보서 2장

사람을 차별하여 대하지 말라고 교훈합니다. 회당에 화려한 옷을 입은 사람과 남루한 옷을 입은 사람이 각각 들어올 때 차별하며 악한 생각으로 판단해서는 안 됩니다. 그리스도인이 그리스도의 복음으로 긍휼을 따라 구원받았으므로 긍휼을 베풀어야 합니다. 행함이 없는 믿음은 유익이 없으니 그러한 믿음이 자신을 능히 구원할지 생각해보아야 합니다. 진정한 믿음은 마음의 문제입니다. 마음으로 불신앙의 생활을 뉘우치고 예수그리스도를 구주로 받아들이고 거듭나면 행함은 자연스레 따라오는 것입니다. 보이지 않는 믿음은 보이는 행함으로 입증해야 하고, 믿음은 행함을 동반해야 하며 행함으로 온전해집니다. 아브라함도 기생 라합도 믿음이 의로 인정되었습니다. 그리고 행함에서 완성되었습니다. 영혼 없는 몸이 죽은 것 같이 행함이 없는 믿음은 죽은 것입니다.

민수기 20장

이스라엘 백성이 신 광야 가데스에 이르렀을 때 물이 없어 모세와 아론에게 항의하며 불평을 쏟아냅니다. 모세와 아론이 하나님 앞에 엎드리니 회중을 모아 반석에게 명하여 물을 내라고 하셨습니다. 모세가 반석을 두 번 치니 물이 많이 솟아나 회중과 짐승이 마셨습니다. 하나님께서 두 사람이 하나님의 거룩함을 나타내지 않았으므로 하나님이 주신 땅으로 백성들을 인도하여 들이지 못할 것이요, 이스라엘 자손들은 여호와와 다투었기에 므리바 물이라고 했습니다. 모세가 에돔 왕에게 사신을 보내 이스라엘이 에돔 땅을 지나가게 해달라고 부탁합니다. 에돔 왕은 지나가지 못하게 하므로 모세가 다시 부탁했으나 에돔 왕의 많은 백성이 막아 지나가지 못하게 했습니다. 호르산에 이르렀을 때 아론이 조상들에게로 돌아갔습니다. 하나님께서 아론의 옷을 아들 엘르아살에게 입혀 직무를 수행하게 했습니다.

시편 58, 59편

시인은 불의한 통치자의 악한 모습에 대하여 저주스러운 표현을 사용합니다. 그들은 올바르게 판결하지 않고 악을 자행합니다. 그들은 거짓을 말하고 누구의 말도 듣지 않는 귀머거리 독사와 같습니다. 시인은 불의한 법관들의 형벌을 받아 어금니가 꺾이고 화살이 꺾임 같게 하시며 허무하게 사라지게 해달라고 기원합니다. 의인이 악인들이 보복 당함을 보고 진실로 땅에서는 하나님의 심판이 있음을 알게 될 것을 확신합니다. 시 59. 시인은 원수들, 일어나 치려 하는 자에게서 건져주시고 안전하게 해달라고 간구하며 피 흘리기를 즐기는 자에게서 구원해달라고 탄원합니다. 원수들이 시인의 생명을 해하려고 기다리고, 강한 자들이 자신을 치려고 하는 것은 자기 죄 때문이 아니라고 합니다. 시인은 적이 죄의 보응을 받는 것을 보게 하시고 주님의 능력으로 그들을 흩으시고 낮추어 주시라고 호소합니다. 하나님은 요새요 피난처요 긍휼히 여기시는 분이심을 확신합니다.

이사야 9:8-10:4

하나님께서 북 왕국 대표 지파 에브라임, 수도 사마리아의 교만과 회개하지 않는 완악함에 대해 앗수르를 일으켜 대적하게 하시며 원수들을 격동시켜서 아람과 블레셋까지도 입을 벌려 이스라엘을 삼킬 것이라 하셨습니다. 하나님께로 돌아오지 않는 그들을 하루 사이에 지도자로부터 거짓 선지자까지 멸하시고, 장정들을 기뻐하지 아니하시고 고아와 과부까지도 긍휼히 여기지 아니하실 것입니다. 백성들은 서로 미워하고 굶주린 상태에서 이웃의 살을 먹는 무질서의 상태가 되고 나라가 자중지란이 일어나고, 두 주요 지파의 사이가 나빠져 내란에 빠질 것입니다. 10:1-4. 불의한 말을 받아들이고 불공평하게 판결하여 가난한 자들과 과부와 고아들의 권리를 박탈하고 빼앗고 훔치는 이스라엘과 유다의 관리들에게 화가 임할 것을 선포합니다. 그들이 환란의 날이 올 때 도망을 치며 도움을 구하나 속수무책이 되지만 하나님의 진노가 돌아서지 아니합니다(9:12, 21, 10:4).

야고보서 3장

말하기 좋아하고 가르치기를 좋아하는 모든 자에게 주는 교훈입니다. 사람이 말에 실수가 없으면 온전한 사람이 될 수 있습니다. 말에 재갈을 물려 제어하듯이 말을 제어함으로 온몸을 제어하고, 키를 통해 큰 배를 운전하는 것처럼 말을 통해 전 인생을 통제합니다. 작은 불이 많은 나무를 태우듯이 작은 혀도 큰 해를 일으킬 수 있고 불의한 말이 온몸을 멸망케 할 수 있습니다. 혀가 불의의 세계가 되어 인생을 파멸로 이끌고 지옥불 같은 것이 되기도 합니다. 여러 생물과 짐승은 길들이기 용이하나 사람의 혀는 어렵습니다. 한 입에서 어떤 때는 찬송이 나오고 어떤 때는 저주가 나오기도 합니다. 하늘로부터 난 지혜는 선행함으로, 지혜와 온유함으로 그 행함을 보여야 합니다. 오직 위로부터 난 지혜는 성결, 화평, 관용, 양순, 긍휼과 선한 열매가 가득하고 편견과 거짓이 없습니다. 화평하게 하는 이는 화평으로 의의 열매를 거둡니다.

5월 12

민수기 21장

네겝 거주 가나안 사람 아랏의 왕이 이스라엘을 쳐서 몇 사람을 사로잡았으나 가나안 사람을 그들의 손에 넘기심으로 다 멸하였습니다. 이스라엘이 에돔을 통과하지 못하고 우회해야 하기에 하나님과 모세를 원망하여 불평을 털어놓습니다. 하나님께서 진노하셔서 불뱀을 내려 보내시니 죽은 자가 많습니다. 모세가 하나님께 기도하니, 하나님께서 놋뱀을 만들어 장대 위에 달게 하셔서 그것을 쳐다보는 자는 모두 살았습니다. 이스라엘 자손들이 떠나 모압 경계를 넘어 비스가 산 꼭대기에 이르렀습니다. 그곳에서 아모리 왕 시혼에게 사신을 보내어 그 땅을 지나가게 해달라고 요청합니다. 시혼이 거절하고 이스라엘을 치려고 광야에 나왔을 때 이스라엘이 그들을 치고 그 땅을 점령하여 암몬 자손에까지 미쳤습니다. 이스라엘이 성읍을 빼앗고 아모리인의 왕 시혼의 도성 헤스본과 촌락에 거주했으며 또한 야셀을 쳐서 빼앗고 바산 왕 옥을 무찌르고 그 땅을 빼앗았습니다.

시편 60, 61편

시60. 다윗이 북방 수리아와 전쟁을 벌일 때 남방 에돔이 반란을 일으킨 적이 있습니다. 그래서 전쟁에서 패전한(1-3) 상태에서 하나님께서 회복하여주시기를 간구합니다. 하나님께서 기도에 응답하시고 승리를 약속하십니다. 하나님께서 이스라엘을 다스리시고 보호하시나, 이웃 나라는 복종하는 노예국이 될 것입니다. 이스라엘이 에돔에게 패한 것은 하나님이 떠나셨기 때문이지만 이제 하나님의 도우심을 의지하여 용감히 싸워 치게 해달라고 구합니다. 61. 다윗이 땅끝에서 하나님께 부르짖습니다. 시인은 낙심하고 기진맥진하여 하나님께 부르짖을 때 높은 반석으로 인도해달라고 호소합니다. 하나님은 피난처요 견고한 망대이십니다. 그래서 하나님의 장막에 영원히 머물고 날개 아래에 피하리라 고백합니다. 시인은 그의 기도가 응답되어 영원히 하나님 앞에 거하며 인자와 진리로 보호하실 것을 확신하며 하나님을 찬양하며 서원을 이행할 것을 결단합니다.

이사야 10:5-34

하나님께서 앗수르를 범죄한 이스라엘과 유다를 징계하는 막대기로 사용하신 것뿐인데 오히려 교만하여 하나님 뜻과 달리 두루 다니며 이웃 나라와 사마리아, 예루살렘까지 파괴와 멸절을 일삼았습니다. 하나님께서 완악하고 눈이 높은 앗수르를 벌하시겠다고 말씀하시고, 불에 삼림이 소멸하듯 불태워 심판하시겠다고 하실 것인데 병자가 점점 쇠약해져 감과 같을 것이라고 했습니다. 앗수르가 처벌된 후에 이스라엘의 남은 자 와 야곱 족속의 피신한 자들이 다시는 앗수르를 의지하지 않고 거룩하신 여호와를 진실하게 의지하여 남은자, 야곱의 남은 자가 하나님께로 돌아올 것입니다. 그러므로 더 이상 앗수르가 예루살렘 거민을 칠지라도 오래되지 않아 하나님께서 그들을 진노하여 채찍과 막대기를 들어 멸할 것이니 두려워하지 말라고 하십니다. 앗수르 군대가 위세를 자랑한다 해도 (32) 만군의 여호와께로부터 찍혀 베임을 당할 것입니다.

야고보서 4장

교회 내의 당쟁과 다툼은 심중에 싸우는 정욕으로부터 납니다. 과도한 욕심을 내고 싸우고 심지어 살인하고 시기하여도 얻지 못합니다. 세상 정욕을 위해 구하는 자는 하나님께 대해 간음하는 여자요 세상의 벗이요, 하나님의 원수입니다. 성도가 비록 세상과 벗 되려고 하나 성령님은 성도를 시기하기까지 사모할 뿐 아니라 우리 속에 거하시면서 더욱 큰 은혜를 주십니다. 은혜를 받기 위해 겸손이 필요합니다. 성도는 하나님께 복종함으로 마귀를 대적하면 마귀가 피합니다. 하나님을 가까이하면 우리를 가까이하시기에 행동과 마음을 성결하게 해야 합니다. 죄인들이 은혜를 회복하기 위해 애통의 회개가 있어야 합니다. 성도 간에 비방하거나 판단하지 말아야 합니다. 인간은 내일 일을 알지 못하고 잠깐 보이다가 없어지는 안개 같은 삶을 삽니다. 그래서 내 뜻이 아니라 하나님의 뜻을 앞세우고 살아야 합니다. 하나님의 뜻을 따라 사는 것이 선을 행하는 것입니다.

5월 13

민수기 22장

이스라엘 백성이 요단 건너편 모압 평지에 진을 쳤을 때 모압 왕 발락이 이스라엘이 아모리인에게 행한 일을 듣고 심히 두려웠습니다. 그가 브올의 복술가 발람에게 이스라엘을 저주해달라고 모압과 미디안 장로들을 발람에게 보냅니다. 하나님이 막으시므로 발람이 두 차례나 거절하다가, 하나님께서 그에게 하시는 대로 준행하라며 그들과 함께 가라고 하십니다. 이튿날 발람이 나귀 안장을 지우고 모압 고관들과 함께 가는데 하나님의 사자가 그를 막으려고 길에 섰습니다. 발람을 태운 나귀가 멈춰 서 있기에 발람이 세 번 채찍질합니다. 하나님께서 발람의 눈을 밝히시매 여호와의 사자가 손에 칼을 빼어 들고 발람의 길이 사악하여 막으려고 나왔다고 합니다. 발람이 사자에게 자신이 범죄하였으니 돌아가겠다 하나 사자가 발람에게 이르는 말만 하라고 합니다. 그리하여 발람이 발락의 고관과 함께 발락에게 갑니다. 발락이 발람과 그와 함께한 고관들을 극진히 대접합니다.

시편 62, 63편

시 62. 시인은 자신의 영혼은 하나님만 앙모하리라는 확고한 신념을 노래합니다. 하나님만이 반석, 구원, 요새이기에 흔들리지 않겠다는 것입니다. 적들이 총공격을 계속하여 자신을 추방하기 위해 거짓을 꾸미고 배은망덕하나 그는 하나님만 의지하겠다고 합니다. 시인은 백성들도 피난처 되신 하나님 의지하고 하나님께 아뢰라고 권합니다. 인생은 무가치하고 허무하므로 하나님의 권능과 인자와 공의를 의지할 것을 교훈합니다. 시 63. 다윗이 유다 광야에 도망을 갔을 때 하나님을 앙모하는 노래입니다. 시인은 성소에서 주를 바라본 것을 회상하며 주님의 인자하심이 생명보다 크기에 주님을 찬양합니다. 어두운 밤중에라도 주를 찬양하며 새벽에 주의 말씀을 읊조릴 때 자신의 영혼이 만족할 것이라고 노래합니다. 주님의 오른손이 시인을 붙드시나 자신을 멸하려 하는 이들은 무덤으로 들어가게 하고 야수의 밥이 되게 하고 대적의 입을 막으신다고 확신합니다.

이사야 11, 12장

사 11. 이새의 줄기에서 한 싹이 나며. 메세야 왕국의 왕입니다. 그의 위에 여호와의 영, 지혜와 총명, 모략과 재능, 지식과 여호와를 경외하는 영이 강림하십니다. 공의와 그의 입의 막대기로 세상을 심판하시고 악인을 죽일 것입니다. 그 메시야 왕국의 미래의 완성된 모습이 극적으로 묘사되어 있습니다(6-9). 그날에 주께서 남은 백성을 모든 이방 나라에서 모을 것인데, 땅 사방에서 이스라엘과 유다의 흩어진 자들을 모으시되, 앗수르로부터 돌아오게 될 것입니다. 사 12. 이스라엘이 해방되고 회복되는 그날, 메시야 왕국의 날에 주님의 진노가 돌아섰고 주님이 안위하실 것이므로 하나님이 힘이요 노래며 구원이라고 찬양합니다. 그날에 하나님께 감사하며 하나님의 이름을 부르며 하나님의 행하심을 만민 중에 선포하라고 합니다. 하나님을 찬양함은 극히 아름다운 일을 행하셨기 때문입니다.

야고보서 5장

부자들이 쌓기만 하는 그 재물은 썩고 옷은 좀먹고, 금은은 녹이 슬어 쓸모없이 되어 버릴 것이며, 이는 마음에 녹(죄)이 슨 것의 증거로서 그들이 지옥불의 형벌을 받을 증거입니다. 부자들이 품꾼에게 삯을 주지 않아 우는 소리가 하나님의 귀에 들려 심판받을 증거가 되었습니다. 그들은 사치하고 방종하여 심판의 날을 알지 못하고 자신의 쾌락만 추구합니다. 하나님의 날 심판의 날이 임할 줄 알고, 재림을 기다리되, 농부의 사례와 욥의 실례를 들어 인내할 것을 가르칩니다. 고난 중에 기도하고, 병든 자가 있으면 기도하되, 믿음으로 기도하면 병든 자를 주님이 구원합니다. 병든 자의 죄에 대해 사죄를 선고하므로 사함을 받습니다. 그러므로 서로 죄를 고백하고 병 낫기 위해 기도하라고 했습니다. 기도 응답의 증명으로 엘리야를 예증합니다. 그가 비 오지 않기를 기도하고, 비 오기를 간절히 기도할 때 하나님이 그대로 응답하신 것처럼 성도가 기도할 때 응답받습니다.

5월 14

민수기 23장

발락과 발람이 이스라엘 진 끝을 보며, 아침에 바알의 산당에 올라 발람을 위해 단 일곱을 쌓고 수송아지와 숫양 각각 일곱 마리를 제단에 드렸습니다. 하나님께서 발람에게 말씀을 주셔서 예언합니다(7-12). 하나님께서 입에 주신대로 이스라엘을 저주하지 않고 오히려 축복합니다. 발락이 발람에게 다시 저주를 부탁하니 비스가 꼭대기에 이르러 전과 같이 제물을 드린 후에 발람이 하나님으로부터 받은 것을 예언합니다. 하나님은 거짓말 하지 않으시고 후회가 없으시니 말씀하신 바를 실행하시는 분으로 축복할 것을 받았으니 주신 복을 돌이키지 않겠다는 것입니다. 두 번째 예언을 들은 발락이 발람에게 그들을 저주하지도 축복하지도 말라 하니 발람은 여호와께서 말씀하신 것을 그대로 하지 않을 수 없다고 했습니다. 발락이 다른 곳으로 발람을 인도하여 광야가 내려다보이는 브올 산꼭대기에 이르러 전과 같이 제단을 쌓고 제물을 드립니다.

시편 64, 65편

시64. 시인은 적의 공격으로 근심하는 소리를 들으시고 원수의 두려움에서 생명을 보존해주실 것을 기도하고, 행악자들의 음모와 악을 행하는 자들의 소동에서 감추어달라고 간구합니다. 적들이 혀로 간계를 꾸미고, 숨은 곳에서 쏘아도 두려워하지 않습니다. 그들이 올무를 놓으며 공모를 꾸미지만 하나님이 그들에게 쏘신 화살에 상할 것입니다. 의인은 여호와로 말미암아 즐거워하며 그에게 피합니다. 65. 시인은 시온에서 주를 기다리며 찬송합니다. 기도를 들으시는 주님 앞에 모든 사람이 나아오는 것은 주의 뜰에 사는 자가 복이 있기 때문입니다. 하나님은 믿고 의지할 분이시며 악한 자를 심판하시고 응답하시는 분이십니다. 이 땅에 물을 대어 윤택하게 하사 곡식을 거두게 하시는 하나님을 찬양합니다. 주님의 은택으로 초장에도 기름방울이 떨어지니 작은 산들이 기쁨으로 띠를 띠었습니다. 초장은 양떼로 옷 입었고 골짜기는 곡식으로 덮였으매 즐거이 외치고 노래합니다.

이사야 13장

　만국을 관할하시는 하나님께서 바벨론의 심판을 경고하십니다. 민둥산 위에 기치를 세우고 소리를 높여 바벨론을 멸망시킬 군대를 초청하되 메데 바사로 하여금 하나님의 심판을 위한 병기로 사용하여 멸하려 하십니다. 그날에 땅이 황폐하고 마치 천체가 쓸모없이 되듯 죄인들을 멸하리라고 하셨습니다. 바벨론의 멸망 원인은 악과 악인의 죄 때문이며 교만과 오만과 강포한 자의 거만 때문입니다. 그래서 주민이 희소하게 되고 바벨론에 모여들었던 외국인들도 고향으로 도망치게 될 것입니다. 사람들은 칼과 창에 찔리고 아이들을 메침을 당하고 집은 노략당하고 아내는 욕보임을 당할 것입니다. 하나님께서 메대를 충동하여 바벨론을 치고 죽일 것이며 소돔과 고모라같이 되어 거처할 사람이 없을 것이며 광야 사람도 그곳에 장막을 치지 않고 양떼 대신 들짐승과 타조, 들양이 깃들이게 될 것입니다. 화려하던 궁중에는 들개가 울 때가 가까이 임할 것입니다.

베드로전서 1장

　저자는 흩어져있는 그리스도인들에게 편지하며 먼저 하나님을 찬양합니다. 하나님께서 성도를 거듭나게 하시고 산 소망이 있게 하시며, 비록 박해 가운데 있어도 구원을 얻도록 하나님의 보호를 보장받고 있기 때문입니다. 성도는 영혼의 구원을 받았기에 즐거워합니다. 이 구원은 하나님의 경륜 속에서 진행되고 선지자들이 연구하고 살핀 것으로 그들이 그리스도의 영을 통해 주의 고난과 영광을 연구한 바요, 이를 계시를 통하여 알게 된 것이며 성령을 힘입어 구원의 복음을 전한 것입니다. 성도는 그리스도 재림하실 때까지 근신하여 구원 완성의 은혜를 사모하며 행실에 거룩한 자가 되고 나그네로 있을 때를 두려움으로 지내야 합니다. 성도는 진리를 순종함으로 영혼을 깨끗하게 하여 거짓 없이 형제를 사랑하되 마음으로 뜨겁게 사랑해야 합니다. 성도가 거듭난 것은 살아있고 세세토록 있는 하나님의 말씀으로 되었습니다.

5월 15

민수기 24장

발람이 그의 낯을 광야로 향하여 이스라엘이 친 장막을 보는데 하나님의 영이 임하여 예언을 전합니다(3-9). 발람은 이스라엘의 장막과 거처의 아름다움과 산물의 풍성함과 통치자의 강력함으로 인해 나라가 흥왕할 것이라 합니다. 이에 발락이 노하며 저주를 요구했는데 세 번이나 축복한다고 항의합니다. 이에 발람은 선악 간에 여호와께서 말씀하신 대로 말했음을 주장하며 이스라엘이 발락의 백성에게 행할 일을 예언합니다(15-19). 또 한 별이 야곱에게서 나오고 한 규가 이스라엘에서 일어나서 모압을 무찌르고 셋의 자식들은 다 멸할 것이며, 원수 에돔과 세일은 이스라엘의 유산이 되고 이스라엘은 용감할 것이라 합니다. 특히 주권자 곧 다윗이 나서 남은 자들을 멸절하리라고 하고, 그 외의 아말렉, 겐 족속, 가인 등을 예언합니다. 그리고 장차 깃딤(바벨론)이 와서 앗수르를 학대하며 에벨(이스라엘)을 괴롭힐 것이지만 그도 메대 바사에게 멸망할 것이라 했습니다(24).

시편 66, 67편

시 66. 해방의 찬미 시입니다. 온 땅을 향해 즐거운 소리를 내며 하나님의 이름을 찬양하라고 초청합니다. 하나님이 홍해를 육지 되게 하시고 무리가 요단을 건너게 하셨습니다. 하나님께서 영혼을 살려 두시고 실족을 허락지 않으십니다. 백성을 연단하시되 고난으로 가혹한 짐을 주시고 선민이 극한 탄압을 받았으나 하나님께서 끌어내어 풍부한 곳에 들이셨습니다. 시인은 서원을 갚으며 주를 찬양하되, 하나님이 행하신 일을 선포하고, 기도를 물리치지 않으시고 인자를 베푸신 하나님을 찬양합니다. 시 67. 시인은 하나님께서 은혜 베푸시고 복을 주시며 얼굴빛을 비추사 주의 도와 구원을 모든 나라에 알리시기를 기도합니다. 또, 모든 민족이 주를 찬양하게 해달라고 간구합니다. 왜냐하면 주님께서 민족들을 공평하게 심판하시고 나라들을 다스리시기 때문이요, 또한 땅이 소산을 낸 것은 하나님이 복을 주셨기 때문입니다. 하나님을 찬양하고 경외함이 마땅합니다.

이사야 14장

바벨론이 망한 후 하나님께서 이스라엘을 다시 본토로 이방인 개종자(나그네)들과 같이 귀환하여 그들을 종으로 삼고 자기를 압제하던 자들을 주관하게 될 것입니다. 바벨론 왕의 꺾임은 마치 계명성, 즉 하늘에서 떨어진 사탄의 타락에 비유합니다. 결국 스올 구덩이 맨 밑에 떨어짐을 당할 것입니다. 하나님이 이스라엘의 땅과 산에서 앗수르를 파하시고 짓밟으시겠다고 하십니다. 아하스 왕이 죽던 해에 하나님께서 불레셋을 향해 앗수르왕이 죽어 지배에서 벗어났다고 기뻐할 일이 아니라고 합니다. 더 독한 왕이 나서 괴롭힐 것이기 때문입니다. 궁핍한 자는(이스라엘) 먹고 평안히 눕겠지만 불레셋은 기근으로 죽을 것이요 남은 자는 북방의 공격으로 살육당하여 소멸될 것이라고 하십니다. 불레셋 사신들이 이스라엘에 왔으나 대답할 말은 여호와께서 시온을 세우시고 그 가운데 계시니 여호와의 백성은 곤고한 일을 당할 때 여호와 안에서 피난하리라 할 것입니다.

베드로전서 2장

성도가 구원에 이르도록 자라기 위해서는 순전하고 신령한 젖을 사모해야 합니다. 사람에게는 버린바 되었으나 하나님께는 택하심을 입은 보배로운 산돌이신 예수님께 나아가 산돌같이 신령한 집으로 세워지고, 하나님이 기쁘게 받으실 신령한 제사를 드리는 거룩한 제사장이 되어야 할 것입니다. 그리스도인은 택하신 족속, 왕 같은 제사장, 거룩한 나라, 하나님의 소유가 된 백성입니다. 성도들은 부당하게 고난받아도 하나님을 생각하므로 슬픔을 참고, 선을 행함으로 고난을 받고 참으면 이는 하나님 앞에 아름다운 일입니다. 예수님은 죄도 범치 않고 거짓도 없으시고 욕을 당해도 맞대어 욕하지 아니하시고 고난당해도 위협하지 아니하시고 공의로 심판하시는 하나님께 부탁하셨습니다. 그리스도께서 친히 나무에 달려 그 몸으로 우리 죄를 담당하사 죄에 대하여 죽고 의에 대하여 살게 하셨습니다. 예수님께서 채찍에 맞음으로 성도는 나음을 입었습니다.

5월 16

민수기 25장

이스라엘이 싯딤에 머물러 있을 때 모압 여자들과 음행하기 시작하였습니다. 여자들이 이스라엘 백성을 청하여 함께 먹고 신들에게 절하여 바알브올 우상을 섬깁니다. 이에 하나님께서 진노하시고 모세에게 백성의 수령들을 잡아 태양을 향하여 목매어 달라고 하셨습니다. 이스라엘 자손 중 한 사람이 모세와 회중이 보는 데서 미디안 여인을 데리고 그의 형제에게로 왔습니다. 이때 아론의 손자 비느하스가 창을 들고 두 남녀의 배를 꿰뚫어 죽이니 염병이 이스라엘에 그쳤으나 염병으로 죽은 자가 2만 4천 명이었습니다. 하나님께서 비느하스로 인해 노를 돌이키심으로 그들을 소멸하지 않게 하였다고 하셨습니다. 그래서 그와 그의 후손에게 영원한 제사장 직분의 언약을 주셨습니다. 하나님께서 모세에게 미디안인을 치라고 하셨습니다. 미디안 지휘관의 딸, 브올의 일로 염병이 일어난 날에 죽임당한 그들의 자매 고스비의 사건으로 그들을 유혹했기 때문입니다.

시편 68편

하나님은 원수를 흩으시고, 주를 미워하는 자들은 주 앞에서 도망합니다. 시인은 과거 역사적 은혜를 회고하며 하나님을 찬양합니다. 광야를 행진할 때 주의 백성을 인도하시고 흡족한 비를 주셔서 기업을 견고하게 하시며 회중을 살게 하셨습니다. 모든 산의 주인은 하나님으로서 산중에 산 시온에 영원히 거하십니다. 하나님이 날마다 우리의 짐을 지시고 우리를 구원 하시며 사망에서 벗어나게 하십니다. 하나님은 원수들의 머리를 쳐서 깨뜨리시고 적의 피가 고여 개들이 혀로 먹게 됩니다. 하나님은 왕이 되어 예루살렘성전에 왕들이 모여와서 하나님께 예물을 드립니다. 이는 메시야 왕국에서 온전히 성취될 예언입니다. 하늘 위의 하늘을 창조하신 하나님을 찬송하라고 외치며 하나님께 능력을 돌리라고 합니다. 하나님께서 위엄을 성소에서 나타내시며 그의 백성 이스라엘에게 힘과 능력을 주십니다. 그러므로 하나님을 찬송하고 영광을 돌려야 합니다.

이사야 15장

모압의 심판에 대한 말씀입니다. 하룻밤에 모압의 수도 알과 주 요새 기르가 망하여 황폐할 것을 말씀하셨습니다. 사람들은 갑자기 찾아온 환란으로 모압의 주신인 그모스 산당에서 그모스가 그들을 구하지 못한 데 대해 웁니다. 그들이 머리를 밀고 각각 수염을 깎았고, 거리에는 굵은 베로 몸을 동이고 지붕이나 넓은 곳에서 통곡합니다. 예언자도 모압의 멸망을 보면서 애통합니다. 모압 피난민들이 곳곳마다 흩어져 패망을 울부짖습니다. 모압을 적시는 수원인 니므림 물이 마르고 풀이 시들어 청청한 것이 없어 얻은 재물과 쌓았던 것을 가지고 남방 버드나무 시내를 건너 국경을 지나 에돔으로 피난을 갑니다. 모압 사방에 울음소리가 넘치고 슬피 부르짖음이 에글라임과 브엘엘림에까지 미치고 디몬 물(아르논강)에는 피가 가득합니다. 하나님께서 디몬에 재앙을 더 내리되, 모압에 도피한 자와 그 땅에 남은 자에게 강한 나라를 보낼 것입니다.

베드로전서 3장

아내는 남편에게 순종하며 선한 행실과 온유하고 안정한 심령의 썩지 아니할 것으로 내면을 단장해야 합니다. 남편은 아내에 대한 올바른 이해심으로 아내와 건전하게 동거생활하고, 연약한 그릇이요 생명의 은혜를 함께 이어받을 자로 알고 귀히 여겨야 합니다. 의를 위하여 고난을 받으면 복이 있으므로, 선을 행하다 고난받은 것이 하나님의 뜻인 줄 알라고 교훈합니다. 고난의 본이신 그리스도께서 단번에 죄를 위해 죽으사, 의인으로서 불의한 자를 대신하셨습니다. 그리스도께서 성육신 전에 노아시대 불신자에게 전도하셨으나 그들은 믿지 않아 옥에 있습니다(20). 방주에서 물로 구원 얻은 자는 여덟 명뿐입니다. 물은 구원하는 표, 세례입니다. 세례는 하나님을 향한 선한 양심의 간구, 즉 하나님과 의로운 관계에 서는 것을 뜻합니다. 그리스도께서 영광을 얻으시고 하늘에 오르사 하나님 우편에 계심으로 천사들, 권세들과 능력들이 주께 복종합니다.

5월 17

민수기 26장

모압평지에서 이스라엘 온 회중에서 20세 이상으로 전쟁에 나갈 만한 자를 계수하였습니다. 르우벤 종족 4만3천7백 명, 시므온 자손 2만2천2백 명, 갓자손 4만5백 명, 유다의 아들들 7만6천5백 명, 잇사갈 자손 6만4천3백 명, 스불론 자손 6만5백 명, 요셉의 아들들의 종족 5만2천7백 명, 에브라임 자손 3만2천5백 명, 베냐민 자손 4만5천6백 명, 단 자손 6만4천4백 명, 아셀 자손 5만3천4백 명, 납달리 자손 4만5천4백 명으로 계수된 자가 60만7천백3십 명이었습니다. 하나님께서 땅을 나눠 주어 기업을 삼게 하되 다소를 막론하고 제비뽑아 나누게 하셨습니다. 1개월 이상으로 계수된 레위인의 모든 남자는 2만3천 명이었으나 기업이 없으므로 이스라엘 자손 중 계수에 들지 아니하였습니다. 이렇게 모압 평지에서 계수된 자 중에는 갈렙과 여호수아 외에는 시내 광야에서 계수된 자손은 한 사람도 들지 못하였습니다. 그것은 하나님께서 반드시 광야에서 죽으리라 하셨기 때문입니다.

시편 69편

곤고한 상황을 만난 시인은 주님을 위하여 비방을 받고 수치가 자기의 얼굴을 덮었다고 합니다. 그래서 하나님께 구원을 호소하며 인자와 진리로 응답해 달라고 간구합니다. 나아가 자신의 대적들이 자신을 향한 비방과 수치와 능욕이 자신의 마음을 상하게 하고 근심을 가져다 주었으니 그들을 벌하여 눈이 어두워 보지 못하고 그들의 허리가 항상 떨리게 해달라고 호소합니다. 주님의 맹렬한 노가 그들에게 미쳐서 그들의 거처가 황폐하여 장막에 사는 자가 없게 해주시고, 그들을 생명책에서 지워버려 달라고 간청합니다. 시인은 승리의 신념으로 하나님의 이름을 찬송하며 감사함으로 하나님을 높이겠다고 합니다. 곤고한 자가 이를 보고 기뻐할 것이며 천지가 하나님을 찬송하고 바다와 거기에 있는 생물도 찬양합니다. 하나님이 시온을 구원하시고 성읍들을 건설하셔서 무리가 거기에 살고 하나님의 이름을 사랑하는 자가 살게 될 것을 확신합니다.

이사야 16장

모압의 심판에 대한 메세지가 계속됩니다. 에돔으로 도망하는, 보금자리를 잃고 흩어진 새 새끼 같은 모압 거민들이 유다 왕이 모략을 베풀어 공의로 판결하여 피난민들을 도와달라고 합니다. 압제자 앗수르가 망했기에 유다가 피난처로 삼아 보호를 구하며 유다 왕위를 찬양합니다. 그러나 그러한 요청이 거절됩니다. 모압의 거만, 교만 분노 때문입니다. 그 거절로 인해 모든 모압인들이 통곡하고, 헤스본, 십마의 포도나무가 말라 하레셋 건포도 떡을 낼 수 없어 근심합니다. 포도나무로 인하여 야셀 십마, 헤스본 엘르알레가 눈물에 적실 것은 여름 실과 농작물에 즐거운 소리가 그쳤기 때문입니다. 그래서 예언자가 모압을 위하여 애통합니다. 모압인들이 산당에서 피곤하도록 봉사하고 자기 성소에서 기도해도 소용없습니다. 그것은 하나님께서 모압의 영화와 그 큰 무리가 능욕당하여 그 남은 수가 심히 적을 것이라 말씀하셨기 때문입니다.

베드로전서 4장

그리스도께서 고난에서 승리하셨듯이 육체의 고난을 받은 사람은 죄에서 승리하여 하나님의 뜻을 따라 육체의 남은 때를 살게 하셨습니다. 말세의 끝이 가까이 옴을 알고 정신을 차리고 근신하며 기도하고 뜨겁게 서로 사랑해야 합니다. 대접하기를 원망 없이 하고 선한 청지기같이 서로 봉사해야 할 것입니다. 말을 할 때도 하나님의 말씀을 하듯 하고, 봉사할 때 하나님이 공급하시는 힘으로 해야 합니다. 불시험을 당할 때가 있으나 오히려 그리스도의 고난에 참여하는 것이라 여겨 즐거워해야 합니다. 그리스도의 이름으로 치욕을 당하면 복 있는 자인 것은 영광의 영 곧 하나님의 영이 성도 위에 계시기 때문입니다. 그런즉 그리스도인으로 고난을 받으면 부끄러워하지 말고 도리어 그 이름으로 하나님께 영광을 돌려야 합니다. 심판의 날 하나님의 뜻대로 고난을 받는 자들은 또한 선을 행하는 가운데에 그 영혼을 미쁘신 창조주께 의탁해야 할 것입니다.

5월 18

민수기 27장

요셉의 아들 므낫세 종족 중에 헤벨의 아들 슬로브핫의 딸들이 회막 문에서 모세와 제사장 엘르아살과 지휘관들과 온 회중 앞에 서서 호소합니다. 아버지에게 아들이 없어 아버지의 이름이 종족 중에서 삭제될 것을 호소하며 자신들에게 기업을 달라고 요청합니다. 모세가 하나님께 사연을 아뢰니 하나님께서 모세에게 아버지의 형제 중에 그들의 아버지의 기업을 그들에게 돌리라고 하셨습니다. 그리고 기업을 이을 서열을 아들로부터 순서대로 지정하여 받게 하라고 규례를 주셨습니다. 하나님께서 모세에게 아바림 산에 올라가서 이스라엘에게 준 땅을 바라보라고 하시며 조상들에게로 돌아가라고 하십니다. 그것은 신광야 가데스의 므리바 물 사건 때문입니다(민 20:13). 하나님께서 모세에게 지시하신 대로 눈의 아들 여호수아를 데려다가 제사장 엘르아살과 회중 앞에 세워 안수하고 후계자로 세웠습니다.

시편 70, 71편

시70. 시인은 자신을 구원해달라고 간구하며, 자신의 영혼을 찾는 자들이 수치와 무안을 당하게 하시고 자신의 상함을 기뻐하는 자들이 뒤로 물러가 수모를 당하도록 호소합니다. 주를 찾는 모든 자들이 주로 말미암아 기뻐하고 즐거워하게 해주시라고 간구합니다. 하나님만이 도움이며 시인을 건지시는 분이시기에 지체 말고 속히 임하시도록 간구합니다. 시71. 시인은 자신이 주께 피하니 자신을 건지시고 풀어주시며 주의 귀를 자신에게 기울이사 구원해달라고 간구합니다. 시인이 어렸을 때부터 신뢰하는 하나님은 숨을 바위, 반석, 요새, 피난처입니다. 하나님께서 속히 도와주셔서 대적자들이 멸망하게 해달라고 호소합니다. 시인은 어릴 때를 회고하면서 주님께 감사하고 노년기를 내다보면서 위하여 기도합니다(17-18). 시인은 그의 기도에 응답받고 구원을 확신하므로 악기로 주님을 찬양합니다. 입으로뿐 아니라 주님이 속량하신 자신의 영혼도 하나님을 찬양합니다.

이사야 17, 18장

사 17. 하나님께서 다메섹이 장차 무너진 무더기가 되고 성읍들은 양무리를 치는 곳이 되고 아람, 다메섹의 남은 자가 멸절할 것이라고 경고하십니다. 나아가 이스라엘의 영광이 쇠하고 살진 몸이 파리하듯이, 이삭을 벤 것같이 심판받을 것이라고 합니다. 다메섹과 이스라엘의 심판의 도구인 앗수르는 이미 여러 민족을 정복하여 그 민족들을 앗수르 군에 편성하여 바다의 파도처럼 습격해왔습니다(13). 사 18. 구스(이디오피아)의 심판의 메세지입니다. 구스에서 자신들이 지배하고 있던 애굽을 앗수르가 침공한다는 일로 유다에 사자를 보냈습니다. 하나님은 쪼이는 일광과 가을 더위에 운무같이 앗수르를 심판하실 것이라고 하셨습니다. 앗수르 군의 시신은 던지어져 독수리와 들짐승들의 밥이 될 것이라고 하셨습니다. 하나님께서 기적적으로 앗수르 군을 격멸하는 소식을 들은 구스 백성들이 시온산으로 사자를 보내어 하나님께 예물을 바칠 것이라 예언합니다.

베드로전서 5장

베드로가 장로들에게 하나님의 양무리를 칠 때 억지로나 더러운 이득을 위해 하지 말고, 하나님의 뜻을 따라 자원하므로 기꺼이 하라고 가르칩니다. 맡은 자들에게 주장하는 자세를 하지 말고 양무리의 본이 되라고 하고, 그럴 때 목자장이 나타나실 때 시들지 아니하는 영광의 관을 얻으리라고 교훈합니다. 젊은 자들은 장로들에게 순종하고 겸손으로 허리를 동이라고 했습니다. 하나님의 손아래에서 겸손하면 때가 되어 높여 주시고, 염려를 다 맡기면 하나님께서 돌보십니다. 성도가 근신하고 깨어 있어야 할 것은 대적 마귀가 우는 사자 같이 두루 다니며 삼킬 자를 찾기 때문입니다. 믿음을 굳건하게 하여 그를 대적해야 합니다. 마지막으로 그리스도 안에서 성도를 부르시고 자기의 영원한 영광에 들어가게 하신 은혜의 하나님께서 잠깐 고난당한 성도들을 친히 온전하게 하시고 굳건하게 하시고 강하게 하시며 터를 견고하게 하실 것이라고 격려합니다.

5월 19

민수기 28장

하나님께서 하나님의 헌물 즉 음식인 화제물, 향기로운 것은 정한 기간에 하나님께 바치라고 하셨습니다. 그리고 하나님께 드릴 화제에 대해 말씀하셨습니다. 이는 아침, 저녁 상번제로 하나님께 드릴 향기로운 화제입니다. 매 안식일에는 매일 드리는 제물의 배를 드리라고 하셨습니다. 초하루를 지키는 것은 지난달의 죄를 속죄받고, 하나님과의 화목을 기하는 제사로 번제를 드리되 소제와 전제가 따르고 속죄제를 별도로 드렸습니다. 첫째 달 열넷째 날에 지켜야 할 유월절 규례로서 그 제물은 초하루의 것과 같고 그 제사는 7일간 아침 상번제 후에 드렸습니다. 처음 익은 열매를 드리는 칠칠절을 지키되 새 소제를 드릴 때 성회로 모이고, 향기로운 번제를 드리고 소제도 드리라고 하셨습니다. 드리되 다 흠 없는 것으로 제물을 드리라고 말씀하셨습니다.

시편 72편

이 시는 솔로몬 왕을 위한 시입니다. 왕의 의로운 통치를 위한 기원입니다. 왕이 공의로 판단하고 정의로 재판하므로 나라가 평안하여 산들도 백성들에게 평강을 줍니다. 왕의 공의가 벤 풀 위의 비같이 땅을 적시는 소낙비같이 내려 의인이 흥왕하고 평강이 풍성합니다. 그가 세계를 다스림으로 인해 광야 주민이 왕에게 허리를 굽히고 다시스와 섬의 왕들이 조공을 바치고 스바와 시바 왕들이 예물을 드리고 만왕이 그 앞에 부복하고 모든 민족이 다 그를 섬길 것입니다. 왕은 궁핍한 자가 부르짖을 때 건지고 도움 없는 가난한 자도 건져 생명을 구원할 것입니다. 생존한 사람들이 왕에게 금을 갖다 바치고 사람들이 그를 위하여 항상 기도하고 종일 찬송합니다. 이런 이상적 통치는 메시야 왕국의 메사야, 왕을 통해 실현됩니다. 시인은 기이한 일을 행하시는 이스라엘 하나님을 찬양하며 그 영화로운 이름을 찬송하며 온 땅에 주의 영광이 충만하기를 기원합니다.

이사야 19장, 20장

사 19. 하나님께서 애굽을 치심으로 나라가 내란에 빠지고 정신이 쇠약하여져 우상과 신접한 자, 요술사를 의지하지만, 포악한 왕이 그들을 다스려 경제의 붕괴와 파산이 있을 것을 예언합니다. 또 방백과 지혜로운 모사의 책략도 하나님 앞에서 우둔하고 조롱거리가 될 것입니다. 그날에 하나님께서 구원자를 보내어 자기를 애굽에 알게 하시고 하나님께 제물을 드리며 경배하게 될 것입니다. 애굽을 치시고도 돌아오게 하시고 종말에 가서 이스라엘과 앗수르와 함께 복된 나라가 됩니다. 사20. 앗수르의 사르곤 왕이 아스돗을 쳐서 점령한 해에 하나님께서 3년 동안 이사야를 벗은 몸과 벗은 발로 다니게 하여 애굽과 구스에 대하여 징조가 되게 하셨습니다. 그들이 앗수르 왕에게 끌려갈 때 유다가 바라던 구스와 자랑하는 애굽이 벗은 모습으로 수치를 당하는 것을 보고 유다가 놀랄 것입니다. 자신들이 위기에서 벗어나기를 앗수르 왕에게 도움을 구했으나 그같이 되어 탄식합니다.

베드로후서 1장

그리스도인은 그리스도를 알고(2), 우리를 부르신 하나님께서 주신 신기한 능력으로 생명과 경건에 속한 모든 것을 얻어 신성한 성품에 참여한 자가 되었습니다. 신령한 은혜를 입은 성도는 영적으로 성숙하는 7가지 덕목을 쌓아가야 합니다(5-7). 그럴 때 구주 예수그리스도의 영원한 나라에 들어감을 넉넉히 주실 것입니다. 베드로는 육신의 장막에서 벗어날 것이 임박한 줄 알고 그가 떠난 후에도 수신자들이 항상 예수그리스도의 영광스러운 재림을 생각하기를 권면합니다. 베드로는 예수그리스도의 능력과 재림에 대하여 지극히 큰 영광 중에 "이는 내 사랑하는 아들이요 내 기뻐하는 자라"라는 음성으로 하나님께 존귀와 영광을 받으셨음을 증언합니다. 또한, 재림은 구약에 이미 있는 확실한 예언으로 어두운 데를 비추는 등불과 같은 역할을 합니다. 그러므로 성경의 예언은 성령의 감동을 입은 이들이 하나님께 받은 것이기에 사사로이 풀어서는 안 됩니다.

민수기 29장

하나님께서 일곱째 달, 민력 정월 초하루에는 큰 감사의 성회로 모이는 날로 나팔을 부는 나팔절입니다. 하나님께 향기로운 번제와 소제를 드리되 숫염소 속죄제와 아울러 매일 드리는 상번제와 거기에 따른 소제와 전제를 드렸습니다. 일곱째 달 열흘날에는 속죄일로 지키라고 하셨습니다. 이날 1년 한 차례 대속죄일로 지켜 온 백성의 죄를 속죄했습니다. 일곱째 달 15일부터 22일까지 8일간 장막절을 지켰습니다. 첫째 날 수송아지 13마리를 드리며 한 마리씩 줄여서 일곱째 날에 일곱 마리를 드리고, 매일 숫양 두 마리와 1년 되고 흠없는 숫양 열네 마리를 드려 번제와 소제와 전제와 아울러 속죄제로 드렸습니다. 여덟째 날에는 장엄한 대회로 모이며 번제로 수송아지 한 마리, 숫양 한 마리, 1년 된 숫양 일곱 마리를 드려 동일하게 제사를 드렸습니다. 이날은 광야 생활을 끝내고 가나안에 들어간 것처럼 장막을 거두고 집으로 돌아갔습니다.

시편 73편

아삽의 시는 12편입니다. 시인은 악인의 형통과 오만한 자를 질투함으로 실족할 뻔 했습니다. 악인은 사람들이 당하는 고난도 재앙도 없고 죽을 때도 고통이 없고 힘이 강건한 듯 보입니다. 악행을 행하면서 하나님이 어찌 그들의 행위를 알고 그것을 살피겠느냐고 합니다. 시인은 악인이 항상 평안하고 재물이 불어나는데, 시인은 마음이 깨끗하고 무죄해도 다 헛되고 재난과 징벌을 받는 것이 이해할 수 없고 모순된 것임을 깨닫습니다. 이런 고통스러운 마음을 가지고 성소에 들어가 비로소 문제의 해결을 받았습니다(17). 그는 악한 자의 종말이 임하고 하나님이 그들을 파멸에 던지신다는 것을 깨달았습니다. 하나님은 주무시는 중에 악인의 형통을 방치하는 것 같지만 깨어 그들을 심판하십니다. 시인이 깨닫기 전에는 마음이 산란하고 양심에 찔리고 우매했으나 하나님이 함께하셔서 그를 회복시켜 주셨습니다. 시인은 하나님을 가까이함이 복됨을 고백합니다(27-28).

이사야 21장

바벨론의 심판에 대한 묵시입니다. 바벨론은 바사의 고레스에 의해 멸망(B. C538)했습니다. 적병이 남방 회오리바람같이 해변광야 바벨론에게 몰려와 약탈하고 엘람과 메대가 바벨론을 포위합니다. 바벨론의 혹독한 멸망 계시로 예언자가 마음이 괴로워 묵시를 보지 못할 정도입니다. 예언자는 파수꾼같이 바사 군이 진격하는 것을 환상으로 생생하게 바라보았습니다(7-9). 파수꾼의 보고에 대해 하나님께서 함락되었다 하고, 그들의 새긴 우상들이 다 부서졌다고 응답하십니다. 바벨론의 심판으로 인해 이스라엘의 타작도 끝이 났습니다. 에돔의 심판은 두마라는 이름으로 공포됩니다. 두마는 "죽음과 정적"이라는 뜻입니다. 즉 어둠과 비참한 밤이 오리라는 것입니다. 또한 아라비아의 심판을 선포합니다. 에돔처럼 아라비아도 앗수르의 공격으로 주민들이 칼날을 피하여 도망을 칠 것입니다. 얼마 가지 않아 이전 영광이 쇠멸하고 아라비아군이 멸망할 것입니다.

베드로후서 2장

거짓 선지자와 거짓 선생이 일어나 멸망하게 될 이단을 가만히 끌어들여 속죄하신 주님을 부인하고 멸망을 자취합니다. 그들은 호색하여 진리의 도가 훼방받게 하고 탐심으로 이득을 추구하는 자들입니다. 마치 범죄한 천사를 지옥에 던짐, 노아 홍수 심판, 소돔 고모라 멸망처럼 하나님께서 내버려 두지 않으실 것입니다. 그들의 죄상을 보면 고집과 자긍함, 알지 못하는 것을 비방함(10하,12), 도덕적 방종(10상,11,13,14상,18), 물질적 탐욕(14하,15), 불성실(17) 등입니다. 그들은 굳세지 못한 영혼들을 유혹하며, 탐욕에 연단 된 마음을 가진, 저주의 자식입니다. 그들은 물 없는 샘이나 광풍에 밀려가는 안개 같아서 어둠이 그들을 예비하고 있습니다. 그들이 비록 예수그리스도를 알아 죄의 길에서 피하였더라도 나중 형편이 더욱 더럽게 된 자들로서 마치 개가 토한 것에 돌아가고 돼지가 씻었다가 더러운 구덩이에 눕는 것과 같습니다.

5월 21

민수기 30장

모세가 이스라엘 자손 수령들에게 서약에 관한 하나님의 명령을 전합니다. 사람이 여호와께 서원하였거나 결심하고 서약하였으면 깨지 말고 다 이행할 것이라고 하셨습니다. 여자가 어려서 하나님께 서원한 경우, 아버지가 그것을 듣고서 허락하지 아니하면 서원과 서약을 이루지 못할 것이라고 했습니다. 아버지가 허락하지 않으므로 하나님께서 사하실 것이라고 하셨습니다. 만일 여자의 남편이 아내가 서약한 것을 허락하지 않는 경우는 무효가 될 것이고 여호와께서 여자를 사하실 것이라고 하셨습니다. 과부나 이혼당한 여자의 경우에 남편이 그것을 듣고 무효하게 하면 여호와께서 그 부녀를 사하신다고 했습니다. 모든 서원과 마음을 자제하기로 한 모든 서약은 남편의 지키게 하거나 무효하게 할 수도 있습니다. 남편이 아무 말이 없으면 지키는 것이고, 남편이 들은 지 얼마 후에 그것을 무효하게 하면 그가 아내의 죄를 담당할 것입니다.

시편 74편

시인은 주님을 대적하는 원수가 성소에서 악을 행하고 회중 가운데서 깃발을 세워 기세를 올리는 모습이 도끼로 삼림을 베는 사람 같다고 했습니다. 원수가 도끼와 철퇴로 성소의 모든 조각품을 부수고 성소를 불사르며 주님의 이름이 계신 곳을 더럽히는 상황에서 어찌 영원히 버리시느냐고 하나님께 호소합니다. 그래서 회중을 기억하시고 시온산도 생각해달라고 간청합니다. 예루살렘이 함락되고 성전이 파괴되었을 때(6,7) 그 성소를 돌봐달라는 것입니다. 시인은 대적이 비방하고 주의 이름을 영원히 능욕하는 것을 언제까지 내버려 두실는지 주님의 손으로 그들을 멸하시도록 호소합니다. 시인은 과거에 구원하신 왕이신 하나님의 은혜를 회고합니다. 하나님을 비방하고 주님의 이름을 능욕하는 원수를 기억하사 학대받는 백성을 구원해주셔서 주님의 이름을 찬송하게 해달라고 간구하며 적을 심판하사 원통함을 풀어달라고 호소합니다.

이사야 22장

환상의 골짜기는(1,5) 예루살렘입니다. 예루살렘의 심판에 관한 환상입니다. 앗수르 산헤립 왕이 공격하여 관리들이 도망가다가 결박되고 멀리 도망한 자들도 발견되어 결박되는데 주민들은 지붕 위에 올라가 소란하게 떠드는 것은 어찌 된 일인가. 앗수르의 공격 앞에 무분별하게 떠들던 백성들은 이제 멸망의 공포에 소란하고 소동이 산악에까지 울려 퍼집니다. 엘람과 기르에 병거와 마병이 가득하여 유다를 향하여 공격을 준비할 때 유다는 하나님을 앙망하지 않고 무기고의 무기를 점검하고 방위를 갖추었습니다. 앗수르가 공격하는 날에 통곡하고 슬퍼하라고 명하셨으나 먹고 마시고 즐거워했습니다. 하나님께서 국고와 왕궁을 맡은 셉나(36:3, 왕하18:18)에게 예루살렘에 묘실을 파고 반석에 자기를 위하여 처소를 쪼아내었기에 추방시켜 죽게 될 것이라고 경고하셨습니다. 엘리아김이 그 자리를 대신하여 권세와 영광을 얻게 될 것이라고 말씀하셨습니다.

베드로후서 3장

베드로 사도는 선지자들의 예언과 구주께서 그것을 친히 확인한 바요 사도들에게 주신 말씀을 기억하도록 편지를 쓴다고 했습니다. 그것은 말세에 조롱하는 자들이 자기 정욕을 따라 행하며 그리스도의 재림과 종말을 부정하기 때문입니다. 영원하신 하나님 편에서는 천년의 시간은 아무 것도 아닙니다. 주님의 재림 약속은 더딘 것이 아니라 오래 참으셔서 아무도 멸망하지 아니하고 다 회개하고 구원받기를 원하시는 하나님의 뜻이 담겨 있습니다. 그런고로 성도는 거룩한 행실과 경건함으로 하나님의 날이 임하기를 기다리고 간절히 사모해야 합니다. 그 날에 하늘이 뜨거운 불에 녹아질 것이지만, 성도는 주님의 약속대로 의가 있는 새 하늘과 새 땅을 바라봅니다. 성경을 억지로 풀면 스스로 멸망에 이를 것이기에 무법한 자들의 미혹에 이끌리어 굳센 데서 떨어질까 조심해야 합니다. 또 그리스도의 은혜와 그를 아는 지식에서 자라가야 할 것입니다.

5월 22

민수기 31장

하나님께서 모세에게 죽기 전에 이스라엘 자손의 원수를 미디안에게 갚으라고 말씀하십니다. 모세가 각 지파에서 천 명씩 12만 명을 택하여 무장을 시키고 제사장 비느하스에게 성소의 기구와 신호나팔을 들려서 함께 전쟁에 보냈습니다. 그래서 미디안 남자를 다 죽이고 미디안의 다섯 왕과 브올의 아들 발람을 칼로 죽였습니다. 부녀들과 아이들을 사로잡고 그들의 가축과 양 떼와 재물을 다 탈취하고 노략한 것을 가지고 모압 평지 진영으로 돌아왔습니다. 모세가 남자와 동침하지 아니한 여자를 제외하고 남자와 함께 다 죽이라고 했습니다. 제사장 엘르아살은 군인들에게 불에 견딜만한 모든 것은 불로 지나게 하여 깨끗하게 하고 옷을 빨아 깨끗하게 하라고 했습니다. 하나님께서 모세에게 탈취한 사람과 짐승들을 자세하게 계수하여 명령대로 나누게 하셨습니다. 지휘관들은 탈취한 패물 등을 여호와께 헌금으로 자신들의 속죄물로 가져왔습니다.

시편 75, 76편

시 75. 히스기야 왕 때 앗수르 대군이 멸망한 것에 대한 국민적인 감사의 노래입니다. 하나님께서 재판관으로서 교만한 적을 낮추시고 의로운 자를 높이십니다. 하나님께서 악인을 심판하시되 진노의 잔을 남김없이 쏟아 부으십니다. 시인은 그 하나님을 찬양할 것은 악인의 뿔은 베고 의인은 높이 들어 권세를 잡게 하시기 때문입니다. 시 76. 하나님의 권능으로 앗수르 대군을 격퇴함으로 하나님의 이름이 유다에 알려졌습니다. 하나님께서 성소에 계셔서 활과 방패와 칼과 전쟁을 없이 하신 분이시기에 약탈한 산(앗수르대군)에서 영화롭고 존귀하십니다. 야곱의 하나님이 꾸짖으시니 병거와 말이 모두 죽어 깊이 잠들었습니다. 하나님께서 하나님을 의지하는 성민들을 위해 일어나시어 적을 치고 성민을 구원하십니다. 그런즉 하나님을 경외하고 서원을 갚고 예물을 드려야 합니다. 하나님께서 당신을 대적하는 고관들의 기를 꺾으시므로 세상의 왕들에게 두려움이 됩니다.

이사야 23장

앗수르로 인해 심판받은 두로는 베니게로서 시돈과 같이 나타납니다(마 11:21,22). 두로의 패망으로 다시스와의 무역에 큰 타격을 입었으니 베니게의 모성인 시돈은 부끄러워해야 할 것입니다. 두로의 멸망은 하나님께서 정한 것으로 (8하-9), 세상 영광에 교만하고 남을 멸시했기 때문입니다. 다시스 주관자 두로의 심판으로 다시스가 혼란스럽고 열방들과 같이 흔들리게 됩니다. 시돈도 구브로의 섬인 깃딤으로 피신을 가야 했습니다. 앗수르가 갈대아, 구바벨론을 멸망시키고 그 여세로 두로를 멸망시킨 것입니다. 두로 패망으로 다시스의 배들은 슬피 부르짖습니다. 그러나 두로가 70년 후에 회복된다고 예언합니다. 그래서 기묘한 음악과 노래로 자신의 존재를 알리게 될 것입니다. 장차 두로가 무역한 이익을 여호와께 돌려 여호와께서 택한 자들이 배불리 먹을 양식과 좋은 옷감이 될 것이라고 예언합니다.

요한일서 1장

요한은 서신의 서두에 먼저 예수님을 증언합니다. 태초부터 생명의 말씀으로 계셨던 분에 관하여 듣고 눈으로 보고 자세히 보고 경험했는데, 그분이 육신으로 나타나신바 되었습니다. 그분은 영원한 생명으로서 아버지와 함께 계시다가 이 땅에 나타나셨습니다. 예수를 전하는 목적은 사귐이 있게 하려 함으로서, 그 사귐은 아버지와 아들과 더불어 누림이요 편지를 쓰는 것은 기쁨이 충만하게 하기 위함입니다. 요한이 예수님께 듣고 전하는 것은 하나님은 빛이시라는 것입니다. 하나님과 사귀는 자가 어둠에 행하면 거짓말하는 것이요 진리를 행하지 아니함입니다. 성도가 빛 가운데 행하면 서로 사귐이 있고, 아들 예수의 피가 우리를 모든 죄에서 깨끗하게 하실 것입니다. 우리가 죄 없다고 하면 스스로 속이고 진리가 우리 속에 있지 않습니다. 그러나 죄를 자백하면 예수님은 신실하시고 의로우시기에 우리 죄를 사하시며 모든 불의에서 우리를 깨끗케 하실 것입니다.

5월 23

민수기 32장

갓 지파와 르우벤 지파 자손이 모세와 제사장과 지휘관들에게 요단강 동쪽에 있는 땅을 달라고 요청합니다. 모세가 하나님 약속하신 땅으로 들어가기를 거절하는 그들을 하나님을 진노하게 하는 것이라고 책망합니다. 그들이 모세에게 그들이 앞장서 무장하여 가나안에 들어가서 이스라엘 자손이 기업을 받기까지 집으로 돌아오지 않겠고 서쪽에서는 기업을 받지 않겠다고 약속합니다. 모세가 그들에게 약속대로 요단강을 건너가서 원수를 쫓아내어 복종하기까지 싸우면 무죄하여 돌아와 요단 동쪽 땅이 그들의 것이 될 것이나 그렇지 않으면 범죄한 것이 된다고 했습니다. 이에 갓, 르우벤 자손이 약속하니 모세가 그들이 약속을 지키면 요단 동쪽 땅이 그들의 소유가 될 것이라고 하며 그들로부터 모세의 명령을 행할 것이라 다짐받았습니다. 결국 모세가 갓, 르우벤, 므낫세 반 지파에게 각각 땅을 자세히 지정해주어 성읍을 건축하게 했습니다.

시편 77편

시인은 환란 또는 국난을 당해, 하나님께 부르짖으면 귀를 기울이실 것이라고 믿고 구원을 호소하며, 밤에도 잠을 자지 않고 손을 들고 기도했습니다. 그는 그들을 버려 구원하지 않을지 생각하고 불안하고 근심하여 심령이 상합니다. 시인은 옛날 하나님께서 이스라엘을 구원하신 때에 기뻐 노래했는데 하나님이 다시 은혜를 베풀지 않으실까 하며 회의에 빠졌습니다(7-9). 시인은 이런 회의가 잘못임을 깨닫고 지난 세월 동안 하나님께서 구원하신 일을 기억해 봅니다. 하나님은 기이한 일을 행하시고 주의 능력을 민족들에게 알리셨습니다. 주님의 팔로서 이스라엘을 속량하시고 자연 만상을 다스리시는 하나님께서 홍해를 가르시고 대로를 내사 이스라엘을 건너게 하셨습니다. 아무도 이 역사를 이루신 하나님을 보지 못하였고 자취도 보지 못했으나 주의 백성을 양 떼같이 손으로 인도하셨다고 확신으로 하나님을 찬양합니다.

이사야 24장

만국의 종말적 심판을 예언합니다. 하나님께서 땅을 공허하게 하시며 황폐하게 하시며 지면을 뒤엎으십니다(1,3). 그 모든 주민을 차별 없이 흩을 것이며 온 세계가 슬퍼하고 쇠잔할 것이라고 했습니다. 땅이 더럽혀지는 것은 그들이 말씀을 범하고 영원한 언약을 깨뜨렸기 때문입니다. 그래서 저주받고 정죄당해 땅의 주민이 불타서 남은 자가 적습니다. 약탈당한 성읍이 허물어지고 파괴되었으니 세계 민족 중에 이런 일이 있을 것입니다. 남은 자가 소리 높이며 하나님의 위엄을 크게 외칩니다. 동방에서부터 하나님을 영화롭게 하고, 땅끝에서 하나님께 영광을 돌리라고 노래합니다. 이와 달리 예언자는 현재 직면한 멸망과 완전한 심판을 탄식합니다(16중-20). 만국의 심판의 날에 높은 데서, 높은 군대와(마귀들) 절대 권력을 행사한 땅의 왕들이 옥에 갇혔다가 심판을 받고 최후 형벌을 받을 것입니다. 오직 하나님이 시온과 하늘의 예루살렘의 왕이 되십니다.

요한일서 2장

만일 누가 죄를 범하여도 우리에게 대언자, 예수그리스도께서 중보하십니다. 그분은 온 세상을 위한 화목제물입니다. 그의 계명을 지키는 것은 예수님을 아는 것에서 시작됩니다. 새 계명은 하나님을 사랑하여 형제를 사랑하는 것입니다. 참 빛이신 예수님으로 인해 빛 가운데 있는 자는 형제를 사랑합니다. 신앙적으로 아비 된 이들은 태초부터 계신, 그리스도에 대한 체험적 지식을 가진 자요 청년들은 하나님의 말씀으로 악한 자, 사탄을 이기었고 아이들(자녀)은 아버지를 알았습니다. 세상 사랑과 하나님 사랑은 함께 할 수 없습니다. 세상도, 정욕도 다 지나가나 오직 하나님의 뜻을 행하는 자는 영원히 거합니다. 당시와 같이 오늘날도 이단을 이기기 위해서는 성령의 인도를 따라 올바른 성경 지식과 진리 안에 거해야 합니다. 진리에서 난 자는 아버지와 아들을 시인합니다. 그리스도인은 영원한 생명을 얻고 주님 안에 거함으로, 주님 재림하실 때 담대할 것이요 주님 앞에서 부끄럽지 않을 것입니다.

민수기 33장

본 장은 이스라엘 자손들의 출애굽 노정을 자세하게 기록하고 있습니다. 그들이 행진한 대로의 노정은 출애굽 첫째 달 열다섯째 날에 라암셋을 떠난 후 그들이 진 친 곳을 자세히 보여줍니다. 출애굽 40년째 5월 초하루에 아론이 여호와의 명령으로 호르 산에서 죽었으니 123세였습니다. 이후 여리고 맞은편 요단 강가 모압 평지에 진을 쳤습니다. 그곳에서 하나님께서 모세에게 말씀하셨습니다. 이스라엘 백성이 가나안에 들어가거든 원주민을 다 몰아내고 새긴 석상 우상을 모두 깨뜨리고 산당을 다 헐고 그 땅에 거주하라고 했습니다. 땅은 종족을 따라 제비뽑아 인구의 수대로 기업을 나눠 소유되게 하시겠다고 했습니다. 또한 경고하기를 만약 원주민을 몰아내지 않으면 눈에 가시와 옆구리에 찌르는 것이 되어서 괴롭게 할 것이라고 하셨습니다.

시편 78:1-37

시인은 시를 시작하면서 시의 목적을 밝힙니다. 이 시는 후대 곧 태어날 자손에게 이를 알게 하여 소망을 하나님께 두며 하나님께서 행하신 일을 잊지 아니하고, 조상의 완고하고 패역하고 정직하지 못해 하나님께 충성하지 않은 세대와 같이 되지 않도록 하기 위함입니다. 먼저 에브라임의 불신을 언급합니다. 북 왕국 에브라임은 병기, 활 등 군비를 잘 갖추고도 전쟁에 승리하지 못하고 흔히 패배했습니다. 하나님의 언약과 율법을 지키지 않고 하나님께서 출애굽 광야 시절에 행하신 것과 기이한 일을 잊었습니다. 하나님께서 그들이 먹고 배부르게 하셨으나 여전히 범죄하여 그의 기이한 일들을 믿지 아니하므로 하나님이 그들의 날들을 헛되이 보내게 하셨습니다. 하나님이 그들을 죽이실 때 돌이켜 하나님을 간절히 찾았고 하나님이 그들의 구속자이심을 기억하였으나 하나님을 향하는 그들의 마음이 정함이 없었고 그 언약에 성실하지 아니하였습니다.

이사야 25장

예언자는 만국의 왕이신 하나님, 원수를 심판하시는 하나님을 찬송합니다. 주님을 높이고 찬송하는 것은 주님의 기사를 성실과 진실함으로 행하셨기 때문입니다. 주님은 빈궁한 자, 환란 당한 가난한 자의 요새요, 그 모든 폭풍 중의 피난처가 되시어 폭양을 제함같이 이방인의 소란을 그치게 하시며 포학한 자의 노래를 낮추십니다. 만군의 하나님께서 하나님의 산, 하늘의 시온에서 만민을 위하여 연회를 베푸십니다. 하나님께서 모든 민족의 얼굴을 가린 가리개와 이방 위에 덮인 덮개를 제하시며 사람을 영원히 멸하실 것입니다. 또한 모든 얼굴에서 눈물을 씻기시고 자기 백성의 수치를 온 천하에서 제하십니다. 하나님의 백성이 하나님을 기다렸기에 그가 구원하십니다. 하나님의 주권에 의해 모압이 자기 처소에서 밟힐 것입니다. 하나님께서 그들의 교만으로 인하여 그 손이 능숙함에도 불구하고 그를 누르실 것이고 성벽의 높은 요새를 헐어 땅에 내릴 것입니다.

요한일서 3장

성도는 하나님의 자녀요, 하나님의 사랑을 입은 자입니다. 하나님 자녀는 영적 구원을 얻었으나 육을 가진 자로 구원이 완성되지 못했습니다. 장래 주께서 오실 때 주님과 같이 영광을 얻을 것이고 주님을 계신 그대로 뵐 것을 압니다. 재림 소망을 가진 자는 그의 깨끗하심과 같이 자기를 깨끗하게 합니다. 죄를 짓는 자는 마귀에게 속하였습니다. 하나님의 아들이 나타나신 것은 마귀의 일을 멸하려 하심입니다. 하나님께로 난 자마다 죄를 짓지 않습니다. 그것은 하나님의 씨가 (성령) 그의 속에 거하시기 때문입니다. 하나님의 자녀는 서로 사랑합니다. 그 사랑은 말과 혀로서만 하는 것이 아니라 행함과 진실함으로 하는 것입니다. 그렇게 함으로 진리에 속한 줄 알고 양심의 가책이 없을 때 담대하게 기도할 수 있고 구하는 바는 얻을 수 있습니다. 그의 계명과 뜻을 이행하면 기도의 응답은 반드시 받습니다. 주님을 믿고 계명대로 서로 사랑하는 것이 주님의 계명입니다.

5월 25

민수기 34장

하나님께서 이스라에 자손에게 기업으로 주신 가나안 땅의 사방경계를 말씀하셨습니다. 남쪽은 신 광야이며, 서쪽 경계는 대해(지중해)이고, 북쪽 경계는 대해부터 호르 산까지 그으라고 하셨습니다. 동쪽 경계는 하살에난에서 그어 스밤에 이르고 아인 동쪽, 긴네렛(갈릴리)동쪽 해변에 이르고 요단까지 내려가 염해에 이릅니다. 이 땅을 아홉 지파 반에 제비 뽑아 주라고 명령하셨습니다. 르우벤, 갓지파와 므낫세 반 지파는 이미 여리고 맞은편 요단강 동쪽에 기업을 받았습니다. 하나님께서 땅을 기업으로 나눌 자로 여호수아를 지명하셨습니다. 땅 배분의 대표로 각 지파에 한 지휘관을 택하라고 명하셨으니 각각 유다 지파 갈렙, 시므온 지파 스므엘, 베냐민 지파 엘리닷, 단 지파 북기, 요셉 자손 므낫세 지파 한니엘, 에브라임 지파 그므엘, 스불론 지파 엘리사반, 잇사갈 지파 발디엘, 아셀 지파 아히훗, 납달리 지파 브다헬 등입니다.

시편 78:38-72

하나님은 죄악을 덮어주시고 분을 다 쏟지 않은 것은 백성이 연약하고 허무한 존재이기 때문입니다. 그들이 광야에서 하나님께 반항하고 사막에서 하나님을 거듭 슬프게 하고 시험했습니다. 하나님께서 애굽에 여러 징조를 나타내시고 재앙을 내려 보내셨습니다. 그들의 생명을 염병에 붙이시고 장자 죽음의 재앙을 내려 보냈습니다. 하나님께서 가나안을 쫓아내시고 장막에 살게 하셨습니다. 그들은 지존하신 하나님을 시험하고 조상들 같이 배반하여 우상들을 섬겨 하나님을 진노하게 하셨습니다. 하나님께서 크게 미워하사 포로에게 넘겨주시고 하나님의 영광, 법궤를 대적의 손에 붙이시고 칼에 넘기셨습니다. 하나님께서 다윗을 세워 왕으로 삼고 시온산을 택하셔서 주의 성소를 건립하여 여호와의 성소를 삼으셨습니다. 이스라엘은 하나님의 기르시는 백성이요 그의 기업입니다. 다윗은 백성들을 자기 마음의 완전함으로 기르고, 그의 손의 능숙함으로 그들을 지도했습니다.

이사야 26장

유다의 회복에 대한 감사 찬양입니다. 하나님의 날에 구원받은 선민들의 구원의 견고한 성을 찬양합니다. 하나님은 스스로 교만하고 성도를 압제하고 성읍들을 황폐케 한 군왕들을 쳐서 낮추시고 그들의 성읍도 멸하시나 정직한 의인의 첩경을 평탄하게 하십니다. 성도가 환란 중 주님을 사모하고 간절히 구함으로 심판의 때를 기다리며 의를 배웁니다. 이전 환란 중에 주님을 앙모하고 징벌 때에 간절히 주께 기도했습니다. 그들이 과거에 잉태하고 산고로 낳은 것이 바람을 낳은 것 같이 자신의 고통으로 땅에 구원을 베풀지도 세계의 거민을 낳지도 못하였으니, 구원과 생산은 오직 여호와께 있다는 고백입니다(18). 유대가 바벨론의 포로에서 살아난 것은 주님이 하신 일입니다. 심판을 예고한 예언자는 심판의 분노가 지나가기까지 잠깐 숨어 하나님께 기도하며 기다리라고 합니다. 종래의 악인에 대한 심판과 구원은 오직 하나님께 있습니다.

요한일서 4장

영들이 하나님께 속하였는지 분별하라고 권면합니다. 예수그리스도께서 육체로 오신 것을 시인하는 영이 하나님께 속한 것이지만 예수를 시인하지 않는 영마다 하나님께 속한 것이 아닙니다. 곧 적그리스도의 영입니다. 성도는 하나님께 속한 자이므로 적그리스도를 이깁니다. 성도 안에 계신 하나님이 세상에 있는 악한 영 보다 크시기 때문입니다. 하나님은 사랑입니다. 하나님의 사랑은 우리 죄를 속하기 위하여 화목제물로 독생자를 보내어 우리를 살리신 것입니다. 하나님이 우리를 사랑하셨으니 우리도 서로 사랑하는 것이 마땅합니다. 누구든지 예수를 하나님의 아들이라 시인하면 하나님이 그의 안에 거하시고 그도 하나님 안에 거합니다. 보이는 형제를 사랑하지 아니하는 자는 보지 보이지 않는 하나님을 사랑할 수 없습니다. 주님이 주신 계명대로 하나님을 사랑하는 자는 마땅히 그 형제를 사랑해야 합니다.

5월 26

민수기 35장

하나님께서 이스라엘이 받은 기업에서 레위인에게 거주할 성읍을 주게 하셨습니다. 레위인에게 줄 성읍은 살인자들이 피하게 할 도피성으로 여섯 성읍이요 그 외에 42 성읍으로 모두 48 성읍을 주게 하셨습니다. 도피성은 부지중에 살인한 자가 피하는 성으로 복수할 자에게서 도피하는 성을 삼아 살인자가 회중 앞에 서서 판결받기까지 죽지 않게 하려 함입니다. 세 성읍은 요단 동쪽, 세 성읍은 가나안에 두게 하셨습니다. 의도적인 살인자는 반드시 죽일 것이지만, 악의가 없이 우연히, 기회를 엿봄이 없이, 보지 못하고 돌을 던져 죽게 하는 등 악의도 없고, 이웃을 해하려고 한 것이 아니므로 보복하는 자의 손에서 살인자를 건져내어 도피성으로 보내라고 하셨습니다. 살인을 판단하기 위해서는 증인이 필요합니다. 도피성에 피한 자는 대제사장이 죽기 전에는 속전을 받고 그의 땅으로 돌아가 거주하지 말게 하라고 했습니다.

시편 79편

하나님의 백성이 큰 고난 중에 있습니다. 그때 예루살렘 성이 멸망하고 성전이 훼파되었습니다. 이방 나라가 주의 기업의 땅에 들어와서 성전을 더럽히고 예루살렘이 돌무더기가 되었습니다. 주의 종들의 시체가 새나 짐승의 밥이 된 비참한 상황입니다. 선민은 이웃에게 비방거리가 되고 에워싼 자에게 조소와 조롱거리가 되었습니다. 하나님께 구원을 대망하며 '어느 때까지입니까 영원히 노하십니까'라며(5) 호소합니다. 원수의 나라가 야곱을 삼키고 거처를 황폐하게 하였습니다. 바벨론에 포로 된 것이 조상들의 죄 때문임을 기억하지 마시고 긍휼을 베풀어 달라고 간구합니다. 시인은 구원의 하나님께 하나님의 이름의 영광스러운 행사를 위하여 도와달라고 간구하며 자신들을 건져주시고 죄를 사해 달라고 합니다. 또 선민은 주의 백성이요 주님의 목장의 양이므로 영원히 주님께 감사하며 주님의 영예를 대대에 전하겠다고 약속합니다.

이사야 27장

하나님께서 심판의 날에 앗수르, 애굽, 바벨론 등 삼대 세력을(1), 또는 사단의 세력을 죽이신다는 말씀입니다. 이제 이스라엘의 적들이 멸망하고 이스라엘이 구원받는 그날에 아름다운 포도원을 두고 노래 부르게 하십니다. 하나님은 포도원 지기로서 일하십니다. 찔레와 가시가 하나님을 대적하여 싸울 때 하나님이 모아 불사를 것입니다. 하나님은 그의 선민이 범죄할 때 견책하시나 관대하셔서 견딜 수 있게 하십니다. 야곱이 회개할 때 불의와 죄가 속함을 받고 우상 타파에 나서서 다시 세우지 못하게 했습니다. 이스라엘의 적의 성읍은 재건할 수 없이 파괴되어 버리고 멸망합니다. 하나님께서 이스라엘 백성을 회복시키실 때 바벨론과 애굽 등 사방에서 모으십니다. 이스라엘 백성을 종말적으로 모으시는 신호는 나팔입니다. 종말에 가서 유대인을 포함한 세계의 모든 선민들이 나팔 소리와 함께 큰 모임을 이룩할 것입니다.

요한일서 5장

예수께서 그리스도이심을 믿는 자마다 하나님께로 난 자입니다. 하나님을 사랑하고 하나님의 계명을 지킬 때 우리가 하나님의 자녀를 사랑하는 줄 압니다. 하나님께로 난 자, 곧 예수께서 하나님의 아들이심을 믿는 자가 세상을 이깁니다. 예수께서 하나님의 아들이심을 증언하는 것은 세례요한의 물세례(또는 말씀), 십자가에서 흘리신 속죄의 피, 성령입니다. 아들이 있는 자에게 생명이 있고, 하나님의 아들이 없는 자에게는 생명이 없습니다. 기도에 있어서, 담대하게 하나님의 뜻대로 구할 때 무엇이든지 구하는 바를 하나님이 들으실 줄 아는 신앙으로 기도합니다. 특별히 형제를 위하여 기도할 때 하나님께서 사망에 이르지 아니하는 범죄자들을 구원하여 생명을 주십니다. 하나님께로 난 자는 범죄하지 않습니다. 예수님께서 하나님께로 난 자를 지키십니다. 어떤 누구도 참된 자이신 하나님을 볼 수도, 알 수도 없으나 하나님의 아들 예수께서 지각을 주사 알게 하셨습니다.

5월 27

민수기 36장

요셉 자손 므낫세 손자 길르앗 종족들의 수령들이 모세와 이스라엘 자손의 수령된 지휘관들 앞에서 요청합니다. 하나님의 명을 따라 슬로브핫의 기업을 딸들에게 기업을 주게 하셨는데 그들이 다른 지파 남자들의 아내가 되면 그들의 기업이 조상의 기업에서 떨어져 나가 남자들의 지파에 첨가될 것이고, 또한 희년에 해당 지파의 기업으로 확정되면 여자 상속자의 지파의 기업에서 아주 삭제될 것을 우려하여 문제해결을 청원합니다. 모세가 요셉 지파의 여성 상속자들의 말이 옳다고 여기고 그들의 조상의 지파에게만 시집가도록 하여 기업이 이 지파에서 다른 지파로 옮기지 않고 지키게 하라고 했습니다. 그래서 결국 슬로브핫의 딸들이 그들의 숙부의 아들들의 아내가 되어 그들의 종족 지파에 그들의 기업을 보존되어 남게 되었습니다.

시편 80편

시인은 앗수르에게 침공당한 시대에 양 떼인 이스라엘의 목자로서 법궤 사이에 좌정해 계신 하나님께 구원을 요청합니다. 시인은 기도 응답이 늦어져 더욱 눈물로 기도하고 눈물이 양식이 되도록 넘친다고 탄식합니다. 시인은 나라가 이웃에게 다툼거리가 되고 원수들이 비웃고 있으니 회복시켜주시고 주의 얼굴의 광채를 비추셔서 구원 얻게 해주시기를 간구합니다. 하나님께서 한 그루 포도나무를 애굽에서 가져다가 가나안 민족을 쫓아내시고 심어주시고 가꾸어주셔서 뿌리가 깊이 박혀 땅에 가득하며 가지가 바다같이 뻗고 넝쿨이 강같이 미쳤는데 하나님께서 그 담을 헐어 길가는 이들이 그 열매를 따게 하셨다는 것입니다. 숲속 돼지들이 상해하고 들짐승이 열매를 먹는 상황입니다. 주님께서 심으시고 힘있게 하신 나뭇가지가 불타고 베임 당하고 멸망하였습니다. 그러니 하나님의 능력의 손으로 얹어주셔서 소생케 해주시도록 간구합니다.

이사야 28장

본 장은 사마리아와 예루살렘에 대한 화를 말씀합니다. 취한 자 에브라임 즉 사마리아의 죄는 술 취한 자들의 교만의 면류관이 망하게 되고 쇠잔해 가는 꽃같이 화가 임할 것입니다. 그리하여 기름진 골짜기 꼭대기에 있는 그의 영화가 쇠잔해 가는 꽃이 여름 전 일찍 익은 무화과나무같이 보여서 보는 자가 얼른 약탈해 갈 것입니다. 예루살렘 주민도 술에 빠져 방종한 사마리아인과 같았습니다. 제사장과 선지자도 독주와 포도주에 빠져 옆걸음질하며 환상을 잘못 풀고 재판할 때 실수합니다. 하나님께서 백성을 다스리는 오만한 지도자들을 책망하십니다. 그들은 앗수르가 침공을 해와도 걱정이 없다고 장담했습니다. 그들은 애굽을 의지한 것이 헛된 일이었음을 알게 될 것입니다. 오직 한 돌, 주님을 의지하는 자는 어려움이 갑자기 닥쳐도 당황하지 않습니다. 하나님께서 선민에게 화를 경고하시고, 농부가 지혜롭게 때에 맞게 일하게 하신 것처럼 인간 역사도 관여하십니다.

요한이서 1장

사도 요한은 부녀와 그의 자녀(택하심 받은 성도들)에게 하나님 아버지와 아들 예수그리스도로부터 임하는 진리와 사랑에 따른 은혜와 긍휼과 평강을 기원하며 서신을 시작합니다. 저자는 서로 사랑하기를 권면합니다. 그 사랑은 아버지께 받은 계명을 따라 진리를 행하는 것입니다. 내적으로 사랑에 거할 것을 권하며 외적으로 이단에 대한 경계를 논합니다. 당시 미혹하는 자 즉 그리스도께서 육체로 오신 것을 부인하는 자, 적그리스도가 횡행함을 경고합니다. 미혹하는 자로 인해 사도 요한이 수고하여 얻은 믿음을 잃어버리는 일이 없이 영생의 상급을 얻도록 조심하라고 합니다. 당시 그리스도의 교훈에서 벗어난, 교훈 이상의 자신의 주장을 앞세운 영지주의자(그노시스주의자)를 단호하게 경계하고 있습니다.

5월 28

신명기 1장

신명기는 가나안이 바라보이는 모압 평지에서 모세가 남긴 유언 설교입니다. 모세는 40년 역사를 회고하며 가데스바네아에서 열두 정탐꾼을 파송하여 정탐하게 한 이야기를 먼저 언급합니다. 하나님께서 그 땅을 악평하는 열 정탐꾼의 보고를 듣고 백성들이 부화뇌동하여 낙심하고 원망하는 말을 쏟아놓습니다. 하나님께서 백성들의 말소리를 듣고 노하시어 조상에게 주기로 맹세한 땅을 갈렙과 여호수아 외에는 한 사람도 볼 수 없을 것이라고 하셨습니다. 오직 아이들과 당시에 선악을 분별하지 못하는 자녀들이 들어가서 그 땅을 차지하게 하시겠다고 하시며 여정의 방향을 돌려 홍해 길을 따라 광야로 들어가라고 하셨습니다. 그때 백성들이 하나님께서 명령하신 대로 올라가서 싸우겠다고 했으나 하나님께서 올라가지도, 싸우지 말라고 하셨습니다. 그러나 듣지 아니하고 산지로 올라갔는데, 아모리 족속이 이스라엘을 쫓아 세일 산에서 쳐서 호르마까지 이르렀습니다.

시편 81, 82편

시 81. 시인은 하나님을 기쁘게 노래하고 즐거이 소리하며 시를 읊고 악기를 연주하며 절기를 지키라고 노래합니다. 그 절기는 초하루와 보름과 선민의 명절로서 그때 나팔을 붑니다. 하나님께서 애굽을 치시고 고난 중에 응답하시고, 율법을 주시며 므리바 물을 마시게 하셨습니다. 하나님께서 우상을 섬기지 말라고 하셨으나 불순종하므로 임의대로 하도록 내버려 두셨습니다. 하나님께 순종하면 원수들을 누르고 대적들을 치시겠다고 약속하셨습니다. 시 82. 하나님께서 신들(재판장) 모임 가운데 서시고 재판하시며, 불공평한 판단과 악인의 뇌물을 받고 두둔하는 것을 책망하십니다. 하나님께서 가난한 자와 고아를 위하여 판단하고, 곤란한 자, 빈궁한 자에게 공의를 베풀고 악인에게서 건지라고 하십니다. 그러나 불의한 재판관들은 알지도 깨닫지도 못해 흑암 중에 행하니 세상의 질서가 흔들립니다. 시인은 하나님이 친히 세상을 심판하시기를 호소합니다.

이사야 29장

하나님께서 아리엘(예루살렘)을 앗수르를 통해 괴롭게 하리라고 말씀하십니다. 아리엘이 불붙는 하나님의 제단처럼 될 것이므로 슬퍼하고 애곡하라고 하십니다. 예루살렘 시민들은 영적 맹인이 되어 비틀거리며 입술로는 하나님을 공경한다고 하지만 마음은 멀리 떠났고 하나님의 말씀을 순종하지 않았습니다. 앗수르의 위협 앞에서 비밀히 애굽과 협정을 맺으며 누가 우리를 보겠느냐고 하는 이들에게 화가 있을 것이라고 선포합니다. 이 어리석음을 토기장이 손에 들려진 진흙으로 비유합니다. 이사야는 유대를 경책한 후 산맥이 낮아져 평지가 되고 기름진 밭이 되듯 교만한 앗수르가 낮아지고 이스라엘이 높아질 것이라고 합니다(17). 하나님께서 아브라함을 불러내어 주신 하나님께서 이제 유대나 라가 이제 부끄러워하지 않게 하시겠다고 확약하십니다. 하나님께서 구원하신 이스라엘이 하나님을 경외할 것을 말씀하시고 영적 분별력을 찾아 교훈을 받게 될 것입니다.

요한삼서 1장

사도 요한은 진리 안에서 사랑하는 사람 특정인 가이오 또는 당시 흔한 이름의 동명이인 가이오에게 편지를 보냅니다. 저자는 영혼이 잘되며, 범사가 잘되며 육신이 강건하기를 간구합니다. 요한은 가이오가 진리 안에서 행한다는 증언을 듣고 기뻤습니다. 요한은 가이오가 나그네 된 형제 즉 각지를 순회하는 무명의 전도자들을 신실하게 후대한다는 소문이 요한에게까지 들렸습니다. 요한은 하나님의 사자를 영접하고 선대하는 것이 하나님께 빚진 것이라 여기고 계속하라고 권면합니다. 특별히 당시에 으뜸 되기를 좋아하는 디오드레베가 요한을 맞아들이지 않습니다. 그는 악한 말로 요한과 함께 한 사도들을 비방하고 순회 전도자들을 받아들이지 않으며 접대하는 이들을 금하여 출교하는 일을 저지른 사람이니 그를 경계하라고 교훈합니다. 도리어 데메드리오는 뭇사람과 진리와, 사도 요한과 에베소 성도들에게 증거를 얻은 사람이라고 칭찬합니다.

5월 29

신명기 2장

이스라엘 백성들이 가데스바네아에서 직행하지 못하고 홍해 길을 거쳐 광야로 들어가서 세렛 시내를 건너기까지 38년간이 흘렀습니다. 하나님께서 세일을 통과할 때 그들과 다투지 말라고 명하셨습니다. 그들이 세일을 지나 아라바를 거쳐 모압광야 길까지 이르렀습니다. 또 모압과도 싸우지 말라고 하셨습니다. 하나님께서 모압 변경(모압과 암몬 국경), 아르를 지나 암몬 족속의 땅에 이르면 그 땅을 롯 자손에게 주었으므로 그들과 다투지 말라고 하셨습니다. 아르를 지나 아르논 골짜기를 건넌 후에 하나님께서 붙이신 헤스본 왕 시혼과 그 땅을 차지하라고 하셨습니다. 이스라엘 백성이 헤스본 왕 시혼에게 그 땅을 통과하게 허락해달라고 요청했으나 허락하지 않았습니다. 하나님께서 시혼을 이스라엘에 넘기셔서 시혼과 그 백성과 성읍을 진멸하고 아르논 골짜기 가장자리에 있는 아로엘과 북쪽 길르앗까지 다 정복했습니다.

시편 83, 84편

시 83. 이스라엘이 적의 연합군에게(여호사밧 시대) 포위당하여 하나님께 호소합니다. 그때 원수들이 공격하며 떠들고 승리의 환성을 지릅니다. 그들이 동맹하여 이스라엘을 치기 위하여 모의하며 이스라엘을 멸하여 다시 나라가 되지 않게 하고 이스라엘이란 이름이 사라지게 하자고 합니다. 시인은 주께서 이전에 적들을 무너뜨리신 것처럼 멸망하도록 호소합니다. 시 84. 시인은 성전의 경내에 있는 참새와 제비를 생각하며 하나님의 집을 사모하는 열정을 고백합니다. 주님의 집에 있는 자가 복이 있음은 주께 경배하고 주님을 찬송하기 때문입니다. 주의 전에서 힘을 얻고 시온으로 올라가는 것을 사모함으로 그 마음에 그 길이 선명하게 자리하고 있는 자가 복이 있습니다. 주님의 궁정에서 한 날이 다른 곳에서 천 날을 보내는 것보다 좋고 악인의 장막에 거하기보다 성전 문지기가 더 좋습니다. 하나님은 해와 방패가 되셔서 은혜와 영화를 주시며 좋은 것을 아끼지 않으십니다.

이사야 30장

앗수르의 침략을 앞두고 유대지도자들이 애굽을 통해 국난을 극복하려 합니다. 애굽과 협정을 맺은 이들을 향해 화를 선포합니다. 그들은 하나님께 묻지 않고 애굽에 보물과 선물을 싣고 내려갔으나 애굽이 돕지도 유익하게도 못합니다. 이사야는 애굽 협정에 관한 경고를 서판에 기록하여 후대에 영원히 있게 합니다. 그들이 돌이켜 조용히 있어야 구원을 얻을 것이요 잠잠하고 신뢰하여야 힘을 얻을 것이지만 이스라엘은 겁에 질려 도망쳤습니다. 하나님께서 환란의 떡과 고생의 물을 주시지만, 스승(하나님)은 숨기지 않으시고 교훈하시고 옳은 길로 인도하십니다. 우상을 버리고 회개하는 것이 구원의 조건입니다. 심판주 하나님이 친히 임재 하시어(27-28) 열방을 키로 까부르시고 앗수르를 치실 것입니다. 하나님께서 예비하신 몽둥이로 치실 때 앗수르는 낙담할 것이요 이스라엘은 즐거워할 것입니다. 몰렉 신을 섬기는 도벳이 이미 세워지고 준비되었으니 앗수르 왕을 불로 살라 화장시킬 것입니다.

유다서 1장

주의 동생 야고보의 형제 유다는 구원론에 관해서, 또 믿음의 도를 위하여 힘써 싸우도록 편지합니다. 그것은 가만히 들어온 자, 특히 주 예수그리스도를 부인하는 자들 몇이 들어왔기 때문입니다. 그들은 구약의 거울의 예를 보아 심판받고 멸망당해 마땅한 자들입니다. 그들의 죄상은 현저합니다(8-13). 에녹(에녹서)의 예언대로 주께서 재림하심으로 뭇사람을 심판하시고 경건하지 않은 자의 불경건과 주를 거슬러 한 완악한 말들을 정죄하실 것이라고 했습니다. 이단들은 분열을 일으키는 자며 육에 속한 자요, 성령이 없는 자입니다. 그런즉 지극히 거룩한 믿음 위에 자신을 세우며 성령으로 기도하며 하나님의 사랑 안에서 자신을 지키며 영생에 이르도록 그리스도의 긍휼을 기다리라고 교훈합니다. 의심하는 자들을 긍휼히 여기고 이단에 빠진 자들을 멸망에서 건져내어 구원하라고 했습니다. 그들의 죄는 미워할 바이지만 그들을 긍휼히 여기라고 했습니다.

5월 30

신명기 3장

헤스본 왕국을 정복한 이스라엘은 북진하여 바산 왕 옥도 격멸하고 그 모든 영토를 빼앗습니다. 하나님께서 바산 왕 옥을 이스라엘에 넘기셔서 그들을 몰살하고 모든 성읍을 빼앗았으니 성읍이 60입니다. 그때 요단 동쪽 정복 지역을(8-10) 갓, 르우벤, 므낫세 반 지파에게 각각 나누어 주었습니다. 모세가 동편에 기업을 얻은 지파에게 군인들이 무장하여 이스라엘의 선봉에서 하나님께서 주신 요단 서쪽을 차지하게 하고 나서 모세가 준 기업으로 돌아가라고 했습니다. 모세는 하나님께 자신을 요단 저쪽을 건너가서 가나안을 보게 해주시기를 간구했습니다. 하나님께서 모세에게 비스가 산꼭대기에 올라 눈을 들어 동서남북을 바라보고 하시며 요단을 건너지 못하리라고 하셨습니다. 대신 여호수아에게 명하여 그를 담대하고 강하게 하여 이스라엘 백성을 거느리고 건너가서 모세가 볼 땅을 그들로 기업으로 얻게 하리라 하셨습니다.

시편 85편

포로에서 돌아온 백성의 기도입니다. 시인은 돌아온 백성 이스라엘의 죄악을 사하시고 죄를 덮으셨고, 주님의 모든 분노와 진노를 돌이키셨다고 감사 고백합니다. 시인은 이스라엘 백성을 다시 살리사 주를 기뻐하도록 기도하며 주의 인자하심과 구원을 달라고 간구합니다. 시인은 하나님 앞에 기도한 것에 대한 응답의 말씀을 기다립니다. 하나님께서 그의 백성이 된 성도들에게 화평하게 말씀하실 것을 확신하고 있습니다. 하나님을 경외하는 자에게 구원이 가깝게 임하고 하나님의 영광도 같이 계시는 것입니다. 하나님의 인애와 진리가 함께 만나 인간의 구원을 이룩하고 인간이 구원받은 결과는 의와 화평입니다. 구원받은 사람은 선한 열매를 맺는데 그 대표가 진리입니다. 하나님께서 풍성한 토지 산물과 좋은 것을 주십니다. 여호와께서 임하시는 곳에는 의가 앞서고 여호와께서 가시는 그 종적을 그의 백성들도 따라갑니다.

이사야 31장

앗수르의 공격을 모면하기 위해 도움을 구하러 애굽에 내려가는 자들에게 화를 선포합니다. 그들은 말과 병거와 마병을 의지하고 거룩하신 하나님을 구하지 않습니다. 하나님께서 악행하는 자들의 집과 행악을 돕는 자들을 치실 것입니다. 하나님이 손을 들어 그들을 대적하시면 돕는 자도 넘어지고 도움을 받는 자도 함께 멸망할 것이라고 했습니다. 사자가 자기의 먹이를 움키고 있을 때, 여러 목자를 불러왔다 해도 굴복하지 않는 것처럼 하나님께서 굴복하지 않고 강림하여 싸워주셔서 예루살렘을 보호하시고 구원하실 것입니다. 그래서 유대 백성들을 향해 심히 거역하던 하나님께로 돌아오라고 권면합니다. 그들이 자기 손으로 만들어 범죄한 은, 금 우상을 던져버릴 것이요, 앗수르는 보이지 않는 하나님의 칼에 엎드러지고 도망할 것이라고 했습니다. 하나님은 선민에게 빛이 되시고 적들에게는 소멸하는 불이 될 것 입니다.

요한계시록 1장

본서는 예수그리스도의 계시로서, 천사를 사도 요한에게 보내어 반드시 속히 일어날 일들을 알게 하신 것을 아시아에 있는 일곱 교회에 편지한 것입니다. 요한은 예수의 환난과 나라와 참음에 동참하는 자로서, 하나님의 말씀과 예수를 증언하였기에 밧모섬에 (유배)갔습니다. 그가 주의 날에 성령에 감동되어 나팔 소리 같은 큰 음성을 들었는데, 보는 것을 두루마리에 써서 일곱 교회에 보내라고 하십니다. 그가 일곱 금촛대를 보았는데 촛대 사이에 있는 인자 같은 이를 보았습니다(13-16). 계시자의 위엄에 차고 영광스러운 모습에 그의 발 앞에 엎드러져 죽은 것같이 되었는데 그분이 오른손을 그에게 얹고 두려워 말라 나는 처음이요 마지막이며, 전에 죽었었으나 살아있는 자라고 밝히십니다. 이제 세세토록 살아있어 사망과 음부의 열쇠를 다 가졌으니, 요한이 본 것과 지금 있는 일과 장래 될 일을 기록하라고 하십니다.

5월 31

신명기 4장

모세가 죽기 전에 하나님께서 주신 기업에 들어가서 지켜야 할 율법, 하나님께서 명령하신 규례와 법도를 지켜 행하고, 아들들과 손자들에게도 알게 하라고 가르칩니다. 그것은 모세가 호렙산에서 하나님께서 음성으로 주신 언약과 명령 곧 십계명으로 두 돌판에 쓴 것입니다. 먼저 어떤 형상의 우상이든지 새겨 만들지 말고 경배하며 섬기지 말라고 했습니다. 우상을 숭배하면 건너가는 그 땅에서 속히 망할 것이라고 경고하십니다. 하나님께서 역사상 행하신 일들을 생각해 보면 하나님 이외에 다른 신이 없음을 상기시키고 오직 유일하신 참 하나님이심을 명심하고 하나님께서 명하신 규례와 명령을 지켜 이스라엘 백성과 후손이 복을 받아 하나님 여호와께서 주시는 땅에서 한없이 오래 살라고 했습니다. 요단 동쪽에 세 도피성을 세웠으니 베셀, 길르앗 라못, 바산 골란 등입니다. 모세가 요단 동쪽 벳브올 맞은편 골짜기에서 율법을 선포했습니다.

시편 86, 87편

시 86. 시인은 경건한 자세로 가난과 궁핍 가운데서 하나님께 호소합니다. 주님 의지하는 자신을 구원하시고 은혜를 베풀어 달라고 간구합니다. 고난 중에 오직 주님만 우러러보며 환란 날에 주께 부르짖으면 응답하신다는 확신이 그에게 있습니다. 시인은 자신을 긍휼히 여기시고 인자와 진실이 풍성하신 주님을 영원토록 찬송하고 그 이름에 영광을 돌리겠다고 고백합니다. 시 87. 시인은 시온산에 하나님께서 거하시고 시온을 그의 영원한 거처로 삼으시기에 언제나 영광스럽습니다. 애굽(라합), 바벨론은 하나님을 아는 백성이요 블레셋, 두로, 구스 등이 시온에서 났다고 한 것은 모두가 이스라엘의 적국이었으나 메시야 왕국에서는 모두 시온에서 난 시온의 백성임을 강조합니다. 만민이 시온에서 났다는 말은 지존하신 하나님이 시온에 메시야 왕국을 세우신다는 의미입니다. 이방이 시온으로 행진해 올 때 그들의 근원이 시온에 있다고 노래합니다. 시온은 교회를 의미합니다.

이사야 32장

앗수르의 압력 아래 살던 유대 나라에 한 왕이 들어섭니다. 그 왕은 유대왕국 히스기야입니다. 히스기야 왕의 선정을 두고 한 말씀이지만 장차 오실 메시야의 통치를 가리킵니다. 그 왕은 공의로 통치하고 방백들은 정의로 다스릴 것입니다. 메시야 왕국 하에는 바른 지식과 바른말이 통하게 될 것이고 사회질서가 바로 섭니다. 위기가 눈앞에 닥쳤음에도 안일한 여인들이 있어 위기에 대한 염려도 관심도 없고 오직 안일만 추구했습니다. 앗수르 군의 내습으로 국토가 황폐하여 포도 수확을 할 수 없고 좋은 밭들이 황폐함으로 가시와 찔레가 나게 될 것입니다. 궁전도 폐허화 될 것이고 주민은 없어지며 오벨(귀족 주거지)과 망대가 굴혈화되어 짐승들의 초장이 될 것입니다. 그러나 마침내 메시야 왕국의 시대가 도래하면 광야가 아름다운 밭이 되며, 그 밭을 숲으로 여기게 될 것입니다. 정의와 공의가 통하여 그 열매로 화평과 영원한 평안과 안전이 찾아올 것입니다.

요한계시록 2장

일곱 교회 중 에베소교회는 처음 사랑을 버렸다고 책망합니다. 그래서 회개하여 처음 행위를 가지라고 했습니다. 이기는 자에게는 생명나무 열매를 주어 먹게 하리라 하셨습니다. 서머나 교회는 환란과 궁핍이 있으나 실상 영적으로 부요한 자라고 했습니다. 사탄의 시험으로 얼마 동안 환란을 받을 것이지만 끝까지 충성하면 생명의 면류관을 받게 될 것입니다. 버가모 교회는 우상신 숭배의 중심지요 안디바가 순교를 당하는 중에도 믿음을 굳게 지킨 교회이지만 발람처럼 퇴폐적 교훈을 지키는 니골라당의 교훈을 따르는 자들이 있기에 회개하라고 촉구합니다. 두아디라 교회는 신앙의 덕목이(19) 처음보다 더 많으나 자칭 선지자라 하는 이세벨을 용납하므로 우상을 숭배하고 음행을 회개하지 않았습니다. 가진 신앙을 주님 재림 시까지 굳게 잡으라고 권면합니다. 이기는 자와 끝까지 믿음의 일을 지키는 자에게는 만국을 다스리는 권세를 주고 새벽별을 주겠다고 합니다.

6월

June

신명기 5장

하나님께서 호렙산에서 이스라엘과 언약을 세우시고 모세에게 계명을 주시고 전하게 하셨습니다. 계명을 주신 여호와는 이스라엘을 애굽 땅 종 되었던 집에서 인도하여 낸 하나님입니다. 모세가 십계명을 선포합니다(7-11, 출 20:1-7). 하나님께서 이 말씀을 두 돌판에 써서 모세에게 주셨습니다. 그때 산이 불타고 캄캄한 가운데에서 나오는 소리를 이스라엘 백성이 듣고 지파 수령과 장로들이 모세에게 하나님의 영광과 위엄 하에 불 가운데서 음성을 들었기에 생존을 두려워하며 하나님께서 이르시는 말씀을 전하면 듣고 행하겠다고 약속합니다. 하나님께서 그들이 항상 이같은 마음을 품어 하나님을 경외하며 하나님의 모든 명령을 지켜서 그 들과 그 자손이 영원히 복받기를 원하다고 하셨습니다. 하나님께서 이르시는 명령과 규례와 법도를 가르쳐 기업으로 주는 땅에서 행하면 살 것이요, 복이 있을 것이며 차지한 땅에서 날이 길 것이라고 하셨습니다.

시편 88편

본 시는 탄식시의 일종입니다. 시인은 큰 고통과 비애 가운데 하나님께 호소합니다. 시인은 주야로 주의 앞에 부르짖는 기도에 귀를 기울여달라고 간청합니다. 그의 영혼이 재난이 가득하고 생명은 무덤에 다다를 정도요 무덤에 누운 자 같습니다. 시인이 이런 곤란에 빠진 것은 주님의 노 때문이요, 모든 파도가 자신을 괴롭게 했다고 합니다. 그는 곤란으로 인해 눈이 쇠하여 매일 주님을 부르며 두 손을 들었다고 합니다. 사람이 죽으면 주의 기이한 일을 본다거나 주를 찬송할 수 없다는 것을 알고서 시인은 절망합니다. 시인은 그 가운데서 하나님께서 영혼을 버리시며 주님의 얼굴을 숨긴 것이 아닌가 하는 절망에 찬 질문을 던집니다. 어찌하여! 시인의 곤란한 문제는 어릴 적부터 생긴 것이라고 합니다. 주님의 진노가 자신에게 넘치고 주의 두려움이 자신을 끊었다고 합니다. 이런 곤란함이 매일 자신을 에우고 둘러싸고 있는 현실을 호소합니다.

이사야 33장

예언자는 앗수르에 화를 선포합니다. 곧 앗수르가 멸망할 것을 기원하는 방식으로 예언합니다. 예언자는 하나님의 팔을(도우심) 간구합니다. 결국 앗수르가 도망가 버리고 간 노략물을 예루살렘 주민들이 모으게 될 것입니다. 지존하신 하나님이 앗수르를 벌하시고 정의와 공의를 시온에 충만케 하십니다. 앗수르 왕 산헤립이 평화의 사신들과의 조약을 파하고 예루살렘을 침공하여 성읍들은 멸망 위기에서 땅이 슬퍼하고 쇠잔하였습니다. 여호와께서 친히 대적들을 멸하십니다. 앗수르의 멸망 소식은 하나님의 심판이기에 이를 누구도 피할 수 없습니다. 시온의 죄인들도 심판 앞에서 절규합니다. 그러나 하나님 보시기에 의로운 자(15), 그들의 거처는 높은 곳, 견고한 바위요 요새입니다. 예루살렘의 장막은 옮겨지지 않을 것이요 말뚝도 영영 뽑히지 않고 줄도 끊어지지 않을 것입니다. 이는 장차 이루어질 메시야 왕국의 이상적인 모습입니다. 하나님이 진정한 재판장이요 율법을 세우신 왕이요, 구원자이십니다

요한계시록 3장

사데 교회는 살았다 하는 이름을 가졌으나 죽은 자입니다. 그래서 잠든 상태에서 일깨워 남은바 죽게 된 것을 굳건하게 하라고 했습니다. 회개하여 일깨지 아니하면 도둑같이 이를 것이라고 경고하십니다. 이기는 자는 그리스도로부터 받은 속죄의 옷을 입을 것이라고 하셨습니다. 빌라델비아 교회는 작은 능력을 갖고서 주님 말씀을 지키며 주님의 이름을 배반하지 아니하였다고 했습니다. 그들은 인내의 말씀을 견실하게 지켰으므로 환란을 면하게 해주시겠다고 약속하셨습니다. 라오디게아교회는 차지도 아니하고 뜨겁지도 아니합니다. 그들은 부자라 하여 부족한 것이 없다고 하지만 곤고하고 가련하고 가난한 것과 눈먼 것, 벌거벗은 것을 알지 못한다고 하시고, 단련한 금 같은 믿음으로 부요하게 하고 흰 옷을 사서 입어 벌거벗은 수치를 가리라고 하셨습니다. 예수님이 문밖에 두드리신다는 의미는 종말론적으로 재림의 임박성을 말씀합니다. 오직 주를 영접하는 자는 천국의 향연을 누릴 것입니다.

6월 02

신명기 6장

모세는 이스라엘 백성과 자녀와 손자들이 평생에 여호와를 경외하며 하나님서 명하신 명령 규례 법도를 지키면 복을 받고 젖과 꿀이 흐르는 땅에서 크게 번성하리라고 했습니다. '이스라엘아 들으라', 쉐마를 선포합니다. "너는 마음을 다하고 뜻을 다하고 힘을 다하여 네 하나님 여호와를 사랑하라". 이 말씀을 새기고 가르치며 강론하고 손목과 미간에 기호와 표로 삼 고 집 문설주와 바깥문에 기록하라고 했습니다. 하나님께서 주신 땅에 정착하여 안정을 찾은 후에 조심하여 애굽에서 인도해 내신 하나님을 경외하고 섬기고, 다른 신들을 따르지 말라고 했습니다. 또한, 하나님을 시험하지 말고 하나님께서 명하신 명령과 증거와 규례를 삼가 지키고 정직하고 선량한 일을 행하면 복을 받고 그 땅을 차지하리라고 하셨습니다. 여호와께서 애굽에서 맹세하신 땅으로 인도하시고 모든 규례를 명령하셨으니 하나님을 경외하며 항상 복을 누리도록 하려 함이라고 하셨습니다.

시편 89편

시인은 하나님의 인자하심과 성실하심을 찬양합니다. 인자와 성실은 하나님께서 인간과 세우신 언약에서 실현되었습니다. 그러나 그 언약은 세속적으로 볼 때 중단되고 끊겼으나 다윗의 자손 예수그리스도가 성취하여, 메시야 왕국의 왕으로 통치할 때 영원한 것입니다. 주님의 손이 다윗에게 함께 하셔서 원수를 몰아내시고 다윗을 굳게 잡으시고 그를 견고하게 하셨습니다. 그러나 주님께서 기름부어 세운 왕을 노하시고 물리쳐 버리고, 그의 왕관을 땅에 던져 버렸으며, 왕의 모든 울타리를 파괴하시고 요새를 무너뜨리심으로 지나가는 자들에게 탈취당하고 욕을 당합니다. 이스라엘의 군비는 약해져서 적군을 맞서지 못하게 하셨습니다. 시인은 이런 비극과 주님의 분노에 한탄하며 주님의 인자와 성실하심으로 다윗에게 맹세하신 그 인자하심을 갈망합니다. 또, 주의 종들이 받은 비방과 주의 원수들이 주님께서 기름부어 세우신 왕들의 비방을 기억해 달라고 하소연합니다.

이사야 34장

하나님께서 만국을 벌하신다는 말씀입니다. 열국들과 민족들과 땅과 온 세계에 있는 것들을 향해 소리를 높이십니다. 하나님께서 열방을 진노하시며 만국을 향해 분을 내사 그들을 진멸하시며 살육당하게 하실 것이라 하셨습니다. 사체의 악취가 솟아오르고 그 피에 산들이 녹을 것이라고 하십니다. 하늘의 만상들이 사라지고 하늘들이 두루마리같이 말리게 될 것입니다. 여호와의 칼이 에돔에 임하여 심판하실 것입니다. 가축에도 임하여 대량으로 살육될 것입니다. 에돔의 심판은 여호와께서 보복하시는 날, 심판의 날입니다. 에돔은 세세에 황무하여 그리로 지나갈 자가 영영 없고 짐승과 불결한 새가 살 것입니다. 즉, 혼란과 공허를 그대로 두실 것입니다. 귀인과 방백이 없고 궁궐도 쓸모없이 버려질 것이고, 짐승의 거처가 될 것입니다. 하나님께서 예언자에게 주신 예언의 말씀대로 에돔의 멸망이 성취될 것을 강조합니다(16).

요한계시록 4장

하늘에 열린 문으로 나팔 소리 같은 음성이 다시 들립니다. "이리로 올라 오라 이후에 마땅히 일어날 일들을 너에게 보이리라". 요한이 성령에 감동되어 놀라운 계시를 봅니다. 하늘에 보좌를 베풀었는데 보좌 위에 앉으신 분을 보니 그 모양이 벽옥과 홍보석 같고 무지개가 보좌에 둘렸고 그 모양이 녹보석과 같습니다. 그 보좌를 둘러 신구약 모든 성도의 대표, 24 장로들이 흰옷을 입고 머리에 금관을 쓰고 보좌에 앉았습니다. 보좌 앞에 일곱 등불이 있는데 이는 하나님의 일곱 영입니다. 보좌 앞에 수정과 같은 유리 바다가 있고 보좌 가운데와 보좌 주위에 네 생물이 있습니다. 앞뒤에 눈들이 있습니다. 그들이 밤낮 쉬지 않고 하나님을 찬양합니다. 보좌에 앉으신 세세토록 살아계시는 이에게 영광과 존귀와 감사를 돌려 드리고, 24 장로들이 보좌에 앉으신 이 앞에 엎드려 경배하고 자기의 관을 보좌 앞에 드리며 찬양합니다. 요한은 황홀한 가운데 천상의 예배를 보고 증언합니다.

6월 03

신명기 7장

하나님께서 차지할 땅으로 들이시고 가나안 일곱 족속을 쫓아내실 때 그들을 진멸하되 언약도 하지 말고 불쌍히 여기지도 말며 혼인하지도 말라고 하셨습니다. 또 그들의 제단을 헐며 주상을 깨뜨리며 아세라 목상을 찍으며 조각한 우상들을 불사르라고 하셨습니다. 이스라엘은 여호와께서 만민 중에서 자기의 기업의 백성으로 택하시고 바로의 손에서 속량하셨습니다. 여호와는 하나님을 사랑하고 그의 계명을 지키는 자에게는 천대까지 그의 언약을 이행하시며 인애를 베푸시지만, 그를 미워하는 자에게는 당장에 멸하시되 지체하지 않고 보응하십니다. 하나님께서 명하는 명령과 규례와 법도를 지켜 행하면 인애를 베푸실 것이고 복을 주시겠다고 말씀하셨습니다(13-15). 하나님께서 대적의 왕들을 이스라엘의 손에 넘겨 그들의 이름을 천하에서 제해버리고 조각한 신상들을 불사를 것이라 하셨습니다. 그 가중한 것을 집에 들이지 말 것은 그것과 같이 진멸 당할까 하기 때문입니다.

시편 90편

모세는 인생들의 영원한 거처이신 하나님은 산이 생기기 전, 땅과 세계도 주께서 조성하시기 전, 영원부터 영원까지 주님은 하나님이라고 고백합니다. 그 반면에 우리 인생은 돌아가야 할 티끌입니다. 우리 인생의 길이는 천년이라도 지나간 어제 같고 밤의 한순간에 불과합니다. 인생의 허무함을 쓸어 지나가는 홍수, 잠깐 자는 것, 저녁에 시드는 풀, 베이고 마르는 풀에 비유합니다. 우리 인생이 하나님의 노와 분 내심에 심판받기도 합니다. 그 원인이 인간의 죄 때문이요 인생의 무상의 원인도 죄 때문입니다. 사람의 일생이란 하나님의 징계를 받는 것으로 끝나고 일순간에 지나가기에 허무하고 칠팔십 사는 인생도 수고와 슬픔뿐이며 날아가는 것처럼 빠릅니다. 그러므로 인생의 날을 계수함으로 인생의 한계성을 알아 지혜의 마음을 갖게 해달라고 간구합니다. 하나님을 찾는 시인은 주님이 베푸시는 인자하심으로 만족하고 즐거워하게 해 달라고 간구합니다.

이사야 35장

이 장은 이스라엘의 최후 영광 혹은 메시야 왕국 또는 천년왕국의 모습을 그려 주고 있습니다. 이스라엘의 광야와 메마른 땅이 기뻐하고 사막이 백합화같이 피어 즐거워합니다. 그리하여 여호와의 영광 곧 우리 하나님의 아름다움을 볼 것입니다. 하나님께서 땅과 더불어 인간의 회복에 대해 말씀하십니다. 약한 곳을 강하게 하고 떨리는 무릎을 굳게 하며 겁내는 자들에게 굳세어라 두려워하지 말라고 합니다. 그때 병자가 치유되고 회복하는 것은 광야에서 물이 솟고, 사막에서 시내가 흐를 것이기 때문입니다. 사막이 변하여 못이 되고 메마른 땅이 변하여 원천이 될 것이며 늑대가 눕던 곳이 풀과 갈대와 부들이 날 것입니다. 거기에 대로가 있으니 거룩한 길이요 구속함을 받은 자들을 위하여 있게 될 것입니다. 여호와의 속량받은 자들이 돌아오되 노래하며 시온에 이르러 영원한 희락을 띠고 기쁨과 즐거움을 얻게 될 것입니다.

요한계시록 5장

보좌의 앉으신 분의 오른손에 두루마기가 있는데 안팎으로 썼고 일곱 인으로 봉하였습니다. 힘 있는 천사가 그 두루마리를 누가 펴고 인을 떼기에 합당하냐며 외치는데 어디에도 그 두루마리를 펴거나 볼 자가 없습니다. 그래서 사도 요한이 크게 우니 장로 중 하나가 울지 말라며 유다 지파 사자 다윗의 뿌리가 두루마리와 일곱 인을 떼시라고 일러줍니다. 요한은 보좌와 네 생물, 장로들 사이에 어린양이 서 있는 것을 보았습니다. 어린양이 보좌에 앉으신 이의 오른손에서 두루마리를 취하십니다. 그리고 네 생물과 24 장로들이 그 어린양 앞에 엎드려 각각 거문고와 향이 가득한 금대접을 가졌습니다. 그들이 두루마리를 취하신 이를 찬양합니다. 보좌 주위에 둘러선 많은 천사의 음성이 들리는데 그 수가 무수합니다. 천사들이 큰 음성으로 어린 양을 찬양하고 또한 하늘 땅 바다 가운데 있는 모든 피조물이 어린양을 찬양합니다. 네 생물이 아멘 하고 장로들은 엎드려 경배합니다.

6월 04

신명기 8장

광야 40년 유랑은 성민으로서의 훈련과정입니다. 하나님께서 그들을 낮추시고 주리게 하시고 알지 못하던 만나를 먹이신 것은 사람이 떡으로만 아니라 하나님의 입에서 나오는 모든 말씀으로 사는 줄을 알도록 하기 위함입니다. 이스라엘이 광야에서 고난을 겪었으나 벌하기 위함이 아니고 아들에게 하듯 징계하는 것인 줄 알고 하나님을 경외하라고 했습니다. 하나님께서 이스라엘 백성이 먹고 배부르고 아름다운 집에 거주하고 짐승이 번식하고 은금이 늘고 소유가 풍부하게 될 때 마음이 교만하여 하나님을 잊어버릴까 경계하셨습니다. 하나님께서 광야 험난한 길을 지나게 하시고 만나를 광야에서 먹이신 것은 이스라엘을 낮추시며 시험하사 마침내 복 주시려 함입니다. 하나님을 기억하라고 하시며 백성들에게 재물 얻을 능력을 하나님 주셨는데 이는 조상들에게 맹세하신 언약을 이루기 위함입니다.

시편 91편

우리의 영원한 거처 되신 하나님은 지존자요 전능자입니다. 그분은 피난처요 요새이십니다. 그분을 의뢰할 때 새 사냥꾼의 올무, 즉 전쟁과 심한 염병에서 건지실 것입니다. 전능하신 하나님의 날개 아래 숨은 성도들은 적군의 화살의 공격에서 안전하게 보호받고 모든 위험에서 보호하심을 받습니다. 밤의 공포, 낮에 흐르는 화살, 감염병에서 막아주십니다. 오직 지존하신 여호와로 거처와 피난처를 삼았기 때문에 화와 재앙이 가까이하지 못할 것입니다. 하나님이 천사들을 시켜 그의 사랑하시는 성도들은 항상 지키시고 실족하지 않게 하실 뿐 아니라 사납고 사악한 적들을 발로 밟을 것입니다. 하나님께서 하나님을 사랑하는 자를 건지시고 하나님을 아는 자를 높여주실 것입니다. 그가 간구하면 응답하시고 환란을 당할 때 구원하시고 그를 영화롭게 하실 것입니다. 하나님께서 장수의 복을 주시고 그를 만족하게 하고 하나님의 구원을 체험할 것입니다.

이사야 36장

히스기야 왕 14년에 앗수르의 왕 산헤립이 쳐들어와 유다 견고한 성을 쳐서 취하였습니다. 왕이 랍사게를 대군과 함께 예루살렘으로 보냅니다. 이에 신하 고관들이 맞이하니 랍사게가 그들에게 애굽을 의지하는 이스라엘을 비웃고 하나님을 신뢰하고 예배드리는 것을 조롱합니다. 랍사게는 애굽을 믿고 의지하는 것은 헛된 일이므로 앗수르에 항복하라고 위협합니다. 이에 그들이 랍사게에게 유다방언으로 말하지 말도록 청하나 모욕적인 언사로 요청을 거부하고 유다방언으로 히스기야를 신뢰하지 말고 여호와를 신뢰하게 하려는 것도 따르지 말라고 크게 외칩니다. 항복하고 산헤립 왕에게 나아오라고 하며 그리하면 각각 자기 포도와 무화과를 먹을 것이요 우물물을 마실 것이라고 꿉니다. 또한 하나님이 건져주신다고 하는 말에 넘어가지 말라고 망언을 외칩니다. 그 소리에 한마디도 대답하지 않고 고관들이 자기 옷을 찢고 히스기야 왕에게 랍사게의 말을 전합니다.

요한계시록 6장

인을 뗌으로 환난이 시작됩니다. 어린양이 첫째 인을 떼시니 흰 말이 보이는데 그 탄 자는 어떤 승리자(정복자)로서 이 땅에 환난을 초래합니다. 둘째 인을 떼실 때 붉은 말이 나오는데 전쟁을 표시하고 큰 칼은 큰 무기를 뜻합니다. 셋째 인을 떼실 때 검은 말이 나오는데 비애와 기근의 색으로 탄 자가 식량을 재는 저울을 가졌습니다. 넷째 인을 떼실 때 청황색 말이 나오는데 시체와 죽음의 색으로서, 탄 자의 이름은 사망으로 음부가 뒤따릅니다. 땅 4분의 1의 권세로서(전면적인 환란) 검과 흉년과 사망과 땅의 짐승들이 죽음을 가져다줍니다. 다섯째 인을 떼실 때 하나님의 말씀과 예수 증거로 인해 죽임을 당한 영혼들이 하늘 제단 아래에 있어 큰소리로 지상의 심판, 보복을 호소합니다. 여섯째 인을 뗄 때 천지와 산과 바다에 대변동이 일어납니다. 땅의 모든 사람이 자기의 몸을 숨기고 보좌에 앉으신 이의 얼굴과 어린 양의 진노에서 자신들을 가려 달라고 요청합니다.

6월 05

신명기 9장

하나님께서 요단 건너 강대한 나라들을 차지할 것이라고 하셨습니다. 이는 이스라엘의 공의로움으로 인해 하나님께서 그들을 인도하여 들인 것이 아니라 그 민족들의 악함으로 말미암아 그들을 쫓아내심이요 족장들에게 맹세하신 것 때문입니다. 모세는 이스라엘이 출애굽 때부터 이곳까지 광야에서 하나님을 격노하시게 한 것을 기억하라고 했습니다. 호렙산 아래 있을 때 모세가 두 돌판을 가지고 내려왔을 때 송아지 우상을 부어 만들어 섬기는 것을 보고 돌판을 던져 이스라엘의 목전에서 깨뜨렸습니다. 또한 다베라와 맛사와 기브롯 핫다아와에서도 여호와를 격노하게 했습니다. 가데스바네아에서도 거역하고, 처음부터 하나님을 거역하였습니다. 하나님께서 이스라엘을 멸하시려 할 때 모세가 40주야 하나님 앞에 엎드려 하나님께서 속량하시고 멸하지 마시기를 구하고 족장들을 생각하사 백성의 완악함과 죄를 보지 마시라고 간구했습니다.

시편 92, 93편

시 92. 안식일의 찬송시입니다. 악기를 동원하여 하나님을 찬양하고 주의 이름을 찬양하는 것이 좋고 마땅합니다. 주님이 행하신 일이 시인을 기쁘게 하는 것은 너무 크고 깊기 때문입니다. 하나님께서 영원토록 지존하셔서 원수들은 정녕 패망할 것이요 죄악을 행하는 자들은 다 흩어질 것입니다. 그러나 의인은 종려나무같이 번성하고 레바논의 백향목같이 성장합니다, 하나님의 집에 심어져 그 뜰 안에서 번성합니다. 늙어도 여전히 결실하고 진액이 풍족하고 빛이 청청합니다. 시 93. 본시는 왕 되신 하나님을 찬양합니다. 여호와께서 통치하시므로 스스로 권위를 입으시고, 능력의 옷을 입으시며 띠를 띠셨으므로 세계도 견고히 서 흔들리지 않습니다. 하나님의 왕권은 예전부터 견고히 섰고 하나님은 영원부터 계셨습니다. 원수의 나라가 몰려와도 높이 계신 하나님의 능력은 적들보다 훨씬 큽니다. 하나님을 증거하는 율법에 계시된 하나님의 속성과 행하심은 확실하여 영원합니다.

이사야 37장

히스기야 왕이 세 사람의 이야기를 듣고 자기의 옷을 찢고 굵은 베옷을 입고 여호와의 전으로 갔습니다. 왕이 세 사람과 제사장을 이사야에게로 보내 살아계시는 하나님께 기도를 부탁했습니다. 이사야는 그들의 말을 듣고 두려워하지 말라, 앗수르 왕이 고국으로 돌아갈 것이고 그의 고국에서 칼에 죽게 하실 것이라는 하나님의 뜻을 전했습니다. 그러나 앗수르 왕이 히스기야 왕에게 글을 보내 하나님을 의뢰하라는 소리를 듣지 말라고 협박합니다. 이 글을 받은 히스기야는 하나님 전에 올라가 글을 펴놓고 하나님께 기도합니다(16-20). 이사야가 히스기야에게 사람을 보내 하나님께서 히스기야의 기도를 들으시고 앗수르가 패퇴하게 할 것이요 또 앗수르에 갈고리로 코를 꿰고 재갈을 입에 물려 오던 길로 돌아가게 하시겠다고 했습니다. 결국 하나님의 사자가 앗수르 군대 18만 5천을 물리쳤고, 산헤립 왕은 돌아가서 칼로 죽임을 당하고 아들 에살핫돈이 왕이 되었습니다.

요한계시록 7장

인을 떼는 환상 후에 네 천사가 땅 네 모퉁이에 선 것을 보았습니다. 또 다른 천사가 땅과 바다를 해롭게 할 권세를 받은, 인 가진 네 천사를 향해 하나님의 종들 이마에 인을 치기까지 땅, 바다, 나무들을 해하지 말라고 소리 지릅니다. 인 침받은 자의 수는 십사만사천명입니다. 이 일 후 이방인 중에서 능히 셀 수 없는 큰 무리가 나와 보좌 앞과 어린 양 앞에 서서 큰 소리로 찬양하니 모든 천사가 보좌와 장로들과 네 생물의 주위에서 보좌 앞에 엎드려 얼굴을 대고 하나님께 경배하며 찬양합니다(12). 장로 중 하나가 그 흰옷 입은 자들은 큰 환란에서 나오는 자들로 어린 양의 피에 그 옷을 씻어 희게 하였다고 합니다. 그들이 하나님의 보좌 앞에 있고 또 그의 성전에서 밤낮 하나님을 섬기니 보좌에 앉으신 이가 그들과 함께 거하십니다. 보좌 가운데 계신 어린 양이 그들의 목자가 되셔서 생명수 샘으로 인도하시고 하나님께서 그들의 눈에서 모든 눈물을 씻어주십니다.

6월 06

신명기 10장

하나님께서 모세에게 지시하신 대로 처음과 같은 두 돌판을 다듬어 산에 오르니 하나님께서 십계명을 처음과 같이 그 판에 써서 모세에게 주셨습니다. 하나님께서 이스라엘 백성에게 요구하시는 것은 하나님 경외하고 도를 행하고 그를 사랑하며 마음을 다하고 뜻을 다하여 하나님 여호와를 섬기고 행복을 위하여 명하는 하나님의 명령과 규례를 지키는 것입니다. 하나님은 사람을 외모로 보지 않으시고 뇌물을 받지 않으시고 고아와 과부를 위하여 정의를 행하시고 나그네를 사랑하시는 분이라고 하셨습니다. 그러므로 이스라엘은 이전 애굽에서 나그네였음을 알고 하나님을 경외하며 그의 이름으로 맹세하라고 했습니다. 그분은 찬송 받으실 분이요 크고 두려운 일을 행하셔서 애굽에 내려갈 때 70명이었으나 이제 하늘의 별같이 많게 하셨다고 하셨습니다.

시편 94편

시인은 이스라엘의 적에 대해한 하나님의 복수를 부르짖습니다. 그들을 처벌하시고 행악자들에게 마땅한 벌을 주시기를 구합니다. 그들이 오만하고 자만하여 주의 백성을 짓밟으며 약자를 죽이면서도 하나님은 알아 차라지 못한다고 합니다. 귀와 눈을 지으신 하나님께서 들으시고 보시고 뭇 백성을 징벌하시고 사람 행위의 깊이까지 아십니다. 그런고로 하나님의 징벌을 받는 자가 복이 있으니, 징계를 받아들여 회개하는 자는 환란의 날에도 평안을 누릴 것입니다. 시인은 성도가 행악자로부터 박해받을 때 그의 적을 대신 치실 분은 하나님밖에 없음을 고백합니다. 하나님이 돕지 않으셨다면 벌써 악인의 핍박으로 음부에 들어갔을 것이라고 합니다. 시인이 시험받아 발이 미끄러질 때 하나님이 그를 붙드시고 근심이 많을 때 위안으로 영혼을 즐겁게 하셨습니다. 악한 재판장이 의인의 영혼을 치려하고 무죄한 자를 정죄하여 피를 흘리려 하지만 하나님은 요새요 피할 반석이십니다.

이사야 38장

히스기야 왕이 병들어 죽게 되니 이사야가 그에게 하나님께서 죽고 살지 못할 것이라 하신다고 전했습니다. 이에 히스기야가 얼굴을 벽으로 향하고 하나님께 기도합니다. 자신이 주 앞에서 진실과 전심으로 행하고 주님의 목전에서 선하게 행한 것을 기억해 주시기를 구하며 통곡합니다. 하나님께서 이사야에게 히스기야의 기도를 들었고 눈물을 보고 15년을 더 살고 앗수르의 손에서 왕과 성을 건져주시고 성을 보호하리라고 하셨습니다. 또한, 그 증거로 아하스의 해시계의 해그림자를 뒤로 10도를 물러가게 하리라고 하셨습니다. 히스기야가 병들었다가 병이 나은 때에 하나님께 감사 찬양합니다. 그 내용은 병중의 절망적인 상태(10-12)에서 최후의 신음(13-14) 중에 기도하여(15-17) 병 고침 받아 감사드린다(18-20)는 것입니다. 이사야가 한 뭉치 무화과를 가져 종처에 붙이면 왕이 나으리라고 하였습니다.

요한계시록 8장

일곱째 인을 떼실 때 하나님 앞에 일곱 천사가 서 있어 일곱 나팔을 받았습니다. 일곱 나팔 가진 일곱 천사가 나팔 불기를 준비합니다. 2차 재앙이 시작됩니다. 첫째 나팔에 피 섞인 우박과 불이 나와 땅에 쏟아지니 땅의 3분의 1, 수목 3분의 1, 각종 푸른 풀도 타버립니다. 둘째 나팔에 불붙는 큰 산과 같은 것이 바다에 던져지매 바다의 3분의 1이 피가 되어 바다에 생명 가진 것들의 3분의 1이 죽고 배들의 3분의 1이 깨집니다. 셋째 나팔로 횃불같이 큰 별이 하늘에서 떨어져 강들의 3분의 1과 여러 물 샘에 떨어지니 이 별 이름은 쓴 쑥입니다. 물의 3분의 1이 쓴 쑥이 되고 그 물이 쓴물이 되어 많은 사람이 죽습니다. 넷째 나팔에 일월 성신의 3분의 1이 타격을 받아 그 3분의 1이 어두워지고 낮 3분의 1은 비침이 없고 밤도 그러했습니다. 요한이 보고 들으니 공중에 날아가는 독수리가 큰 소리로 이르는데 땅에 사는 자들에게 화, 화, 화가 있으리라고 합니다.

6월 07

신명기 11장

모세가 하나님을 사랑하여 주신 책무 법도 규례와 명령을 항상 지키라고 했습니다. 하나님께서 출애굽과 광야에서 행하신 큰일들을 자녀들은 기억하지 못하나 그것을 보고 체험한 이들은 잘 기억하여 후세에 전하라고 했습니다. 10가지 재앙, 홍해 물로 애굽 군대와 말과 병거를 덮친 일 등과 고라 일당이 모세를 거역하다가 땅에 삼켜진 사건 등입니다. 하나님께서 명령하신 말씀을 청종하고 하나님을 사랑하고 마음을 다하여 섬기면 적당하게 땅에 비를 내리고 곡식과 포도주와 기름을 얻을 것이요 가축을 위한 풀이 나고 먹고 배부르게 될 것입니다. 하나님께서 복과 저주를 함께 두셨는데 명령을 들으면 복이 될 것이고, 명령을 듣지 않고 다른 신을 따르면 저주받으리라 하셨습니다. 인도하시는 땅에 들어가서 그리심 산에서 축복을, 에발 산에서는 저주를 선포하라고 하셨습니다.

시편 95, 96편

시 95. 시인은 하나님께 노래하고 구원의 반석을 향해 즐거이 외치고 감사로 찬양하자고 초청합니다. 하나님이 크신 하나님이요 모든 신들보다 크신 왕이시기 때문입니다. 모든 땅과 산, 바다 육지 모두 하나님이 만드셨기에 하나님께 경배하고 무릎을 꿇는 것이 마땅합니다. 그것은 하나님이 우리 하나님이요 우리는 그가 기르시는 백성이요 돌보시는 왕이기 때문입니다. 그러므로 마땅히 하나님의 음성에 순종해야 합니다. 시 96. 시인은 여호와께 노래하고 그 이름을 송축하며 그의 구원을 날마다 전파하기를 권합니다. 하나님은 하늘을 지으신 분이요 존귀와 위엄이 그 앞에 있고 능력과 아름다움이 성소에 계십니다. 모든 족속이 영광과 권능을 여호와께 돌리되 예물을 가지고 성소의 뜰에 들어와서 경배함이 마땅합니다. 하나님이 세계를 통치하시면 세계가 굳게 서고 흔들리지 않습니다. 하나님이 공평과 의로 세계를 심판하시며 진실하심으로 백성을 심판하십니다.

이사야 39장

그때 바벨론 왕 므로닥발라단이 히스기야가 병에서 나았다 하는 소식을 듣고 히스기야에게 글과 예물을 보내었습니다. 히스기야가 그 사자들을 기뻐하여 보물 창고, 은금과 향료와 보배로운 기름과 모든 무기고에 있는 것을 다 보여주었으니 궁중의 소유와 전 국내 소유를 보이지 아니한 것이 없었습니다. 이사야가 히스기야 왕에게 나아와 바벨론에서 온 사자들이 무슨 말을 했으며 궁전에서 무엇을 보았는가를 묻습니다. 히스기야가 궁전, 창고에 있는 것을 다 보았다고 대답하니 이사야가 왕에게 여호와께서 하신 말씀을 전합니다. 날이 이르면 왕의 집에 있는 모든 소유와 조상들이 오늘까지 쌓아 둔 것이 모두 바벨론으로 옮긴 바 되고 남은 것이 없으리라고 했습니다. 또한 왕에게서 태어날 자손 중에서 몇이 사로잡혀 바벨론 왕궁의 환관이 되리라고 예언합니다(왕하 24:14-16). 이에 히스기야는 자신의 생전에는 평안과 견고함이 있을 것이라고 했습니다.

요한계시록 9장

다섯째 나팔이 울리니 무저갱을 통해 큰 화덕의 연기 같은 연기가 올라오는데 해와 공기가 연기로 말미암아 어두워집니다. 사탄을 통한 환란입니다. 또 황충이 연기 가운데로부터 땅 위에 나오는데 그들이 땅에 있는 전갈의 권세 같은 권세를 받았습니다. 그들에게 이마에 하나님의 인침을 받지 아니한 사람들만 해하되 죽이지 않고 괴로움을 줍니다. 황충들의 모양은 전쟁을 위하여 준비한 것 같습니다(7-10). 그들에게 왕이 있는데 무저갱의 사자로 아바돈 즉, 아볼루온(파괴, 파괴자)입니다. 여섯째 나팔을 불 때 금 제단 네 뿔에서 한 음성이 납니다. 큰 강 유브라데에 결박한 네 천사를 놓아주라 하여 놓였는데 사람 3분의 1을 죽이기로 준비된 자들입니다. 세계 대전이 있고 말의 입을 통해 나오는 불, 연기, 유황 세 가지 재앙으로 인구 3분의 1이 죽임을 당합니다. 살아남은 자들은 손으로 행한 일을 회개하지 아니하고 가증스러운 일을 하고 악한 죄도 회개하지 아니합니다.

신명기 12장

이스라엘 백성들이 하나님 주신 땅에 들어가서 쫓아낼 민족들의 신들을 섬기는 곳은 파괴하고 제단을 헐고 주상을 깨뜨리며 상을 불사르고 신상들을 찍어 그 이름을 멸하라고 하십니다. 오직 하나님께 택하신 곳, 계실 곳으로 찾아가서 번제와 제물과 십일조와 거제와 서원제와 낙헌 예물과 짐승의 처음 난 것들을 그리로 가져다가 드리라고 하셨습니다. 가축을 잡아 그 고기를 먹을 수 있으나 오직 피는 먹지 말고 물 같이 땅에 쏟으라 하시고, 곡식과 포도주와 기름의 십일조, 소와 양의 처음 난 것과 서원을 갚는 예물과 낙헌 예물과 거제물은 오직 하나님께서 택하신 곳에서 하나님 여호와 앞에서 함께 먹으라고 하셨습니다. 하나님께서 짐승의 고기를 먹을 때 피는 먹지 말라고 하셨습니다. 피에 생명이 있기 때문입니다. 하나님께서 명령하신 바는 듣고 지키라 하시고 하나님의 목전에서 선과 의를 행한 자신과 후손에게 영구히 복을 약속하셨습니다.

시편 97, 98편

시 97. 하나님의 다스리심을 찬양합니다. 의와 공평이 그의 보좌의 기초입니다. 하나님은 불가항력적 능력과 위엄을 가진 불로 대적들을 불사르십니다. 산들이 하나님의 임재 앞에 밀랍같이 녹고 하늘이 하나님의 의를 선포합니다. 조각한 신상을 섬기며 허무한 것으로 자랑하는 자는 다 수치를 당할 것입니다. 하나님은 온 땅 위에 지존하시고 모든 신들 보다 위에 계십니다. 하나님께서 성도의 영혼을 보전하시고 악인의 손에서 건지십니다. 시 98. 새노래로 하나님을 찬양할 이유는 하나님께서 기이한 일을 행하시고 강력한 힘으로 구원하셨기 때문입니다. 하나님께서 뭇 나라에 공의를 나타내시고 이스라엘 집에 인자와 성실을 보이시고 땅끝의 모든 백성이 구원을 보았습니다. 온 땅은 즐거운 소리를 지르며 찬송할 것이고 악기를 연주하며 왕이신 여호와께 즐겁게 노래함이 마땅합니다. 온 만물, 바다와 거기에 있는 것과 큰물과 산악이 함께 즐겁게 하나님께 노래합니다.

이사야 40장

이제 바사의 고레스를 통해 하나님의 구원이 드러납니다. 하나님께서 백성들에게 위로의 메세지를 외치라고 하십니다. 이스라엘을 광야 길을 인도하신 하나님께서 바벨론에서 광야 사막길로 인도하시니 하나님께서 행차하시는 길을 예비하라고 합니다. 사로잡힌 이스라엘이 돌아온다는 소식은 놀랍지만 의문을 가지는 이에게 인생사는 허무하고 바벨론의 영광은 꽃처럼 떨어지고 말지만, 하나님의 말씀과 언약은 반드시 성취되는 것이라 했습니다. 하나님을 어떤 누구와 어떤 무엇을 가지고도 비길 수 없으니 여호와만이 무한하시고 전능하신 참신이십니다. 오랜 포로 기간으로 자신들의 원통한 사정과 송사를 하나님께서 들어주지 않으신다고 하는 절망 중의 백성들에게 희망을 선포합니다. 영원하신 창조자, 피곤치 않으시고 명철이 한이 없어 피곤한 자에게 능력을 주시고 무능한 자에게 힘을 더하시는 하나님을 앙망할 때 독수리가 하늘을 올라감 같을 것이라고 선포합니다.

요한계시록 10장

힘센 다른 천사가 구름을 입고 하늘에서 내려옵니다. 그 손에는 작은 펴진 두루마리를 들고 오른발은 바다를 왼발은 땅을 밟고 사자가 부르짖는 것 같이 큰 소리로 외칩니다. 일곱 우레가 소리를 내어 말하는 것을 기록하려는 데 하늘에서 말한 것을 인봉하고 기록하지 말라는 소리가 들립니다. 그 천사가 하늘을 향하여 오른손을 들고 세세토록 살아 계신 이, 세상을 창조하신 이를 가리켜 맹세하기를 지체하지 아니하리라고 합니다. 일곱째 천사가 그의 나팔을 불려고 할 때 하나님이 그의 종 선지자들에게 전하신 복음과 같이 하나님의 그 비밀이 이루어지리라고 합니다. 하늘에서 나서 들리던 음성이 또 요한에게 말하기를 가서 바다와 땅을 밟고 서 있는 천사의 손에 펴 놓인 두루마리를 가지라고 합니다. 요한이 천사에게 작은 두루마리를 받아 두루마리를 가져다 먹으니 입에는 꿀같이 다나 먹은 후 배에서는 쓰게 됩니다. 천사가 요한에게 다시 예언하여야 하리라고 합니다.

6월 09

신명기 13, 14장

신 13. 하나님께서 선지자나 꿈꾸는 자가 일어나서 이적과 기사를 보이며 다른 신들을 섬기자고 해도 그들의 말을 청종하지 말라고 경계하십니다. 오직 하나님을 경외하며 목소리를 청종하고 우상신 섬기는 선지자와 꿈꾸는 자를 죽이고 가족이나 친구가 가만히 꾀어 섬기자고 해도 따르지 말고 그를 용서 없이 돌로 쳐 죽이라고 하셨습니다. 어떤 불량배가 다른 신들을 섬기자고 할 때 그 성읍 주민과 가축까지도 칼날로 죽이라고 하셨습니다. 사14. 죽은 자를 위한 금지된 애도법을 말씀하셨습니다. 하나님께서 짐승과 물고기, 새 등 먹을 수 있는 것과 먹어서 안 될 것에 대한 규례를 말씀하셨습니다. 스스로 죽은 짐승은 먹지 말라고 하셨습니다. 마땅히 매년 토지소산의 십일조 먹는 규례를 주시고, 매 삼년 끝에 그해 소산의 십일조를 저축하여 기업이 없는 레위 인과 객과 약자들이 와서 배부르게 하라고 하시고 그리하면 손으로 하는 범사에 복을 주시리라 약속하셨습니다.

시편 99, 100, 101편

시 99. 만민을 다스리시는 하나님을 찬양합니다. 위대하시고 높으신 하나님께서 지성소 그룹 사이에 좌정하시면 만민은 떨고 땅은 요동합니다. 능력의 하나님께서 정의와 공의로 판단하십니다. 간구할 때 응답하시고 구름 가운데서 말씀하시며 그들을 용서하십니다. 시 100. 온 땅이 하나님께 즐거운 찬송을 부르고 기쁨으로 여호와를 섬기며 노래하며 하나님께 나아갑니다. 우리 하나님은 우리를 지으셨기에 우리는 그의 백성이요 기르시는 양입니다. 하나님께 감사하고 송축함은 하나님은 선하시고, 인자하시고, 성실하심이 영원하기 때문입니다. 시 101. 시인은(왕자) 하나님의 인자와 공의를 찬송합니다. 완전한 자가 되기를 사모하며 비천함을 멀리하고 배교자들의 행위를 미워하고 사악한 것을 멀리하기를 기도합니다. 그는 은근히 헐뜯는 자를 멸하고, 눈이 높고 마음이 교만한 자를 용납하지 않겠고, 거짓된 자를 물리치고 충성된 자와 완전한 길에 행하는 자와 함께 할 것이라고 합니다.

이사야 41장

포로된 이스라엘의 구원자가 나타난다는 예언입니다. 하나님께서 동방에서 바사 왕 고레스를 불러내시는데 그는 가는 곳마다 공의로 승리를 거두고 열국이 그의 칼을 받아 티끌처럼 되고 화살에 맞아 초개처럼 됩니다. 이 일을 누가 했느냐, 여호와이시라고 자답하십니다. 하나님께서 이스라엘은 택하시고 부르서서 함께 하실 것이기에 두려워하지 말고 놀라지 말라고 하십니다. 하나님께서 군세게 하시고 도와주고 오른손으로 붙드시겠다고 하십니다. 가장 약한 자 천한 자 같은 야곱을(14) 하나님께서 도우실 것이라고 하십니다. 하나님께서 광야 길을 인도하셨듯이 강을 내시고, 샘이 나게 하시고, 못이 되게 하시며, 샘 근원이 되게 하시겠다고 하십니다. 하나님께서 한 사람을 일으켜 북방에서 오게 하셨으니 바로 고레스입니다. 그가 이방을 여지없이 정복하고 방백들을 짓밟습니다. 이런 구원의 역사는 하나님이 먼저 하신 일입니다.

요한계시록 11장

천사가 지팡이 같은 갈대를 주며 성전과 제단과 그 안에서 경배하는 자들을 측량하라 합니다. 이방인들이 마흔두 달 동안 짓밟으리라고 예언합니다. 7년 대환란의 시작입니다. 두 증인이 권세를 받아 베옷을 입고 천2백 60일을 회개를 가르쳐 예언하는데 그들은 두 감람나무와 두 촛대로서 큰 권능을 행사합니다(5-6). 그들이 증언을 마칠 때 무저갱으로부터 올라오는 짐승과 전쟁을 일으켜 그들을 죽이니 그 시체가 큰 성 길에 있습니다. 그런데 3일 후에 하나님의 생기가 그들 속에 들어가 그들이 발로 일어서 하늘의 큰 음성을 듣고 하늘로 올라갑니다. 그때 큰 지진이 나서 성 10분의 1이 무너지고 지진에 죽은 사람이 7천입니다. 둘째 화(1-6 나팔)는 지나갔으니 셋째 화가(일곱째 나팔) 속히 이릅니다. 일곱째 천사가 나팔을 부니 하늘에서 하나님께 경배하여 찬양합니다. 이에 하늘에 있는 성전이 열리니 언약궤가 보이며 번개와 음성들과 지진과 큰 우박이 있습니다.

6월 10

신명기 15장

하나님께서 주신 면제년 규례입니다. 매 7년 끝 면제의 규례는 이웃에게 꾸어 준 모든 채주는 면제하고 독촉하지 말라 하시고 이방인에게는 독촉하더라도 형제에게 꾸어준 것은 손에서 면제하라고 하셨습니다. 함께 거주하는 가난한 형제에게 마음을 완악하게 하지 말고 손을 그에게 펴서 필요한 대로 쓸 것을 넉넉히 꾸어주라고 하셨습니다. 동족 히브리 남자나 여자가 종으로 팔려 섬겼다면 일곱째 해에 놓아 자유롭게 하되 양무리, 포도주 틀에서 후히 주라고 하셨습니다. 종이 만일 주인과 집을 사랑하여 동거하기를 좋게 여기면 송곳으로 그의 귀를 문에 대고 뚫어 영구히 종이 되게 하라고 하셨습니다. 소의 첫 새끼는 부리지 말고 털을 깎지 말고 온 가족이 하나님께서 택하신 곳에서 먹으라고 하셨습니다. 흠 있는 짐승은 하나님께 잡아 드리지 말고 성중에서 피는 다 쏟고 먹으라고 하셨습니다.

시편 102편

곤고한 가운데 있는 시인이 괴로울 때 하나님께서 얼굴을 숨기지 마시고 귀를 기울이사 속히 응답해달라고 부르짖어 간구합니다. 자신의 생은 연기 같고 뼈는 숯같이 탔다고 할 정도로 쇠잔하여 마른 풀같이 되었습니다. 시인의 원수들이 종일 비방하고 대항하여 미칠 듯이 날뛰며 저주합니다. 이런 고난은 그(그들)의 범죄에 대한 하나님의 심판 때문입니다. 그러나 주님이 시온(이스라엘)을 긍휼히 여기시고 은혜를 베푸시고 회복하실 기한이 다가옵니다. 그리하여 뭇 나라가 하나님의 이름을 경외하며 모든 왕이 주님의 영광을 경외할 것입니다. 하나님께서 빈궁한 자의 기도를 들어주셔서 이스라엘이 바벨론에서 돌아오고 나라가 회복될 것을 오고 오는 세대에 전하라고 하십니다(18). 시인은 쇠약해지고 수명의 연한이 찾아온다 해도, 영원하신 하나님의 종인 이스라엘 자손은 멸절하지 않고 주 앞에서 영원히 존재하고 또 영존할 처소를 얻어 주 앞에서 굳게 설 것입니다.

이사야 42장

하나님께서 붙드는 종, 마음에 기뻐하시는 자, 하나님께서 택하신 사람을 공포합니다. 하나님의 영을 그에게 주어 이방에 정의를 베풉니다. 하나님께서 예언된 대로 그를 통해 새 일을 알리십니다. 고레스를 통한 이스라엘 해방과 귀국을 가리킵니다. 그런고로 세상에 거하는 이들을 향해 새노래로 여호와께 노래하며 땅끝에서부터 찬양하라고 권합니다. 하나님께서 큰일을 계획하시고 해산하는 여인의 고함처럼 큰 소리로 그 일을 공포합니다. 바벨론 포로에서의 구원입니다. 그 일은 멀리는 메시야의 오심과 그를 통한 세계만민의 구원입니다. 이스라엘 백성이 영적 귀머거리, 맹인이기에, 하나님의 의로우심으로 율법(교훈)을 주셨으나 결국 바벨론 포로와 같은 고난을 당하게 되었습니다. 그것은 백성이 하나님 앞에 범죄하여 그분의 길로 가지 아니하고 교훈(율법)을 순종하지 않았기 때문입니다. 그래서 하나님께서 진노와 전쟁의 위력을 이스라엘에게 쏟아 부으신 것입니다.

요한계시록 12장

하늘에 큰 이적을 보았으니 해를 옷 입은 여자로서, 이 여자가 아이를 배어 해산하는데 아파서 부르짖습니다. 또 큰 붉은 용이(적그리스도) 있어 여자가 해산하면 그 아이를 삼키고자 하는데 여자가 아들을 낳으니 그는 장차 철장으로 만국을 다스릴 남자입니다. 그 여자가 광야로 도망하여 거기서 천2백6십일 동안 그를 양육하기 위하여 하나님께서 예비하신 곳에 있습니다. 이 환상은 이스라엘(유대 교회), 그리스도의 교회(또는 그리스도인)로 보기도 합니다. 여자와 아이를 핍박하다가 실패한 용은 하늘에서 미가엘과 전쟁합니다. 그러나 용이 패배하여 쫓깁니다. 용이 쫓겨나서 여자를 박해하니 그 여자가 큰 독수리의 두 날개를 받아 광야로 날아가 뱀의 낯을 피하여 후 3년 반을 양육 받습니다. 뱀이 여자와의 싸움을 걸어 이기지 못해 여자에게 분노하여 그 여자의 남은 자손, 곧 하나님의 계명을 지키며 예수 증거를 가진 자들과 더불어 싸우려고 바다의 모래 위에 서 있습니다.

신명기 16장

하나님께서 아빕 월에 유월절을 행하되 소나 양으로 제사를 드리고 이레 동안 무교병을 먹으라고 하셨습니다. 애굽에서 나온 시각 초저녁 해질 때 제물을 드리고 하나님께서 택하신 곳에서 고기를 먹으라고 하셨습니다. 곡식에 낫을 대는 첫날부터 일곱 주를 세어 하나님 앞에 칠칠절을 지키되 하나님께서 복 주신 대로 힘을 헤아려 자원하는 예물을 드리고 하나님께서 택하신 곳에서 여호와 앞에서 즐거워하라고 하셨습니다. 하나님께서 타작마당과 포도주 틀의 소산을 거두어들인 후에 이레 동안 초막절을 지키되 하나님께서 택하신 곳에서 이레 동안 절기를 지키고 하나님께서 모든 소출과 손으로 행한 일에 복 주실 것이니 온전히 즐거워할지니라고 하셨습니다. 세 절기에 하나님을 뵈옵되 빈손으로 뵈옵지 말고 하나님께서 주신 복을 따라 그 힘대로 드리라고 하셨습니다. 각 성에 지파를 따라 재판장들과 지도자들을 두되 공의로 백성을 재판하라고 하셨습니다.

시편 103편

본 시는 자신의 영혼과 자신 안에 있는 모든 것으로 하나님을 찬양하고 하나님의 은혜를 잊지 말고 찬양하라고 합니다. 하나님께서 죄악을 사하시고 병을 고치시고 자신의 생명을 파멸에서 속량하시고 인자와 긍휼을 계속해서 내려주시고 좋은 것으로 만족케 하시고 독수리처럼 새 힘을 얻어 힘차게 달리게 하시니 감사합니다. 하나님은 공의로우시며 긍휼이 많으시고 은혜로우시며 노하기를 더디 하시고 인자하심이 풍부하십니다. 하나님께서 우리의 죄를 따라 우리를 처벌하지 않으시고 죄악을 그대로 갚지 아니하시고 사하십니다. 하나님은 우리의 체질을 아시고 항상 먼지요, 나약함을 아십니다. 인생은 잠깐 있다가 없어질 허무한 존재나 하나님을 경외하는 자에게 인자하심을 영원까지 베푸십니다. 하나님께서 보좌를 하늘에 베푸사 천사들과 모든 천군이 하나님을 송축하니, 하나님의 지으심을 받고 하나님이 다스리는 모든 곳에 있는 이들이 하나님을 송축하라고 독려합니다.

이사야 43장

하나님께서 이스라엘을 창조하시고 구속하시고 지명하여 불렀으니 두려워하지 말라고 하십니다. 하나님께서 이스라엘 백성들을 흩어져 있던 동서남북 산지 사방에서 불러 고국으로 돌아오게 하시겠다고 하십니다. 하나님께서 새 일을 통해 이스라엘을 구원하시는 바벨론에 사람을(고레스와 군대) 보내 모든 갈대아(바벨론의 별칭)가 배를 타고 도망가게 되는데 그것은 멸망의 징조입니다. 하나님께서 구원의 길, 광야에 길을 내시고 사막에 강을 내서서 이스라엘을 보호하실 것입니다. 하나님의 영광을 위해 그들을 지으심은 하나님을 찬송하도록 하기 위함입니다. 그렇지만 현재 포로 중의 이스라엘은 너무 기진하여 기도하지도, 제사를 드리지도 않았습니다. 구원은 그들의 공로로 인한 것이 아니라 전적으로 하나님의 은총에 있는 것입니다(24). 이토록 이스라엘의 죄악이 크나 하나님께서 허물을 도말하고 죄를 기억치 아니하시리라 하셨습니다.

요한계시록 13장

두 짐승 환상입니다. 바다에서 첫째 짐승이 나오는데 기괴하게 생겼습니다. 용이 자기의 능력과 보좌와 큰 권세를 주어 지상에서 그리스도 재림 시까지 지속할, 교회를 핍박하는 세상의 권력을 상징합니다. 그 짐승이 마흔두 달(삼년 반) 동안 일할 권세를 받아 하나님과 하늘에 사는 자들을 비방합니다. 어린양의 생명책에 기록되지 못한 자들이 다 그 짐승들에게 경배합니다. 사로잡히고 죽임을 당할 때 성도들의 인내와 믿음이 요구됩니다(10). 둘째 짐승이 땅에서 올라오는데 첫째 짐승의 권세를 행하고 땅과 땅에 사는 자들을 처음 짐승에게 경배하게 합니다. 거짓 선지자입니다. 큰 이적을 행함으로 땅에 거하는 자들을 미혹하고 첫 번째 짐승을 위하여 우상을 만들라고 합니다. 그가 권세를 받아 짐승의 우상에게 경배하지 아니하는 자는 다 죽이게 합니다. 그가 오른손이나 이마에 표를 받게 하는데 이 표는 짐승의 이름이나 이름의 수로서 666입니다.

6월 12

신명기 17장

하나님께서 흠이나 악질이 있는 소나 양은 하나님께 드리지 말라고 하셨습니다. 어떤 사람이 하나님 목전에서 언약을 어겨 다른 신들을 섬겨 절하고 일월성신에게 절하면 조사한 후에 사실이 확실하면 그 남녀를 끌어내 돌로 쳐 죽이되 세 사람의 증언으로 죽이라고 하셨습니다. 성 중에 서로 피 흘렸거나 다투거나 서로 간에 고소하여 판결하기 어려운 일이 생기면 하나님께서 택하신 곳으로 가서 제사장과 재판관이 율법의 뜻대로 판단하여 치우치지 않게 하라고 했습니다. 만일 왕을 세우는 경우 그는 병마를 많이 두지 말 것이며, 아내를 많이 두지 말고 자기를 위하여 은금을 많이 쌓지 말 것이라고 하셨습니다. 그가 왕위에 오르면 율법서의 등사본을 평생에 자기 옆에 두고 읽어 하나님 여호와 경외하기를 배우며 그 율법의 내용을 행하라고 하셨습니다. 그리하면 교만하지 않고 좌로나 우로나 치우치지 않아 그와 그 자손이 왕위에 있는 날이 장구하리라고 하셨습니다.

시편 104편

시인은 하나님이 행하신 존귀와 능력의 역사를 찬양합니다. 천지 만물을 조성하시고 질서 있게 유지하십니다. 비와 하늘, 물과 구름과 불꽃을 거느리고, 땅의 기초를 견고하게 하시고 땅을 바다로 덮으시고 물을 통제하십니다. 산과 골짜기를 적절하게 만드시고 물과 땅의 경계를 정해주셨습니다. 샘을 흐르게 하시어 짐승으로 마시게 하며 공중의 새도 살게 하십니다. 산에 물을 주셔서 먹을 것을 주시고 사람을 즐겁게 하는 포도나무와 양식을 주셨습니다. 나무에는 새들이 깃들이고 학도 잣나무로 집을 짓습니다. 높은 산은 산양이 거처하고, 바위는 너구리의 피난처이고, 달과 해로 짐승들이 밤낮을 구별하여 살고 사람도 해 아래에서 일하게 하십니다. 크고 넓은 바다에는 생물들이 놀고 배들이 다니며 주님이 지으신 악어도 노닙니다. 주님이 이 모든 것들을 먹여 살리시고 돌봐주시고 호흡하게 하십니다. 주님의 지혜로 행하신 일이 어찌 그리 많은지!

이사야 44장

하나님께서 이스라엘 백성들에게 소망의 말씀을 주십니다. 하나님은 목마른 자에게 물을 주시며 마른 땅에 시내가 흐르게 하시고 주님의 영을 자손에게, 주님의 복을 후손들에게 주십니다. 이방인이 여호와께로 돌아올 것인데(5) 이는 장차 만민이 교회 안에 들어와 그리스도 안에서 예언하는 것입니다. 하나님은 이스라엘이 왕이요 구원자요, 처음이요 마지막이신 유일신입니다. 하나님께서 이스라엘의 허물을 안개같이 없이 하였으니 돌아오라고 하십니다. 하나님께서 헛되이 예언하고 점치는 자를 미치게 하시고 지혜로운 자들을 물리치시고 그들의 지식을 어리석게 하십니다. 도리어 주의 종의 고레스 말을 세워주어 예루살렘은 사람의 거처가 되고 성읍은 중건되고 황폐한 곳을 복구하리라고 말씀하십니다. 하나님께서 해방자 고레스를 내 목자라고 하시며 하나님의 모든 기쁨을 성취하되 예루살렘이 중건되고, 성전의 기초가 놓이게 하는 자가 될 것이라고 하십니다.

요한계시록 14장

어린양이 하늘의 시온산에 섰는데 그와 함께 144,000명이 서 있고 그들의 이마에는 어린양의 이름과 그 아버지의 이름을 쓴 것이 있습니다. 그들이 하늘 보좌 앞에서 새노래를 부릅니다. 속량받은 자 144,000만이 이 노래를 배울 수 있습니다. 첫째 천사가 공중에 날아가는데 그들이 하나님의 심판이 이르렀으니 천지 바다와 물의 근원이신 분을 경배하라고 합니다. 둘째 천사가 큰 성 바벨론(로마, 적그리스도 권력)의 멸망을 선언합니다. 셋째 천사가 큰 음성으로 적그리스도와 우상을 섬기고 그의 이름표를 받는 자는 진노의 포도주를 마실 것이고 불과 유황으로 고난을 받으리라고 합니다. 주안에서 죽는 자들이 복이 있으니, 그들이 수고를 그치게 된 것은 인내하며 믿음을 지켰기 때문입니다. 심판의 때가 되어 낫을 휘둘러 곡식을 거두고, 또 포도를 거두어 진노의 포도주 틀에 던집니다. 성 밖에서 그 틀이 밟히니 틀에서 피가 나서 말굴레까지 닿았고 천육백 스다디온에 퍼졌습니다.

6월 13

신명기 18장

하나님께서 레위 사람 제사장과 레위 온 지파는 분깃도 없고 기업도 없을 것이기에 그들이 받을 몫을 지정하여 제사장에게 돌릴 것을 말씀하셨습니다. 이는 하나님 여호와께서 그들을 택하여 그 자손에게 항상 여호와의 이름으로 서서 섬기게 하셨기 때문입니다. 하나님께서 주신 땅에 들어가면 가증한 행위 본받지 말고 그 아들이나 딸이나 불태워 바치는 것이나, 점쟁이, 길흉 말하는 자, 요술자, 진언자, 신접자, 박수, 초혼자를 용납하는 것 등은 가증한 일이므로 이런 일을 행하면 쫓아낼 것이라고 하셨습니다. 하나님께서 이스라엘 가운데서 하나님과 같은 권위를 가진 선지자를 일으켜 그에게 말씀을 그 입에 두실 것이니 그에게 명령하는 것을 무리에게 다 말하여 전하는 말을 듣지 아니하는 자는 벌을 받을 것이라 하셨습니다. 만일 선지자가 하나님이 명령하지 않은 말을 제 맘대로 하나님의 이름으로 말하거나 다른 신들의 이름으로 말하면 그 선지자는 죽이라고 하셨습니다.

시편 105편

시인은 하나님을 찬양하고 하나님이 하신 일들을 자랑하라고 독려합니다. 시인은 하나님께서 행하신 역사를 회상합니다. 하나님께서 언약을 세우셨으니 아브라함, 이삭, 야곱에게 세우신 언약이요 맹세로서 가나안을 주시어 땅을 소유되게 하신 일입니다. 하나님께서 족장들이 떠돌 때에 이방 왕에게 억압받는 것을 내버려 두지 않고 해하지 못하게 하셨습니다. 그 땅에 기근이 들 때 앞서 요셉으로 종으로 팔리어 단련하게 하셨습니다. 이후 야곱과 가족이 함의 땅에서 나그네가 되게 하셨다가 택하신 모세와 아론을 보내 표적을 보이고 마침내 장자를 치는 재앙을 보이셔서 그들로 애굽에서 나오게 하셨습니다. 그들을 낮에는 구름을 펴시고 밤에는 불로 밝히시고, 메추라기와 하늘 양식으로 만족하게 하셨습니다. 그의 백성을 즐겁게 나오게 하시며 여러 부족의 땅을 주시며 민족들이 수고한 것을 가지게 하신 것은 그들이 하나님의 율례를 따르도록 하심입니다.

이사야 45장

하나님께서 기름부음 받은 자 고레스에게 말씀하십니다. 하나님께서 그를 오른손으로 붙들고 열국을 항복하게 하시되 그보다 앞서가서 험한 곳을 평탄하게 하며 놋문을 쳐서 부수고 쇠빗장을 꺾으십니다. 하나님이 고레스를 불러 그가 하나님을 몰랐을지라도 그에게 칭호를 주셨다고 하셨습니다. 하나님은 빛도 짓고 어둠도 창조하시며 평안도 환란도 창조하시는, 모든 일들을 행하시는 토기장이, 모든 것의 주권자이십니다. 하나님이 공의를 베푸시고 성읍을 건축하시고 사로잡힌 백성을 값이나 갚음이 없이 놓아주리라고 말씀하십니다. 이방 모든 나라가 고레스에게 건너와서 투항하고 굴복하며 하나님이 고레스에게 계시고 다른 하나님은 없다고 할 것이라 하셨습니다. 이스라엘은 여호와로부터 영원히 구원을 얻으리니 영원히 부끄러움을 당하지 않을 것입니다. 하나님의 입에서 공의로운 말이 나갔으니 돌아오지 아니하므로 하나님께 모든 무릎이 꿇겠고 모든 혀가 맹세할 것입니다.

요한계시록 15장

하늘에 크고 이상한 다른 이적을 봅니다. 일곱 천사가 일곱 재앙을 가졌는데, 곧 마지막 재앙으로 하나님의 진노가 이것으로 마칩니다. 불이 섞인 유리 바다 같은 것이 있고 짐승과 그의 우상과 그의 이름의 수를 이기고 벗어난 자들이 유리 바닷가에서 거문고를 가지고 하나님의 종 모세의 노래, 어린양의 노래를 부릅니다(3-4). 곧 전능하신 하나님을 만민이 두려워하고 경배한다고 하는 찬양합니다. 이 일 후 하늘에 증거 장막 성전이 열리며 일곱 재앙을 가진 일곱 천사가 하늘 성전으로부터 나와 맑고 빛난 세마포 옷을 입고 가슴에 금띠를 띠고 네 생물 중의 하나가 영원토록 살아 계신 하나님의 진노를 가득 담은 금 대접 일곱을 그 일곱 천사들에게 줍니다. 하나님의 영광과 능력으로 말미암아 성전에서 연기가 가득 차므로 일곱 천사의 일곱 재앙이 마치기까지는 성전에 능히 들어갈 자가 없습니다.

6월 14

신명기 19장

하나님께서 주신 땅에서 세 성읍을 구별하고, 땅 전체를 세 구역으로 나누어 길을 닦고 그곳에 모든 살인자를 피신하게 했습니다. 도피자가 그곳에서 살 만한 경우에 부합되면 구별하여 보복당하지 않게 했습니다. 만일 영토가 확장될 때이 셋 외에 세 성읍을 더하여 무죄한 피를 흘리지 말게 하라고 하셨습니다. 그러나 이웃을 의도적으로 죽인 후에 그 성읍으로 도피하면 무죄한 피를 흘린 죄를 이스라엘에서 제하라고 하셨습니다. 또 기업의 땅에서 이웃의 경계표를 옮기지 말라고 하셨습니다. 사람의 악이나 죄에 관하여 한 증인으로 하지 말고 두세 증인의 입으로 확정하라고 하셨습니다. 만일 위증자가 있어 어떤 사람이 악을 행하였다고 하면 논쟁 쌍방이 하나님께 나아가 그 당시 제사장과 재판장 앞에서서서 판단을 받게 하되, 재판장은 자세히 조사하여 거짓 증거, 거짓 모함의 악을 제하라고 하셨습니다.

시편 106편

시인은 하나님의 선하심과 인자하심을 찬양하며 시를 시작합니다. 본 시는 역사시로 조상들이 범죄의 역사를 회고합니다. 조상들이 애굽에 있을 때 주의 기이한 일을 깨닫지 못하고, 홍해에서 거역했습니다. 광야에서 하나님을 시험하고, 진영에서 모세와 아론을 질투하여 땅이 갈라져 다단을 삼켰고 불이 아비람의 당에 붙었습니다. 호렙산에서 부어 만든 송아지를 경배하여 하나님의 영광을 소의 형상으로 바꾸었습니다. 브올의 바알과 연합하여 죄를 짓고 재앙을 불러드렸습니다. 므리바 물에서 하나님을 노하시게 하고 망령되게 말하였습니다. 가나안에 들어가서 이방의 올무에 걸려 우상을 섬기기도 하고 자녀들을 우상에게 희생제물로 바치기도 했습니다. 이방의 손에 굴복하게 되어서는 하나님이 여러 번 건졌으나 교묘하게 거역하였습니다. 시인은 역사 속에서 긍휼을 베푸시고 구원하시어 여러 나라로부터 모으신 여호와의 이름을 감사하며 영원히 찬양하라고 촉구합니다.

이사야 46장

바벨론이 망한 것은 바벨론 신이 망한 것입니다. 벨은 바벨론의 신 므로닥의 별칭이요, 느보는 벨의 종속 신입니다. 그 우상들이 짐승과 가축에게 실려가니, 바벨론이 떠메고 다니던 그것들이 짐승에게 무거운 짐이 되었습니다. 하나님께서 이스라엘을 태어날 때부터 안고 업어서, 노년에 이르기까지 그리하겠고 백발이 되기까지 품을 것이라고 하십니다. 사람들이 금과 은으로 신을 만들게 하여 엎드려 경배하며, 매어다가 처소에 두어도 선 채로 능히 움직이지 못하며, 부르짖어도 능히 응답하지 못하고 고난에서 구하여 내지도 못합니다. 우상에 미혹된 패역한 자들은 옛적 일을 기억하여 하나님 이외에 다른 이가 없으며 하나님 같은 이가 없음을 알라고 하십니다. 아직도 마음이 완악하여 하나님의 구원을 깨닫지 못하는 이들을 향해 바벨론을 멸망시키고 이스라엘을 구원하는 하나님의 공의와 영광을 지체하지 않고 시온에 베풀리라고 말씀하십니다.

요한계시록 16장

본 장은 일곱 대접의 환난입니다. 첫째 대접을 땅에 쏟으니 짐승의 표를 받은 사람들과 그 우상에게 경배하는 자들에게 악하고 독한 종기가 납니다. 둘째 대접을 바다에 쏟으니 바다가 곧 죽은 자의 피같이 되어 모든 바다생물이 죽습니다. 세째 대접을 강과 물 근원에 쏟으니 피가 됩니다. 넷째 대접을 해에 쏟으니 해가 권세를 받아 불로 사람들을 태웁니다. 다섯째 대접을 짐승의 왕좌에 쏟으니 그 나라가 어두워지며 사람들이 아파 혀를 깨물고 종기가 생겨 하나님을 비방합니다. 여섯째 대접을 큰 강 유브라데에 쏟으니 개구리 모양의 세 더러운 영이 아마겟돈이라 하는 곳에 왕들을 모아 전쟁을 예비합니다. 일곱째 대접을 공중에 쏟으니 큰 지진이 일어납니다. 큰 성이 세 갈래로 갈라지고 만국의 성도 무너지고 큰 성 바벨론(로마)에 맹렬한 진노가 내려 각 성도 산악도 온데간데없습니다. 또 한 달란트 무게의 큰 우박이 하늘로부터 사람들에게 내리는데 심히 큰 재앙입니다.

6월 15

신명기 20장

모세가 여호수아와 지도자들에게 가나안에 들어가 싸워 점령하는 것에 대해 지시합니다. 먼저 그곳의 군사와 무력과 백성의 많음을 보고 두려워하지 말라 했습니다. 제사장은 백성에게 하나님이 함께하시고 싸워주시고 구원해 주실 것이기에 두려워 떨지 말라고 했습니다. 백성의 책임자들도 백성에게 몇몇 특별 사정이 있는 이는 집으로 돌아가게 하고 마음이 허약한 자도 돌려보내라고 했습니다. 가나안 성읍을 치고자 할 때 먼저 화평을 선언하되 순순히 성읍을 열면 조공을 바쳐 섬기게 할 것이나, 거부하여 싸우고자 하면 하나님이 손에 넘기신 대로 모든 남자는 다 쳐서 죽이고, 오직 여자, 유아와 가축은 탈취하라고 했습니다. 그들 가운데 일곱 족속은 호흡이 있는 자마다 다 죽이라고 했습니다. 그것은 그들이 섬기는 신들에게 행하는 가증한 일을 본받아 범죄하게 할까 함입니다. 또 그곳을 점령하여 과목은 찍지 말고 수목은 찍어 기구로 만들어 성읍 정복에 쓰라고 했습니다.

시편 107편

본 장은 해방의 감사시로 봅니다. 시인은 과거를 회상하면서 과거의 역사에 하나님의 선하심과 인자하심을 감사하며 하나님을 찬양합니다. 하나님께서 바벨론 포로에서, 광야에서 구원해 주심을 감사합니다. 광야에서 주리고 목이 말라 피곤하여 하나님께 부르짖을 때 고통에서 건져 거주할 성읍에 이르게 하셨습니다(4-9). 시인은 포로에서의 해방에 감사합니다. 하나님께서 시인이 병으로 고생 중에 부르짖을 때 고쳐주시고 위험에서 건져주셨습니다(17-22). 시인은 바다의 광풍에서 부르짖어 기도할 때 광풍을 고요하게 하시고 물결도 잔잔하게 하셨습니다(23-32). 하나님께서 땅과 밭을 회복시켜 사람이 살게 해주시기를 기도합니다(33-38). 시인은 하나님께서 압제자는 처벌받게 하시되 궁핍한 자는 고통에서 건져주시고 선한 자, 정직한 자는 구원해 주실 것을 확신합니다(39-43). 지혜있는 자는 이러한 일들을 지켜보고 하나님의 인자하심을 깨달을 것이라고 확신합니다.

이사야 47장

하나님께서 이스라엘은 구원하시되 하나님을 대적하던 바벨론제국과 갈대아의 멸망을 말씀하십니다. 그들은 수치와 치욕을 당할 것이라 선포하셨습니다. 전에 하나님의 백성들에게 노하여 나라를 욕되게 하고 이스라엘을 긍휼히 여기지 아니하고 늙은이들까지도 괴롭혔습니다. 그들은 심히 사치하고 죄악을 저지르고도 스스로 자만에 빠졌습니다. 그러나 이제 하나님께서 그들을 치심으로 인해 재앙을 내리실 것이라고 하셨습니다. 그러면 이를 물리칠 능력이 없을 것이며 파멸이 임할 것입니다. 그들이 젊어서부터 힘쓰던 주문과 많은 주술도 통하지 않을 것이요 많은 계략도 소용없을 것입니다. 또한 하늘을 살피고 별을 보고 초하룻날 점치는 자들에게 그들에게 임할 일에서 구원해 보라고 해도, 그들은 초개같이 불에 탈 것이기에 아무도 그들을 불의 세력에서 구원얻게 하지 못할 것이라고 하셨습니다.

요한계시록 17장

일곱 대접 가진 일곱 천사 중 하나가 음녀, 바벨론(로마)이 받을 심판을 보여줍니다. 그가 사방의 왕들을 꾀어 세상이 우상, 무신론, 향락의 풍조에 빠지게 했습니다. 성령께서 요한을 광야로 데려가서 보이는데, 여자가 붉은빛 짐승을 탔는데 그 짐승의 몸에는 하나님을 모독하는 이름들이 가득했습니다. 일곱 머리와 열 뿔이 있는데 음행하고 가증스러운 모습과 범죄하고 타락한 모습을 보여주고 있습니다. 이들이 교회와 성도를 피 흘리기까지 핍박합니다. 천사가 요한에게 여자와 그가 탄 일곱 머리와 열 뿔 가진 짐승에 대해 비밀을 말합니다(8-11). 이들은 교회를 핍박한 로마의 악한 황제들입니다. 종말에 가서 세상 권력들은 한뜻으로 단결하여 저들의 능력과 권세를 다하여 짐승인 사단에게 봉사합니다. 종말적 지상 권력자들이 합심하여 그리스도에게 도전하나 패배하고 멸망하고 말 것입니다. 백성과 무리와 열국과 방언들 위에 군림하는 음녀(당시 로마)는 결국 멸망합니다.

6월 16

신명기 21장

하나님께서 누가 쳐 죽였는지 모르는 가운데 피살된 시체가 발견된 경우의 판결에 대해 말씀하셨습니다. 제사장이 판결한 후, 이스라엘의 죄를 사해달라고 기도하면 피 흘린 죄가 사함을 받으리라고 했습니다. 적군과 싸울 때 한 여자를 보고 연연하면 집으로 데려가서 여인이 한 달 동안 부모를 위해 곡한 후에 아내로 삼되, 남자가 여인을 기뻐하지 아니하여 내보낼 때는 가게 하되 종으로 팔지 말라고 하셨습니다. 한 남자가 두 여인을 두었는데 둘 다 아들을 낳았을 경우, 미움받는 여인이 낳은 아들이 장자이면 소유를 나누는 날에 미움받는 여인이 먼저 낳은 아들을 장자로 인정하고 두 몫을 주라고 하셨습니다. 한 사람에게 완악하고 패역한 아들이 있어 부모를 거역하여 징계해도 순종하지 않으면 성읍 장로들에게 나아가 말하여 성읍 사람들이 그를 돌로 쳐 죽이라고 했습니다. 사람이 죽을죄를 지어 그를 나무 위에 달 경우, 시체를 밤새도록 두지 말고 그날에 장사하라고 하셨습니다.

시편 108,109편

시 108. 시인은 과거에 베푸신 하나님의 은혜를 노래와 악기를 연주하며 만민 중에서 감사하며 찬양합니다. 찬양받으실 하나님의 인자하심과 진실하심이 무궁하고 주님의 영광이 온 땅에 높임 받기에 합당합니다. 하나님이 이스라엘의 주권자로서 블레셋과 모압과 에돔을 물리쳐 주시고 원수들을 밟아 승리하여 구원얻게 하실 하나님이시기 때문입니다. 시 109. 자신을 괴롭히는 원수에게 보복해 주시기를 호소하는 시입니다. 그들은 입으로 자신을 치고 까닭 없이 공격합니다. 그는 자신의 선을 악으로, 자신의 사랑을 미움으로 갚습니다. 그래서 악인이 그를 다스리고 사탄이 그를 주장하게 해달라고 저주합니다(8-15). 시인은 원수가 자신을 고통스럽게 한 것을 보복하시되, 자신은 가난하여 궁핍하여 중심이 상하고 금식하여 육체가 수척하며 비방거리가 되었으니 자신을 도와주시고 주님의 인자하심을 따라 구원하시고 복을 달라고 간곡하게 호소합니다.

이사야 48장

하나님께서 이스라엘을 책망하시면서도 희망을 주십니다. 그들은 스스로 거룩한 성 출신으로 하나님을 의지한다고 하나님을 부르면서도 완고합니다. 그래서 하나님께서 거듭 알게 하시고 듣게 하시고 홀연히 행하여 그 일들을 이루셨으나 그들은 완고하여 목은 쇠 힘줄이요 이마는 놋입니다. 하나님께서 말씀을 듣지 않는 이스라엘을 향해 책망하시지만 참고 멸절하지 아니하실 것이라고 하십니다. 하나님께서 다 모여 말씀을 듣기 원하십니다. 그것은 바벨론을 멸하시겠다는 것입니다. 하나님께서는 이스라엘의 구속자요 거룩하신 여호와이시기에 이스라엘을 유익하도록 가르치시고 마땅히 행할 길로 인도하십니다. 이전에 하나님의 명령에 주의하지 않았으나(18-19) 이제 하나님의 약속을 의지하여 바벨론에서 나오고 갈대아인을 피하여 즐거운 소리로 하나님이 이스라엘 백성을 구속하셨다고 반포하라고 말씀하셨습니다. 하나님이 구속하시는 길을 순탄하게 만드십니다(21).

요한계시록 18장

하늘에서 큰 권세를 가진 한 천사가 큰 성 바벨론이 무너졌다고 외칩니다. 바벨론이 멸망하여 귀신과 악령(새들)의 거처가 되어버렸습니다. 만국과 땅의 왕들과 상인들도 바벨론의 죄에 함께 죄악에 참여하여 음행하고 치부하였습니다. 천사는 땅의 교회와 성도들에게 바벨론의 죄에 참여치 말고 그곳에서 나오라고 합니다. 바벨론의 죄가 하늘에 사무쳐 하나님께서 그 죄값을 고통과 애통으로 갑절이나 갚아주시겠다고 하십니다. 바벨론이 하루아침에 사망, 애통, 흉년 재앙을 받습니다. 함께 죄에 참여하던 왕들과 상인들도 바다에서 일하는 자들도 바벨론이 일순간에 망한 것에 대해 울며 애통합니다. 그들에게는 만가이지만 하늘과 성도들, 사도들과 선지자들에게는 축가입니다. 한 힘센 천사가 큰 맷돌 같은 돌을 바다에 던져 더 이상 보이지 않게 되는 것 같이, 다시는 즐거운 음악이 들리지 아니하고 세공업자도, 맷돌 소리도, 빛도, 신랑 신부도 사라지게 되었다고 합니다.

6월 17

신명기 22장

생활 속에서의 일정한 규범을 말씀합니다. 형제의 소나 양이 길을 잃었으면 반드시 끌어다가 돌려주고 나귀나 의복도 잃어버린 것을 보면 돌려주고, 짐승이 넘어진 것을 보면 일으켜 세워주라고 했습니다. 보금자리에서 어미나 새를 보면 어미는 놓아주고 새끼만 취하라고 했습니다. 집을 만들 때는 난간을 만들고, 포도원에 두 종자를 섞어 뿌리지 말며, 소와 양을 겨리해서 갈지 말고, 양털과 섞어 짠 옷을 입지 말고, 입는 겉옷의 네 귀에 술을 만들지 말라고 했습니다. 여인을 아내로 취한 후에 처녀가 아닌 것으로 밝혀지거나 처녀로 확인되었을 경우에 대한 처리 규례가 나옵니다. 남녀가 성읍에서 만나 여자가 약혼한 상태에서 서로 합의하여 동침했거나, 남자가 강간한 경우에 대한 처리 규범을 가르치고, 만일 남자가 약혼하지 아니한 처녀를 붙들고 동침하여 처녀를 욕보였을 경우에 대한 처리 규례가 나옵니다.

시편 110, 111편

시 110. 저 유명한 메시야 시입니다. 먼저 왕 되신 메시야로서 원수를 발판으로 다스리시고 시온(예루살렘), 교회를 통해 권능의 규를 내보이십니다. 주님의 권능의 날, 주의 백성이 거룩한 옷을 입고 즐거이 헌신하니 그 모습이 젊고 활기차서 많은 청년이 나옵니다. 메시야는 멜기세덱의 서열을 따르는 영원한 제사장입니다. 주께서 노하시어 세상 왕들을 쳐서 깨뜨릴 것이요 뭇 나라를 심판하여 머리를 깨뜨리시는 승리자이십니다. 시 111. 할렐루야 시편으로 하나님의 행하심을 찬양합니다. 하나님은 존귀하고 엄위하며 그의 의가 영원히 서 있으며 하나님의 기적은 은혜로우시고 자비하십니다. 하나님은 당신을 경외하는 자들에게 양식을 주시며, 그의 언약을 영원히 기억하고 그들에게 뭇 나라의 기업을 주사 그분의 능력을 알리셨습니다. 여호와께서 그의 백성을 속량하시고 언약을 영원히 세우셨으니 그의 이름이 거룩하고 지존하십니다.

이사야 49장

현실적 이스라엘 해방과 구원의 여호와의 종 고레스, 나아가 영원한 메시에 대한 말씀입니다. 하나님께서 "나"를 부르셨습니다. "나"는 이사야로 보기도 하나, 메시야로 보는 것이 일반적입니다. 하나님께서 태어날 때부터 부르시고, 나의 종이라, 이스라엘이라 하셨습니다. 그로 인하여 야곱을 돌아오게 하고 이스라엘을 모이도록 하십니다. 또한 이방의 빛으로 삼아 하나님의 구원을 베풀어 땅끝까지 이르게 하시겠다고 하십니다. 하나님께서 이스라엘을 언약의 백성으로 삼아 황무한 땅을 기업으로 삼으시고 잡혔던 자리에서 불러서 나오라고 하시어 하나님의 예비하신 대로로 인도하시겠다고 격려하십니다. 하나님께서 신비하게 역사하시어(21) 뭇 나라를 향해 권세와 능력을 드러냄으로 이스라엘 자식들을 안고 메고 돌아오게 하실 것이라 약속하십니다. 하나님께서 그들을 승리하게 하시고, 구속하심으로 이스라엘에게 구원자요, 전능하신 하나님이신 줄 알게 하실 것입니다.

요한계시록 19장

바벨론의 멸망 후 하늘에서 천사들이 큰 음성으로 찬양하고, 24 장로와 네 생물이 하나님께 경배하고, 찬양하며 영광을 돌립니다. 어린양의 혼인 기약이 이르렀고 신부가 빛나고 깨끗한 세마포를 받았습니다. 이어 백마와 그것을 탄 자를 보이니 이름은 충신과 진실이요, 피 뿌린 옷을 입었는데 그 이름이 로고스입니다. 하늘 군대들이 깨끗한 세마포 옷을 입고 백마를 타고 그를 따르는데, 백마 탄 자 입에서 나오는 예리한 검으로 만국을 치고 하나님의 맹렬한 진노의 포도주 틀을 밟습니다. 한 천사가 태양 안에 서서 공중에 나는 모든 새를 향하여 왕들의 살을 위시한 모든 자의 시체의 살을 먹으라고 소리칩니다. 또 그 짐승과 땅의 임금들과 그들의 군대들이 모여 그 말탄 자와 그의 군대와 더불어 전쟁하니, 짐승과 거짓 선지자도 함께 잡혔습니다. 이 둘이 산채로 유황불 붙는 못에 던져지고 그 나머지는 말탄 자의 입으로부터 나오는 검에 죽으니 모든 새가 그들의 살로 배불립니다.

6월 18

신명기 23장

하나님의 총회에 들 수 없는 자들은 곧 고환 상한 자, 음경이 잘린 자, 사생자, 암몬 모압 사람 등입니다(1-8). 적군을 치러 나갈 때 진중에서의 성결을 가르칩니다. 곧 꿈에 정액을 설정한 경우, 배설물 처리 등의 규례가 나옵니다. 기타 규례로서 주인을 피하여 도망한 종을 주인에게 되돌리지 말고, 그를 압제하지 말라고 하셨습니다. 창기가 번 돈이나, 악한 일을 저지르고 번 소득은 서원하는 일로나, 하나님의 전에나 가져오지 말라고 하셨습니다. 형제에게 꾸어주어 이자를 받지 말라고 하시고, 서원하거든 갚기를 더디 하지 말라고 하셨습니다. 자원한 예물은 하나님 여호와께 서원하여 입으로 언약한 대로 행하라 하셨습니다. 이웃의 포도원에 들어갈 때는 그 포도를 배불리 먹어도 되나 그릇에 담지는 말 것이요, 이웃의 곡식밭에 들어갈 때 손으로 그 이삭을 따도 되지만 낫은 대지 말라 하셨습니다.

시편 112, 113편

시 112. 시인은 의인이 받을 축복을 노래합니다. 하나님을 경외하며 계명을 즐거워하는 자의 복으로 후손이 강성함이며, 정직한 자들의 후손에게 부와 재물이 그 집에 있고, 그의 공의가 영구히 서 있습니다. 정직한 자에게 흑암 중에 빛이 일어나고 은혜를 베풀며 꾸어주는 자는 잘되며 영원히 흔들리지 않고 의인은 영원히 기억됩니다. 그는 흉한 소문을 두려워하지 않는 것은 하나님 의뢰하기 때문입니다. 재물을 흩어 빈궁한 자에게 주었으므로 그의 의가 영구히 있습니다. 시 113. 하나님을 찬양하되 영원까지, 모든 곳에서 하나님의 이름을 찬양할 것입니다. 하나님은 높은 곳에 앉으셨어도 스스로 낮추사 천지를 살피십니다. 하나님은 가난한 자를 먼지 더미에서 일으키시고 궁핍한 자를 거름더미에서 들어 세워 지도자들과 함께 세우십니다. 또한 임신하지 못하던 여자를 집에서 살게 하시며 자녀들을 즐겁게 하는 어머니가 되게 하시는 분이시기에 찬양받기 합당합니다.

이사야 50장

하나님께서 이사야를 통해 바벨론 포로 생활이 길어져 절망하는 이스라엘 백성들을 책망하십니다. 하나님이 아내 같은 이스라엘에게 이혼증서를 주어 내보낸 것도 아니요, 채주에게 판 것도 아니라 이스라엘의 죄악으로 바벨론에 팔리고 내보냄을 당하였습니다. 하나님은 바다도 마르게 하시고, 강도 사막이 되게 하시어 고기들이 죽어 악취가 나게도 하십니다. 하나님께서 당신의 종에게 학자들의 혀를 주시어 곤고한 자를 도와줄 줄 알게 하시고 아침마다 깨우쳐 하나님의 말씀을 따라 충성하게 하십니다. 주의 종을 때리는 자들에게 등을 맡기고 수염을 뽑는 자들에게 뺨을 맡기며 모욕과 침 뱉음을 당해도 부끄럽게 여기지 않습니다. 도리어 하나님의 도우심으로 인해 얼굴을 부싯돌같이 굳게 합니다. 주의 종과 다툴 자 없고, 대적도 가까이하지 못합니다. 그러므로 하나님을 경외하고 하나님의 목소리를 청종하며 하나님의 이름을 의뢰하고 하나님께 의지하라고 권면합니다.

요한계시록 20장

천사가 무저갱의 열쇠와 쇠사슬을 가지고 용(옛뱀, 마귀, 사단)을 천년 간 결박하여 무저갱에 가두었습니다. 순교한 자들의 영혼과 짐승과 우상에게 경배하지 아니하고 이마와 손에 그의 표를 받지 아니한 자들이 살아서 그리스도와 더불어 천 년 동안 왕 노릇하니 이는 첫째 부활입니다. 천년이 찬 후 사탄이 나와서 땅의 사방 백성 곧 강대국들(곡과 마곡)이 전쟁하게 하여 셀 수 없는 이들이 하늘에서 내려온 불에 타버립니다. 그들을 미혹하던 마귀가 불과 유황 못에 던져져 세세토록 밤낮 괴로움을 당합니다. 이제 최후의 심판, 흰 보좌의 대 심판이 있습니다. 흰 보좌 위에 앉으신 이가 보이는데 땅과 하늘이 그 앞에서 피하여 간데없습니다. 죽은 자들 모두가 보좌 앞에 서 있는데 책이 펴져 있어 책들, 생명책에 기록된 행위대로 심판받습니다. 심판 후에 사망과 음부도 불못에 던져지니 둘째 사망 곧 불못입니다. 생명책에 기록되지 못한 자는 누구든지 던져집니다.

6월 19

신명기 24장

　가정에서 남편이 아내를 돌려보내는 이혼 규례와 재혼한 여인의 이전 남편과의 결혼 규례가 나옵니다. 사람이 새로 아내를 맞이하였으면 그를 군대로 내보내거나 직무도 맡기지 말고 일 년 동안 그가 맞이한 아내를 즐겁게 하라고 했습니다. 사람이 맷돌이나 그 위짝을 전당물로 잡지 말게 하고 사람을 유인하여 종으로 삼거나 파는 것이 발견되면 그 유인한 자를 죽이라고 했습니다. 전당물을 취함의 규례와 가난한 품꾼에 대한 대우와 품삯의 규례가 나옵니다. 부자 상호 간 연좌제를 금지하였습니다. 객이나 고아의 송사를 억울하게 하지 말고, 과부의 옷을 전당 잡지 못하게 했습니다. 밭에서 곡식 벨 때 밭에 둔 것이나 감람나무나 포도나무를 딴 후에도 다시 갖고 오거나 살피지 말고, 나그네와 고아와 과부를 위해 남겨두라고 하셨습니다. 애굽 땅에서 종 되었던 것을 기억하고 이를 행하라고 하셨습니다.

시편 114, 115편

　시 114. 출애굽 시의 하나님의 능력을 찬미합니다. 이로써 바벨론에서 해방되는 백성을 격려합니다. 이스라엘이 애굽에서 나올 때 유다와 이스라엘은 하나님의 성소가 되고 영토가 되었습니다. 홍해는 도망가고 요단의 물은 물러갔습니다. 홍해와 요단강에서 나타난 하나님의 능력 앞에 산도 바다도 즐겁게 뛰놉니다. 이러한 주님 앞에 땅도 떨 것입니다. 하나님은 반석을 쳐서 못물이 되게 하시고 차돌로 샘물이 되게 하셨습니다. 시 115. 모든 영광은 오직 하나님께만 있습니다. 하나님만 인자하시고 진실하심으로 주님의 이름에만 영광을 돌려야 합니다. 하나님 이외에 만든 신은 말 못하고, 듣지도, 냄새 맡지도 못합니다. 만지지 못하고, 걷지도, 작은 소리조차 내지 못합니다. 우상을 만드는 자와 의지하는 자도 그와 같이 허망합니다. 그러므로 오직 여호와만 의지합니다. 여호와를 경외하는 자에게 하나님께서 복을 주십니다. 살아 있는 성도는 이제부터 영원까지 하나님을 송축합니다.

이사야 51장

이스라엘의 신실한 자들에게 주신 예언으로서, 떠낸 반석(아브라함)과 우묵한 웅덩이(사라)를 생각하여 보라고 하시며 구원받을 것을 약속합니다. 하나님이 구원하실 것이므로 들어보라, 귀를 기울이라, 살피며 나를 들으라고 하며 격려하십니다. 예언자는 여호와께 "여호와의 팔이여 깨소서, 능력을 베푸소서"라며 이스라엘의 회복을 기도합니다. 하나님이 기도에 응답하시기를 이스라엘의 위로자요 전능자이시기에 이스라엘을 속히 구원하실 것이기에 두려워 말라고 말씀하십니다. 이스라엘은 이미 하나님의 분노의 잔을 마시고 비틀걸음치는 큰 잔을 마셨습니다. 그래서 황폐와 멸망, 기근과 칼 등이 닥쳤습니다. 그물에 걸린 영양처럼 하나님의 분노와 견책이 가득 찬 고난에서 건지실 이는 아무도 없습니다. 오직 하나님께서 그 고난에서 구원하실 것입니다. 하나님이 이스라엘을 괴롭게 하던 자들에게 분노의 잔을 두시고 이스라엘은 분노의 잔을 거두고 구원하시겠다고 약속하십니다.

요한계시록 21장

새 하늘과 새 땅이 열리며 처음 땅과 바다도 없어졌습니다. 거룩한 성 새 예루살렘, 영원한 세계가 하늘에서 내려오는데 신부가 남편을 위해 단장한 것 같고, 하나님이 그들과 함께 계셔서 그들은 하나님의 백성이 되었습니다. 보좌에 앉으신 분이 요한에게 이루었도다 나는 알파와 오메가, 처음과 마지막이라고 하십니다. 그곳에 들어가지 못하는 자들은 불과 유황으로 타는 못에 던져질 것이니 곧 둘째 사망입니다. 일곱 대접 중 마지막 재앙을 담은 한 천사가 어린양의 신부를 보이리라고 하여 하늘에서 내려오는 거룩한 성 예루살렘을 보입니다. 그 성의 빛이 황홀하고 보석같이 아름답습니다. 그 성과 성곽을 측량하는데 네모반듯하고 1만 2천 스다디온, 성곽은 144 규빗입니다. 그 수치는 완전수를 의미합니다. 성곽의 재료는 각종 값지고 진귀한 보석(18-21)과 같습니다. 전능하신 주 하나님과 어린 양이 그 성전이십니다. 그곳은 오직 어린양의 생명책에 기록된 자들만 들어갑니다.

신명이 25장

사회적 규례가 계속됩니다. 사람들 간 생긴 시비로 재판을 청하면 의와 불법을 재판장이 판단하되 악인에게 가하는 태형은 사십을 넘겨 때려서 안 됩니다. 곡식 떠는 소에게 망을 씌우지 말라고 한 것은 정당한 삯을 주라는 의미입니다. 형제들이 함께 사는데 결혼하여 남편이 죽으면 동생이 그 형수를 취하게 했습니다. 만일 형의 아내를 동생이 취하기 싫어할 때의 규례도 규정하였습니다(7-10). 두 남자가 싸우는데 아내가 그의 남편을 구하기 위해 그 사람의 음낭을 잡으면 손을 찍어 버리라고 했습니다. 하나님께서 공정한 저울추와 공정한 되를 두라고 하셨습니다. 하나님께서 이스라엘 백성이 애굽에서 나올 때 아말렉이 이스라엘의 뒤에 떨어진 약한 자를 치고 하나님을 두려워하지 아니한 그들의 일을 기억하라고 하셨습니다. 이후 가나안에 들어가서 하나님께서 사방에 있는 모든 적군으로부터 안식을 주실 때 천하에서 아말렉에 대한 기억을 지워버리고 잊지 말라 하셨습니다.

시편 116편

시인은 자신을 구원하신 하나님의 은혜를 깨닫고 감사합니다. 그가 개인적인 위기(중병?) 가운데서 하나님께 간구했을 때 하나님께서 들으심으로 그는 평생에 기도하리라고 약속합니다. 그가 사망의 줄에 얽히고 스올의 고통이 자신에게 이르므로 환란과 슬픔을 만났을 때 하나님께서 기도함으로 건짐을 받았습니다. 시인이 만난 하나님은 은혜로우시며 의로우시며 긍휼이 많으신 분이십니다. 하나님께서 자신의 영혼을 사망에서, 눈을 눈물에서 발을 넘어짐에서 건지셨습니다. 시인은 자신에게 주신 하나님의 은혜를 보답하기를 서원합니다. 구원의 잔을 들고 하나님의 이름을 부르며 모든 백성 앞에서 자신의 서원을 하나님께 갚겠다는 것입니다. 시인은 주의 종인 자신의 결박을 푸셨으므로 주님께 감사드리며 여호와의 이름을 부르겠다고 서약합니다. 시인은 "예루살렘아, 네 가운데에서 곧 여호와의 성전 뜰에서 지키로다."(19)라고 시의 결어를 맺습니다.

이사야 52장

하나님께서 바벨론 포로 중에 있는 이스라엘 백성들을 향해 시온은 깨어 노예의 옷을 벗고 아름다운 옷을 입으라고 촉구합니다. 이스라엘이 바벨론에 잡혀 치욕을 당하는 것을 하나님이 역사하실 것이라 말씀하십니다. 이스라엘의 구원 소식을 전달하는 자들의 산을 넘은 발이 얼마나 아름다운가. 해방의 소식을 전하는 파수꾼의 소리에 온 예루살렘이 기뻐하고 함께 노래할 것은 하나님이 구속하셨고 열방도 하나님의 구원을 보았기 때문입니다. 이는 장차 임할 메시야를 통한 구원의 복된 소식입니다. 그러므로 이스라엘은 포로에서 떠나라 하십니다. 하나님께서 앞에서 행하시고 뒤에서 호위하십니다. 12절 이하는 고난받는 종에 대해 말씀합니다. 주의 종이 형통하고 지극히 존귀하게 될 것입니다. 그 모양이 타인보다 상하였기에 많은 사람들이 그에 대해 놀랐지만, 그가 나라들을 놀라게 할 것이며 왕들도 놀라 입을 봉하고 그들이 전파되지도, 듣지 못한 것을 깨달을 것입니다.

요한계시록 22장

새예루살렘의 광경은 맑은 생명수의 강이 하나님과 어린 양의 보좌로부터 나와서 길 가운데로 흐르고 강 좌우에 생명나무가 열두 열매를 맺으니 실로 복락원입니다. 하나님과 그 어린양의 보좌가 그 가운데에 있고 그의 종들이 그를 섬기고 그의 얼굴을 보며 그의 이름도 그들의 이마에 있습니다. 다시 밤이 없고 햇빛이 쓸데없음은 주 하나님이 그들을 비추시니 그들이 세세토록 왕노릇합니다. 마지막 심판에 대해 그리스도께서 속히 오시겠다고 하시고 각 사람에게 행한 대로 갚아주리라고 말씀하십니다. 두루마기를 빠는 자들이(죄씻음을 받는 자, 큰 환란을 통과한 순교자들과 일반 성도 총칭) 복이 있습니다. 예수께서 사자를 보내어 증언하게 하셨는데, 스스로 다윗의 뿌리요 자손으로 광명한 새벽별이라고 하십니다. 주께서 속히 오리라 하심에 성령과 신부(교회)와 모든 성도도 오심을 기원합니다. 이것들을 증언하신 이가 진실로 속히 오리라 하십니다. "아멘 주 예수여 오시옵소서"

신명기 26장

하나님께서 주신 땅에 거주할 때 토지의 모든 소산의 맏물을 광주리에 담아 하나님께서 택하신 곳으로 가지고 가서 제사장에게 드려 하나님의 제단에 놓고 하나님께서 거두게 하신 것을 가져왔다는 고백과 함께 하나님 앞에 경배하라고 하셨습니다. 하나님께서 이스라엘 백성과 그 집에 주신 모든 복으로 말미암아 레위인과 백성 가운데 거류하는 객과 함께 즐거워할 것이라 하셨습니다. 셋째 해 십일조 드리는 해에는 모든 소산의 십일조를 내어 레위인과 객과 고아와 과부에게 주어서 먹고 배부르게 하라고 하셨습니다. 하나님께서 다시 한번 하나님께서 명하시는 규례와 법도를 행하라고 명하시니 마음을 다하고 뜻을 다하여 지켜 행하라고 하시고, 이스라엘이 확언하고 하나님께서 확언하셨습니다. 그런즉 하나님께서 이스라엘을 모든 민족 위에 뛰어나게 하시고 하나님의 성민이 되게 하시겠다고 약속하셨습니다.

시편 117, 118편

시 117. 시인은 모든 나라들과 모든 백성을 향해 하나님을 찬양할 것을 권고합니다. 그것은 하나님께서 우리를 향하신 변함이 없으신 사랑과 진실하심이 영원하기 때문입니다. 시 118. 본 시는 117편과 연관성을 가지는데 하나님의 인자하심을 구체적으로 떠올리며 하나님을 찬양합니다. 이스라엘, 아론의 집, 여호와를 경외하는 이들이 하나님의 인자하심이 영원하다 할 것입니다. 하나님께 피하는 것이 가장 낫고, 어떤 나라가 에워싸도 하나님이 그들을 끊어주시고 도와주십니다. 하나님은 시인의 능력과 찬송이요 구원이십니다. 하나님의 오른손이 권능을 베푸시고 죽음에서 건져주시니 감사합니다. 건축자가 버린 돌이 가장 귀한 돌이 되게 하시고 하나님의 역사는 기이합니다. 하나님은 구원의 하나님이요 형통케 하시고 복 주시는 하나님이십니다. 하나님께서 빛을 인생들에게 비추시니 하나님께 감사하고 주님을 높이는 것이 마땅합니다.

이사야 53장

본 장은 하나님의 종, 메시야에 대한 예언의 말씀입니다. 그는 거절과 배척, 멸시받고 간고를 많이 겪고 질고를 아는 자입니다. 그는 인간의 죄의 질고를 지고 우리 인간의 슬픔을 당하였습니다. 그가 받은 수난은 우리 허물 때문이요, 우리 죄악 때문입니다. 그가 징계를 받아 우리가 하나님과 평화를 누리고 그가 채찍에 맞아 피 흘리심으로 나음을 받았습니다. 인간은 양같이 제 길로 갔지만 하나님께서 우리 모두의 죄를 메시야에게 담당시켰습니다. 그분은 곤욕 당해 괴로울 때도 마치 도수장으로 끌려가는 어린 양과 털 깎는 자 앞에서 잠잠한 양처럼 아무 저항도 없이 하나님의 뜻에 묵묵히 순종합니다. 이는 마땅히 형벌 받을 인간의 허물 때문입니다. 그가 자기 영혼의 수고와 자기의 지식으로 많은 사람을 의롭게 하며 또 그들의 죄악을 친히 담당할 것입니다. 승리자가 탈취물을 얻듯이 그의 영혼을 버려 사망에 이르게 하심으로 많은 영혼을 살리셨습니다.

마태복음 1장

마태복음서 기자는 마태복음을 시작하면서 예수그리스도의 계보를 소개합니다. 예수께서 아브라함의 언약에 따라 다윗의 후손으로 이 땅에 오셨습니다. 그 족보는 아브라함으로부터 다윗 때까지 유다 지파 14대, 다윗 때부터 유다가 바벨론에 망하기까지 왕 14대, 이후 바벨론에 사로잡혀 간 후 그리스도까지 14대입니다. 그리스도의 역사적 인물임을 밝히기 위해 그리스도의 탄생을 말씀합니다. 어머니 마리아가 요셉과 약혼하고 동거하기 전 성령으로 잉태하였습니다. 남편 요셉이 이를 알고 조용히 약혼을 취소하려 할 때 주의 사자가 꿈에 요셉에게 마리아가 성령으로 잉태되었으니 마리아 아내로 데려오는 것을 무서워하지 말라고 합니다. 그리고 아들을 낳을 것이니 이름을 예수라 하라고 합니다. 이는 구약 선지자의 예언의(사 7:14) 성취입니다. 요셉이 천사의 분부대로 아내를 데려와 아들을 낳기까지 동침하지 아니하다가 아들을 낳으니 이름을 예수라고 하였습니다.

신명기 27, 28: 1-19

모세와 장로들이 백성에게 명하여 그들에게 명령하는 명령을 다 지키라고 합니다. 그리고 큰 돌을 세워 석회를 바르고 그 위에 율법의 모든 말씀을 기록하게 하고 돌을 에발 산에 세워 돌단을 쌓고 번제와 화목제를 드리라고 했습니다. 모세가 그날 백성에게 명령하여 여섯은 백성을 축복하기 위해 그리심 산에 서고 여섯은 저주하기 위해 에발 산에 서고 레위 사람에게 큰 소리로 이스라엘 모든 사람에게 율법을 말하도록 하고 이를 행하지 않을 때 저주를 받을 것이라고 하여 모든 백성으로 아멘 하게 했습니다(15-26). 28:1-9. 하나님의 말씀을 듣고 명령하는 모든 명령을 지켜 행하면 하나님께서 모든 민족 위에 뛰어나게 하실 것이며, 말씀을 청종하면 받을 것이라고 목록을 구체적으로 선포하셨습니다(3-14). 그러나 하나님의 말씀을 순종하지 아니하고 그 모든 명령과 규례를 지키지 아니하면 받을 저주를 구체적으로 말씀하셨습니다(16-19).

시편 119:1-24

시 119편은 히브리어 알파벳 22글자를 하나에 8절로 기록한 답관체 시로서 여호와의 율법을 행하는 자가 얻는 기쁨과 행복을 노래합니다. 시인은 여호와의 율법에 따라 행하는 행위 온전한 자, 증거들을 지키고 전심으로 여호와를 구하는 자가 복이 있음을 노래합니다. 주님께서 법도를 지키기를 명하신 대로 주의하고 주님의 판단을 배울 때 주님께 감사합니다. 청년이 행실을 깨끗하게 하는 길은 주의 말씀을 지킴으로 인함입니다. 시인은 주님께 범죄하지 않으려고 주님 말씀을 마음속에 새기고, 주의 말씀을 배워 선포하고 주님의 증거들의 도를 즐거워했다고 고백합니다. 시인은 눈을 열어 주셔서 주의 율법에 서 놀라운 것을 보게 해주시고, 눈을 열어 주의 율법에서 놀라운 것을 보게 하시며 나그네로 살 때 주님의 계명을 알려 주시기를 간구합니다. 계명을 지킴으로 비방과 멸시에서 벗어나며 주님의 증거들이 자신의 즐거움이요 충고자임을 고백합니다.

이사야 54장

  하나님께서 이스라엘의 회복을 약속하시기 한 때 생산도 못한 여인, 홀로 된 여인의 자식이 남편 있는 자의 자식보다 더 많아질 것이기에 거주할 장막의 휘장을 넓게 만들라고 하십니다. 이스라엘은 수치나 부끄러움을 보지 않을 것이라고 하셨습니다. 그것은 하나님이 그들의 남편이요 구속자요 온 땅의 하나님이시기 때문입니다. 하나님께서 넘치는 진노로 얼굴을 잠시 돌렸으나 영원한 자비로 긍휼히 여기시겠다고 하셨습니다. 주님의 자비가 떠나지 아니하며 화평의 언약이 흔들리지 아니하리라고 약속하셨습니다. 나아가 새 예루살렘의 영광을 말씀하십니다. 새 예루살렘은 화려한 채색으로 장식하고, 화려한 보석으로 성을 짓고 성벽과 성문을 꾸밀 것입니다. 모든 자녀는 교훈을 받고 큰 평안을 얻을 것이며 공의로 서고, 학대, 공포, 분쟁은 사라지고 이스라엘을 치려고 제조된 연장은 쓸모가 없을 것이며, 이스라엘을 대적, 송사하는 자는 정죄당하리라 약속하십니다.

마태복음 2장

  동방의 박사들이 메시야 왕의 아기가 났음을 알고 베들레헴까지 왔습니다. 그들이 예루살렘에 와서 유대인의 왕이 나신 곳을 묻고 경배하러 왔다고 밝힙니다. 이에 헤롯대왕이 놀라며 모든 제사장들과 서기관들을 모아 그리스도가 어디서 났느냐고 물으니 예언의 말씀(미 5:2)을 인용하여 대답합니다. 동방의 박사들이 별을 따라 베들레헴 아기 예수께 엎드려 경배합니다. 박사들은 꿈에 하나님의 지시를 따라 악의를 품고 있는 헤롯에게로 가지 않고 다른 길로 돌아갔습니다. 박사들이 떠난 후에 요셉이 주의 사자를 통해 헤롯의 계략을 알고 마리아와 아기를 데리고 애굽으로 떠나서 헤롯왕이 죽기까지 그곳에서 지냅니다. 헤롯은 박사들이 자신을 속이고 찾아오지 않은 것을 알고 베들레헴과 그 모든 지경에 있는 두 살부터 그 아래로 아기를 다 죽였습니다(렘 31:15). 헤롯이 죽은 후 요셉이 주의 사자의 현몽에 따라서 갈릴리 땅 나사렛에 가서 살게 됩니다.

신명기 28:20-68

하나님께서 율법을 불순종함으로 받을 저주와 재앙을 말씀합니다. 망하여 파멸당하고 염병과 각종 질병과 농작물 재앙과 기근을 당하고(20-24), 전쟁에 패하여 포로가 되고 괴질병에 걸릴 것이며 노략을 당하고 이방신을 섬기며 압제와 학대를 당할 것입니다(25-37). 식물들이 벌레가 먹고 열매가 떨어질 것이며 자녀가 포로가 될 것이며 나무, 토지소산은 메뚜기가 먹을 것이라고 했습니다(38-42). 이방은 부해지나 이스라엘은 가난해질 것이며, 꼬리가 될 것입니다(43-46). 하나님께서 보내신 적군을 섬기며 탄압 당하게 될 것이요. 이방 나라가 쳐들어와서 성읍이 함락되어 멸망당하고, 먹을 것이 없어 자기 자식을 먹게 될 것이라(53-57) 하셨습니다. 이스라엘의 불순종이 지속될 때 더 극렬하고 큰 재앙을 당할 것이라 경고합니다. 재앙이 오래 갈 것이고 애굽의 질병과 괴질로 살아남은 자가 얼마 되지 아니하며 그들이 노비도 되지 못하고 천대받을 것입니다(59-68).

시편 119:25-48

율법은 환란에서 구원하는 말씀입니다. 주의 말씀으로 자신이 살아나기를 기도하며 말씀을 가르쳐주시고 깨닫게 해달라고 간구합니다. 시인은 영혼이 눌림으로 녹을 지경에서 말씀으로 자신을 세워주시고 주님의 법을 은혜로이 베풀어주시기를 구하며 주님의 증거에 매달리는 자신이 수치를 당하지 않도록 간구합니다. 시인은 율례를 배우고 깨달아 주의 법을 준행하며 전심으로 지킬 것이라고 약속합니다. 자신이 탐욕으로 향하지 않고 허탄한 것을 보는 대신 주의 말씀으로 세워주시기를 간구합니다. 시인은 주의 법도들을 사모하였으니 주의 의로 자신을 살아나게 해 달라고 호소합니다. 또한 주님의 인자하심과 구원을 자신에게 임하게 해주시라고 간구합니다. 시인은 주의 진리의 말씀이 입에서 조금도 떠나지 말도록 구합니다. 그래서 주의 율법을 항상 영원히 지킬 것을 기원합니다. 자신이 사랑하는 주의 계명을 즐거워하며 손을 들고 주의 율례들을 읊조릴 것이라고 소망합니다.

이사야 55장

　예언자는 이스라엘 백성을 향해 여호와께로 돌아올 것을 권합니다. 구원의 은혜를 예비해놓으신 하나님께 돌아와 말씀을 들으라고 촉구합니다. 하나님께서 맺으시는 영원한 언약, 다윗에게 허락한 확실한 은혜를 약속합니다. 그 예언은 결국 다윗의 자손으로 오실 메시야에게서 성취될 것으로, 복음을 통해 만민에게 알릴 것이고, 이는 모든 이방인이 모여올 교회의 미래를 보여줍니다(5). 하나님의 부르심에는 확실한 보장이 있어 긍휼히 여겨주시고 용서하십니다. 하나님의 생각과 길은 하늘이 땅 보다 높은 것처럼 사람의 생각과 길과 비교할 수 없이 높습니다. 비와 눈이 내려 땅에 식물과 결실을 가져다주듯이 하나님의 말씀과 약속은 결코 헛되지 아니하고 형통을 확증합니다. 이스라엘은 포로에서 기쁨으로 나아가며 평안히 인도함을 받을 것입니다. 만물이 노래를 발하고 손뼉을 치고 땅과 만물이 새롭게 되고 회복될 것입니다. 이는 하나님이 그의 백성을 구원하신다는 표징입니다.

마태복음 3장

　세례자 요한이 유대광야에서 회개와 천국의 메세지를 외쳤습니다. 사람들이 나아와 죄를 자백하고 요단강에서 그에게 세례를 받습니다. 많은 바리새인들과 사두개인들이 세례 베푸는 데로 올 때 회개에 합당한 열매를 맺고 속으로 아브라함이 너희 조상이라고 생각하지 말라고 꾸짖었습니다. 자신은 회개하기 위하여 물로 세례를 베풀지만, 자신의 뒤에 오시는 이, 그리스도는 자신보다 능력이 많으시어 성령과 불로 세례를 베푸실 것이라고 증거했습니다. 예수께서 세례요한에게 세례를 받고자 하시나 이를 거절하므로 예수께서 이렇게 하여 모든 의를 이루는 것이 합당하니 허락하라고 하시어 요한이 허락하여 세례를 베풉니다. 예수께서 세례를 받으시고 물에서 올라오시는데 하늘이 열리고 하나님의 성령이 비둘기같이 내려 예수께 임하고 하늘로부터 소리가 들립니다. "이는 내 사랑하는 아들이요 내 기뻐하는 자라." 하나님의 아들로서의 취임식과 같은 선언입니다.

6월 24

신명기 29장

호렙에서 이스라엘 자손과 세우신 언약 외에 모세에게 명령하여 모압 땅에서 세우신 언약의 말씀입니다. 40년간 하나님께서 베푸신 은혜를 회고합니다. 하나님이 옷이 낡아지지 아니하고 신이 헤지 않게 하셨습니다. 모압으로 올 때 헤스본 왕 시혼과 바산 왕 옥을 치고 르우벤, 갓, 므낫세 반 지파에게 기업으로 주셨으니 언약의 말씀을 지켜 행하라고 하시고 그리하면 하는 모든 일이 형통하리라 약속하셨습니다. 이스라엘의 고하와 남녀 유아, 객과 나무패고 물긷는 자까지 하나님의 언약에 참여하여 조상 아브라함, 이삭, 야곱에게 맹세하신 대로 하나님의 백성으로 삼으시고 친히 이스라엘의 하나님이 되려 하십니다. 만약 하나님을 떠나서 이방 신들을 섬기면 하나님께서 사하지 않으시고 분노와 질투의 불을 쏟아 부어 모든 지파 중에서 저주와 화를 더하시겠다고 하셨습니다. 하나님께서 언약을 배반하고 우상을 숭배하면 결국 저주받아 멸절한다는 것입니다.

시편 119: 49-72

하나님의 말씀은 소망이요 곤란 중에 위로입니다. 교만한 자들이 자신을 조롱해도 시인은 주의 법을 떠나지 아니하겠다고 합니다. 시인은 밤에 주의 이름을 지켰기에 자신의 소유는 곧 주의 법도들을 지킨 것입니다. 시인은 주의 말씀과 계명들을 지키기에 신속히 하여 지체하지 아니하였습니다. 악인들이 자신에게 두루 얽혔을지라도 자신은 주의 법을 잊지 않았다고 합니다. 주님의 인자하심이 땅에 충만하였으니 주님의 율례들로 자신을 가르쳐주시기를 기원합니다. 시인은 고난 중에 하나님의 말씀이 더욱 소중함을 깨달았습니다. 고난을 당하기 전에 그릇 행하였다가 고난으로 말씀을 지키게 되었습니다. 교만한 자들이 거짓을 지어 자신을 치려고 하였으나 자신은 전심으로 주의 법도들을 지키리라고 결단합니다. 시인은 고난을 당한 것이 유익인 이유는 고난으로 인해 주의 율례들을 배우게 되었기 때문입니다. 그래서 주의 입의 법이 자신에게는 천천 금은보다 좋다고 고백합니다.

이사야 56장

이스라엘 백성에게 정의와 의를 행하라고 하십니다. 그것은 구원이 가까이 왔고 하나님의 공의가 나타날 것이기 때문입니다. 안식일을 지킬 수 없는 상황에서도 안식일을 준수하라고 하십니다. 만약 안식일을 지키면 복이 있는데 이방인도, 고자같이 무능한 자도 아무 차별을 두지 않습니다. 안식일을 지키고 하나님의 언약을 굳게 지키는 고자들에게도 하나님의 기념물을 주고 영원한 이름을 주어 끊어지지 않게 할 것입니다. 이방인도 하나님의 성산으로 인도하여 하나님의 집에서 그들이 드리는 번제와 희생 제사를 기쁘게 받으실 것입니다. 한편 지도자의 죄를 지적합니다. 포로 이전, 유다의 예언자와 지도자들, 이스라엘의 파수꾼들을 책망합니다. 그들은 맹인이요 무지하여 벙어리 개들이라 짖지 못합니다. 나태하고 안일하며 잠자기 좋아하고 허황한 망상에 사로잡힌 자들입니다. 탐욕으로 족한 줄 모르고 몰지각한 목자들이어서 자기 이익만 추구하고 향락에만 관심을 가집니다.

마태복음 4장

예수님께서 공생애 직전 광야로 가셔서 40일을 밤낮으로 금식하여 주리셨습니다. 시험하는 자가 돌들로 떡덩이가 되게 하라고 시험합니다. 말씀(신 8:3)으로 물리치셨습니다. 또 마귀가 예수님을 성전 꼭대기에 세우고 구약을 인용하여 뛰어내리라고 할 때 주 너의 하나님을 시험하지 말라며(사 7:12) 물리치셨고, 지극히 높은 산으로 가서 마귀에게 엎드려 경배하면 모든 것을 주리라 할 때 주 너의 하나님께만 경배하고 다만 그를 섬기라는(신 6:13) 말씀으로 물리치셨습니다. 이때부터 비로소 "회개하라 천국이 가까이 왔느니라"고 전파하십니다. 예수님께서 갈릴리 해변에서 몇몇 어부들을 제자로 부르셨습니다. 예수님께서 온 갈릴리에 두루 다니시며 회당에서 가르치시고 천국 복음을 전파하시고 모든 병과 약한 것을 고치셨습니다. 예수님의 소문이 온 수리아까지 퍼지고, 갈릴리 예루살렘 유대, 요단 건너편에서 수많은 무리가 예수님을 따랐습니다.

6월 25

신명기 30장

하나님께서 이스라엘이 쫓겨 간 모든 나라 가운데서 하나님께로 돌아와 하나님의 말씀을 온전히 청종하면 하나님께서 긍휼히 여기사 포로에서 돌아오게 하시고 쫓겨난 자들이 어디에 있더라도 모으고 이끄실 것이라 하셨습니다. 이스라엘이 돌아와 다시 하나님의 말씀을 청종하여 기록된 명령과 규례를 지키면 하나님께서 복 주시되 조상들을 기뻐하신 것처럼 다시 기뻐하여 복 주시리라 말씀하셨습니다. 그 율법의 말씀은 매우 가까워 백성의 입에 있으며 마음에 있기에 능히 행할 수 있다고 했습니다. 하나님께서 생명과 복과 사망과 화를 앞에 두었으니 명령과 규례와 법도를 지키면 생존하여 번성할 것이요 차지할 땅에서 복을 주실 것이라 하셨습니다. 그러나 마음을 돌이켜 다른 신들에게 절하고 섬기면 반드시 망할 것이요 차지할 땅에서 날이 길지 못할 것이라 하셨습니다. 그런즉 살기 위하여 생명을 택하고 여호와를 사랑하고 말씀을 청종하고 의지하라고 하셨습니다.

시편 119:73-96

시인은 자신이 주의 말씀을 바라는 까닭에 주를 경외하는 자들이 자신을 기뻐한다고 했습니다. 주의 인자하심이 위안이 되게 하시며 주의 긍휼하심이 자신에게 임하여 살게 해달라고 간구합니다. 또 자신의 영혼이 주의 구원을 사모하기에 피곤하나 말씀을 바란다고 고백합니다. 시인은 고난 중에 연기 속의 가죽 부대 같이 되었으나 주의 율례들을 잊지 아니합니다. 자신을 핍박하고 주의 법을 따르지 아니하는 교만한 자들이 자신을 해하려고 웅덩이를 팠으나 주님의 모든 계명은 신실하다고 고백합니다. 시인은 자신을 세상에서 거의 멸하였으나 자신은 주의 법도들을 버리지 아니하고 주의 입의 교훈들을 지키겠다고 약속합니다. 주의 법이 자신의 즐거움이 되었기에 고난을 극복할 수 있었습니다. 시인은 주의 법도를 영원히 잊지 아니하여 주께서 이것들로 자신을 살게 하셨다고 하며 악인들이 자신을 멸하려 해도 자신은 주의 증거들만을 생각하겠다고 결단합니다.

이사야 57장

의인이 복을 받아 장수를 누리는 것은 정상적이지만, 의인이 미리 죽는 것은 큰 환란을 미리 피하여 평안에 들어갔다는 것입니다. 무당의 자식, 간음자와 음녀의 자식들을 향해 우상숭배와, 몰렉 신에게 자식을 살육하여 바치는 죄를 지적합니다. 그들은 매끄러워진 돌들을 우상시하고, 높은 산 위에 영적 음행을 저지르고 제사를 지냈습니다. 우상을 집 안으로 들여와 세웠으며 벌거벗은 것(남근)의 우상을 섬기고, 몰렉(왕) 즉 몰렉이나 세상 왕을 찾으며 사신을 보내되 죽음에 보내기까지 하면서 섬기기도 했습니다. 이제 하나님께서 공의를 보이시면 우상숭배한 행위들이 무익하리라 하셨습니다. 하나님께서 통회하고 마음이 겸손한 자와 함께 계셔서 겸손한 자의 영을 소생시키며 통회하는 자의 마음을 소생시키십니다. 입술의 열매를 창조하시는 여호와께서 평강을 선포하십니다. "평강이 있을지어다. 평강이 있을지어다 내가 그를 고치리라" 하셨습니다. 악인에게는 평강이 없습니다.

마태복음 5장

"산상보훈"(5:~7:)은 팔복으로 시작합니다. 팔복 모두가 내면의 복이요, 하늘의 복이요, 관계의 복, 영적인 복입니다. 예수님의 제자는 세상의 소금이요 사람 앞에 빛 즉 착한 행실을 보입니다. 예수님의 가르침은 율법 정신의 실현입니다. 살인하지 말라는 계명의 참 정신을 가르칩니다. 형제와 화목하고 예물을 제단에 드려야 하고, 고발하는 자가 함께 길을 갈 때 급히 화해해야 합니다. 간음하지 말라는 계명도 내면의 동기의 중요성을 가르칩니다. 음행한 이유 없이 아내를 버리면 간음하는 것이라 하셨습니다. 맹세하지 말라는 계명의 철저성을 말씀하십니다. 악한 자를 대적하지 말고 속옷을 가지고자 하는 자에게 겉옷까지 가지게 하며 억지로 5리를 가게 하면 10리를 동행하고, 구하는 자와 꾸고자 하는 자에게 거절하지 말라 하셨습니다. 원수를 사랑하며 박해하는 자를 위하여 기도하라고 하시고 하늘에 계신 아버지의 온전하심과 같이 온전하라고 하셨습니다.

신명기 31장

120세 모세가 모압 평지에서 설교를 마친 뒤에 모세는 자신이 요단을 건너지 못할 것이고 여호수아가 건너갈 것이라 했습니다. 모세는 여호수아를 불러 하나님이 조상들에게 주리라 맹세하신 땅을 차지할 때 하나님이 함께하실 것이므로 두려워하지 말고 놀라지 말라고 했습니다. 모세는 율법을 써서 매 7년 끝 해 면제년의 초막절에 이스라엘이 모인 곳에서 율법을 낭독하여 듣게 하고 그들로 배우고 자녀들에게 듣고 하나님 경외하기를 배우게 하라고 했습니다. 하나님께서 두 사람을 회막으로 나아오게 하여 이스라엘 백성이 가나안에 들어가 음란하게 이방신들을 따르고 하나님을 버리고 맺은 언약을 어길 것이므로 하나님이 지시하신 노래를 써서 이스라엘 자손들에게 가르쳐 부르게 하여 증거가 되게 하라고 하셨습니다. 하나님께서 율법책을 언약궤 곁에 두어 증거가 되게 하고 지파의 지도자들을 모아 귀에 들려주고 하늘과 땅을 그들에게 증거로 삼으리라 지시하십니다.

시편 119:97-120

시인은 주님의 법을 진정으로 사랑하여 종일 작은 소리로 읊조립니다. 주의 법을 읊조릴 때 명철함이 스승보다 낫고 그것을 지킴으로 명철함이 노인보다 낫습니다. 시인은 주님의 말씀이 맛이 너무나도 달아 입에 꿀보다 더 달다고 고백합니다. 주의 말씀은 발의 등이요 길의 빛입니다. 고난이 매우 심할 때라도 말씀 따라 자신을 살아나게 하시기를 구합니다. 시인은 자신의 생명이 항상 위기에 있지만 주님의 법을 잊지 않으며 악인들이 올무를 놓았으나 주의 법도에서 떠나지 않았다고 합니다. 또한 주의 증거들로 영원히 자신의 기업으로 삼았으므로 자신의 마음에 즐거움이 된다고 합니다. 시인은 행악자들과 분리를 선언하고 하나님의 계명들을 지키겠다고 약속합니다. 시인은 말씀에 붙들려 살게 하시고 자신의 소망이 부끄럽지 않게 해달라고 구합니다. 하나님께서 주의 말씀을 떠난 악인들을 찌꺼기같이 버리시기에 자신은 주님의 증거를 사랑한다고 고백합니다.

이사야 58장

하나님께서 형식적 금식을 회개하도록 촉구하라 하십니다. 하나님이 기뻐하시는 금식은 도덕과 사랑과 정의를 실천하는 것입니다. 그런 금식을 하는 자는 빛이 새벽빛같이 비칠 것이고 치유가 급속할 것이며 공의가 그의 앞에서 행하고 하나님의 영광이 뒤에서 호위하며 하나님을 부를 때에 응답하실 것입니다. 예배를 삶으로 드러내되 약자를 선대하고 선행을 실천하라고 하십니다(9하-10상). 그러면 빛이 흑암 중에 떠올라 어둠이 낮과 같이 되고, 하나님이 항상 인도하셔서 메마른 곳에서도 영혼을 만족하게 하며 뼈를 견고하게 하여 물댄동산 같은 샘 같을 것이라고 하셨습니다. 자손들이 파괴된 기초를 쌓고 무너진 데를 보수하고 길을 수축하여 거할 곳이 되게 하시겠다고 하셨습니다. 또한 안식일을 성수하고 즐거운 날, 존귀한 날로 지킬 때 여호와 안에서 즐거움을 얻을 것이라고 하시고 또한 땅의 높은 곳에 올리고 야곱의 기업을 주사 번영하게 하실 것이라 약속하셨습니다.

마태복음 6장

구제하되 은밀하게 하라고 하셨습니다. 기도할 때 사람에게 보이려고 하지 말라고 하셨습니다. 금식할 때 외식하는 자들같이 슬픈 기색을 보이지 말라고 하셨습니다. 그들은 모두 이미 상을 받았고 또 은밀한 중에 보시는 하나님께서 모두 갚으시는 것이기 때문입니다. 예수님께서 기도문을 가르쳐 주셨습니다. 주기도문입니다. 특히 사람의 잘못을 용서하면 하늘 아버지께서도 잘못을 용서하실 것이라고 하셨습니다. 예수님께서 보물을 하늘에 쌓아두라고 하셨습니다. 보물 있는 곳에 마음이 있습니다. 사람이 두 주인을 섬기지 못하듯이 재물과 하나님을 겸하여 섬기지 못한다고 하셨습니다. 예수님께서 먹고 마시고 입는 것을 염려하지 말라고 하셨습니다. 공중의 새, 들의 백합화, 들풀도 하나님의 주권 아래 놓여있는데 하물며 하나님의 백성에게 이 모든 것이 있어야 할 줄 어찌 모르시겠습니까? 아무것도 염려하지 말고 먼저 하나님의 나라와 그의 의를 먼저 구하라 하셨습니다.

6월 27

신명기 32장

모세가 하나님의 명에 따라(31:19) 노래를 지어 총회에 끝까지 읽어 들려주었습니다. 이 노래는 하나님의 진실과 백성의 불신(4-6)입니다. 이스라엘 백성이 장차 이 사실만 깨닫게 되면 그들은 회개하고 하나님께 돌아올 수 있다는 것입니다. 과거 하나님께서 이스라엘에게 베푸신 극진한 은혜와(7-14) 이스라엘의 배신을 (15-18) 대조하여 이스라엘의 고난이 그들의 죄 값임을 인식시켜줍니다. 하나님께서 배은망덕한 이스라엘을 결국 심판하십니다(19-25). 하나님의 심판은 최후적인 것도 아니요, 항구적인 것도 아니어서 하나님은 이스라엘을 돌보시고, 구원하십니다. 즉 심판을 중지하시고(26-33), 이스라엘을 구원하시는 것입니다(34-43). 모세가 이 노래를 백성에게 들려주고 모든 말을 마음에 새기고 자녀에게 명령하여 지켜 행하게 하라고 당부합니다. 그날 하나님께서 모세에게 느보산에 이르러 가나안을 바라보게 하시고 그 산에서 죽어 조상들에게 돌아가리라 하셨습니다.

시편 119:121-144

시인은 자신을 박해하는 자에게 넘기지 말도록 간구하고 교만한 자들이 자신을 박해하지 못하도록 기도합니다. 시인은 자기의 눈이 주님의 구원과 의로운 말씀을 사모하기에 피곤합니다. 압박자들이 주의 법을 폐하였으나 시인은 주의 계명들을 금 곧 순금보다 더 사랑합니다. 주의 말씀을 열면 빛이 비치어 우둔한 사람들을 깨닫게 하기에 시인은 주의 계명들을 사모하여 입을 열고 헐떡였다고 합니다. 시인은 자신의 발걸음을 주의 말씀으로 굳게 세우시고 주의 율례로 가르쳐주시기를 간구합니다. 주님은 의로우시고 주님의 판단은 옳으며 주께서 명령하신 증거들은 의롭고 지극히 성실합니다. 주의 말씀이 심히 순수하므로 시인은 그것을 사랑합니다. 비록 시인이 미천하여 멸시당하나 주의 법도를 잊지 아니하였습니다. 그에게 환란과 우환이 미쳤으나 주님의 계명이 그에게 즐거움이라고 고백합니다. 또 주의 증거들이 영원히 의로워 자신으로 깨닫게 하사 살게 해달라고 간구합니다.

이사야 59장

선지자가 이스라엘의 죄를 철저하게 규탄합니다. 그들의 죄가 하나님의 능력을 가로막고 기도를 듣지 않으시게 했고 하나님과 백성 사이를 갈라놓았습니다. 무죄한 자를 죽이고 공의로 소송하지 않고 재판을 거짓으로 행하였습니다. 악행과 포악을 저지르며 악한 생각으로 인해 황폐와 파멸이 그 길에 있습니다. 이런 이스라엘의 죄를 규탄할 때 이스라엘은 맹인같이 어둠과 캄캄함에 행했다고 죄와 허물을 고백합니다. 여호와를 배반하고 거짓을 행하였으며 정의와 공의를 무시하고, 성실이 짓밟히고 정직이 나타나지 못한다고 고백합니다. 이런 죄를 자복할 때 중재자가 없는 이스라엘에 하나님이 오셔서 구원과 공의를 보여주십니다. 선민을 구원하시려 열방의 모든 원수를 징벌하시고 보응하십니다. 구속자가 시온에 임하며 야곱에게서 죄과를 떠나게 하실 것입니다. 이전 선민과 세운 언약은 영원히 변함없는 언약입니다. 장차 교회를 통해 하나님의 말씀 언약이 성취될 것입니다.

마태복음 7장

비판하지 말라고 교훈합니다. 비판하면 비판받고 헤아림을 받습니다. 형제의 눈 속에 있는 티를 빼라고 하지 말고 자기의 눈에 있는 들어 있는 들보를 빼라고 했습니다. 구하고, 찾고, 문을 두드리라 하시고 하늘 아버지께서는 구하는 자에게 좋은 것을 주실 것이라고 약속하셨습니다. 남에게 대접받고자 하는 대로 남을 대접하는 것은 최고의 율례입니다. 좁은 문으로 들어 들어가라고 했습니다. 생명으로 인도하는 문은 좁고 길이 협착하여 찾는 자가 적습니다. 거짓 선지자들을 삼가라고 하시면서 그들의 열매로 그들을 알 수 있다고 하셨습니다. 주여주여 하는 자마다 천국에 들어갈 것이 아니요 하늘 아버지의 뜻대로 행하는 자가 들어갑니다. 주님의 이름으로 선지자 놀음하고, 귀신을 쫓아내며 많은 권능을 행하였다고 해도 소용없습니다. 예수님의 말씀을 듣고 행하는 사람은 집을 반석 위에 지은 지혜로운 사람입니다. 그 집은 비가 내리고 창수가 나고 바람이 불어도 안전합니다.

신명기 33, 34장

신 33. 하나님의 사람 모세가 이스라엘 자손을 위하여 축복하기를 하나님의 위대한 임재에 대한 찬미로 시작합니다. 하나님께서 오시고 일어나시고 비춰시고 강림하셨습니다. 하나님께서 백성을 사랑하십니다. 모든 성도가 그의 수중에 있고 주의 발아래에서 말씀을 받습니다. 하나님께서 이스라엘의 왕(5)으로 나타나 율법을 부여하셨습니다. 이어 이스라엘 11지파에게 대해 모세가 각각 축복합니다. 시므온이 빠져 있습니다(창 49:7, 수 19:2-9 참조). 축복의 결론으로 하나님이 도우심이요 영원한 거처가 되사 그의 영원하신 팔이 여수룬의 아래 있어 대적을 쫓아주시고 멸하시는 구원자요 돕는 방패요 이스라엘의 영광의 칼임을 찬미합니다. 시 34. 모세가 모압 평지 느보산 비스가 맞은편 산꼭대기에 이르러 하나님께서 가나안 온 땅을 모세에게 보이신 후 죽어 모압에 장사되었으니 그의 나이 120세입니다. 모세가 여호수아에게 안수하매 지혜의 영이 충만했습니다.

시편 119:145-176

시인은 주의 교훈들과 증거들을 지키고 주의 말씀을 바라며 조용히 읊조리며 하나님께 부르짖고 기도하오니 자신을 구원하시고 주님의 규례들을 따라 자신을 건져달라고 호소합니다. 시인 자신을 핍박하는 자들과 대적들이 많으나 그는 주의 증거들에서 떠나지 않았습니다. 고관들이 시인을 거짓으로 핍박하나 자신의 마음은 주의 말씀만 경외하고 즐거워하고 주의 의로운 규례들로 말미암아 하루에 일곱 번씩 주를 찬양한다고 고백합니다. 시인은 주의 법을 사랑하는 자에게 평안이 있음을 확신합니다. 하나님께 자신은 주의 구원을 바라며 주의 계명들을 행하였고 자신의 영혼이 주의 증거들을 지켰으며 지극히 사랑하며 주의 법도들과 증거들을 지켰음을 표명합니다. 시인은 자신의 간구가 주의 앞에 이르게 하시고 주의 말씀대로 자신을 건져 달라고 호소합니다. 또한 주의 구원을 사모하고 주의 법을 즐거워하고 주님을 찬양할 것이니 자신의 영혼을 살게 해달라고 간구합니다.

이사야 60장

예루살렘에 하나님의 영광이 빛이 임할 것이기에 일어나 빛을 발하라고 말씀합니다. 어둡고 캄캄한 만민들에게 하나님의 영광이 나타날 것이기에 나라들은 예루살렘의 빛으로 왕들은 비치는 광명으로 나아올 것입니다. 온 무리가 다 모여 예루살렘으로 올 것을 예언합니다. 이 새 예루살렘은 곧 교회를 두고 하신 말씀이기도 합니다. 만민이 시온을 향해서 모여 오는 모습을 보며 마음이 놀라고 화창할 것입니다. 바다의 부가 돌아오고 이방 나라의 재물이 모이고 재물을 가져오기 때문입니다. 전에는 버림당하고 미움을 당했으나 이제는 예루살렘이 그 성벽을 구원이라 그 성문을 찬송이라 부를 것입니다. 다시는 해가 지지 아니하고 달이 물러가지 아니할 것은 하나님이 영원한 빛이 되고 슬픔의 날이 끝날 것입니다. 그들은 하나님이 심은 가지요 하나님의 손으로 만든 것으로 하나님의 영광을 나타낼 것이기에 그 작은 자가 천 명을 이루고 그 약한 자가 강국을 이룰 것입니다.

마태복음 8장

예수께서 산에서 내려오실 때 한 나병환자의 요청에 손을 내밀어 깨끗함을 받으라고 하시니 즉시 깨끗하여졌습니다. 예수님께서 가버나움에 들어가서서 한 백부장의 믿음을 칭찬하시며(10) "가라 네 믿은 대로 될지어다" 하시니 그 즉시 하인이 나았습니다. 또 예수님께서 베드로의 장모의 열병을 고쳐주셨습니다. 예수님께서 한 서기관이 예수님을 따르고자 할 때, 여우도 굴이 있고 공중의 새도 거처가 있으나 예수님은 머리 둘 곳 없다고 하시며 예수 따르는 데 있어 고난을 각오해야 할 것을 말씀하시고, 한 사람이 먼저 가서 자신의 아버지를 장사하게 허락해달라고 할 때 예수 따르는 길 자체의 존엄성을 가르쳐 주셨습니다. 예수님께서 바람과 바다를 꾸짖어 잔잔하게 하셨습니다. 예수님께서 바다 건너편 가다라 지방에 가서서 귀신 들린 자 둘이 무덤 사이에 나와 예수님을 만나 소리를 지르는데, 예수님께서 귀신들을 명하여 돼지 떼에게로 들어가게 하여 그들을 고쳐주셨습니다.

6월 29

여호수아 1장

모세가 죽은 후에 여호와께서 모세에게 말씀하셨습니다. 너는 이 모든 백성과 더불어 요단을 건너 이스라엘 자손에게 주는 땅으로 가라고 하시며 발바닥으로 밟는 곳은 모두 너희에게 주었다고 하셨습니다. 여호수아에게 하나님이 함께하시고 떠나지 않으시리라 약속하셨습니다. 또 강하고 담대하여 모세가 명령한 그 율법을 다 지켜 행하고 좌로나 우로나 치우치지 말라 하시고 그러면 어디로 가든지 형통하리라고 약속하셨습니다. 여호수아가 백성과 관리들에게 명하여 사흘 안에 요단을 건너 하나님이 주신 땅을 차지하기 위하여 들어갈 것이기 때문에 양식을 준비하라고 지시했습니다. 여호수아가 르우벤, 갓, 므낫세 반 지파에게 처자와 가축은 요단 동쪽에 머물게 하고 모든 용사는 무장하고 다른 백성들보다 앞서 건너가서 그들을 돕되 그 땅을 차지하기까지 하라고 지시하고, 그 후에 그들의 소유지로 돌아와 그것을 차지하라고 했습니다. 그들이 순종하겠다고 약속했습니다.

시편 120, 121, 122편

시120-135편은 "성전에 올라가는 노래"입니다. 시 120. 시인이 환란 중에 하나님께 부르짖어 응답받았습니다. 거짓되고 속이는 혀에서 자신의 생명을 건져달라고 호소합니다. 화평을 미워하고 거짓된 자들 속에서 화평을 구하며 하나님께 간구합니다. 121. 시인은 순례 후 예루살렘과 성전이 있는 산이 보일 때 자신의 도움은 천지를 지으신 하나님께로 온다고 찬양합니다. 백성을 실족지 않게 하시고 지켜주시고 오른쪽에서 그늘이 되어주십니다. 또 낮의 해, 밤의 달 같은 어려움이 해치지 않고 환란을 면하게 하시고 영혼을 지키시고 출입을 영원까지 지켜주십니다. 122. 한 사람이 순례를 통해 예루살렘에 올라가자 할 때부터 기뻤는데 와서 보니 그 장관에 놀랍니다. 예루살렘을 위하여 평안을 구하며 사랑하는 자는 형통합니다. 성안에 평안이 있고 궁중에는 형통함이 있습니다. 시인은 형제와 친구에게 평안을 빌고 하나님의 집을 위해 복을 구할 것을 결단합니다.

이사야 61장

여호와의 종, 오실 메시야의 사명입니다. 하나님은 그리스도께 성령으로 기름 부으시고(눅 4:18, 행 10:38) 그의 출생과 사역에 함께 하셨습니다. 그 사명은 가난한 자에게 아름다운 소식을 전하고 마음이 상한 자를 고치며 포로 된 자에게 자유를 갇힌 자에게 놓임을 선포하고 모든 슬픈 자를 위로하는 것입니다. 하나님께서 그의 선민들에게 은혜를 베푸사 오래 황폐된 시온이 중건되고 황폐된 성읍을 중수할 것이며 외인은 이스라엘의 양떼를 치고 이방 사람은 이스라엘의 농부와 포도원지기가 될 것이라 하셨습니다. 오직 이스라엘은 여호와의 제사장이라 일컬음을 받고 사람들이 이스라엘을 하나님의 봉사자라 할 것입니다. 이스라엘은 여호와께 복 받은 자손이라 인정받고 그리하여 이스라엘은 여호와로 말미암아 크게 기뻐하며 즐거워할 것입니다. 땅이 싹을 내며 동산이 거기 뿌린 것을 움이 돋게 함같이 주 여호와께서 공의와 찬송을 모든 나라 앞에 솟아나게 하실 것입니다.

마태복음 9장

예수님께서 가버나움에 이르시어 침상에 누운 중풍병자를 사람들이 데리고 왔을 때 그들의 믿음을 보시고 죄를 사하시고 중풍병도 고쳐주셨습니다. 예수님께서 세리 마태를 제자로 부르셨는데 예수님이 그의 집에 초대받아 가셨습니다. 예수님이 그곳에서 세리와 죄인들과 함께 잡수시는 것을 보고 바리새인들이 제자들에게 비난합니다. 예수님께서 아시고 자신은 의인을 부르러 온 것이 아니라 죄인을 부르러 왔다고 말씀하셨습니다(13하). 예수님께서 생 베 조각, 새 포도주를 말씀하심은 예수님이 새시대의 주인이심을 말씀하신 것입니다. 열두 해 동안 혈루증으로 고생하던 한 여인을 예수께서 네 믿음이 너를 구원하였다 하시니 즉시 구원받았습니다. 예수께서 한 관리의 집에 가서서 죽은 딸의 손을 잡으니 살아났습니다. 두 맹인의 눈을 만져주시고 너희 믿음대로 되라고 하시니 두 사람이 그 눈들이 밝아졌고 말 못하는 귀신 들린 사람에게 붙은 귀신을 내쫓아 주셨습니다.

6월 30

여호수아 2장

여호수아가 싯딤에서 두 정탐꾼을 여리고에 보냈는데 그들이 기생 라합의 집에 들어가 유숙합니다. 어떤 사람이 이를 알고 왕에게 신고합니다. 왕이 라합에게 사람을 보내어 그들을 끌어내라고 할 때 라합이 그들을 이미 지붕 삼대에 숨기고 자신의 집을 떠났다고 속입니다. 라합이 정탐꾼들에게 여리고 땅에 이스라엘에 대한 소문이 퍼져 이스라엘을 심히 두려워하고 있음을 알려줍니다. 그러면서 라합 자신이 정탐꾼을 선대했으니 자신에게 선대해 주도록 맹세하고 증표를 하며 이를 누설하지 않겠으니 여리고를 차지할 때 라합과 그 가족의 목숨을 살려달라고 요청합니다. 그때 정탐꾼들이 자신들을 달아 내린 창문에 붉은 줄을 매고 라합과 가족을 모으라 하고 누구든지 라합의 집에 손을 대지 못하게 하겠다고 약속했습니다. 라합이 약속하고 붉은 줄을 창문에 매었습니다. 그 두 사람이 산에서 사흘을 보낸 후에 무사히 여호수아에게 나아가서 겪은 일을 보고합니다.

시편 123, 124, 125편

시 123. 하늘에 계신 하나님을 앙모하고 앙망하며 은혜 베풀어주시기를 기다리며, 간절히 갈망합니다. 시인은 안일한 자의 조소와 교만한 자의 멸시로 영혼이 괴로워하고 있습니다. 시 124. 시인은 이전에 베푸신 구원의 은총을 회상합니다. 하나님이 자신 편에 계시지 않았더라면 원수가 맹렬한 노로 이스라엘을 삼켰을 것이고, 그때 원수가 강력한 공격으로 영혼을 삼켰을 것입니다. 사냥꾼의 올무가 끊어져 올무에서 벗어나는 새처럼 영혼이 올무에서 벗어난 것은 천지를 지으신 하나님의 이름에 도우심이 있었음을 고백합니다. 시 125. 보호자이신 하나님을 찬양합니다. 여호와를 의지하는 것은 흔들리지 않고 영원히 있는 시온산에 비유합니다. 산들이 예루살렘을 두름과 같이 하나님께서 그 백성을 지금까지 영원까지 두르십니다. 악인의 권세가 의인들의 땅에서는 힘쓰지 못합니다. 시인은 주의 성도들에게 선을 베푸시기를 간구하고, 참 이스라엘에게 평강이 있기를 소망합니다.

이사야 62장

　시온은 회복되고, 영화롭게 되어 여호와께서 다시 그를 신부로 취하실 것을 약속하십니다. 여호와의 좋은 시온의 의가 빛같이 예루살렘의 구원이 횃불같이 나타나도록 침묵을 깨고 쉬지 아니하고 말씀할 것입니다. 다시는 버림받은 자라거나, 황무지라 부르지 아니하고, 오직 시온을 헵시바, 그 땅을 뿔라라 할 것은 하나님께서 시온을 기뻐하실 것이요 땅이 결혼한 것처럼 될 것이기 때문입니다. 하나님께서 예루살렘 성벽 위에 파수꾼을 세우고 그들에게 주야로 지키게 하셨습니다. 선지자는 유대 나라에 바벨론 성문으로 나가 예루살렘을 향해 가라고 합니다. 백성이 올 길을 닦고 큰길을 수축하고 돌을 제하고 만민을 위하여 기치를 들라고 합니다. 여호와께서 시온에게 유다의 구원이 이르렀기에, 상급이 그에게 있고 보응이 그 앞에 있다고 하셨습니다. 사람들이 그들을 거룩한 백성이라 하고 하나님께서 구속하신 자, 찾은 바 된 자, 버림받지 않은 성읍이라 할 것입니다.

마태복음 10장

　예수님께서 12제자를 부르셨습니다. 그들을 전도자로 보내시면서 천국이 가까이 왔다고 하라 하시고 예수님의 권세를 부여하시며 거저 받았으니 거저 주라고 하셨습니다. 그리고 전도자의 자세와 경계의 교훈을 주셨습니다(16-20). 박해당할 때 사람을 두려워하지 말고 몸과 영혼을 능히 지옥에 멸하실 수 있는 하나님을 두려워하라고 하셨습니다. 하나님께서 머리털까지도 다 세신 바 되었으니 세상을 두려워하지 말라는 것입니다. 예수님으로 인해 가족 간에 불화가 있는데 주님보다 가족을 더 사랑하는 것은 주님께 합당하지 않다고 하십니다. 이는 제자직 수행이 화평과 화합에 걸림돌이 된다면 인간관계를 포기할 수 있어야 한다는 말씀입니다. 파송을 받은 제자를 영접하면 예수님을 영접하는 것이요 예수님을 영접하는 자는 보내신 하나님을 영접하는 것입니다. 전도자를 영접하는 자는 눈에 보이지 않는 하나님을 영접하는 것이므로 선지자의 상, 의인의 상을 얻을 것입니다.

M'Cheyne Bible Reading Guide
매일 성경 통독을 위한
성경 각 장별 이해 길라잡이 1월-6월

맥체인 성경읽기 가이드(상)

초판 1쇄 발행 2024. 04. 19.

지은이　이수부
펴낸곳　도서출판 소망
주 소　10252 경기도 고양시 일산동구 고봉로 776-92
전 화　031-976-8970
팩 스　031-976-8971
이메일　somangsa77@daum.net
등 록　(제48호) 2015년 9월 16일

ISBN　979-11-981157-8-2 03230